U0805564

普通高等教育“十二五”规划教材

零 售 学

曾庆均 主编

科 学 出 版 社

北 京

内 容 简 介

在社会主义市场经济条件下，零售业已成为人们普遍关注的热点行业。零售业对国民经济的发展起着重要作用，在国民经济中占有十分重要的地位。本书从零售导证、零售业态、零售环境、零售战略 、商圈与选址决策、零售定位与特色经营、零售组织、商店管理、商店布局与商品陈列、零售商品规划、零售定价、零售采购与配送、零售促销、零售服务、现代零售技术、电子零售、零售绩效评估等方面，系统介绍了零售学的基本理论、基本知识。

本书是高等院校经济管理类专业本科生教材，适合于经济管理类师生及流通业人士阅读。

图书在版编目(CIP)数据

零售学/曾庆均主编.—北京：科学出版社，2012

(普通高等教育"十二五"规划教材)

ISBN 978-7-03-034893-7

Ⅰ.①零… Ⅱ.①曾… Ⅲ.①零售商业-商业经营 Ⅳ.①F713.32

中国版本图书馆 CIP 数据核字（2012）第 130037 号

责任编辑：胡云志 任俊红/ 责任校对：张怡君
责任印制：徐晓晨/ 封面设计：华路天然工作室

科学出版社出版
北京东黄城根北街 16 号
邮政编码：100717
http://www.sciencep.com

北京华宇信诺印刷有限公司印刷
科学出版社发行 各地新华书店经销

*

2012 年 6 月第 一 版 开本：787×1092 1/16
2024 年 8 月第九次印刷 印张：21 1/2
字数：533 000

定价：69.00 元

（如有印装质量问题，我社负责调换）

编委会名单

主　编　曾庆均

副主编　李定珍　宋　瑛

参　编　张　英　徐　慧　杨　军

　　　　　孙　畅　严　艳　沈红兵

目　　录

第一章　零售导论 …… 1

　第一节　零售的基本概念 …… 1

　第二节　零售业的发展 …… 9

第二章　零售业态 …… 18

　第一节　零售业态类型 …… 18

　第二节　零售业态演化规律 …… 22

　第三节　零售业态演化的理论学说 …… 32

第三章　零售环境 …… 39

　第一节　零售宏观环境 …… 39

　第二节　零售顾客 …… 46

　第三节　零售竞争环境 …… 51

第四章　零售战略 …… 57

　第一节　零售战略概述 …… 57

　第二节　战略分析工具 …… 61

　第三节　零售竞争战略 …… 66

　第四节　零售扩张战略 …… 67

第五章　商圈分析与选址决策 …… 76

　第一节　开店市场调查 …… 76

　第二节　商圈分析 …… 80

　第三节　商店经营位置选择策略 …… 85

第六章　零售定位与特色经营 …… 92

　第一节　零售定位概述 …… 92

　第二节　零售定位的程序与方法 …… 93

　第三节　百货商店的营销定位与特色经营 …… 101

　第四节　超级市场的营销定位与特色经营 …… 105

第七章　零售组织 …… 111

　第一节　零售组织分类 …… 111

　第二节　零售组织结构设计要求与程序 …… 120

第三节　零售组织结构类型 …… 125
第八章　商店管理 …… 133
第一节　零售人力资源管理 …… 133
第二节　商店财务管理 …… 143
第三节　其他业务管理 …… 149
第九章　商店布局与商品陈列 …… 159
第一节　商店布局 …… 159
第二节　商品陈列与橱窗 …… 166
第三节　商店氛围 …… 177
第十章　零售商品规划 …… 186
第一节　零售商品分类 …… 186
第二节　零售商品结构 …… 190
第三节　零售商品组合 …… 194
第十一章　零售定价 …… 199
第一节　影响零售定价的因素 …… 199
第二节　零售定价目标和基本定价方法 …… 200
第三节　零售定价扩展策略 …… 204
第十二章　零售采购与配送 …… 215
第一节　商品采购的原则、方式与策略 …… 215
第二节　零售采购过程 …… 221
第三节　零售配送 …… 231
第十三章　零售促销 …… 239
第一节　零售促销及其组合要素 …… 239
第二节　零售促销组合 …… 243
第三节　设计零售促销策略 …… 251
第十四章　零售服务 …… 260
第一节　顾客服务概述 …… 260
第二节　顾客服务质量的评估与改进 …… 265
第三节　顾客投诉处理 …… 268
第四节　顾客关系管理 …… 271
第十五章　现代零售技术 …… 277
第一节　商业现代技术概述 …… 277
第二节　商业标准化技术 …… 279
第三节　现代销售技术 …… 281
第四节　现代仓储运输技术 …… 286
第五节　商业管理信息系统 …… 291

第十六章　电子零售 …… 298
第一节　电子零售概述 …… 298
第二节　网络商店 …… 305
第三节　电子商务平台 …… 310
第十七章　零售绩效评估 …… 316
第一节　零售绩效评估的意义与内容 …… 316
第二节　零售绩效评估的指标体系 …… 319
第三节　零售绩效评估的步骤与方法 …… 322
主要参考文献 …… 333
后记 …… 334

第一章　零售导论

本章讨论的主要问题

1. 零售、零售商、零售业态与零售业的基本概念
2. 西方零售业发展趋势
3. 中国零售业的发展

关键术语

零售　零售商　零售业态　零售业　发展

第一节　零售的基本概念

一、零售的概念

（一）西方的定义

美国零售专家迈克尔·利维（Michael Levy）教授与巴顿·A. 韦茨（Barton A. Weitz）教授在《零售学精要》（“Essentials of Retailing”）一书中对“零售”一词作了定义：“零售是将产品和劳务出售给消费者，供其个人或家庭使用，从而增加产品和服务的价值的一种商业活动。人们通常认为零售只是在商店中出售产品，其实零售也出售服务，比如汽车旅馆提供的住宿、医生为病人进行的诊治、理发、租赁录像带或是将比萨饼送货上门。”

菲利普·科特勒（Philip Kotler）在其《市场营销管理》（亚洲版）一书中认为：“所谓零售是指将货物和服务直接出售给最终消费者的所有活动，这些最终消费者为了个人生活消费而不是商业用途消费。任何从事这种销售的组织，无论是生产者、批发者和零售商，都是在开展零售服务。”

巴里·伯曼（Barry Berman）和乔尔·R. 埃文斯（Joel R. Evans）所著的《零售管理》一书中定义为：“零售（Retailing）由那些向消费者销售用于个人、家庭或居住区消费所需商品和服务活动组成。它是分销过程的最后环节。”

以上定义都较为宽泛，都认为零售是向最终消费者个人出售生活消费品和服务的行为。它包括：（1）基本上是纯实物（生活消费品）的出售，其机构如仓储式商店；（2）纯服务的出售，其机构如理发店；（3）实物为主服务为辅的出售，其机构如带诊断服务的药店；（4）服务为主实物为辅的出售，其机构如旅馆。

相对于上述宽泛的定义，罗伯特·F. 卢斯（Robert F. Luce）在其所著的《零售商业企业经营管理》一书中给零售下了一个较为狭窄的定义：“零售商业是商品流通过程中的最后一个环节。为消费者服务，将社会生产出来的商品销售给消费者，是零售商业的基本职能。不论是在商店出售，还是通过邮购方式、电话订购、送货上门、自动售货机出售，均包括在零售商业的业务范围之内。”可见，他将零售活动所出售的内容定义为纯商品。

（二）中国的定义

黄维礼在《零售管理》一书中认为：“零售是把商品或劳务直接出售给最终消费者的销

售活动。”

肖怡认为：零售是“向消费者个人或社会集团出售消费品或非生产性消费品及相关服务，以供其最终消费之用的全部活动。”

在我国现行宏观商品流通统计中，零售额实际上是按最终消费者个人为生活消费品及其附带服务和社会集团为非生产性消费品及其附带服务所支付的价格计算的。“零售”被实际界定为：向最终消费者个人出售生活消费品及其附带服务和向社会集团出售非生产性消费品及其附带服务的行为。在实际界定中，零售活动出售的内容包括纯实物和附带服务，对象包括消费者个人和社会集团。

零售的概念，至少包括以下内容：

(1) 零售是将商品和劳务提供给消费者作为最终生活消费之用的活动，而不是商业用途消费。

(2) 零售不仅向最终消费者出售实物商品，同时也提供相关服务或劳务。

(3) 零售活动不一定在固定的零售店铺中进行。

(4) 零售的服务对象是最终消费者，不仅包括个人、家庭，也包括集团消费者。如公司购买办公用品，以供员工办公之用。在我国，社会集团购买的零售额约占社会商品零售总额的10%左右。

所谓零售就是把商品和劳务出售给最终消费者以供其最终消费之用的一种商业活动。

二、零售商

（一）零售商的定义

关于零售商的概念，中外学者定义大同小异。代表性的概念有：

美国零售专家迈克尔·利维教授与巴顿·A. 韦茨教授认为：“零售商是将产品和服务出售给消费者供其个人使用的一种商业企业。”

姚礼萍认为：“零售商是以零售活动为基本职能，将产品和服务出售给消费者供其个人使用的一种商业企业，是介于制造商、批发商和消费者之间，以盈利为目的的从事零售活动的经济组织。”

肖怡认为：“零售商是指以零售活动为基本职能的独立的中间商，介于制造商、批发商与消费者之间，以盈利为目的的从事零售活动的组织。”“事实上，零售商的角色颇似于消费者的采购代理人。”

黄维礼认为：“零售商或零售企业是向最终消费者出售商品，直接为消费者服务的商业企业。”

零售商主要从事零售业务，当然也可以从事批发甚至生产。零售商的主要任务是面向消费者而不是批发商或制造商。零售主要由零售商完成。但是，制造商、进口商和批发商也兼营零售。所以，从概念上要把零售商和零售业区别开来。零售是商品流通的最终环节。商品经过零售，卖给最终消费者，就从流通领域进入消费领域。零售企业是生产者与消费者或批发企业与消费者之间的中间环节，所以零售商经营状况如何，不仅关系到是否能满足人民生活需要，而且会影响整个国民经济的增长。

零售商是分销渠道中的最终业务环节活动。商品经过零售环节，卖给最终消费者，就从流通领域进入了消费领域。在现代社会，产品从生产领域向消费领域转移的过程中有不同的路径，如图 1-1、1-2 所示。

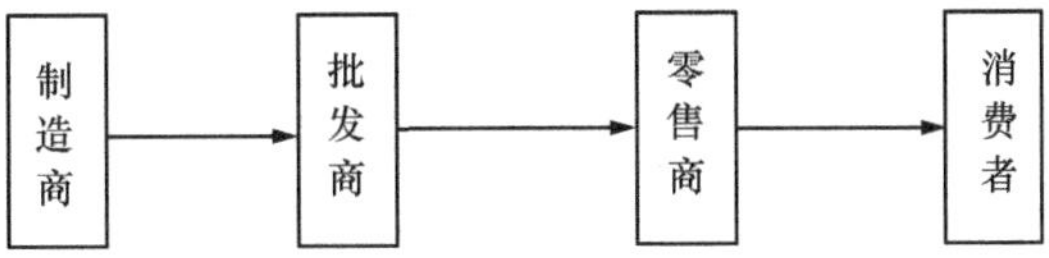

图 1-1　典型的分销渠道

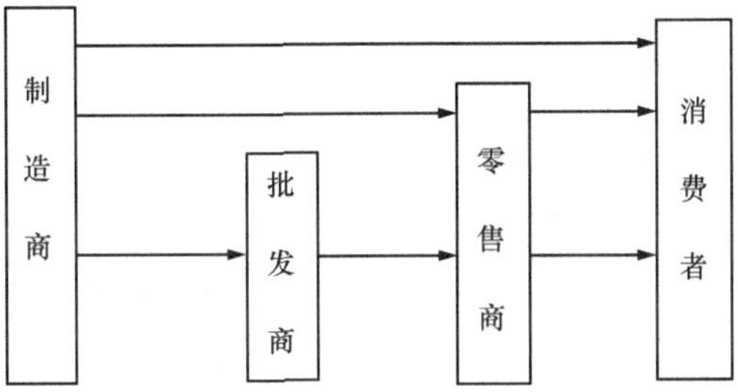

图 1-2　一般的分销渠道

图 1-1 中，零售商作为制造商、批发商和其他供应商以及最终消费者的中介，发挥着至关重要的作用。制造商生产产品并将其卖给批发商，批发商从制造商手中购买到产品转卖给零售商，零售商集聚来自不同渠道的商品和服务，大批量购买后再小批量出售给消费者。这是典型的产销分离。

图 1-2 中，制造商生产产品并将其卖给零售商与批发商，批发商从制造商手中购买到产品转卖给零售商，而零售商再将这些产品卖给消费者。这是典型的产销分离。制造商也可以通过自建零售店，或者上门推销、邮售、网络销售等方式，将生产出来的产品直接送达消费者手中。这是现代意义上的产销合一。

因此，并非只有零售商才提供零售活动。

（二）零售商活动

1. 零售商活动内容

零售商从事的活动，就是把产品和服务出售给消费者，从而使产品和服务增值的商业活动。这些活动包括以下五方面的内容。

1）提供各种产品和服务组合

提供丰富的产品及其组合，使顾客在同一市场中购买商品时，能在品牌、设计、规格、色彩和价格等方面有充分的选择余地。零售商在提供各种产品组合的同时，也就其所提供的产品组合实行专业化经营。超级市场提供食品、保健、美容产品以及家庭用品的产品组合，而新零售商可能只提供唯一的一种产品组合。

2）分装（分拣）货物

为降低运输成本，实现效率最大化，制造商总是把整箱或整盒的产品运送给零售商。然后零售商为满足最终消费者以及家庭的消费习惯模式，再向顾客和家庭提供较小量的产品。将大批装运的货物拆装成适合顾客需求的较小量的产品，就称之为分装货物。体现了零售商在分拣过程中的作用。如图 1-3 所示。

3）保有存货

零售商保有存货，使顾客在需要时能得到适用的产品。零售商用保持存货的方式为顾客提供了好处，即零售商降低了顾客储存产品的成本。储存产品会占用顾客的现金。

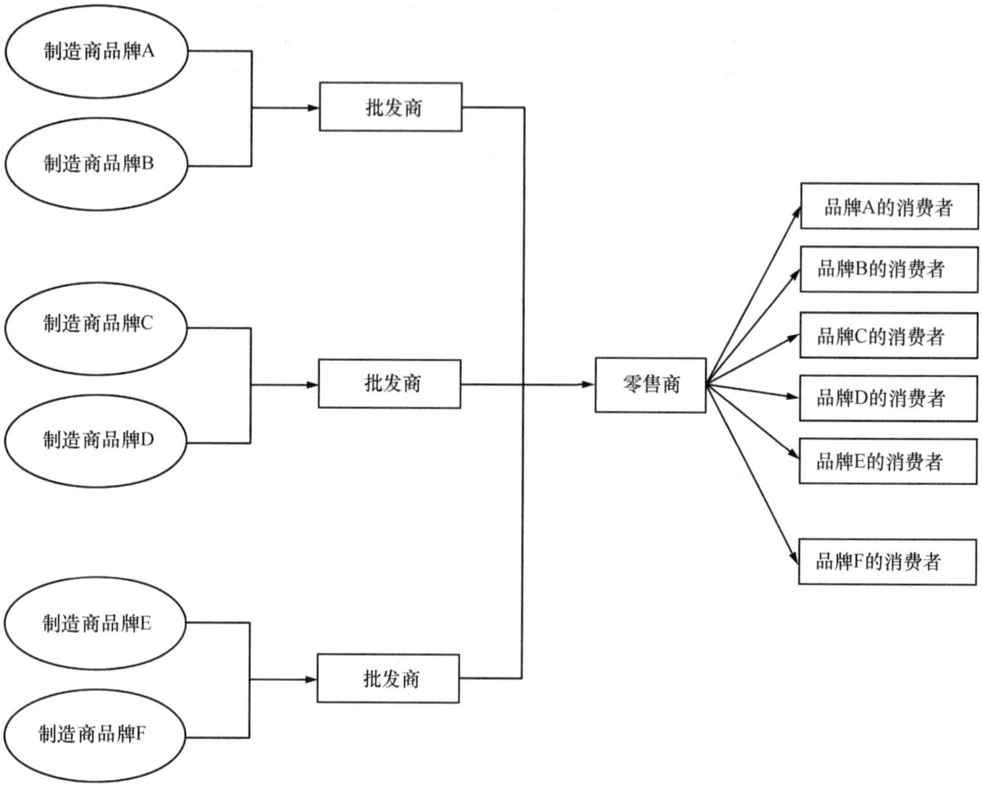

图 1-3 零售商在分拣过程中的作用

4）提供服务

零售商提供服务就是为顾客购买和使用产品创造便利条件。为顾客提供信贷，使顾客能够先拿到自己想要购买的产品，然后再付账；陈列展示产品，为了让顾客能在购买之前查看和试用产品；雇佣销售人员，让他们负责回答顾客提出的问题，并向顾客提供有关产品的其他信息。

5）与最终顾客及制造和批发商沟通信息

通过广告、推销员和商店展示，消费者可以了解商品和服务的可获得性及其特性、营业时间、销售状况等信息；制造商、批发商及其他服务机构则可了解销售预测、向零售商送货是否延迟、顾客抱怨、有缺陷的商品、存货周转情况（按款式、颜色和规格分析）及其他信息。信息反馈及时，供应商可以及时调整许多商品和服务。

总之，零售商通过提供产品组合、分装货物、保有存货和为顾客提供各种服务等方式，增加了产品和服务的价值，顾客可从他们所购买的产品和服务中得到这些价值。这些活动所形成的价值占顾客从零售商手中所购买的商品的最终成本的 20%～50%。这说明了零售商从事活动的重要性。

2. 零售商活动特点

1）交易规模小，交易频率高

由于零售商主要面对的是众多的个体消费者，他们一次的购买量小，但在一定时间内交易的次数较多。因而零售商是批量购进，零星售出，平均每笔销售量比制造商少得多。据统计，美国百货公司每笔交易额约为54美元，专业店为64美元，超市约32美元。交易量低就需要严格控制与每笔交易有关的费用（如资信确认、商品发送、包装），增加商店的顾客数量，通过积极的店内销售增加购买冲动。零售商与众多不同顾客之间的小额交易，使得零售商很难确定当前存货水平以及各种品牌、规格和价格的受欢迎程度。基于此，零售商正日渐使用计算机化的存货管理系统，以便于及时了解销售和存货动态。

2）最终消费者常常无计划购买，且受感情影响较大

零售额通常包括无计划购买与冲动购买。调查显示，大部分食品杂货店的购买者购物前并不注意广告，也不事先准备购物清单，购买完全是无计划的。这种行为表明，现场展示、吸引人的商店布局、组织良好的商店和商店橱窗具有重要价值。糖果、化妆品、快餐食品、杂志及其他商品，如果放在商店里容易看得见、客流量高的地方可以使顾客产生冲动购买。由于无计划购买的商品和服务多，因此零售商在进行预测、预算、商品采购及合理确定售货人员数量方面更感困难。同时，零售商要特别注重服务态度、仪表礼仪及服务效率，以增强感情投入，维持顾客对商店的忠诚。

3）零售顾客受商店位置吸引前去购物

尽管近几年来邮购和电话销售大幅度增长，但是零售顾客通常仍去商店购物，绝大多数零售额仍然是通过商店销售实现的。原因是：最终消费者数量众多，许多消费者仍对亲自采购及在不同品牌和款式之间选择感兴趣，平均销售规模小，购买具有无计划性，消费者希望家庭不受干扰等。既然零售顾客必须去某个特定的商店购物，零售商就需考虑以下因素：商店的位置、运输设施、营业时间、竞争者的相似性、商品组合、停车场地和广告。

（三）零售活动组合

零售有利可图之关键在于在适当的时间、适当的地点、适当的价格、适当的数量出售适当的产品。为此零售活动的核心是关注顾客、竞争对手和他们所处的环境。成功的零售商必须了解其顾客所需要的是什么，然后提供满足这些顾客所需要的商品和服务，以拥有比竞争对手更多的竞争优势，只是简单满足顾客需求是不够的，必须密切关注竞争对手，开展零售活动组合是必须的。

零售活动组合（retail mix）是指零售商用以满足顾客需要并影响其采购决策的各种活动组合。零售活动组合中的各要素包括：战略设计、组织系统、商店选址、商品组合、商品采购、商品存货、商品定价、促销、商店设计、商品展示与陈列、顾客服务、零售销售、商店管理等。

三、零售业态

（一）“零售业态”一词的来源

一般认为，“业态”一词源于日本，是典型的日语汉字词汇，大约出现在20世纪60年代。有人将“业态”一词的英语翻译为“Type of operation”，这使人感到“业态”不过是“经营方式”的另一种说法。实际上，日本零售业态的具体定义主要也是借鉴了美国的惯例。

“零售业态”何时引入中国，说法不一。有人认为，中国从20世纪80年代为介绍日本商业，开始引入“业态”一词，80年代后期，以超级市场为代表的新业态发展起来，“业态”一词开始用于分析中国商业。实际上，20世纪90年代中期，“零售业态”一词才被人们接受并得到广泛使用。1998年6月5日，国家国内贸易局颁布了《零售业态分类规范意见（试行）》，表明该词得到了官方的认可。

（二）零售业态的定义

日本零售业协会认为，业态是对应于消费者购买习惯的营业形态，也就是说业态是根据消费者的购物志向来划分的。

日本安土敏认为："业态是定义为营业的形态的。"它是形态与效能的统一。形态即形状，它是达成效能的手段，效能受到形状的制约。刘汝驹等也认为，"业态指零售业经营的形态。"它不是以商品的特性，而是以行业经营方式，将零售店分为各种形态。

萧新永认为："以人为中心、以服务为手段的销售方式，则称之为业态。"

李飞认为："零售业态，是指为满足某一特定目标市场需求而形成的零售业态。目前它主要用来说明各种店铺形态，一般不用来说明无店铺形态。"

原国家国内贸易局《零售业态分类规范意见（试行）》认为："零售业态是指零售企业为满足不同消费需求而形成的不同的经营形态。零售业态的分类主要依据零售业的选址、规模、目标顾客、商品结构、店堂设施、经营方式、服务功能等确定。"

上海市政府于2001年制定的上海市地方标准《商业零售业态规范》中认为：零售业态是"零售企业为满足不同的消费需求和目标顾客而形成的不同经营理念、经营方式的表现形式"。

2004年国家标准委员会颁布的《零售业态分类》新标准认为，零售业态是"为满足不同的消费需求进行相应的要素组合而形成的不同经营形态。"

（三）零售业态的内在组成要素

零售业态的内在组成要素，也是零售活动要素。它们是目标顾客、商品结构、服务方式、店铺环境、价格策略等因素。目标顾客是指零售店铺所选择的服务对象；商品结构是指零售店铺为满足目标顾客需求，所确定的经营各类商品的比例；服务方式是指零售店铺采取的售货方式和提供的服务内容；店铺环境是指店铺的装修与装饰状况；价格策略是指零售店铺所采用的高价或低价策略。缺少其中任何一个要素，零售活动就不能正常进行，也无法确定它的业态类型。因此，零售业态的实质是这些要素的组合，其组合不同，就有不同的业态。如果一家商店采取了这样的组合策略：目标顾客是家庭主妇；经营的商品为以食品为主的日常生活用品；服务方式为自我服务，并很少附加服务；店铺装饰不豪华；采取低价策略；那么，这家商店就表现为超级市场业态。

（四）零售业态的外延

外延是指概念的表现形式。零售业态的本质是各种零售要素的组合。这种组合所呈现出的现象形态就是它的外在表现形式——店铺。零售活动要素可以有千变万化的组合，这样就产生了各种各样的店铺形态。如果一家商店采取的组合策略是：目标顾客是中小商人；经营的商品主要为日常生活用品和办公用品；服务方式是"现金交易，货物自提"，并实行会员制；店铺装饰为仓库状态；采取超低价策略；那么这家店铺就表现为仓储式商店业态。可见，店铺类型就是零售业态的外在表现形式。当然，并非所有零售店铺都是业态店。最原始的店铺形态是业种店。业态店是由业种店演化而来的。产生于工业革命时代的百货商店，是业种店与业态店的分水岭。所谓业种店，是指按着供给商品类型划分或组建的零售店铺。诸如源于古代的布店、粮店、肉店、杂货店等。所谓业态店，是指按着服务需求的满足类型来划分或组建的零售店铺。诸如源于现代的超级市场、仓储式商店、便利商店、家居用品店等。因此，零售业种店与零售业态店之差异在于：①目的不同。业种店的目的主要是销售自己所经营的商品；业态店的目的主要是满足顾客的各种需求。②中心不同。业种店主要以商品为中心；业态店主要以顾客为中心。③标志不同。业种店是按照经营商品的品种来分类，其标志是商品，即卖什么；业态店是依据商店经营形态来分类，其标志是经营形态，即怎么卖。④产生时间不同。业种店产生于工业革命前的时代，是与不发达商品经济相适应的；而业态店产生于工业革命时代，是与发达商品经济相适应的，标志是百货商店的诞生。

判定一种零售店是否成为一种零售业态，至少应有三个标准。一是组合独特性。业种店仅是强调商品组合的不同，因此只要变换店铺商品结构，就会创造出不同的业种店。而业态店强调目标顾客的目标需求的独特性，为了满足这种需求而进行一系列的要素整合，以形成独特的店铺形式。例如，超级市场满足的是家庭主妇对日常生活用品一次性购足的需求，其相应的组合要素为：自我服务方式＋以食品为主的日常用品＋简洁的店铺装饰。二是广泛影响性。是指对传统的零售业态产生巨大的冲击，对零售业的发展作出了贡献，同时地区分布较为广泛。三是模仿流行性。

同样，判定零售业态优劣的标准，也至少有三个。一是竞争优势性；二是连锁适应性；三是运营“两便性”，即便宜与便利。

（五）零售业态的类型

目前世界共有多少种零售业态，并没有一个一致的看法。粗略统计，自从百货商店产生以来的150多年时间里，共产生了20多种零售业态，几乎在中国都出现。主要有：百货商店、超级市场、便利商店、仓储商店、专业商店、专卖店、购物中心等。国家标准《零售业态分类》将零售业分为17种业态。

四、零售业及其地位

零售业是指以向消费者（包括个人和社会集团）提供所需商品及其相关服务为主的行业。零售业是一个最古老的行业之一。沿街叫卖是最早的零售活动的写照，人类早期的商业就是从这种沿街叫卖的行商中起步的。在市场经济条件下，零售业成为国民经济的重要行业，对国民经济的发展起着重要作用，在国民经济中占有十分重要的地位。目前，零售业已成为人们普遍关注的热点行业。零售业在世界500强中占10%，在美国50强中占20%。美国沃尔玛公司在2002～2010年期间长期名列“500强”榜首，其中2006年居第2位、2009年居第3位。

（一）零售业是全部社会产品实现的最终的实际有效的渠道

零售业是发达的商品经济条件下的社会全部产品实现的最终的实际有效的渠道。零售商业状况的反作用会引起整个商品流通过程和社会再生产一系列环节的连锁反应。如果零售业经营状况良好，销售繁荣，批发贸易就会通畅兴旺，并意味着消费资料需求的增长，从而促进生活资料生产的扩大。而生产资料生产发展，又会带来社会经济发展的全面高涨。反之，如果零售商业经营状况不佳、销售不畅，商品在零售环节积压，就会引起批发贸易和社会生产的停滞，从而导致整个社会经济的衰退。

（二）零售业状况是国家经济发展状况的“晴雨表”

市场状况既是一个国家经济发展状况带来的结果，也是一个国家经济发展的条件。零售商业是整个市场的前沿阵地，是市场反应最敏锐、最直观、最迅速的部分，社会经济发展状况首先在零售市场上反映出来，零售市场状况是一个国家经济发展状况的最直接反映。事实上，国家的经济危机，首先都是通过零售商业销售危机表现出来的。零售业兴隆繁荣的作用，成了国家经济发展持续景气的必要条件。

（三）零售业是国民经济中的最大最重要的行业之一

格林·克拉克在其代表作《经济进步的条件》中用发达国家的历史数据总结出经济的服务化规律，用他的原话来说就是："劳动人口由农业转移到制造业，再从制造业转向商业和服务业"。零售业作为商业服务业的重要组成部分，在各国国民经济和社会发展中扮演着重要的角色。这表现在其从业人员多，企业数量多，销售额占国民生产总值比重大。以美国为例，1997 年美国零售业产值占其国内生产总值的比重达 9%，在零售业就业的人员达 2250 万人，平均每 10 个人中就有 1 个人从事零售服务业，零售业是美国吸纳劳动力最多的产业部门；从平均值来看，当代西方国家零售商业的就业人员占各国就业人员的 8%左右；企业数量占各国企业总数的 18%左右，零售业产值占 GDP 的比重为 8%～9%；发展中国家也是如此，1999 年台湾地区流通产业的营业额已占其国民生产总值的 16.61%，就业人数占社会就业人数的 21%。充分说明零售业是最重要的行业之一，零售业税收是国家税收的重要来源；还在于零售业的发展与人们的生活水平息息相关，零售业是与生活关系最密切、为居民生活服务的人员和机构最多的行业，零售业的历次变革和进步，都带来人们生活品质的提高，甚至引发一种新的生活方式。零售业的发展为社会安定起着保证作用。

同时，全球性生产过剩和现代营销观念的普及，使得零售业在各产业中的主导地位加强。从工商关系的历史来看，"工业占主导地位，商业依附于工业"的局面逐步向"商业占主导地位，商业引领工业"转变。现代市场营销观念的核心，是企业的整体活动自始至终必须以满足消费者和最终用户的需求为中心，市场成为了企业经营活动的起点。这样，作为销售终端的零售业对上游产业的主导地位就得以加强，零售企业经营活动范围已从流通领域扩展到生产领域，发挥着引导、组织生产，甚至创造消费需求的主导功能。零售商业的商流、物流组织由批零分开向批零一体化、生产加工销售一体化、高度组织化转变。商业企业集团的采购中心负责产品开发、设计、发料、订货，承担着经营产品的市场风险。随着商业连锁集团开发设计功能的健全，配送功能的形成，工商结合的形式也发生了根本变化，生产、流通与消费之间呈现出"生产企业围着批发企业转，批发企业围着零售企业转，零售企业围着市场需求转"的格局。具有代表性的表现就是商业企业自有品牌的发展，厂家按商家提出的性能、规格、质量、包装等要求从事生产，生产的商品打上商家自己的品牌上架销售。在西方发达国家，商业自有品牌的发展相对于厂家品牌的发展有加快的趋势。在英国主要超市 30%以上的商品为自有品牌，最高者达 54%；美国超市中 40%以上的商品为自有品牌；日本 20 世纪 80 年代末就有近 40%的大百货公司开发了自有品牌。

（四）零售业是一个国家和地区就业的主要渠道之一

充分就业是一个国家和地区宏观经济的重要目标。零售业的一个重要特性就在于对劳动力的强吸附性，正因为如此，才使零售业成为一个对充分就业有特别贡献的产业。各国的实际情况而言，零售业确实承担了相当一部分就业的任务。美国劳工署的数据表明，有 2100 万人受雇于 140 万个传统的零售商，这几乎与从事制造业的人数不相上下，但该数据仍低估了零售业的实际从业人数。在过去 10 年里，美国零售业从业人员增加了 24%，而与此同时，制造业从业人员却下降了 1%。在美国，大约每 10 个美国人中就有一位受雇于零售行业。由于零售业对劳动就业的突出贡献，许多国家甚至把扶持、发展零售业作为解决就业问题的一项经济政策。

（五）零售业是反映一个国家物质文明与精神文明的橱窗

零售业通过零售活动向外部展示了一个国家或一个地区的经济、文化及政治状况。零售业提供的商品种类及品种的丰富程度，人们在交易过程中的礼仪、语言、道德、市场秩序等，都展现了这个国家或地区的经济发展水平、人民的文化素质和道德水准以及市场管理水平等状况。

现代零售业是高投资与高科技相结合的产业，现在零售商们运用最先进的计算机和各种通信技术对变化中的消费需求迅速做出反应，当消费者在超级市场购买东西时，他的购买行为就被一系列的电子设备记录下来，零售商会从中寻找线索，以做出明智的选择。沃尔玛就是这样的零售商。

第二节 零售业的发展

一、西方零售业的演变与发展趋势

（一）西方零售业的演变：四次零售业革命

商业的早期发展大致经历了行商与坐商两个阶段。零售业最初的两种形式为露天叫卖的“小商人”和长途贩运的“大商人”。这在我国都称为“行商”。

中国与西方国家相比，无论是行商还是坐商的起源都更早。一般认为，我国从商朝开始就有了商人和商业活动，主要是行商。安徒生童话“卖火柴的小女孩”所塑造的形象，是西方国家早期的“小商人”形象。我国自秦汉以来就有了坐商。北宋张择端的“清明上河图”，表明坐商已达到空前繁荣的程度。而在西方国家，16 世纪才开始进入坐商兴盛繁荣的时期。

但是，自 19 世纪中期以来，零售业的“四次革命”，都是在西方国家掀起的。纵观西方零售商业近百年的历史，我们可以发现各种商业组织机构与经营形式的产生、发展与衰退，无不受市场经济激烈竞争的直接影响。零售业体系及商店类型的变革和演化，在欧美、日本和其他一些经济发达国家，走过了一条大致相同的道路：百货商店的兴起、连锁店的出现、超级市场的诞生、无店铺销售的出现。在零售业的发展历史上被称为零售业的四次革命。当然，关于零售业的革命，还有三次革命说、八次革命说等。

1. 西方零售业的第一次革命：以百货商店的出现为标志

19 世纪初，传统的零售经营方式是以肩挑小贩、摊贩、集市、自制自售、乡村杂货店等形式为特征的。产业革命使机器代替了手工劳动，生产的集中化导致了农村人口向城市集中，促使市场交易频繁。此时，落后的零售经营方式，已经不适应新形势的需要。百货商店作为零售业最早的商品流通新形式，随着资本主义经济的发展和建设新城市的需要而应运而生。1852 年，在法国出现了世界上第一家百货商店，称为“邦·马尔谢”商店。

“邦·马尔谢”商店的创始人布西哥以他崭新的经营方式对旧的商业进行了重大改革。摆脱了小店的经营方式，消除了零售店的许多恶习，适应了当时经济发展的需要。在“邦·马尔谢”商店：①顾客可以毫无顾虑地、自由自在地进出商店；②商品销售实行“明码标价”；③陈列大量的商品，以便于顾客挑选；④商品销售采取“薄利多销”的原则。

早期的百货商店大都以经营时装和女士用品为主，因而百货商店又称为“太太们的乐园”。

由于“邦·马尔谢”商店的经营方式比之传统的经营方式有许多进步，很快在欧美等经济发达国家产生了影响。在与其他零售商的竞争中，以新的经营方法和手段，很快就取得了经营优势，赢得了市场地位，迅速地得到了发展。

1860～1920 年，是百货商店发展的黄金时期。西方经济学界把百货商店的出现称之为“零售业经营方式的第一次革命”。被誉为百货商店之父的 A. 布西哥创造的“商法”，成为现代百货商店的一般经营管理方式，产生了深远的影响。其要点包括：①明码标价售货；②现金交易；③退货保证制度；④按商品部、商场实行专业化分工；⑤垂直统一的业务系统。

在后来的发展过程中，虽然百货商店的发展随着经济状况的变化经历过一些波折，特别是反垄断法与反不公平竞争法在一定程度限制了大型百货商店的扩张，但百货商店一直是零售领域的一种基本组织形式，至今仍然占有重要的市场地位。

百货商店的销售策略随着时代的变迁，也有所改变。在百货商店发展的同时，专业商店、一价商店等都得到了发展。

2. 西方零售商业的第二次革命：以连锁商店的发展为标志

连锁经营是当今世界零售业的主流，当今雄踞世界零售业高位的大公司，无不实行连锁经营。连锁商店的最大优势是“最普通的商品，最优惠的价格，最方便的购买，最优质的服务”。

连锁商店起因于竞争。一般认为，美国是连锁商店的鼻祖，1859 年美国大西洋和太平洋茶叶公司。这也是世界上最早的直营连锁经营组织。但美国人认为，连锁商店最早产生于中国。早在公元前 200 年前，中国商人就创立了拥有包括许多分店的店铺，实际上这就是连锁商店的萌芽。

连锁商店的出现之所以被称为零售业的革命，其主要原因是改变了商业组织的形式，即由单体店向组合店方向发展。把连锁商店称为“零售商业的第二次革命”，主要是从时间序列角度来说的。从对整个零售业的实际影响而言，应该把超级市场作为零售业的第二次革命，因为连锁商店直到 20 世纪 50 年代以后进入高速发展时期，而超级市场在 20 世纪 30 年代就已经出现并对当时的零售业产生了较大的影响。

3. 西方零售业的第三次革命：以超级市场的诞生为标志

超市的鼻祖是桑德斯。1919 年他对在美国孟菲斯市开设了一家自助商店，取名叫“地滚小猪”。这个名字是他见一头莽撞的小猪穿过篱笆逃跑时偶尔萌发的。

一般认为，世界上第一家超市是一个名叫卡伦的美国人于 1930 年 8 月开设的金·库仑食品商场。二战后，美国的超级市场遍布于各大、中、小城市，及至乡镇农村。

超级市场是美国人的一大发明。它不仅改变了零售商业传统的柜台销售方式，而且也改变了消费者的购物方式和生活方式。超级市场的诞生，被西方誉为“零售业的第三次革命”。

在超级市场的发展过程中，为了满足不同的消费需求，以及在竞争激烈的市场经营中寻求增加利润的新途径，又出现了便利商店、折扣商店等多种零售业态，同时还出现了购物中心、商业步行街等新颖的购物场所。

4. 西方零售业的第四次革命：以无店铺销售为标志

无人售货方式作为新型的零售业形式，是一种比超级市场更新的经营形式。它的特征是：①在营业方法上，采用自动服务方式；②经营种类有：食品、饮料、香烟、报纸、唱片、胶卷等商品；③销售方式是将自动售货机设在车站、旅馆、戏院、饭馆等来往顾客较多的地方，通过机器自动售货；④在管理方法上，商店只雇用少数人员补货和取款。由于机器不受时间限制（24 小时售货），所属商店既可增加销售额，又可节约经费，无疑是一种其他售货方法无法取代的先进售货方式。从20世纪70年代末到80年代初，这种无人售货方式发展得很快，使独立零售商，特别是食品零售商的存在受到了很大的威胁。无人售货，被美国人称为“零售业经营形式的第四次革命”。

零售业的四次变革极大地推动了整个商业流通领域的发展，在极大地方便消费者的同时，促进了第一、第二产业的发展。流通领域表现出与以往截然不同的新面目。

（二）西方零售业的发展趋势

1. 西方零售业总的发展趋势

1）大型化与小型化并存

零售商店的大型化发展趋势是最引人注目的，商店面积达几万、十几万平方米。大型商店的兴起，曾使成千上万的小商店倒闭，但同时又有成千上万的小商店开业。

2）专业化与综合化并存

商品分类经营，导致了专业商店的产生，适应了顾客专业消费的特点。综合化是百货商店的经营特色，但现代百货商店的综合化经营，从经营商品的种类到经营门类，已大大超过了传统百货商店。

3）集中化与分散化相结合

现代零售商店在地域分布上的一个显著特点就是商店日益集中，形成商业中心。商业中心的形式可分为两类：商场形式和商业街形式。商场形式如shoppingmall。商业街形式一般由百货商店和专业商店等各种类型的商店及其他商业机构组成，有的设在市中心，也有的设在城郊结合部或交通枢纽点。商业街的一种特殊形式是专业街，如香港之“男人街”和“女人街”，曼谷的“母马”服装街。便利店的出现，使零售业呈现出一种分散化的趋势，在选址上深入居民住宅区。集中化与分散化混合生长最典型的是美国，零售商店的地理位置向城郊分散，并逐渐形成郊区购物中心。

4）连锁化与国际化相交融

连锁经营以其标准化、专业化、统一化、规模化，成为当今世界零售之主流，成为一种全球化趋势，成功的零售企业，莫不采用连锁化经营。零售之连锁化，加速了零售之国际化。连锁经营以其国际化、信息化、自动化、效率化为其发展之特点。同时，自由连锁与特许连锁相互融合的趋势在加强。零售的国际化、全球化也成为一种大趋势，沃尔玛在全球六大洲开设了超过10000家商场，足以证明全球化成为一种趋势。零售全球化的战略选择，一般有独资经营、合资经营、特许经营等方式。

2. 西方零售业发展趋势之特点

（1）薄利多销受欢迎。强调薄利多销、进货出货快捷的企业与商品，将越来越受欢迎。

（2）重视市场定位，适应不同消费群体。美国、日本等国家目前的市场状况表明，喜爱便宜货的消费者会往专卖库存处理品的商店跑；重视时间效益，买了就走的消费者喜欢去便利店；认为购物就是休闲，强调一次购足、品种齐全的消费者会涌入购物中心或百货公司；而强调商品特色、重视良好服务的专门店则会吸引重视商品品质的消费者光顾。因此，满足不同顾客层的做法将越来越受到零售业者的重视。

（3）混合式的商品结构。为了吸引更多顾客，不同零售商经营商品的范围和界限将越来越模糊。

（4）折扣价渐成市价。厂商为刺激消费，不得不纷纷降价促销，使折扣价逐渐变成顾客所认同的市价。

（5）顾客满意最重要。零售商最担心的是顾客的流失。据调查，一位有怨气的顾客往往会直接或间接引发约30位消费者的不满。所以发达国家零售市场将更重视“顾客满意度”，以抓住顾客的心，确保市场占有率。

（6）零售店优胜劣汰，数量下降。

（7）走出国门，开辟新市场。

（8）科技即效率与财富。沃尔玛的高效管理，就来自信息技术的先进性，属下的万家商店的销售数据于当日打烊后90分钟内即可知悉；任何产品在店内的销售或库存数据均可随时查询。

（9）零售业与厂商关系日益密切。零售商与厂商之间逐渐建立共识，共享进、销、存货信息以降低成本，并针对不同顾客要求，联合开发、促销低成本商品及PB（自有品牌）商品，以提高销售额与利润。美国沃尔玛公司与PC公司合作，规划年度销售方案即为一例。

（10）无店铺直销业发展迅速。以电子商务为标志，可能催生西方零售商业第五次革命。电子商务，尤其是网上商店对零售商业可能会造成巨大影响。

二、中国零售业的发展

（一）中国零售业的发展现状

改革开放前，中国零售业实行高度集中统一的中央计划管理模式。零售企业以国有企业为主，集体企业为辅，尤其是城市零售业，无论网点大小，基本国有。行政主管按地区划分，城市由商业部门主管，分省（直辖市、自治区）、地（区）、县三级，县以下由供销社主管。零售经营形态分综合和专业两大类。综合主要是不同规模、级别的百货公司和小型的杂货店，在农村地区则是供销社；专业商店大致按商业部下属公司划分，如食品店、纺织品商店、五金交化商品店、文化用品商店。每一大类专业店又可划分为更细小的专业店。改革开放前，居民生活费支出中食品消费占了60%左右，所以与食品消费有关的零售占了相当大的比重。由于改革开放前，中国居民收入水平普遍很低，占人口80%的农村的居民又基本处于自给自足状态，1978年社会消费品零售总额只有1558亿元。据《中国统计摘要》数据，1978年全社会共有104.8万个零售网点，就业人员447.4万人，平均每店只有4人；而每店零售额仅13万元，每一网点服务人口数为914人。

改革开放以后，中国的零售业经历了一场深刻的变革，零售市场已由商品严重短缺的时代进入了绝大部分消费品供过于求的买方市场，90%以上的商品和服务价格已完全由市场供求决定，它不仅使零售业成为经济发展的热点行业，而且对整个流通业乃至经济运行方式都产生了积极影响，这种变化和影响主要表现在下面五个方面。

1. 零售业结构发生了巨大变化

无论从不同所有制零售商的个数，还是不同所有制零售商所占社会消费品零售总额的比例，都说明中国零售结构发生了巨大变化，国有集体零售商已让位于个体零售商。截止到2001年底，我国限额以上（年销售额500万元、从业人员60人以上）零售法人企业10285个，产业活动单位21872个，从业人数2063028人。其中，内资零售企业有10075个，港澳台商投资企业100个，外商投资企业110个。从经济成分来看，国有及国有控股经济企业零售额占全社会消费品零售总额的比重为18%，集体经济占15%，个体经济和私营经济占44%，外商投资及港澳台占3%。全国股份制商业企业3700多家，上市公司100多家。第二次全国经济普查主要数据公报显示，2008年末，全国共有批发和零售业企业法人单位140.3

万个，从业人员 1891.2 万人。在批发和零售业企业法人单位中，批发业 85.4 万个，零售业 54.9 万个，分别占 60.9%和 39.1%；在批发和零售业企业法人单位从业人员中，批发业占 55.8%，零售业占 44.2%；在批发和零售业企业法人单位中，国有企业 3.8 万个，占 2.7%，集体企业 5.1 万个，占 3.6%，私营企业 105.4 万个，占 75.1%，港、澳、台商投资企业 0.6 万个，占 0.4%，外商投资企业 1.1 万个，占 0.8%；在批发和零售业企业法人单位从业人员中，国有企业占 8.3%，集体企业占 4.6%，私营企业占 54.1%，港、澳、台商投资企业占 2.0%，外商投资企业占 3.3%。

2. 中国零售市场增长潜力巨大

国内零售市场容量迅速扩大，社会消费品零售总额稳步增长，中国已成为亚太地区乃至全世界最具增长潜力的零售市场之一。1978～2010 年我国社会消费品零售总额年均增长约 15%。2010 年，我国社会消费品零售总额 156 998 亿元，同比增长 18.3%，扣除价格因素，实际增长 14.8%。

3. 各种业态竞相发展

“十一五”期间，在传统百货零售业稳步发展的同时，作为现代流通手段之一的连锁经营成为商业企业采用的主要经营组织方式，连锁企业从少到多、从小到大，不断发展壮大，多种业态经营的企业大量增加，超级市场、便民店、专业店、专卖店、购物中心、仓储式商场、无店铺销售等发展迅速。连锁零售企业和餐饮企业零售额占社会消费品零售总额的比重由 2006 年的 10.5%提高到 2009 年的 12.6%。通过实施商业网点规划，促进了商业网点的合理布局，加快了社区商业、家政、早餐等生活服务业的发展，城市居民消费便利化程度大幅提升。以信息化带动流通现代化，大力发展连锁经营、统一配送、电子商务等现代流通方式，推动了连锁经营、网络购物快速发展。“十一五”期间，我国连锁业规模不断壮大，截至 2009 年末，我国限额以上连锁零售企业门店数已达 17.6 万个，比 2005 年增长 66.2%；营业面积为 1.18 亿平方米，比 2005 年增长 26%；商品销售额 2.22 万亿元，比 2005 年增长 77%；零售额 1.58 万亿元，比 2005 年增长 85%；从业人员达 211 万人，比 2005 年增长 32%。据中国电子商务研究中心统计，2010 年中国电子商务市场交易额已达 4.5 万亿元，同比增长 22%。其中，企业间（B2B）交易额达到 3.8 万亿元，网上零售交易额达到 5131 亿元。国内电子商务服务企业达 25000 家，网络团购企业数量达 1880 家。

4. 零售业全面对外开放

随着开放领域由零售业向采购中心、物流配送、分销体系等多方位演进，开放范围由少数类别逐步实现全面开放，大量外资企业开始进入流通领域。目前，世界著名跨国零售集团中的大多数已经进入中国市场。据有关资料显示，近几年已有 50 多家国际大型零售企业在中国开设分店，外商零售企业开设的门店数量达 1.5 万多个，营业面积近 1400 万平方米，占全部连锁零售企业的比重分别为 8.7%和 13.7%。外资流通企业的进入，不仅为中国流通业的改革提供了资本支撑，而且带来了先进的经营理念、管理模式和商业业态，培养了一批优秀的管理人才，极大地丰富了市场上的商品品种，满足了居民日益多样化的消费需求。在对内对外开放中，众多民营资本也广泛进入流通领域，为流通业发展增添了新的动力。2010 年限额以上零售企业销售总额中，内资企业占 87.2%，港澳台商投资企业占 4.4%，外商投资企业占 8.4%。

5. 零售业作为流通的最终通道对上游产业的拉动作用和主导化趋势日益明显

2000 年以来，我国消费品市场的增长已连续超过同期的国民生产总值的增幅。国内市场对国民经济增长的贡献率稳步提高，经济增长由原来的投资驱动、生产导向逐渐转向消费驱动和市场导向，流通产业对国民经济和产业结构调整的相关作用增强。

从发展角度看，中国零售业的变革还只是处在起步阶段，伴随中国经济的发展和居民可支配收入的增加，国内零售业今后的发展空间十分广阔，变化的节奏会进一步加快，内涵也会更加丰富。

在我国零售业发展过程中，也存在不少问题，诸如：(1) 零售企业规模小，组织化程度低，阻碍连锁经营优势发挥。从门店数看，到 2010 年，我国限额以上连锁零售企业门店数已达 17.6 万个，门店在 10 个以上的的企业不到连锁企业总数的 50%。从销售额看，2010 年我国零售业前 100 家销售总额为 16641.2 亿元，仅相当于同期全社会消费品零售总额的 10.76%。(2) 商业基础设施尤其是农村商业基础设施建设较为薄弱，缺乏高效益、合理布局的物流配送设施以及社会化专业信息服务体系对现代零售业的支持。(3) 零售规范化管理程度低，现代零售商业管理人才缺乏，尤其是职业经理层短缺。(4) 零售业态布局尤其是大城市存在过于集中、不合理的状况，而社区商业需要进一步提高便民利民程度。

（二）中国零售业发展趋势

按照商务部牵头编制的关于国内贸易的“十二五”发展规划，“十二五”期末使我国社会消费品零售总额、生产资料销售总额、批发、零售、住宿、餐饮等重要消费品市场的经营规模比“十一五”期末翻一番。我国零售商业发展空间巨大。

我国零售业发展总趋势：大型化与小型化并存、专业化与综合化并存、分散化与集中化结合、连锁化与信息化结合、区域化与国际化交融。同时，我国零售业的主导业态将会呈现百货商店、超级市场、购物中心、专业商店、便利店等多主导业态发展的局面，尤其是融百货与食品于一体的大型综合商店（GMS）更具有发展潜力，而百货商店采取连锁经营，向高档化方向发展；我国零售业的空间布局将从“条状”（即商业街形式）向“条状”与“块状”（即购物中心形式）相结合发展，条状式的商业街除传统的百货商店外，将会出现一系列专业商店，块状形式的购物中心将会向城市外围转移；我国零售业的销售方式将从“封闭式”（有柜台的销售方式）向“敞开式”（开架陈列、自我服务的销售方式）发展。

除此之外，我国零售业发展有一个趋势十分明显：零售业的规模化发展。现代零售业的发展必须形成规模经济，实现规模效益。我国零售业规模化发展趋势表现为：一是单店规模大型化，即原有百货商店为主的零售企业的改造、扩建。二是组织连锁化与集团化，因此零售企业的联合、兼并和跨区域发展成为一种必然。

（三）中国零售业发展模式

1. 以投资主体区分的发展模式

(1) 在原有国有流通企业基础上的业态发展模式。中国现已发展起来的零售连锁企业，其网点多数是由原国有中小百货商店、食品店 、副食品店、杂货店、小粮店等改造而形成的。其形成类型有：一是利用国有中小店铺发展形成；零售连锁企业与国有企业联营形成；三是由制造商或批发商的门市网点形成。

(2) 对原国有流通企业实行托管模式。

(3) 商业资本与房地产商联合发展模式。

(4) 社会资本投入模式。

2. 零售业态经营发展模式

(1) 突出单一业态经营模式。零售商对单一业态进行准确的市场定位后，以专业公司模式，立足主业发展。

（2）各类业态组合发展的模式。这种模式一般为集团连锁经营发展模式，多是在单一业态经营模式基础上发展而来的。

3. 零售经营管理模式

（1）全部采用直营连锁模式。直营店适合大资本企业的发展。

（2）以直营店为主加盟店为辅的模式。这种方式已被我国大多数零售连锁企业作为主要发展模式采纳，在以发展直营店为主的前提下，以成功的直营店经营为样板，吸引加盟者，选择可控地域发展加盟连锁店铺。

（四）中外零售业比较

我国的零售业受制于经济发展水平与消费水平等因素的影响，在规模化、组织化、国际化、业态结构、产权、零售法规、管理技术、顾客服务、连锁经营、物流配送、电子商务等方面，与西方发达国家零售业相比，有较大差距，核心竞争力尚待打造。

1. 规模比较

整体规模、单店规模较小。2009 年、2010 年连续两年为我国零售业百强榜首的苏宁，2010 年销售额为 1566.2 亿元，中国零售百强企业销售额为 16641.2 亿元，而沃尔玛全年销售额为 4082.14 亿美元。沃尔玛公司 2010 年销售额是我国零售企业百强销售总额的 1.6 倍，而我国 2010 年零售业百强企业排名第一的苏宁电器集团销售额为 1566.2 亿元，只相当于沃尔玛 20 天的销售额。其差距就不言而喻了。

2. 国际化比较

世界零售商巨头主要集中在美国、法国、德国、日本、荷兰等经济发达国家，国际零售商作为世界零售业的中坚力量，正在通过兼并、收购迅速扩张，由于受经济、人口增长以及零售网点分布等因素的影响，这些零售商在本土发展的空间受到约束，跨国发展，实行海外扩张市场策略，实现国际化，是世界零售商巨头保持规模竞争优势的重要出路。中国、东欧及一些发展中国家成为世界零售巨头最重要的扩张市场。而我国零售业的国际化应该说刚刚起步。

3. 连锁经营比较

美国连锁经营已占全国零售总额的 80％以上，而我国连锁经营企业占社会消费品零售总额约为 15％，2009 年连锁商业销售额居全国大中城市首位的深圳市，其连锁商业销售额（在本地范围内）为 1372 亿元，也仅占社会消费品零售总额的比重超过 52％。

4. 业态比较

西方发达国家现代零售业态丰满，而我国零售业态结构不尽合理，发展不太充分。

5. 布局比较

我国现代零售业态布局过于集中在大城市的核心商圈，而西方零售布局却是郊区化倾向十分明显。

6. 产权比较

西方零售企业所有制形式单一，产权清晰；而我国零售业是多种所有制形式并存，虽然个体私营零售业在零售比重占多，但国有及国有控股企业在零售业中仍起主导作用。

◎小结

零售就是把商品和劳务出售给最终消费者以供其最终消费之用的一种商业活动。零售商是以零售活动为基本职能，向最终消费者出售商品，直接为消费者服务。“业态”一词源于日本，在我国一般称为经营形态。零售业在国民经济中起着重要作用。零售业处于不断发展之中。

➢案例　苏宁电器能成为中国的沃尔玛吗?

1. 公司概况

苏宁电器于1990年创立于江苏南京，是中国3C（家电、电脑、通信）家电连锁零售企业的领先者，商务部重点培育的“全国15家大型商业企业集团”之一。经过20年的发展，已成为中国最大商业企业集团，品牌价值508.31亿元。截至2010年，苏宁电器连锁网络覆盖中国大陆300多个城市，并进入中国香港和日本地区，拥有近1500家连锁店，员工15万人，2010年销售收入近1500亿元，名列中国上规模民营企业前三强，中国企业500强第50位，入选《福布斯》亚洲企业50强、全球2000大企业中国零售企业第一。苏宁电器(002024)，是全球家电连锁零售业市场价值最高的企业之一。

2. 连锁发展

苏宁电器不断创新店面模式，从第一代空调专营店发展到第七代超级旗舰店（EXPO)，并形成了以超级旗舰店、旗舰店为主，中心店、社区店、精品店、乡镇店相互补充的店面业态组合，遍布城乡的连锁网络。2009年，苏宁电器收购了日本LAOX公司和香港镭射电器，探索国际化经营的道路。

本着稳健快速、标准化复制的开发方针，苏宁电器形成了“租、建、购、并”四位一体、立体化开发的格局，建立了覆盖直辖市—省会城市—副省级城市—地级城市—发达县级城市—乡镇六级市场连锁网络。以店面标准化为基础，在南京、北京等数十个一、二级市场核心商圈全力推进自建旗舰店开发。

3. 市场经营

苏宁不断坚持创新经营，拓展服务品类，承诺“品牌、价格、服务”一步到位，通过B2C、联名卡、会员制营销等方式，为消费者提供质优价廉的家电商品。

以“苏宁易购”为品牌，全面加快虚拟网络的规划与建设，计划通过10年的运营和积累，占据整个中国电子商务市场10%的份额，成为中国第一的电子商务公司。依托B2B平台，与国内外数万名知名家电供应商建立了紧密的合作关系，通过商品协同、供应链协同、市场协同、人才协同、沟通机制协同等，打造利益共享的高效供应链。

4. 终端服务

苏宁立志服务品牌定位，为顾客提供涵盖售前、售中、售后一体化的阳光服务。如依托遍布城乡的数千家售后服务网络，2万多名专业服务工程师时刻响应顾客需求，24小时内快速上门，为顾客提供专业、可信赖的售后保障，成为中国最大的电器服务商。苏宁电器推出了阳光包、IT帮客、服务管家卡等自主服务产品，自主推广的系列家用电器安检标准也成为行业或国家标准，拥有多项国家发明专利，是业内首家国家职业技能鉴定资质单位，荣膺中国最佳售后服务奖。

5. 智慧苏宁

信息化是苏宁电器的核心竞争力。苏宁电器建立了集数据、语音、视频、监控于一体的信息网络系统，实现了海内外300多个城市、数千个店面、物流、售后、客服终端运作和十多万人的一体化管理。依托SAP/ERP系统，苏宁完成了涵盖B2B、B2C等十多类120多项的信息应用模块开发，实现了“高效采销运营、精益客户服务、精细内部管理”三位一体全流程信息管理，并致力于为消费者提供更加迅捷的购物体验与智能化的家居生活。

6. 人力资源

苏宁电器建立了系统化的招聘选拔、培训培养、考核激励与发展规划体系。秉承“自主培养、内部提拔“的人才培养方阵，苏宁电器高度注重人才梯队建设，建立了上至总经理、下至终端作业人员的人才工程，陆续实施了1200梯队、总经理梯队、采购经理梯队、店长梯队、督导梯队、销售突击队、蓝领工程等十多项人才梯队计划，保障了企业持续快速的发展。

苏宁电器坚持打造学习型企业，建立了新员工、企业文化、业务能力与领导力等培训领域，涵盖入职、在职、脱岗、E-Learning自学以及厂商联合、校企合作、外部机构合作多种形式的培训体系，并在南京、杭州、北京等地自建现代化培训中心与苏宁大学，培训范围覆盖企业各级干部与岗位员工。

秉承“做百年苏宁，国家、企业、员工，利益共享；树家庭氛围，沟通、指导、协助，责任共当”是的价值观，苏宁电器坚持“激励为先，大胆提拔”的激励理念，建立了涵盖员工福利、各类奖励、晋升加薪、期权激励等多方面的激励体系，鼓励员工树立远大的事业理想，并立足苏宁平台，与企业共同成长，共享价值，成为苏宁的事业经理人。

7. 社会责任

作为一名负责任的企业公民，苏宁电器通过吸纳就业、缴纳税收、慈善公益等方式，不断回馈与服务社会，为推动经济发展与社会和谐奉献力量。2006年，苏宁创立“1+1阳光行—苏宁社工志愿者行动”，号召全体员工每人每年捐出1天工资用于慈善捐赠，每人每年奉献1天时间参加社工服务，成为中国第一家将社会公益长期化、制度化推进的企业。

8. 发展规划

苏宁将坚持国内与国际、实体网络与虚拟网络同步拓展，持续保持稳健、高速的发展，依托营销变革与服务优化，不断提升供应链效率与顾客满意度。到2020年，连锁店总数将达3500家，销售规模将达3500亿元，网络销售规模将达3000亿元，同步以香港与日本市场为桥头堡，探索海外市场发展，跻身世界一流企业行列！誓言“成为中国沃尔玛”，成为中国最优秀的连锁服务品牌！

☞ 讨论题

苏宁电器能成为中国沃尔玛吗？

思考题

1. 零售、零售商、零售业态、零售业释义。
2. 分析零售业态与零售业种之差异。
3. 零售商活动有何特点？
4. 分析零售业地位。
3. 分析零售业发展趋势。

第二章　零售业态

本章讨论的主要问题

1. 零售业态的主要类型
2. 零售业态的演化
3. 零售业态演化的主要理论

关键术语

零售业态　业态演化

第一节　零售业态类型

零售业态的类型很多，原因是零售业态的构成要素繁多，依据不同的要素组合，就有不同的业态类型。

一、零售业态的主要类型

1. 以商品范围分类，零售业态可分为百货商店、专业店、专卖店、超级市场、便利店等

百货商店是指在一个建筑物内，经营若干大类商品，实行统一管理，分区销售，满足顾客对时尚商品多样化选择需求的零售业态。专业店是以专门经营某一大类商品为主的零售业态，如办公用品专业店、玩具专业店、家电专业店、药品专业店、服饰店等。专卖店是以专门经营或被授权经营某一主要商品为主的零售业态。超级市场是开架售货，集中收款，满足消费者日常生活需要的零售业态。便利商店以速成食品，饮料、小百货为主，满足顾客便利性需求为主要目的的零售业态。

2. 以价格策略分类，零售业态可分为折扣商店、仓储会员店、目录展销店等

折扣商店是店铺装修简单，提供有限服务，商品价格低廉的一种小型超市业态。仓储会员店以会员制为基础，实行储销一体、批零兼营，以提供有限服务和低价格商品为主要特征的零售业态。目录展销店是通过样本目录招徕顾客，并在店铺进行售卖的商店，商品价格低于折扣商店。

3. 以联系消费者方式分类，零售业态可分为有店铺零售与无店铺零售两类

有店铺零售是有固定的进行商品陈列和销售所需要的场所和空间，并且消费者的购买行为主要在这一场所内完成的零售业态；无店铺零售是不通过店铺销售，由厂家或商家直接将商品递送给消费者的零售业态。无店铺零售又可分为网上售货、电视售货、电话售货、邮购、自动售货机售货等。

4. 以聚合状态分类，零售业态可分为商业街与购物中心

商业街，又称商店街或商业区，是指一定数量的商店聚集的街道或区域，是供人们购物的场所，这一场所根据规模、结构、地点可进行多种分类。依据交通环境可分为步行街、半步行街和非步行街；依据规模可分为大、中、小型商店街等。购物中心是多种零售店铺、服务设施集中在由企业有计划地开发、管理、运营的一个建筑物内或一个区域内，向消费者提供综合性

服务的商业集合体。依据购物中心的规模和机能，分为四类，即邻里型购物中心、社区型购物中心、地区型购物中心以及超地区型购物中心。

5. 以组织控制程度分类，零售业态可分为连锁商店、零售合作社、商店集团、消费合作社等

连锁商店是通过企业内部分工协作或企业与企业之间的分工协作，以提高零售业的组织化水平，获取竞争优势的经营方式。连锁商店有三种形式，即正规连锁、特许连锁、自愿连锁。零售合作社是由各独立零售商共同组成的组织，实行商品集中批发，并进行联合销售和促销。商店集团“是将几个不同的零售方式结合在统一的所有权下，并分部分分销和管理功能的公司”。消费合作社是指消费者共同出资组成的，主要通过经营生活消费品为社员自身服务的合作组织。

二、零售业态分类规范

原国家国内贸易局出台的 GB/T 18106-2000《零售业态分类》意见，主要依据零售业的选址、规模、商品结构、店堂设施、经营方式、服务功能、目标顾客等项目，将零售业态分为百货商店、超级市场、大型综合超市、便利店（方便店），专业店、专卖店、购物中心、仓储式商场等。随着中国零售业的迅速发展，新的零售业不断出现，该“意见”已不能满足形势发展的需要，国家标准化管理委员会于 2004 年 10 月 1 日起实施《零售业态分类》标准，新标准在原有标准的基础上进行了修订。新标准与 GB/T 18106-2000 的主要差异：增加了折扣商店、无店铺销售等业态，并对购物中心的种类进行了细分。新标准按零售店铺的结构特点，根据其经营方式、商品结构、服务功能、选址、商圈、规模、店堂设施、目标顾客和有无固定营业场所进行分类，将零售业态分为食杂店、便利店、折扣商店、超市、大型超市、仓储会员店、百货商店、家具建材商店、购物中心、电视购物、邮购、网上商店、自动售货亭、电话购物等 17 种零售业态。另外，还对各个业态的基本条件进行了细化，并以表格的形式加以体现。有店铺零售业态的分类和基本特点见表 2-1；无店铺零售业态的分类和基本特点见表 2-2。

表 2-1 有店铺零售业态的分类和基本特点

业态	基本特点						
	选址	商圈与目标客户	规模	商品（经营）结构	商品售卖方式	服务功能	管理信息系统
食杂店	位于居民区内或传统商业区内	辐射半径 0.3km，目标顾客以固定的居民为主	营业面积一般在 $100m^2$ 以内	以香烟、饮料、酒、休闲食品为主	柜台式和自选式相结合	营业时间 12h 以上	初级或不设立
便利店	商业中心区、交通要道以及车站、医院、学校、娱乐场所、办公楼、加油站等公共活动区	商圈范围小，顾客步行 5 分钟到达，目标顾客主要为单身者、年轻人。顾客多为有目的的购买	营业面积 $100m^2$ 左右，利用率高	即食食品、日用小百货为主，有即时消费性、小容量、应急性等特点，商品品种在 3000 中左右，售价高于市场平均水平	以开架自选为主，结算在收银处统一进行	营业时间 16h 以上，提供即时性食品的辅助设施，开设多项服务项目	程度较高

续表

业态	基本特点						
	选址	商圈与目标客户	规模	商品（经营）结构	商品售卖方式	服务功能	管理信息系统
折扣商店	居民区、交通要道等租金相对便宜的地区	辐射半径 2km 左右，目标顾客主要为商圈内的居民	营业面积 $300m^2 \sim 500m^2$	商品平均价格低于市场平均水平，自有品牌占有较大的比例	开架自选，统一结算	用工精简，为顾客提供有限的服务	一般
超市	市、区商业中心、居住区	辐射半径 2km 左右，目标客户主要为商圈内的居民	营业面积在 $6000m^2$ 以下	经营包装食品、生鲜食品和日用品。食品超市与综合超市商品结构不同	自选销售，出入口分设，在收银台统一结算	营业时间 12h 以上	程度较高
大型超市	市、区商业中心、城郊结合部、交通要道及大型居住区	辐射半径 2km 以上，目标顾客以居民、流动顾客为主	实际营业面积 $6000m^2$ 以上	大众化衣、食、日用品齐全，一次性购齐，注重自有品牌开发	自选销售，出入口分设，在收银台同一结算	设不低于营业面积 40% 的停车场	程度较高
仓储式会员店	城乡结合部的交通要道	辐射半径 5km 上，目标客户以中小零售店、餐饮店、集团购买和流动顾客为主	营业面积 $6000m^2$ 以上	以大众化衣、食、用品为主，自有品牌占相当部分，商品在 4000 种左右，实行低价、批量销售	自选销售，出入口分设，在收银台统一结算	设相当于营业面积的停车场	程度较高并对顾客实行会员制管理
百货商店	市、区级商业中心、历史形成的商业集聚地	目标顾客以追求时尚和品位的流动顾客为主	营业面积 $6000m^2 \sim 20\,000m^2$	综合性、门类齐全，以服饰、鞋类、箱包、化妆品、家庭用品、家用电器为主	采取柜台销售和开架面售相结合方式	注重服务，设餐饮、娱乐等服务项目和设施	程度较高
专业店	市、区级商业中心以及百货商店、购物中心内	目标顾客以有目的选购某类商品的流动顾客为主	根据商品特点而定	以销售某类商品为主，体现专业性、深度性、品种丰富，选择余地大	采取柜台销售或开架面售方式	从业人员具有丰富的专业知识	程度较高
专卖店	市、区级商业中心、专业街以及百货商店、购物中心内	目标顾客以中高档消费者和追求时尚的年轻人为主	根据商品特点而定	以销售某一品牌系列商品为主，销售量少、质优、高毛利	采取柜台销售或开架面售方式，商店陈列、照明、包装、广告讲究	注重品牌声誉，从业人员具备丰富的专业知识，提供专业性服务	一般

续表

业态		基本特点						
		选址	商圈与目标客户	规模	商品（经营）结构	商品售卖方式	服务功能	管理信息系统
家居建材商店		城乡结合部、交通要道或消费者自有房产比较高的地区	目标顾客以拥有自有房产的顾客为主	营业面积 $6000m^2$ 以上	商品以改善、建设家庭居住环境有关的装饰、装修等用品、日用杂品、技术及服务为主	采取开架自选方式	提供一站式购足和一条龙服务，停车位 300 个以上	较高
购物中心	社区购物中心	市、区级商业中心	商圈半径为 5km～10km	建筑面积为 5 万 m^2 以内	20 个～40 个租赁店，包括大型综合超市、专业店、专卖店、饮食服务及其他店	各个租赁店独立开展经营活动	停车位 300 个～500 个	各个租赁店使用各自的信息系统
	市区购物中心	市级商业中心	商圈半径为 10km～20km	建筑面积为 10 万 m^2 以内	40 个～100 个租赁店，包括百货商店、大型综合超市、各种专业店、专卖店、饮食店、杂品店以及娱乐服务设施等	各个租赁店独立开展经营活动	停车位 500 个以上	各个租赁店使用各自的信息系统
	城郊购物中心	城乡结合部的交通要道	商圈半径为 30km～50km	建筑面积 10 万 m^2 以上	200 个租赁店以上，包括百货商店、大型综合超市、各种专业店、专卖店、饮食店、杂品店及娱乐服务设施	各个租赁店独立开展经营活动	停车位 1000 个以上	各个租赁店使用各自的信息系统
工厂直销中心		一般远离市区	目标顾客多为重视品牌的有目的的购买	单个建筑面积 $100m^2$～$200m^2$	为品牌商品生产商直接设立，商品均为本企业的品牌	采用自选式售货方式	多家店共有 500 个以上停车位	各个租赁店使用各自的信息系统

表 2-2 无店铺零售业态的分类和基本特点

业态	基本特点			
	目标客户	商品（经营）结构	商品售卖方式	服务功能
电视购物	以电视观众为主	商品具有某种特点，与市场上同类商品相比，同质性不强	以电视作为向消费者进行商品宣传展示的渠道	送货到指定地点或自提

续表

业态	基本特点			
	目标客户	商品（经营）结构	商品售卖方式	服务功能
邮购	以地理上相隔较远的消费者为主	商品包装具有规则性，适宜储存和运输	以邮寄商品目录为主向消费者进行商品宣传展示的渠道，并取得订单	送货到指定地点
网上商店	有上网能力，追求快捷性的消费者	与市场上同类商品相比，同质性强	通过互联网进行买卖活动	送货到指定地点
自动售货亭	以流动顾客为主	以香烟和碳酸饮料为主，商品品种在30种以上	由自动售货机器完成售卖活动	没有服务
电话购物	根据不同的产品特点，目标顾客不同	商品单一，以某类品种为主	主要通过电话完成销售或购买活动	送货到指定地点或自提

第二节　零售业态演化规律

随着社会生产力发展水平的不断提高、竞争的日益激化及市场需求的不断变化，零售业态出现了分化、演变的现象。历史上出现了几次飞跃式的进步，也称为零售业态革命。至于出现革命的次数及顺序，则众说纷纭。其中主要观点有：①西方国家出现了三次零售革命，依次是百货商店、连锁商店以及超级市场；②零售业态依次出现了百货商店、超级市场、连锁商店三次革命以及由信息技术孵化的零售业的第四次革命；③零售业态依次出现了百货商店、连锁商店、超级市场三次革命，第四次革命又有两种观点，一是购物中心，二是无店式零售商店；④西方发达地区出现了五次零售业革命，即百货商业、连锁商店、超级市场、MALL、无店铺销售；⑤人类历史上出现了八次零售革命，即百货商店、一价商店、连锁商店、超级市场、购物中心、自动售货机、步行商业街和多媒体销售，如表2-3所示。

表2-3　人类历史上的八次零售革命

名称	业态开始时间	革命高潮期	特征
百货商店	1852年	1860～1940	扩大品种
一价商店	1878年	1880～1930	同一价格
连锁商店	1859年	1920～1930	组织创新
超级市场	1930年	1935～1965	自选购物
购物中心	1930年	1950～1965	商店聚集
自动售货机	第二次世界大战后	1950～1985	自动售货
步行商业街	1967年	1967年～?	漫步购物
多媒体销售	1980年	1980年～?	电视、网上购物

资料来源：李飞《零售革命》，经济管理出版社，2003年

一、零售业态的第一次革命——百货商店

19世纪中叶以前，零售业态的主要组织形态是杂货商店，经营商品品种有限，专业化程

度低，商圈小，交易过程中渗入血缘、地缘关系，服务水平起伏很大，很难适应商品交换所要求的“自由、平等、公平、自愿”的原则。1852年，法国的A. 布西哥在巴黎开设“邦·马尔谢”商店（又译“好市场”商店），它是世界上第一家真正意义上的百货商店。这家商店成功开设后，在随后的几年中，巴黎又涌现出了一批商店，如卢浮百货商店（1855年）、市府百货商店（1856年）、春天百货商店（1865年）等。此后，美国、英国、德国等国也开始纷纷仿效。中国自己开设的百货商店出现较晚，其中，1918年由郭氏兄弟在上海市创办的永安公司，是我国早期最为著名的百货商店，该店营业面积1万多平方米，经营品种达1万种以上。

百货商店之所以被称为人类历史上的第一次零售革命，在于它与传统店铺相比具有很大的革新性，这种革新并非现代百货商店创造的，在百货商店早期甚至第一家百货商店出现时就已经存在了，其革新性有以下几个方面。

1. 由传统店铺的单项经营改为百货商店的综合经营

传统店铺常常是布料店、鞋帽店、杂货店各个独立，而百货商店将日常用品汇集于一处，不仅卖布料、而且还卖服装、鞋及其他女用饰品，受到主妇们的欢迎，被称之为妇女乐园。

2. 由传统店铺的购货人才能进入改为百货商店的顾客自由进入

传统店铺常常是限制顾客进入，顾客如果不准备购物，最好别进商店，否则商人会缠住不放，不买东西就无法脱身。百货商店提倡顾客轻松地、自由自在地进入，欢迎光临而不一定购买，因此百货商店又有了一个别称——“免费博物馆”，成为了人们的休闲场所，逛百货商店成为女士们不可缺少的享乐场所。

3. 由传统店铺的讨价还价改为百货商店的明码标价

传统店铺是以讨价还价方式进行销售，价格具有弹性，店员可以对不同顾客采取不同的售价，充满了随意性、强制性和欺骗性。百货商店采取明码标价的固定价格策略，做到了一视同仁，使顾客选购时心中有数。

4. 由传统店铺的概不退换改为百货商店的退换自由

在传统店铺，顾客退换商品会认为是求人的事情。百货商店实行退换商品自由制度，一切顾客感到不适合的商品，一切不符合质量保证的产品，都可以按照顾客的意愿换货或退货。

5. 由传统店铺的高价改为百货商店的低价

传统店铺推行的是高赢利、低周转的策略，商品价格较高。百货商店奉行薄利多销的原则，低赢利、高周转，通过增加销售量获利。

6. 由传统店铺的自主管理改为专业化管理

传统的城市零售店和乡村杂货店，店主不仅亲自营业，而且自行负责人、钱、物的管理。与此根本不同的是，百货商店由于同时经营若干系列的商品，规模庞大，因而其经营活动分化成相对独立的专业性部门，实行分工和合作；管理工作则是分层进行的，企业订有统一的计划和组织管理原则，然后由若干职能管理部门分头执行。因此，百货商店是在一个资本的计划和统治下，按商品系列实行分部门、分层次组织和管理的。

百货商店是世界商业史上第一个实行新销售方法的现代大量销售组织，它是零售商业领域对以机械化为基础的大量生产的迅速发展以及城市化进程加快在组织上的直接反映，它适应了商品流通大规模、高效率、标准化的客观趋势，符合商品交换的“自由、平等、公平、自愿”的原则。因此，百货商店称其为零售业态的第一次革命。

二、零售业态的第二次革命——一价商店

一价商店是实行同一零售价的商店，大多以经营日用小商品为主，采取极为低廉的单一价格，按件销售商品。把一价商店作为零售业态第二次革命的提出者是法国零售专家阿荷芒·达扬（Armand Dayan）。

一价商店革命的核心是价格革命，引发者是美国人 F. W. 伍尔沃思，1878 年（有说 1879 年）2 月 22 日，伍尔沃思在美国纽约州尤蒂卡市开设了第一家零售店，1879 年在宾西法尼亚州的兰开斯特市开设了第二家一价商店，到 1911 年，他拥有了 318 家商店。20 世纪初，这种零售形式蔓延至欧洲，1909 年英国马莎公司开办了“一和六便士（One and Six Pence)”商店。1929 年以后，一些百货商店涉足一价商店，春天百货开办了普尼聚尼克(Prisunic)、拉法耶特百货商店开办了莫诺普里等。

一价商店的革新性在于价格革命，具有以下特点：

（1）不同商品实行同一价格。百货商店开创了明码标价，一价商店不仅明示价格、固定不变，而且所有商品都是一个价。

（2）价格全部低廉化。在一价商店产生之前，几美分一件物品的现象也存在，但正是一价商店将其扩展化，不是一件物品，而是全部物品低廉化。

（3）用商品陈列吸引顾客。开办一价商店，必须努力降低宣传费用，以维持低廉的售价，这就不能依靠花费大的报刊杂志做广告，只能用橱窗陈列来吸引顾客。

（4）将费用降至最低。实现低价格必须以低成本作为保障，除了进货成本降低外，售货成本也必须减少。一方面聘用最少的店员，带有价签的商品是自行售出的，店员的唯一工作是包装商品和找钱，不必催顾客购买或交钱，因此店员很少；另一方面雇佣低工资的年轻女士。

一价商店革命的影响虽不及百货商店那样巨大和深远，但也不容忽视。正是由于一价商店的出现，才开创了按商品价格标志设立的零售商店，诸如杂货商店、折扣商店、优惠商店等，即人们不是按商品品种开设商店，而是按价格水平开设商店，掀起了世界性廉价销售的风暴。

一价商店革命促进了连锁制度的完善与连锁商业的发展。无论是一价商店，还是杂货商店都是小规模的店铺，却是大规模的连锁组织，为后来超级市场连锁发展提供了经验和教训。

三、零售业态的第三次革命——连锁商店

连锁商店的原型可以追溯到中世纪晚期，德国奥格斯堡的富格尔公司在 15 世纪时就在欧洲各地设立了许多分店；17 世纪中叶，日本的三井家族也开办了连锁形式的商店。不过，一般认为现代意义的连锁商店创办于 1859 年的美国，1859 年，来自缅因州的乔治·洁尔曼和乔治·亨廷顿·哈特福德在纽约市的维齐街开了一家专售红茶的小店，取名为“大美茶叶公司”，1869 年公司名称改为“大西洋和太平洋宏大茶叶公司”，商品由红茶扩展到咖啡、面包、奶油、发酵粉、肥皂等日用品，1880 年连锁商店达 100 家，1900 年达 200 家。与此同时，欧洲一大批连锁商店产生，英国伦敦成立的无酵母面包公司被认为是欧洲第一家连锁店。20 世纪 20 年代后，连锁商店迅速发展，形成了世界范围的零售革命。

（一）连锁商店的优势

连锁商店是现代大工业发展的产物，是与大工业规模化的生产要求相适应的。其实质就是通过将社会化大生产的基本原理应用于流通领域，达到提高协调运作能力和规模化经营效益的目的。连锁商店之所以称为第三次业态革命，是因为它比独家百货商店更能显示其集团性的商业企业优势：

（1）连锁经营、广布网点的方式，突破了零售商圈的局限性的制约，能够迅速扩大商圈，开拓市场。

（2）连锁商店的分店具有高度统一性，从商品、价格、服务到店面装潢、店堂布置具有高度一致性，容易扩大影响，提升企业知名度与企业形象，建立商誉，积累无形资产。

（3）连锁商店由总店集中购货，可以增强价格谈判能力，往往能够绕过批发商，直接从厂商进货，减少中间环节，节约流通费用；因其购货量巨大也可享受价格折扣，降低进货成本，提高竞争能力。

（4）总店统一负责制定发展规划和经营战略，培训人员，筹资投资，有利于合理配置资源，建立整体优势，获取规模经济效益。

（5）分店专门从事销售，且统一经营战略与策略，有利于标准化作业，便于控制服务质量，稳定服务水平。

由于连锁商店的这些优势，专业商店、百货商店、超级市场等零售业态也纷纷实行连锁经营，甚至跨越国界，形成国际连锁店。

（二）连锁商店的劣势

（1）集中统一有余，机动灵活不足。由于经营管理的决策权集中于总店，分店难以因时制宜、因地制宜地灵活调整经营管理策略，总店的商品、价格、服务等策略未必符合当地的具体情况，不能恰到好处地满足消费需求，影响了竞争力。

（2）规模经济与规模不经济的界限很难把握，连锁商店为了发挥自身优势，获得规模经济，必然广设分店，大举扩张，但如此也造成了组织体系的庞大，控制难度增加，管理效率下降，决策可行性降低，又产生了规模不经济，与规模经济的初衷发生冲突，二者的均衡点不易获得。

（3）分店基本上属于执行机构，如何调动其积极性，激发士气，满足员工的自我实现愿望，也是一个难题；同时，分店经理在权力有限的情况下进行经营管理，提高经济效益，要求有出色的管理能力，由于连锁商店规模的庞大，导致了对优秀管理人才的大量需求，这也不容易满足。连锁商店的不足之处刺激了零售商业继续革命。

四、零售业态的第四次革命——超级市场

1930 年 8 月麦克尔·卡伦的商店经理以很低的租金在纽约市租了一间空的大仓库，创办了世界上第一家超级市场——金·库伦超级市场。到 1932 年，他已拥有 8 家代销店。往后这类市场迅速发展，风靡世界各地，其销售额占零售商业的相当比重，经营范围也得以大大扩张，单店规模不断扩大，还往往实行连锁经营，再加上开架顾客自选、引入计算机信息处理系统等现代化经营管理手段等方面的革新，把零售业推向了标准化、规模化发展方向，促进了商业经营管理的现代化，当之无愧地成为第四次零售业态革命的标志。

（一）开架售货方式流行

超级市场采用的自选售货方式，不仅冲击了原有的零售业态，而且也影响了新型的零售

业态，使整个社会的服务水平大大提高。过去百货商店以设立豪华、漂亮的柜台来体现售货员的服务，而今天把开架售货作为一个重要的竞争手段，后来出现的折扣商店、仓储商店、便利商店等都采取了开架自选或完全的自我服务方式。

（二）舒适的购物环境普及

在超级市场出现以前，食品店、鲜菜店等本该干净、卫生的地方，却污秽不堪。超级市场以整齐的货架、卫生的冷柜，创造了经营食品、副食品最舒适的购物环境，使人坚信任何商店都能构造舒适的购物空间，从而带动了一大批舒适、整洁、干净店铺的产生。

（三）节约了人们的购物时间

随着女性的工作时间增多，闲暇时间减少，同时各种娱乐活动增加，人们已不把购物当做休闲方式，要求购物更方便、更快捷，超级市场恰好满足了人们的这种新要求，将原本分散经营的各类商品集中到一起，并实施统一的结算，大大节省了人们选购商品和结算的时间，适应了人们将有限的闲暇用于旅游、娱乐、健身等活动这一全新的现代生活方式。

（四）促进了商品包装的变革

在超级市场产生之前，商品包装受到忽视，因为柜台售货主要靠售货员进行促销宣传，包装装饰与文字说明粗糙，食品、副食品存在着大量的散装。超级市场开架自选产生后，迫使厂商进行全新的商品包装设计，开展包装、标识等方面的竞争，出现了大中小包装齐全、装潢美观、标识突出的众多品牌，这也使商场显得更整齐、更美观，造就了良好的购物环境。

当然，超级市场远非尽善尽美，其服务水平较低，抵消了一部分价格优势，失去了一些偏爱高服务的顾客；所需一次性投资较大，经营管理要求也比较高；遇到其他零售商业的激烈竞争等等，表明零售商业必将继续革命。

五、零售业态的第五次革命——购物中心

购物中心起源于美国。1921 年，西尔斯·罗巴克（Sears Roebuck）公司在芝加哥郊区公路交叉点上建立了一家综合商店，以它为核心形成了带形中心（Strip Center）。带形中心是美国早期购物中心的典型代表。1923 年建成的康萨斯城乡村俱乐部广场（The Country Club Plaza）包括 280 家承租户，由互相独立的一系列商店协调开发，其建筑、景观和招牌等都有统一风格。1937 年建成的休斯敦奥克斯河中心（The River Oaks Center）有 47 家商店，并有 32500 平方米可出租面积（GLA）。1930 年，休·巴桑氏（Huge Prater）在得克萨斯的达拉斯，以几家商店为基础进行道路规划与整顿，开发了高原广场购物城（Highland Park Shopping Village），被视为第一个标准的购物中心。其特征是所有店铺都背对着道路开设，按地势特征修建设施与停车场，购物中心由单一所有权人进行管理。1937 年又出现了以顶棚架构为屋顶的购物中心，并将部分店位出租或商家合作进行经营。购物中心的迅速发展是在 20 世纪 50 年代。

购物中心之所以称为一次零售革命，主要是因为其功能的多样化，使人们一次购足、一次吃足、一次玩足达到了至善至美的程度，让人们方便地购买与享受。

（一）齐全的售卖功能

购物中心将百货商店、超级市场、各类专业商店汇集于一个建筑体内，满足了消费者吃、穿、用、住、行全方位的一次购足要求。从商品档次上，包括高、中、低档，使每一位

顾客在购物中心里能买到所需商品。

（二）创新的生活功能

购物中心除了设有人们购物的商店之外，还设有满足人们日常生活所需的休闲、娱乐、银行、医疗机构和运动设施，定期开展音乐、戏剧表演和艺术展览等活动，居民在购物中心购物、闲聊、集会以及治病等，它已成为现代生活之城。

（三）综合的管理功能

购物中心由多家不同企业的商店组成，除核心商店以外，其他零售店要在10家以上，并进行综合性的物业管理、店铺结构管理、宣传促销管理，但具体的业务并不统一管理。这不仅可以使各家店铺集中精力进行商品促销行为，还可以节约大量的广告、促销及其他方面的费用。同时，对顾客也具有相当大的吸引力，他们不必为买一件称心如意的商品而跑遍全城，因为购物中心为他们提供了足够的选择空间。

六、零售业态的第六次革命——自动售货机

自动售货机是通过硬币开动机器进行售货的一种方法。据史学家考证，早在公元前215年，埃及人就从投币启动的装置中购买祭祀用水，但仅为简单的自动售货装置，还称不上是自动售货装置。17世纪初期英国开始把自动售货机用于商业，最早出现于1615年的英国酒馆，当时硬币相当于开启商品箱的钥匙，自动售货机仅售卖烟丝。1857年，德纳姆获得了自动售邮票机的专利。在20世纪的30年代初期，自动售货机增设了冷藏设施，用以出售瓶装饮料。尽管当时各种售货机得到了广泛的应用，但是一些识币计量的棘手问题直到20世纪20年代才得到解决。最终是第二次世界大战后，由于电脑的应用，才使自动售货机能24小时方便地服务于顾客。

专家认为，自动售货机是第二次世界大战后爆发的一场新的零售革命，在20世纪40年代到50年代末的近20年间，拥有售货机的公司将机器安装在别人的场所内，包括工厂、学校、娱乐场所、保健中心、写字楼以及其他聚集人流的地方，由公司提供全部维修服务与产品。这种自动售货专业公司的出现和自动售货机普及化，标志自动售货革命的爆发。自动售货机承担了店铺与营业员的双层功能，这是前所未有的零售现象，是对传统零售业的重大冲击与变革。

（一）用机器代替了人

顾客完成购买行为不必有营业员进行服务，从挑选商品、支付货款、提取商品完全由顾客完成。这不仅节省了人力资源，而且也避免了营业员服务质量弹性化的现象，实现了一视同仁的标准化作业。

（二）突破了时空的限制

传统的店铺售卖，受地价与房租的制约，不可能到处开设。同时，受生理与心理的影响，不可能不间断地开门营业。高质量的自动售货机恰恰使这些都成为可能，不仅能24小时不停地营业，而且空间无限。

自动售货革命的爆发，对全球零售业产生了重大的影响。一方面，它使“以顾客为中心”的零售理念得到彻底的贯彻，消费者选择、付款、取货这一购买全过程完全成了独立自主行为，不受外界干涉，推动了全球服务业革命；另一方面，自动售货的便利性既迎合了现代人的需要，也改变了人们的生活方式，最终推动了便利商店的发展与成熟，满足便利需求

已成为现代零售业的一种时尚。

七、零售业态的第七次革命——步行商业街

（一）步行商业街的产生

步行商业街是指只允许步行者通行的步行商业街区，它由步行通道和通道两旁林立的商店组成。从第二次世界大战后到20世纪70年代初，西方各国商业出现了由都市中心向城市郊区转移的高潮，郊区购物中心发展起来，城市老的商业区出现冷清局面。一方面是由于居民的外迁；另一方面是由于商业设施陈旧，丧失了对顾客的吸引力，甚至居住城里的人也到郊区去购物。

20世纪70年代初，西方爆发了能源危机，石油价格暴涨，依靠小汽车到郊区购物中心购物已显不便。同时，城市中心商业区的萧条，出现了社会、文化、景观、商业活动各方面的危机，威胁着城市的繁荣与发展。因此，从70年代中期开始，欧美各国都实施了复兴城市、商业区重返城市的规划。此时，最能体现消费者主权的步行商业街产生并迅速发展起来，给城市中心商业区带来了生机和活力。美国一位建筑师称之为"步行者革命"。

在20世纪60年代，欧美一些社会学家、历史保护主义者和市政建设当局就曾提出措施予以补救，发展步行商业街就是繁荣城市中心区的重要一环。虽然60年代已有步行商业街的设想，但直到70年代初的石油价格上涨，才为其真正实施提供了环境条件，重新复兴城市中心区出现了机会。

步行商业街古而有之，古代社会的步行商业街许多是步行街，无车通行，但都是摊商或小店铺。现代意义的步行街在20世纪60年代出现，例如英国考文垂城在1951年开始建造步行街，其周围设有可容纳1700辆汽车的停车场，并很快在欧美及日本得到发展。一般认为，1967年美国的明尼苏达州尼古莱步行商业街的开辟，把商业区"重返城市"的运动逐步推向高潮。英国小城诺里奇（Norwich）1967年7月对本城最繁华的伦敦街实行了全封闭的交通方式，拆除了街道两侧高起的人行道，铺装了新的路面。并改造了货运进车道路。直到20世纪70年代，西方各国掀起了步行街修建的高潮。

（二）步行商业街的功能

步行商业街的功能已经不同于一般的街道，同一般的商业街也有所不同，它使步行商业街的功能更丰富。

1. 经济功能

从城市发展来说，由于城市的主要功能是经济功能。步行商业街主要担负发展经济的任务，而且从空间结构来说，主要是商业活动，所以，步行商业街的主要功能是从事商业活动，强化了商业功能，弱化了交通功能。步行商业街往往带来生意的兴隆和经济的发展，这在我国城市商业步行商业街的开街中得到证实。所以，许多步行商业街称为商业步行商业街。

2. 文化功能

随着社会的发展，经济与文化是密不可分的，经济中蕴含着丰富的文化，人们游览步行商业街不仅是为了满足购物的需要，或经济上的需要，也是享受文化品位。当然文化是丰富多彩的，商业自身的文化，饮食文化，建筑的文化，雕塑文化等，步行商业街的文化设施和文化活动都是一种文化。文化活动越丰富，就可能有更大的人气，就能促进商业的繁荣。

3. 休闲功能

游览步行商业街是复合性的，是相互诱发的，既是多目的性，又是无目的性，或者说是购物中寓休闲，或休闲中寓购物，有人以休闲为主，又有人以购为主。同时，步行商业街的购物或休闲往行为表现以家庭为单位，是一种群体消费和活动。玩得开心，吃得放心。

4. 娱乐功能

对娱乐功能也是如此。许多步行商业街设置现代的娱乐设施，有的既适合年轻一代的需要，又有适合老年人休息和活动的设施，通过步行商业街可以得到充分的消费和享受。

5. 保护功能

步行商业街大多是通过对城市传统商业街进行更新而建设的，实际上，步行商业街就是对城市历史的保护，包括具有悠久历史的商店、字号、街区，以及依托于它们的文化遗产的保护。

6. 环保功能

工业化时期，城市建设和商业发展对环境的破坏是有目共睹的。所谓“闹市”，就是说，“闹”和“市”总是联系在一起的，无市不闹，不闹无市。正因为如此，一些居民就不愿去商场或逛市。步行商业街的兴起改变了这种状态，步行商业街两旁繁茂的行道树，街中心的花坛，品种繁多的观赏植物，以及颇具吸引力的街景小品等，不仅为步行商业街的添色，而且创造了一个舒适和优美的生活环境。

（三）步行商业街的革新性

步行商业街不同于古代的步行街道，也不同于现代的购物中心，而是在二者相结合的基础上进行的一场变革。

1. 从所处时代来看，它是当代经济生活中的商业形态

在古代，城市就有了步行的商业街道，但那时是因为没有发明车子，街道两旁的“商店”无非是露天店铺。今天的步行商业街是为限制车流而开辟的自由商业区，街道两旁是现代化的商店。

2. 从产生的原因上看，它是为了复兴日益萧条的城市中心商业区而建立的

第二次世界大战以后，城市病日趋严重，噪音、污染令人烦躁，有钱人向城市郊区宁静地带迁移，同时造成城市零售店外迁，城市中心出现萧条和冷落，影响了城市的平衡发展。为此，各国政府采取了一系列的优惠和措施，努力复兴中心商业区，步行商业街由此兴起。因此，步行商业街是继郊区购物中心发展后，城市中心商业复兴的一种新的零售商业形态。

3. 从街区布局看，它是步行的商店街

所谓商店街，就是在马路两边有很多店铺，实行松散联合经营的街道。各家商店紧密相连，各有特点，经营着各种各样的商品。做原始的步行街的车路封闭，只让人通行。后来，出现了重新改建和装潢的步行商业街。可见，步行是这一形态的核心特征。

4. 从场所管理来看，它具有松散性特征

步行商业街一般位于城市中心区，场所不实行统一管理，所有权分散，街道常是露天形态，店铺结构虽有统一规划，但基本上拥有自由权。因此，步行商业街不是购物中心，也不是普通的商店街。

总之，城市中心区由无车到有车，由有车到无车，并不是简单的回归，而是“顾客至上”地位被确认的产物，是商店街的现代化发展。

八、零售业态的第八次革命——网上商店

网上商店，又称虚拟商店（Virtual Stores）或电子空间商店（Cyber Stores），它不同于传统的商店，不需要店面、货架、营业员等，商家在互联网上自设网站，展示、销售商品，顾客通过互联网，浏览展示的商品，进行选择与购买。这是全新的分销通路。它具有成本低廉、无存货样品、全天候服务和无国界区域界限等特点。另外，在网络上还可同步进行广告促销和市场调查以及收集信息等活动。

网上商店的基础是互联网。互联网为企业和客户间建立了一个即时反映交互式的信息交流系统，拉近了企业与消费者之间的距离。一般认为，网上商店 1994 年诞生于美国，该年度美国 Internet 的用户增长率为 2300%，许多网上商店都在这一年建立。最著名的当属亚马逊网上书店，最初，公司利润每 2～4 个月就翻一倍，第一年的赢利就达到 500 万美元。

中国电子商务的发展始于 20 世纪 90 年代初，1997 年 6 月，上海南京东路新华书店网上书店开张，被视为中国网上书店第一家。1998 年 9 月上海第一家网上百货商店——亿祥百货开张。自此中国网上商务迅速发展。

（一）网上商店的功能

网上商店可提供网上交易和管理等全过程的服务，因此它具有广告宣传、咨询洽谈、网上订购、网上支付、电子账户、服务传递、意见征询、交易管理等各项功能。

1. 广告宣传

网上商店可凭借企业的 Web 服务器和客户的浏览，在 Internet 上发播各类商业信息。客户可借助网上的检索工具（Search）迅速地找到所需商品信息，而商家可利用网上主页（Home Page）和电子邮件（E-mail）在全球范围内做广告宣传。与以往的各类广告相比，网上的广告成本极为低廉，而给顾客的信息量却极为丰富。

2. 咨询洽谈

网上商店可借助非实时的电子邮件（E-mail），新闻组（News Group）和实时的讨论组（chat）来了解市场和商品信息、洽谈交易事务，如有进一步的需求，还可用网上的白板会议（Whiteboard Conference）来交流即时的图形信息。网上的咨询和洽谈能超越人们面对面洽谈的限制、提供多种方便的异地交谈形式。

3. 网上订购

电子商务可借助 Web 中的邮件交互传送实现网上的订购。网上的订购通常都是在产品介绍的页面上提供十分友好的订购提示信息和订购交互格式框。当客户填完订购单后，通常系统会回复确认信息单来保证订购信息的收悉。订购信息也可采用加密的方式使客户和商家的商业信息不会泄漏。

4. 网上支付

电子商务要成为一个完整的过程。网上支付是重要的环节。客户和商家之间可采用信用卡账户进行支付。在网上直接采用电子支付手段将可省略交易中很多人员的开销。网上支付将需要更为可靠的信息传输安全性控制以防止欺骗、窃听、冒用等非法行为。

5. 电子账户

网上的支付必须要有电子金融来支持，即银行或信用卡公司及保险公司等金融单位要为金融服务提供网上操作的服务。而电子账户管理是其基本的组成部分。信用卡号或银行账号都是电子账户的一种标志。而其可信度需配以必要技术措施来保证。如数字证书、数字签

名、加密等手段的应用提供了电子账户操作的安全性。

6. 服务传递

对于已付了款的客户应将其订购的货物尽快地传递到他们的手中。而有些货物在本地，有些货物在异地，电子邮件将能在网络中进行物流的调配。而最适合在网上直接传递的货物是信息产品。如软件、电子读物、信息服务等。它能直接从电子仓库中将货物发到用户端。

7. 意见征询

网上商店能十分方便地采用网页上的“选择”、“填空”等格式文件来收集用户对销售服务的反馈意见。这样使企业的市场运营能形成一个封闭的回路。客户的反馈意见不仅能提高售后服务的水平，更使企业获得改进产品、发现市场的商业机会。

8. 交易管理

整个交易的管理将涉及人、财、物多个方面，企业和企业、企业和客户及企业内部等各方面的协调和管理。因此，交易管理是涉及商务活动全过程的管理。

（二）网上商店的革新性

网上商店之所以称为一次零售革命，是因为它与店铺销售和传统的无店铺销售相比具有很大的革新性，其核心是巧妙地凝聚了店铺销售和无店铺销售两者的优点。

1. 低成本、高效率的经营

网上交易可以节约制造商、零售商的分销成本，节约顾客购买商品的时间成本，使顾客在便利的条件下买到廉价的商品。分销成本的节约主要来源于两个方面：一是店铺费用的节省，网上商店将有形店铺进化为无形店铺，故不必支付房租、装修费、水电费用等，只需支付自设网站、软硬件、网络使用及维修等低廉费用即可；二是库存费用的节省，网上商店也可称为无存货商店，其运行特点是当接到顾客订单后，再向制造厂家订货，无须将实物商品陈列出来，只需在网页上打出商品目录和图片供顾客选择即可。

2. 完整的网上销售流程

“网上商店”绝不是一个简单的企业或个人的主页，它从目录到搜索，从选购到支付，从销售到配送，从企业形象到网上宣传等等，提供了一套完整的网上销售模板。即使暂时不进行网上销售，也是一个完美的企业或个人产品信息发布站点，客户可以根据网上商店信息再通过传统的方式购买产品。

3. 先进、简便、独立的管理方式

没有复杂的操作，商户可以通过简单的页面操作改变产品信息、新闻发布甚至页面风格。系统免费提供域名，也可使用商家自身的域名，因此商店完全可以独立运作。

4. 提供多种服务方式

网上商店还提供建店、维护、管理的一条龙服务。考虑到客户实际情况，还提供电话，传真等多种联络手段使商家和客户的沟通更及时、方便。

5. 功能强大的搜索以及分类目录管理

商家建立自己的商品目录时，系统自动将其产品信息归入一个庞大的商品数据库中，购买者可以通过“买卖网”的搜索引擎以及分类目录找到商户家。

6. 完美的商家、客户交流通道

商家不但能通过商店的界面与客户实时交谈，客户还可通过“网络视频”的功能（可选）实时和商家进行面对面的商务谈判。

7. 摆脱了地域限制

电脑屏幕＝商店卖场。网上商店的开办常常依托于国际互联网，因此商店与顾客之间的距离为零。顾客只要拥有电脑屏幕并上网，就可以在世界范围内的网上商店漫游，同时，商品一进入网上商店，就等于进入了世界上的任何国家，瞬间就成为国际品牌，是低成本扩张的好方法。

8. 交易无时间限制

顾客时间＝营业时间。网上商店打破一切时间上的限制，它不需要像店铺那样雇佣导购员，也不需要像目录销售那样安排电话接听员，这样，一方面不受劳动法的限制；另一方面，避免了员工因劳累或缺少训练而伤害顾客。它完全可以一天 24 小时，一年 365 天地持续营业，顾客随时可以上网，上网时间就是商店营业时间，似乎营业时间是由顾客控制的。

综观人类历史上的八次零售革命，从空间上看，除了百货商店革命首先爆发于法国外，其他都首先爆发于美国：从时间上看，百货商店革命、一价商店革命、连锁商业革命爆发于工业革命时代，而超级市场革命、购物中心革命、自动售货机革命、步行商业街革命、网上商店革命基本上是与信息革命时代发展节奏相适应的。

第三节 零售业态演化的理论学说

从零售业态经历的几次革命性的变化来看，零售业态的发展呈现从简单到复杂、从低级到高级、从单体到复合体、从单纯买卖到多功能化的发展趋势。对于零售业态的发展演变，西方经济学者提出了一系列的理论学说，主要有以下七种理论。

一、自然选择理论

该理论是根据达尔文的自然选择理论中派生出来的。概括地说，达尔文的理论就是“适者生存”，即最能适应环境的物种最有希望生存下来。美国零售专家吉斯特把这一理论运用于零售业，他说：“各种零售组织都可被看作是不同的经济‘物种’，它们都面对着由顾客、竞争者和变化着的技术所组成的环境。因此，我们可以将自然选择理论移植到零售组织的变化中来，而且在一定程度上解释一些种类的零售组织的成功和另一些种类的零售组织的失败”。

该理论认为，零售商业的发展变化主要受环境因素的支配，重要的环境因素有三类，即消费者特征、技术与竞争。零售业的环境在不断发生变化，适应这些变化的零售业态能够继续生存发展，而不适应这些变化的零售业态将被淘汰。

20 世纪 50 年代末 60 年代初，购物中心的大量出现和百货商店的衰落被认为是适应住在郊区的消费者需求的最终回答。美国在第二次世界大战后，社会经济发生了巨大变化，公路网络化和小汽车的迅速普及，城市人口向郊区转移，这使得位于市中心的百货商店由于地皮限制、交通拥挤、客流量减少和没有停车场等原因，经营遇到了困难，而在市郊的购物中心则蓬勃发展。百货商店不得不采取措施摆脱困境以求生存与发展，如到购物中心开设分支机构，设置廉价部，开发多样化经营等。

适者生存的思想，是公认的真理。环境不是僵化不变的，当环境发生变化时，就极有可能与零售组织之间产生不协调。因此，任何一种零售组织都难以永远辉煌。要生存和发展，就必须不断进行自我调整，适应变化的环境。当然，调整也不是无限的，当调整冲破了原有零售组织的局限，就表明这一类型组织将消亡。

二、零售轮转理论

零售轮转理论又称车轮理论，是由美国哈佛商学院零售学权威 M. 麦克尔（M. Machel）教授于 1958 年提出的。该理论认为，零售业态在竞争中是像轮子一样，不断地从低利润大量廉价销售，到高利润、高服务销售的反复循环。一般说来，新零售业态会采取低成本、低价格、高市场占有率的方式进入市场，随后逐渐增加新的服务项目，改善营业设施，使得经营成本不断增加，逐步转化为高价格、低利润的零售业态。这样，就会被新产生的低经营成本、低价格的零售业态所取代，零售业态的“车轮”不断转动，使零售业态不断发展，由此形成轮式循环，如图 2-1 所示。

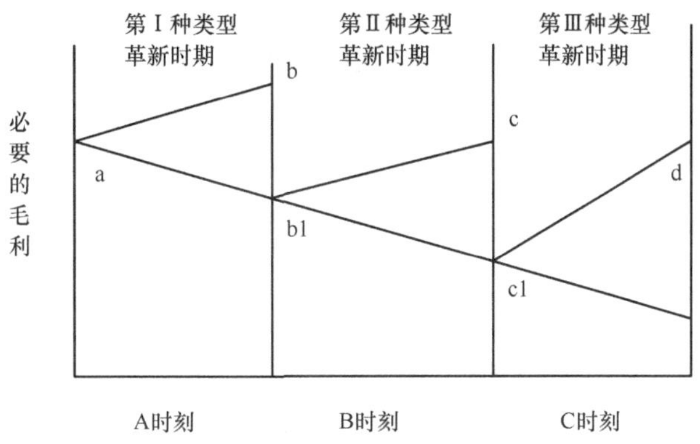

图 2-1 零售轮转理论

图 2-1 显示，A 时点的 a 点表示由于实行技术革新，只需要很少毛利就能满足经营需要的时点。当第一种类型革新者开始出现时，消费者都乐意到那个零售商店购买商品，但随着时间推移，由于Ⅰ型革新者的费用提高了，要维持经营就必须有比以前多的毛利，因此，当时间流动到 B 时点时，Ⅰ型革新者便把经营的毛利提高到 b 点，由于 B 时点也产生了能够用较少的毛利进行充分经营的零售空间，因而就有Ⅱ型的革新者出现。在零售市场上，Ⅱ型的革新者代替了Ⅰ型革新者。经过同样的过程，当时间过渡到 C 时点时，又有Ⅲ型的革新者代替了Ⅱ零售空间形式，如此向前演进。

零售轮转理论是建立在以下四个基本前提上的：

（1）存在着对价格敏感的购物者，他们愿意舍弃顾客服务、广泛的备选商品和方便的店址，最追求较低的销售价格。

（2）价格敏感型顾客的忠诚度通常为零，而愿意转向售价更低的零售商。

（3）新型零售商通常比现有零售形式运营成本低。

（4）随着零售商沿着轮转攀升，通常能带来销售增长、目标市场扩大和商店形象的改变。

百货商店在历史上的演化是证实零售轮转理论最好的例子。1852 年在法国巴黎诞生的第一家百货商店进入市场时实行低价策略，薄利多销，毛利率为 13.5%（当时一般商店毛利率为 40%～50%）；该店获得成功，1852 年的营业额为 45 万法郎，1863 年为 700 万法郎，1877 年为 6700 法郎；随后引来众多的效仿者，并风靡全世界。竞争对手的增多使得百货商店开始进入上升阶段，表现在：开始增加向顾客提供的服务，柜台由封闭走向敞开，价格由低价走向高价；同时，更新的业态——超级市场开始以低姿态、低价格和低毛率进入市场。

随着更新的业态不断蚕食百货商店的地盘和百货商店之间的竞争加剧，百货商店的毛利率上升，经营效率降低，大多数百货商店在维持生存，百货商店进入了它的衰退期。另一方面，超级市场目前也在不断地增加服务，面临着折扣商店的威胁，进行着它的轮回。

三、零售生命周期理论

早在该理论提出之前，就有人提出了产品的生命周期理论。大多数关于产品生命周期的讨论把一种典型产品的销售过程划分为四个阶段，即导入期、成长期、成熟期和衰退期。后来，美国零售专家戴维森等人把产品生命周期理论引入到业态上来，认为零售业态也存在着明显的生命周期阶段：革新、加速发展、成熟和衰退。在革新阶段，销售额增长较快，但由于初期成本过高，利润很低，甚至亏损。在加速发展阶段，销售额和利润都快速增长，业态很快普及于不同地区。成熟阶段的特征是整个零售业态的销售增长速度放慢，同时，由于采取许多刺激顾客购买的措施，使毛利率下降。进入衰退阶段，销售额和利润继续下降，许多公司会放弃对这种零售业态的经营，新的零售业态出现。这种理论还认为，零售业态的生命周期正在变得越来越短（见表 2-4）。

表 2-4 零售空间生命周期

市场特点	生命周期的各阶段			
	革新	加速发展	成熟	衰退
竞争者数	很少	适度	有许多直接的竞争者，适度的间接竞争	适度的直接竞争，并有许多的间接竞争者
销售增长	十分迅速	快速	由适度增长到增长较慢	增长缓慢，甚至下降
利润水平	由较低到适度	较高	适度	很低
持续时间	3～5 年	5～6 年	不定	不定

资料来源：汤宇卿：《城市流通空间研究》，246 页，高等教育出版社，2002。

零售生命周期理论具体研究各种零售组织成长和衰落的一般规律，具有实用性特征。作为一个计划工具，零售生命周期概念刻画出业态各个阶段主要特点和挑战，企业可以根据这一理论制定相应的主要战略；作为一个控制工具，零售生命周期概念使企业能在业态演变过程上与过去类似业态演变作一个对比，控制本企业的发展；作为一个预测工具，因为业态存在着各种不同的形式，以及零售阶段的持续性也各不相同，因此零售生命周期概念的作用较小。

零售生命周期理论解释的规律在于周期性。由于各国具体情况不同，各零售组织的生命周期到底有多长，还需要进行具体的分析和研究。该理论告诉我们，零售经营者不仅在该组织发展阶段要做出有效决策，而且在它走向衰落时，也要主动放弃并寻求新的能适应形势的零售组织，掌握主动权。

四、“手风琴”理论

“手风琴”理论是由布朗德于 1963 年首先提出的，再由霍兰德于 1966 年加以发展并命名。该理论将商品组合的幅度视同手风琴的形状，随着时间的推移，商品组合幅度大的业态经营一段时间以后，商品组合幅度较小的新业态将会随之出现，但不久之后，又会产生另一种商品组合幅度更大的新型零售业态。如此循环，依据商品组合幅度大小的变化，新的零售组合业态不断在市场上出现。根据“手风琴”模式理论的阐述，首先在市场的是综合性商店组合零售店，接着专门性商品组合的零售业态产生，之后综合性商品组合的零售业态又产生，如此循环，所以，此理论也称之为“综合—专门—综合”模式（见图2-2）。

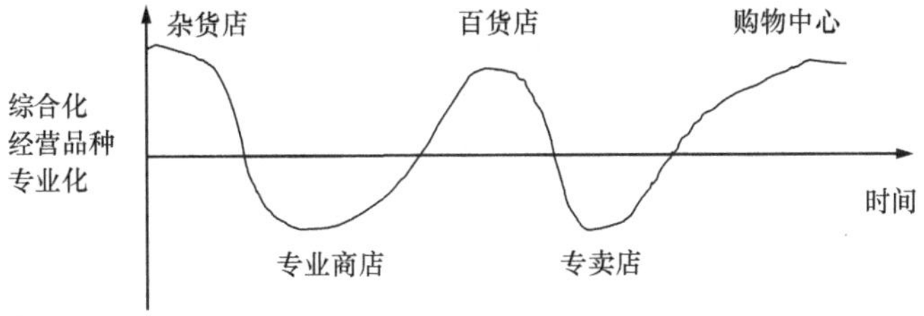

图 2-2　“手风琴”理论

经营药品的业态在美国的演化可以被引作证实零售“手风琴”理论的一个例子。19世纪初，美国综合店控制着药品生意。逐渐地专业的药商开始从综合店中接管大多数药品销售。然后，这些专业药店开始增加非医疗的其他项目，包括喷泉（19世纪80年代到90年代），特别在20世纪二三十年代期间，药店极大地扩大它们的商品组合。第二次世界大战以后，随着来自销售药和药相关项目的超市和折扣商店增加的竞争，药品争夺战全面爆发。抵消这种趋势的努力是大量开出专业药店，主要销售处方药和治疗商品，这些药店往往位于或接近医院。这个过程明显经历了一个“综合化——专业化——综合化——专业化”的模式。

零售“手风琴”理论主要根据商品经营范围即产品线情况来划分零售组织，并对其规律进行说明。它展示了业态通过商品组合变化的一面，分别形成了综合化和专业化两种商品组合。因为综合化和专业化各有优势，综合化可以体现“一站式购物”，但是它只是跨产品线的综合，无法满足一条产品线内的综合；专业化则与之相反。因此，“手风琴”理论告诉我们，专业化与综合化互为主导，也互为补充，虽然各有风光之时，但从没把另一方取代。

五、辨证过程理论

这一理论是由R. R. 吉斯特（R. R. Gist）于1968年提出的，他利用德国哲学家黑格尔的辨证学说来说明零售业态的出现过程，认为任何事物的最终发展都会走向自己的反面，即否定之否定。该理论认为，两种互相竞争的、形式不同的零售业态可以相互混合形成一种综合了二者特点的新形态。例如，专业店和百货商店是相互对立的两种业态，把两者结合在一起，就形成了购物中心这种新的业态形式。折扣商店百货商店的出现可能是实证辨证过程如何工作的最好的例子，如图2-3所示。

辨证过程理论带有普遍性，它揭示了零售组织发展变化的一般规律，即从肯定到否定，再到否定之否定的变化过程。任何一种业态都有其自身的优劣势。不断借鉴其他业态的优势进行本业态的调整，或者抓住可以混合不同业态的空隙进行业态的创新，是该理论作出的主要贡献。但是，这一理论描述得过于抽象，并把程度不同的变化等同起来。实际上，不少正、反、合的变化并没有引起组织形式的更替，只是各种零售组织自身进行了反向调整。

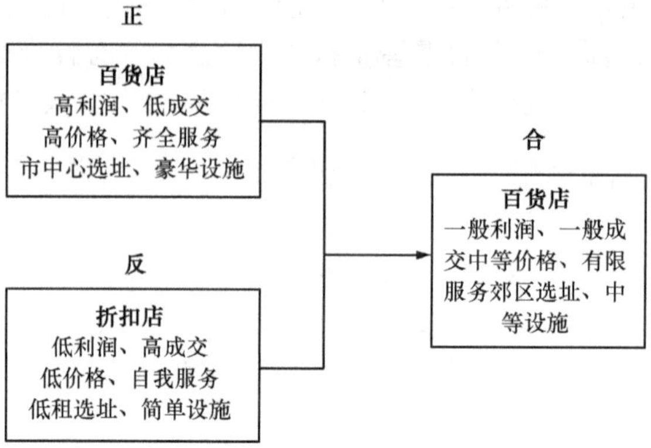

图 2-3 零售辨证过程

资料来源：Mason J. Morris L. Mayer & Hazel F. Ezell *Retailing*（Fourth edition），P. 17，Boston：IRWIN，1991.

六、“真空地带”理论

尼尔森认为市场真空是新零售业态产生的主要原因，新零售业态出现在现有零售业态未能涵盖的市场真空一带。该理论可以克服“零售轮转理论”的缺点，也就是能合理解释高价格设定型零售业产生的原因。另外，这个理论还能合理说明，不同国家间同一零售业态出现与发展过程为何有不同的形态。

七、“核心与周边”理论

这一理论是由 W. 奥尔德森（W. Alderson）在 1957 年提出的，他以核心市场与周边市场的概念，讨论革新零售业态之所以出现的原因。核心市场指的是零售企业主要利益来源的市场，成功的零售企业能灵巧地操作其专业技能、知识，彻底渗透、深入市场。周边市场指的是市场渗透程度较低，与竞争企业在市场上竞争时相对的竞争地位处于较弱势的市场。

一般说来，零售企业只要能选择、执行正确的营销策略，都可能在核心市场或周边市场上成功地发展。但零售企业通常可依其在核心市场的竞争优势和强势市场定位，并可借多角化经营策略开发新的零售业态，进攻该市场。

零售企业向核心市场的进入，导致周边市场零售企业的缺乏。革新零售业态是在现有零售业态处于相对弱势的周边市场上利用其真空地带的条件，以多角化经营策略的新业态进入周边市场开发新市场。那些坚守核心市场的零售企业，虽然免于来自竞争对手的正面进攻，但当周边市场急速成长时，如果依然坚持经营核心市场而未转换投资重心，就会丧失掌握未来竞争优势的机会。

由此，核心及周边理论也可说是真空地带理论的另一种解释。

◎小结

零售业态的类型很多，依据不同的要素组合，就有不同的业态类型。依据国家新标准，我国有 17 种零售业态。关于零售业态革命有不同认识，讨论了零售业态的八次革命。零售业态演化理论有自然选择理论、零售轮转理论、“手风琴”理论、辩证过程理论、真空地带理论等。

➢案例 法国百货商场的四大经营法宝

英国玛莎连锁百货在欧洲的38家商场全军覆没，而法国大型百货商场2000年的营业额却平均增长了5.9%，面对超市、专业店和邮购商业的挑战，法国百货业有何高招？

法国的大型百货商场已有150年的历史。它们始创于19世纪中叶，20世纪初叶和二战后数十年的两度辉煌，造就了"春天"、"拉法耶特"、"撒玛利丹"和"市府巴扎"等一批声名显赫的大商场。进入20世纪70年代以后，百货业的商业霸主地位开始动摇。最直接的原因是超级市场逐步走向成熟，各类专业商店异军突起，以及邮购商业的快速发展。据统计，1999年，全国共有2500平方米以上的大百货商场155家，而它们在1995年时还有167家；同期，法国营业面积在2500平方米以上的大型超市却达到了1151家，比1995年增加了64家；法国拥有的非食品类专卖店的数字也达到了6000多家，其中经营家用电器、服装、文化用品、鞋类和家具的著名连锁专卖店如达尔迪、福纳克等对大商场构成了直接的威胁。

面对来自各方的挑战与竞争，法国大型百货商场在争取生存与发展的激烈拼搏中并没有败下阵来，反而加强了自身的优势，巩固了在零售商业网络中的不可替代的地位。综观其经营战略，以下几点最为突出：

经营法宝之一：重连锁经营，巩固地理优势。由家族企业演化而来的法国大商场很早就意识到连锁经营的优势，最近几十年当中，发展连锁商店已经成为它们的既定战略。拉法耶特集团目前在全国拥有60家规模不等的连锁店，巴黎总店的营业面积达到5万平方米，中等城市的分店则只有数千平方米。另一家著名的春天商场也拥有18家连锁店。为扩大连锁经营，拉法耶特也曾在70年代试图打入远郊区的商业中心，与超市一决雌雄，但最后败下阵来。因此它们意识到市中心才是大商场的用武之地，再加上历史的原因，现在法国的大型商场无一例外都占据了各大城市的最繁华商业地带。在巴黎奥斯曼大街比肩而立的拉法耶特和春天两个商业巨人自身所处的地理位置就是永不褪色的金字招牌。远离市区的那些巨型超市，家乐福也好，欧尚也好，在这一点上就只能望"市"兴叹了。实际上，法国近年来已经形成了市内大商场，市郊大超市，各自雄踞一方的较为合理的商业布局，既避免了野蛮竞争，又维护了市容。

经营法宝之二：舍弃价格战，上档次搞创新。在价格上，大型百货商场难以与超市、专卖店和工厂直销店较量，因此它们大都舍弃了价格战略，转而发挥自身商品门类齐全、品位高、形象好的特点去征服顾客。在巴黎的几家著名大商场里，顾客可以在世界名牌林立的商品中选择服装、首饰、化妆品、鞋帽。拉法耶特商场每年必请巴黎著名的服装设计师举行展示会，甚至请他们专门为商场设计独家出售的系列时装。春天商场则在妇女高档用品和首饰上下工夫，并在去年专门推出了7000平方米的高级体育服装精品店，汇总了250种各路体育名牌，以适应欧洲近年出现的运动服饰热潮。

经营法宝之三：抓特色商品，创办海外分店。近年来，拉法耶特每年举办一次以一个国家为主题的商品展示销售活动，引进该国的特色商品，配以引人注目的广告和该国的国情介绍，这对顾客产生了强大吸引力和冲击力。东方的中国和日本，地处非洲南端的南非，大西洋彼岸的美国都曾经是其嘉宾。法国是世界第一旅游大国，每年入境的7000万外国游客当然是法国大商场争取的对象。

在法国零售市场趋于饱和的情况下，向海外发展就成了大型连锁百货商场的一条可供选择的道路。拉法耶特除早已在英国和埃及设有分店外，自1980年开始又陆续在新加坡、北京、曼谷、东京、莫斯科、汉城、柏林等世界大都市开设了连锁店。春天商场的控股股东比诺集团也在考虑继其家具和文化用品专门连锁店国外设点后，将百货商场推向国际市场。

经营法宝之四：搞兼并联合，走集团化道路。法国大型商场通过联合兼并已经形成今天集团化的态势。例如，拉法耶特在20世纪80年代中期就已经收购了31家陷入困境的大众商店，使其旗下的拉法耶特商场达到60家，以“单一价格商店”为招牌的中小型商店达到238家，遍布全国144个城市。接着，又于1993年一举兼并了在全国拥有19家分店的“市府巴扎”商场。这些地处城市中心地带、以经营家庭装饰品而闻名遐迩的综合商场的加盟，使拉法耶特集团商品经营覆盖领域更为广泛和齐全，也进一步巩固了其在各个城市的优势地位。目前，拉法耶特已经成为法国最大规模的单一大型百货商场集团。春天连锁商场则于1992年被比诺商业集团收购，并与福纳克文化用品连锁店、孔福雅玛家具连锁店一起成为该集团四大支柱之一。既有独立的经营权力，又背靠以金融、精品和集团供应等其他三个支柱支撑下的比诺集团实力强大，春天百货连锁经营更是如鱼得水。

☞讨论题

以法国百货商场的发展为鉴，谈谈我国大型百货商店的发展。

思考题

1. 简述17种业态及其基本特点。
2. 谈谈零售革命。
3. 分析西方零售业态发展理论对我国零售业发展之启示。

第三章　零 售 环 境

本章讨论的主要问题

1. 影响零售业经营的经济环境和非经济环境
2. 零售顾客的购买动机、购买行为、购买过程及影响顾客购买决策的因素
3. 零售竞争环境

关键术语

宏观环境　零售顾客　竞争环境

第一节　零售宏观环境

一、社会和人口环境

（一）人口环境

人口是构成市场的基本因素。哪里有人，哪里就有衣、食、住、行等各种消费需求。在收入水平一定的条件下，一个国家总人口的多少，决定市场容量的大小。但任何企业都不可能面向所有的人口，因此，除了分析一国或地区的总人口以外，还要研究人口的地理分布、年龄结构、性别、家庭单位与人数等因素。

1. 人口规模

人口规模是决定消费品需求的基本因素。在其他因素不变的情况下，人口规模越大，意味着消费需求越多，市场也就越大，零售商的营销机会也就越多。

一个国家或地区人口数量的多少，是衡量市场容量的重要因素。统计分析一个国家总人口和国民收入，或调查一个地区的总人口与居民的经济收入，可以概括地了解市场容量的大小和购买力水平的高低。

零售商不仅要考虑全国的人口规模，更重要的是要关注本地的人口规模，因为零售商一般都是面对本地的消费者的。这里特别需要研究的是当地人口密度，即每平方公里的人口数。因为它影响和制约着本地商品需求总量及其消费平均水平，从而影响和制约零售商的网点总量和布局以及商品购销规模。零售企业考察人口规模，主要从动态考察，一是研究人口的自然增长率，即研究人口的出生率和死亡率之差；二是研究人口的净迁移率，即研究人口的迁入率与迁出率之差。

2. 人口地理分布

人口在地区上的分布，与市场消费需求有密切关系。居住在不同地区的人群，由于地理环境、气候条件、自然环境、风俗习惯等的不同，消费需求也不尽相同，购买习惯与行为也存在差别。例如，农村居民与城市居民生活习惯就有所不同。不同地区的居民，在服装、饮食上也都有不同爱好。

3. 年龄结构

人口的年龄不同，其需要和欲望一般也不尽相同，在消费观念、商品需求、购买行为等

方面都存在着差异。

我国和其他许多国家一样，由于生活保健医疗条件日益改善，人口死亡率普遍下降，人均寿命显著延长，使得老年人口比例增大。目前，我国的老年人口将达到总人口的12%左右，进入联合国所谓的“老年社会”。老年人口的增加，使得市场需求结构发生变化，老年人用品的需求将会不断扩大，如保健用品、营养食品、药品等的市场会日益兴旺。同时，这种动向也会给某些行业带来威胁，如剧烈体育运动用品的需求就可能下降。

4. 人口性别

人口的性别差异也给市场消费需求带来显著的差别，不但需求不同，而且购买习惯与行为也有很大差别。由于女性多操持家务，大多数日用消费品由女性采购，因此，不仅妇女用品可设专业商店销售，很多家庭用品及儿童用品，也都可纳入妇女市场。

5. 家庭单位与人口

家庭是社会的细胞，也是商品采购的基本单位。一个国家或地区拥有多少个家庭单位以及平均成员的多少，对于零售商销售产品有很大影响。如家庭单位增加，炊具、家具和家用电器等需求量就会增加。家庭人数减少，要求零售商品适应小家庭的需要。

6. 人口教育构成

所谓人口教育构成是就人们所接受学校教育程度而言的。文化教育水平在人们的购买和消费行为中起着重要作用。改革开放以来，我国人口中文化层次有了显著提高，从1999年开始，国家又大力扩大现有高校的招生规模，积极扶持民办高校的发展，我国人民的平均文化素质有较迅速的提高。零售商应认清这一趋势，逐渐注重人的文化和精神生活需要，多经营和经营好这类商品。

7. 人口职业构成

不同职业的人们，其消费需求是不相同的。由于历史的原因和习惯的作用，我国农业人口在总人口中的比重很大，1949年为82.6%，此后直到20世纪70年代中期还一直呈上升趋势，最高年份的1970年达到84.7%。十一届三中全会以后，此比重开始下降，至2010年，降至43%。这一趋势还会继续下去。这就要求零售商要注意在商品结构、服务方式、促销手段、销售网点等方面适应这一变化，使改变了职业的农民和进城的农民的需求得到满足。

（二）社会环境

每个人都生长在一定的社会文化环境中，并在一定的社会文化环境中生活和工作，他的思想和行为必定要受到这种社会文化的影响和制约。零售商的社会和文化因素，一般泛指在一种社会形态下已经形成的信念、价值、观念、宗教信仰、道德规范、审美观念以及世代相传的风俗习惯等被社会所公认的各种行为规范。社会文化作为人们一种适合本民族、本地区、本阶层的是非观念，强烈影响消费者的购买行为，使生活在同一社会文化范围内的各成员的个性具有相同的方面，它具有购买行为的习惯性和相对稳定性的重要特点。零售商必须注意分析、研究和了解社会文化环境。社会文化环境包括宗教信仰和价值观念。

1. 宗教信仰

宗教是影响人民消费行为的重要因素之一。人类在其自身发展过程中，人们的生存活动充满了对幸福、安全的向往和追求，在生产力低下、思想愚昧、对某些自然现象和社会现象还迷惑不解的早期阶段，这种追求必然带着盲目崇拜的宗教色彩。这种宗教色彩一旦被后人沿袭继承下来，就逐渐形成一种模式，影响着人们的消费行为。

2. 价值观念

生活在不同社会文化环境下的人有不同的价值观念。在我国，人们一向以节俭为荣，以挥霍奢华为耻，这种朴素的民风和节俭的心理，表现在消费行为中就是精打细算，在购买商品时，花钱较慎重，注意商品质量，讲究经久耐用。即使家庭收入较高的人，其结余也大部用于急需，以备子女婚嫁等用。近几年来，我国人民生活水平有了很大提高，人们在吃、穿、用上趋向营养、时尚和高档。在经济发展的基础上，应当鼓励适当提高人民消费水平，但那种婚丧大操大办，铺张浪费，盲目追求高消费的风气是不应提倡的。

（三）消费习俗

所谓习俗就是指风俗习惯。一般来说，风俗是指世代相袭固化而成的一种风尚。习惯是指由于重复或练习而巩固下来的并变成需要的行为方式。消费习俗是人们各类习俗中的重要习俗之一，是人类历代传递下来的一种消费方式，也可以说是人类在长期经济活动与社会活动中所形成的一种消费风俗习惯。例如，我国人民，每逢农历新年，都要大量购买各种食品、礼品、鞭炮等节日用品，家家户户贴着吉祥如意的春联，有些地方举办庙会、灯会等进行庆祝。西方国家人们每逢 12 月 25 日圣诞节前，就大量购买圣诞树、礼品、各种食品和日用品，互送圣诞贺卡，欢度圣诞节。不同的消费习俗具有不同的商品需要。研究消费习俗，有利于组织好消费习俗用品的生产与销售，也有利于正确、主动地引导健康的消费。

（四）道德规范

道德是一种社会意识形态，它也是一定社会调整人们之间及个人和社会之间关系的行为规范的总和。道德规范对人们消费也有重要影响。不同的道德规范决定人们不同的交往行为，决定不同的家庭模式及消费方式，也决定不同的婚姻习俗。我国向来以“礼仪之邦”著称于世，对于人与人之间的关系和感情极为重视。个人行为往往习惯于与周围环境或别人保持一致，不愿“鹤立鸡群”。这种重人情、求同步的心理，在消费行为中表现为向多数“看齐”。我国人民的消费行为不像西方人那样，过分强调个人价值、个人需要、个人意志，而总是考虑家庭的、风俗的及社会的标准与效果，希望自己的行为被别人和社会认可，而对那些标新立异的行为往往看不惯。随着对外开放和经济文化的发展，人们的传统道德观念有所变化，在青年人中，要求在消费上表现出个人个性的已日渐增多。

（五）审美观念

人们的消费行为归根到底不外乎维护每个社会成员的身心健康和不断追求生活的日趋完美。人们在市场上挑选、购买商品的过程，实际上也就是一次审美活动。这个审美活动的全过程完全由消费者的审美观念来支配。消费者个人的审美活动，表面上看起来纯属是个人的行为，但实质上却反映了一个时代、一个社会人们共同的审美观念和审美趋势。

二、经济环境

零售商营销的经济环境主要包括国民经济发展状况、消费者收入、消费者支出等。经济环境是影响零售商经营的最重要的外部力量，零售企业的营销战略战术的制订与实施，都必须建立在正确认识和把握经济环境的基础上。

（一）国民经济发展状况

1. 总体经济形势

国民经济的总体形势在不同时期都是有一定差别的。它的变化会从总体上影响和制约零售商的状况和发展。当社会经济处于持续、稳定、协调发展的阶段，一般会出现生产发展快，商品供应充足，市场繁荣的局面。在这种情况下，零售企业一般也能得到持续、稳定、协调的发展；反之经济不稳、出现经济过热过冷、市场供应失衡，物价水平上升过快或下降过快等现象，就会造成市场严重波动，对零售企业的发展产生不利影响。

但是，就某个零售商来说，还应该进行具体的实际分析。例如，一般来说，国民经济增长速度下降，零售商经营也就困难。但在居民收入增长速度下降的情况下，高档耐用品的销售量的确会下降，而中低档商品却可能销售更好。

2. 社会生产状况

社会生产状况包括整个社会工农业生产对零售商经营有直接和间接影响的若干因素，如生产力发展水平和总规模、生产力地区布局、产业结构。

制约着整个社会经济发展状态的生产力发展水平和规模，制约着零售商的状况。这是因为，零售商的物质技术装备需要生产部门提供，零售商的商品需求，一部分来自物质生产部门的职工，更重要的是，生产发展水平和总规模决定着商品供应的总量。社会生产发展水平越高，生产的规模越大，商品供给的总量也就越大，也即零售商所能获得的货源总量也就越大，经营的物质基础也就越雄厚。

生产力的地区布局对于全国的各种资源的合理配置，对于各个地区发挥各自的优势，进而对于地区间的分工协作，对于国民经济的协调发展都有很大影响。而这些影响又会涉及每个零售商。另外，生产力的布局问题也直接影响零售商的经营，如果零售商所在地区有某些商品的生产厂家，那么它的进货的交易成本和运输成本就可能降低。

产业结构反映着国民经济两大部类、三次产业的状况及其相互关系，以及各部门内部的结构。产业结构对零售业在国民经济中的地位及其与其他部门的关系有决定性的作用。它还决定着产品结构及社会商品供给结构，不仅生产资料和消费资料的结构，农副产品、轻工产品和重工业产品的结构要受它决定，而且同类产业内部不同产品的结构也取决于它。另外社会消费结构，不仅生产性消费结构，而且生活性消费结构也要受到影响和制约。因此，产业结构最终会影响和制约零售商的组织结构和经营商品结构。

3. 社会分配状况

社会分配状况包括国民收入的分配和个人消费品的分配状况，具体有国民收入的总量、积累和消费的比例、分配的地区差异、消费者收入等因素。

国民收入总量决定国内市场的总容量，从而制约着商品流通的总规模。国民收入的分配是否控制在合理的水平上，关系到市场的供求状况和价格水平的变动。国民收入的超量分配，会导致供应紧张，需求膨胀，价格上涨。反之，则会出现需求不足、销售疲软、市场萎缩的现象。这两种情况对零售商的经营会产生完全不相同的影响。

国民收入积累和消费比例决定生产资料市场和消费品市场的容量及其相互关系。如果积累率过高，消费品的生产和供应就会出现紧张局面。而过低的积累率也会使国民经济发展后劲不足。无论哪种情况，最终都会影响零售商的经营。

由于国家分配政策等因素，各个地区之间的分配存在一定差别。不同地区积累基金的投入不同，会导致地区经济结构的不一致；不同地区进行消费基金的分配不同，也会形成不同地区人们收入的不一致。这些都会影响各地区零售商的商品经营机构和发展水平。

（二）消费者收入

消费者收入是指消费者个人从各种来源所得到的货币收入之和，包括个人的工资、奖金、其他劳动收入、退休金、红利等。消费者收入水平的高低直接影响着社会购买力，也影响着消费者的支出模式。所以消费收入及其变化趋势是零售企业经营环境中的重要因素。

消费者收入有名义收入和实际收入之分。当地物价总体水平保持基本不变，这时名义收入和实际收入一致；当市场物价全面上涨或全面下降时，实际的消费者收入与名义的消费者收入就产生不一致，也即用同样的钱买到的商品数量少于或多于以前可购买的数量。在这种情况下，名义上的一元钱所起的作用实际上不足一元或超过一元。所以，研究消费者收入还要结合物价水平来进行。

消费者收入并不全部用于购买商品，有必要从消费者个人收入中分出个人可支配收入。个人可支配收入是指个人收入减去直接负担的各项税款（如所得税）和非税性负担（如工会会费、交通罚款等）之后的余额。除了这种扣除，消费者收入才成为消费者个人可以支配的收入，或者用于消费支出，或者用于储蓄。

个人可支配收入中扣掉维持生活所需要的支出和其他固定支出所剩余的个人收入，则可以任意开支，用于购买奢侈品（如旅游、汽车等），这部分收入叫个人可任意支配收入。它是影响消费需求构成的最活跃的经济因素。这部分收入越多，人们的消费水平就越高，零售商营销的机会也就越多。所以，零售商应该特别关注这部分收入。

（三）消费者支出

1. 收入水平对支出模式的影响

消费者收入在各个不同方面的分配模式叫消费结构或支出模式。在这方面，有一个著名的定律，叫恩格尔定律，它是德国统计学家恩格尔在 19 世纪提出的。其基本内容是：一个家庭收入越少，其总支出中用来购买食物的比例就越大；随家庭收入增加，用于购买食物的支出占总支出的比例下降，而用于其他方面的开支（如通讯、交通工具、娱乐、教育、保健等）和储蓄所占的比重将上升。

2. 收入分配平均程度对消费模式的影响

影响消费构成的因素除消费者的收入水平以外，还有收入分配在人口间的平均程度、家庭生命周期，家庭所在地区以及价值观等因素。这里仅讨论收入分配的平均程度。

一般地说，收入分配的平均程度越高，消费结构也越简单，反之则亦然。统计分析收入分配的平均强度的常用方法是洛伦茨曲线和基尼系数。

三、政策与法律环境

零售商必须重视国家和当地政府已经颁布的有关政策和法律。这些政策和法律对零售商的活动有很大的影响。它既可以使零售商的经营活动受到保护，也可以使零售商的活动受到制约。对零售经营有关的政策及法律约束一般体现在以下三个方面。

（一）对经营商品的约束

零售商的主要经营活动就是对最终消费者出售商品。出售商品的状况与消费者的利益密切相关，也与商品的来源，商标的使用有着不可分的联系。因此，法律对零售商所提供的商品质量及安全、专利和商标使用做出有关规定，予以制约。

从商品的质量和安全方面讲，零售商提供商品必须质量、等级明确、质价相符、消费者使用安全可靠。但是在一些零售商的思想中，经常认为零售商销售的商品是从制造商或批发商那里采购来的，商品出现质量问题或安全问题，其责任该由制造商承担，而自己无须承担责任。事实上，零售商作为经营者，应与生产者对商品的质量及安全承担相应的责任。零售商应负担对所出售商品质量及安全的监测责任，对质量不合格、不安全的商品不予经营。在我国，产品质量法、消费者权益法对零售企业经营商品的质量与安全也都有明确的规定。这些法律条款明确指出了零售商或零售经营者对出售这类商品应承担法律责任。

作为零售商对经营的商品质量及安全负责，应当对商品在出售前进行严格的商品检测。在商品检测后合乎商品质量及安全要求，再上柜台销售；同时也要对消费者提供商品质量及安全的保证。零售商对消费者提供的保证包括两个方面；一是明确的保证，即在向顾客销售商品时给予顾客口头或书面的保证，表明商店对顾客已购买的商品出现质量或安全问题能够及时解决。二是道德性的保证，即以社会公共的道德准则或通情达理的要求为依据提供的保证。一家商店对所出售的商品并不是都有明确的保证的，对那些没有明确保证的商品实际上也应该承担保证责任。因为零售商销售的商品就意味着适合销售、适合使用。

作为零售商，向顾客提供保证，也应向顾客提供书面条款，在靠近商品的销售处，设有商品保证的牌示，或者书面的保证条款或保证书，以便于消费者看到或得到。对零售商经营的商品的法律约束，还涉及自制商品的或监制商品方面。零售商在自制或监制商品时要注意不要侵犯专利权，以避免违反专利法。

（二）对商品价格的约束

零售商对所经营的商品通常是自行定价，但这并不意味可以随意制定。有关法律和政策对零售商制定价格给予了一定限制。

零售价格与消费者的经济利益直接相关，对消费者安居乐业、社会稳定起着一定的影响作用。因而，国家与当地政府对零售价格在不同的时期根据不同的商品给予不同的控制。通常，国家对有关人民生活的必需品只规定零售价格，对有关人民生活比较密切的商品规定零售价格幅度，对与人民生活不十分密切商品，由企业自行定价。在通货膨胀严重时期，通货膨胀威胁人民的生活水平，国家和当地政府对零售商品价格也要进行干预和控制。

（三）对零售商开展促销活动的约束

零售商直接向消费者出售商品，零售商为此开展的促销活动也与消费者的利益密切相关。一些国家对零售商开展促销活动都有明确的法律规定，如不得采用欺骗性的广告；不得以廉价出售某种商品；不得诱使顾客购买昂贵的商品。

我们国家对工商企业利用广告促进商品销售也有明确的法规，《中华人民共和国广告法》第四条规定：“广告不得含有虚假的内容，不得欺骗和误导消费者”；第九条规定：“广告对商品的性能、产地、用途、质量、价格、生产者、有限期限、允诺或者对服务的内容、形式、质量、价格、允诺有表示的应当清楚明白”。从消费者的角度说，消费者欢迎真实、清楚的广告，以便能够以此为信息做出购买决策。

四、技术环境

科学技术是社会发展和经济进步的原动力。科技对零售商的影响作用也是客观存在的，而且有日益明显和增强的趋势。

科技发展使产业调整、产品更新、技术创新的节奏明显加快，产业结构、产品结构迅速发生变化，社会生产发展的速度加快。这一方面使社会产品极大地丰富起来，给零售商经营提供了坚实的物质基础；同时，也使一些传统的商品经营艰难。另外，科技的发展还深刻地影响着人们的生活方式以及消费需要和消费行为，影响市场商品的供应，进而对零售商的经营产生影响。

科技发展对零售商的物质技术设施、经营管理手段的状况、先进水平以及现代化进程，更是产生直接的影响。改革开放以来，计算机应用技术、通信技术和电子技术的发展使零售企业在许多方面发生了重大变革，加速技术变革的步伐影响了零售业的各个方面。这种冲击是广泛的，如果哪个零售商，尤其是规模较大的零售商，不注意这种科技环境的发展变化，要想生存是很困难的。科技是零售业中的一个很重要的竞争工具。

新科技对零售商的经营管理的直接影响可以分为三类：创造零售新形式、使零售交易更有效率、改善零售经营控制。

（一）创造零售新形式

可视图文系统和家庭购物网络是通信技术的进步所产生的新型零售形式的两个例子。可视图文是交互式电子系统的俗称。通过它，用户可以获得各个零售商的商品信息。购买者首先选择感兴趣的商品类型，然后通过家庭计算机终端直接订购商品，并把款项记入信用卡。

另一种零售新形式是电子目录商店。这种商店自己没有任何库存，它就像顾客和其他零售商之间的经纪人。购物者首先要求商店从电脑中打印出所有经营其所需商品的企业的名单，以及各家企业的该类商品的具体情况。购物者然后可以将各企业的商品进行比较，确定购买哪家企业的商品后向目录商店订货。目录商店与购物者所选的企业联系确认有货后，便帮购物者订货，并代接受付款。被选中的售货的企业将货物送给顾客，向目录商店支付服务费。

（二）使零售交易更有效率

技术进步使零售买卖活动更有效率。一个鞋店不可能存有许许多多不同款式和尺寸的皮鞋，但对顾客来说，如果在商店里找不到他们所喜欢的款式和尺寸的皮鞋，就会感到失望。而现在的视频订货系统可以促使商店的顾客看电视显示器上该商店所能提供的款式和尺寸，如果商店库存中现在没有这个顾客所需要的，顾客能够直接在电视柜台用一个信用卡订货，然后在家等待商店送货上门。

介绍商品的可视光盘的使用是电子技术进步带来的另一个革新。消费者可以通过键盘选择商品类别，目录中的信息就出现在屏幕上。与印刷相比，它的商品介绍在屏幕上要生动得多。一些仪器如光电扫描仪和声音合成器提高了零售商收款台的工作效率。这些技术的创新对消费者和零售商都是有利的。例如，高技术的收款机加快了许多超市的收款速度，消除了排长队交款的现象。

（三）改善零售经营控制

计算机化的收款柜台（通常叫做POS或营业现场系统）不仅能减少排队和劳动力成本，而且能为企业获得销售和库存的最新信息。

计算机正影响着大大小小的商店，它是一个有竞争力的工具。如果没有计算机，从长远来看，企业就无法在零售业立足。商店可以用一个计算机和电子现场购物单元跟踪库存和销售情况。每天打烊时可以做一个总结报告，说明每天商品当天的销售数量和库存数量。每一件商品的价格也出现在总计报告中。报告还可显示每一商品的直接利润以及它们的销售趋势。根据这些资料，企业领导可以决定哪些商品需要追加订货，哪些商品需要降价销售。最后，企业领导通过与批发商相连的计算机直接订货。

连接零售商与其供货企业的电子数据交换系统（EDI），能使零售企业更有效地管理库存商品，从而减少库存商品投资。

五、经济全球化与零售业发展

（一）国际市场和全球市场的发展

零售国际化所产生的机会依赖于诸多因素，其中民族文化和全球化进程发挥着很大的作用。市场经营者发现将拥有大体相同文化特征的国家分成一组是很有用的。一种方法是根据一些通用的标准，例如语言、宗教等，来界定文化认同区域和文化类型。另外，文化壁垒对零售国际化也有很大的影响。局外人印象中的文化同一性和一致性可能是错误的。为了克服这类地理上的距离和文化差异带来的问题，零售商喜欢从文化认同感的市场起步，这样可以缩短商业距离，而商家也更容易理解消费者。

然而，这种认同的观念很难建立起来。至少在欧洲如此，逐渐模糊的文化界限甚至对商品的需求产生了影响。广义上来讲，全球化不仅使文化和经济层面上的，也是政治和技术层面的。这种趋同首先是借助于通信及媒体的传播，特别是国际互联网。在货物供应方面，这种趋势促进了竞争者将其产品和劳务标准化，并逐渐扩展到全球范围。

（二）零售的国际化

国际市场营销方面的资料总结了几条国际化的动机。其中重要的有规模经济，专业人才的使用，还有发展知识技能的需要等。另外，公司组织机构的需要，首席执行官的设想及野心等都可能促成国际化的发展。这些的确与零售业有关，但零售国际化还需要考虑一个不同的焦点：这个焦点涉及品牌的一些无形要素是否可以转移，经营模式是否可以被接受，及其在国外市场中所占据的地位。确切地说，零售商要在新的市场中努力利用在本国发展起来的竞争优势，比如他们的经营模式、品牌等。

简单说，可以把国际化零售商的动机理解成把经营要素从本国推出去，拉入到另一个国家。英国的零售国际化的过程可以验证这一“推”、一“拉”的两个力量。有些公司的国际化是被市场的集中和成熟所推动的，比如 Kingfisher 意识到规模经济的作用创建了欧洲电器和 DIY 的零售业务。还有一些公司被市场机会吸引，因为他们拥有品牌、价格和品种多样化等许多优势，能够在竞争中获得成功。

第二节 零售顾客

根据科特勒的说法，营销始于满足人们的需求。他用马斯洛的需求层次，指出人们要活下去就需要食物、空气、水、衣服和房子。除了这些，人们对娱乐、教育和其他服务有强烈的渴望，他们对基本商品、服务的特殊形式和品牌有特别的偏好。在这种观点下，区分需要和需求十分重要。由于社会压力和风俗习惯，包括教育、宗教、技术、家庭和商业公司，人们的需求处于不断发展之中。因此，顾客的需求是对特殊产品的需要，它是由购买能力和愿望支持的。当得到购买能力支持时，需要就可能变成需求。因此，零售商必须不仅衡量如何使许多人需要他们的产品，还要衡量实际上有多少人愿意而且有能力购买。

一、零售顾客的购买动机

（一）购买动机分类

消费者的购买动机是指推动顾客进行购买活动的念头和愿望。购买动机因人而异，受每个人的兴趣、爱好、学历、秉性、志向及经济条件的影响，如：①实用、省时、经济的原则；②健康的考虑；③舒适和方便；④漂亮和时髦；⑤安全和防护的要求；⑥喜爱的需要；⑦求名求优心理；⑧多样化和消遣的需要。

在现实的商品销售活动中，影响顾客的不只是一种购买动机，而是多种动机同时存在。一个聪明的销售员要能够最大限度地掌握顾客的购买动机，并找出其中最主要的。

（二）影响购买动机的因素

（1）商品因素。商品是满足顾客需要的基础，它直接刺激消费者的感官，是影响购买动机的最主要的因素。

（2）顾客个人的因素。这包括顾客因年龄、性别、文化程度、民族、职业等的不同，而在购买动机上的不同。

（3）经济因素。顾客的经济收入的多少和消费者的家庭经济状况差异，引起他们的购买动机和行为就不完全一样。

（4）媒介因素。通过人或物作为媒介，把有关商务、商品、服务的知识和信息传递给广大消费者，以吸引人们注意力，使其对介绍的商品发生兴趣，激起购买欲望，促成购买行为。

（5）经营因素。指在经营上或服务上能引起顾客产生特殊感情、偏好与信任，使之习惯于前往该店购买或吸引一些慕名而来的购买的一种因素即惠顾动机。

（三）顾客购买行为动机驱动力

（1）商店经营地段适合于消费者购买地点的选择；
（2）经营品种齐全或具有某种经营特色，经营上处于有利的地位；
（3）经营当今商品，上市早、备货多、花色新，顾客有充分挑选的余地；
（4）经营时间适应消费者购买时间习惯；
（5）售货员态度好，主动、热情、周到，使顾客感到亲切、温暖；
（6）遵守商业道德，顾客充分信任；
（7）购物环境整洁、明亮、优雅。

二、零售顾客的购买行为

消费者购买行为是消费者需求和购买动机在实际购买过程中的具体表现。

（一）4W1H

4W1H 是指：
（1）Why——顾客为什么购买（购买动机）；
（2）What——购买什么；
（3）When——何时购买；
（4）Where——何处购买；
（5）How——如何购买．

4W1H 分析法描绘了顾客购买行为的具体轮廓，与消费品的分类结合在一起，将提供更为具体，更加深刻的顾客购买行为基本框架。

将顾客购买商品时卷入程度与不同名牌商品相结合，可以将顾客购买行为分为四种类型，如图 3-1 所示。

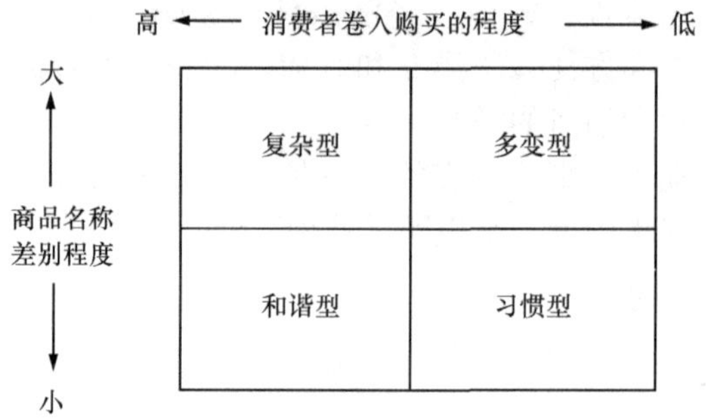

图 3-1　顾客购买行为类型

1. 复杂型购买行为

多发生于名牌差别较大的选购品的购买上。一般是整个家庭决定购买。愿意在高级的有名气的大商店购买，集中节假日，货比三家，由于大多数顾客不太了解这些商品的种类、特性、技术细节。因此当需要购买这些产品时，通常要经历一个学习的过程，他们往往广泛收集各种有关信息，进行多方比较。售货员的介绍将起到很大作用。

2. 和谐型购买行为

发生在顾客购买名牌差别较小的选购品难以比较或特殊品上，顾客一般不花很长时间收集各品牌的信息并进行评价，而主要关心价格是否优惠和购买时间、地点是否便利。愿意到专卖店或高档店购买。

3. 习惯性购买行为

顾客往往根据习惯和经验购买这类商品。对这种行为应保持一定的商品和库存水平，避免缺货。

4. 多变型购买行为

是顾客购买差别很大的便利品行为。消费者为使消费种类多样化，常常变换所购买商品的品牌。对这种行为，可以通过增加花色品种，采用降价、试用等促销手段，鼓励消费者购买。

（二）购买活动的心理过程

顾客购买商品的过程是非常复杂的心理活动过程，这个过程中一系列的心理活动往往是逐渐展开的，因此顾客购买商品时的心理活动过程是有阶段性的。

（1）注意。顾客对商品的心理活动是一种积极的状态，使心理活动有一定方向。

（2）兴趣。诱发感情，对商品和售货员在情绪上的反映所表现出的善恶倾向。

（3）联想。指由某事物想到与之有关的另一事物的心理活动。

（4）欲望。准备购买。

（5）比较。买卖双方将要达到顶点的一步。

（6）决定。顾客决定购买。

（7）满意。购买决定并非购买过程的终点。

三、零售顾客的购买过程

消费者购买过程是分阶段进行的，由觉察需要、信息搜集、选择评价、购买决定、买后评价一系列的购买活动阶段构成，并形成连续的过程。

觉察需要是消费者购买过程的第一阶段。在这个阶段上，消费者由于内在的心理及生理的需要，外界环境的刺激，认识到对某些商品的缺乏，觉察到自己的未被满足的需要。

信息搜集是购买过程的第二阶段。消费者确认了自己的需要后，就要寻找有关商品的信息。消费者注意广告、商店的商品陈列、销售的宣传，以及其他方面的有用信息；还通过查阅资料、谈话、观察等搜集信息。

选择评价是消费者购买过程的第三阶段。消费者掌握了有关商品信息后，就要对商品诸多方面进行评价和选择。消费者一般在评价过程中主要考虑商品及销售商品的特点。有关商品方面，消费者主要考虑商品的功能特征、审美特征、心理特征；有关商品的销售方面，消费者主要考虑商品的价格特征、地点特征、促销特征。

购买决定是消费者购买过程的第四阶段。购买决定涉及两个方面，一是买不买的决定，二是什么时候购买的决定。消费者基于前面的选择阶段，可能做出购买某种商品、品牌的决定；另一方面，消费者根据选择评价阶段，认为进入比较的商品不符合个人的要求，不能满足个人的需要，因此做出不购买的决定。

什么时间购买的决定，是决定立刻购买还是等到将来某一时间购买。

消费者由于购买者决定的重要性、价值性和不确定性而变得慎重。

买后评估是消费者购买过程的最后一个阶段，消费者购买了商品并不是购买过程的结束，只是当消费者对新购商品再评价之后，才结束购买的过程。买后评价是消费者把实际购买的商品与期望的商品进行比较，认识所做的实际购买是否是正确，以便调整下一次购买行为。如果消费者对新购商品不满意，他会记住这次购物糟糕的经验，或者向零售商退货，改善购买决定，或者把某零售商作为糟糕的购买地点记下来。

四、影响零售顾客购买决策的因素

（一）人口特征

人口特征是比较容易测量的。人口特征不同的消费者，其行为也是不相同的。

在购买以前，年轻的消费者会比年长的消费者寻找更多的信息。年长些的消费者是习惯性地购买，经常是重复购买。新的信息对他们不太重要，购买过程很快完成。他们一般不大会被说服去尝试购买新产品。因此，为年长些的消费者服务的商店的商品品种应该少一些，而且最好是名牌商品。

文化水平高的消费者特别注意寻找非商业性来源和社会性的信息；文化水平低的消费者只花费少量时间寻找和评估信息，一般不买新产品。教育形成人们的观点、视野和目标，因而它对消费者有重要影响。

低收入的消费者常常不是将所有的可供选择的商品都看遍的。高收入的消费者在购买前要看许多商品，但寻找信息不像中等收入者那样认真，因为价格对他们来说不太重要，而且如果买了一个使用中发现不满意的商品，可以再买一个。目标定为低收入者的零售企业应该提供低价格的商品，如现在可考虑提供一些分期付款业务。目标放在富裕的消费者身上的零售企业必须特别注重全面服务。

消费者根据职业大体可分为两类：白领者和蓝领者。白领消费者利用前述购买决策过程比蓝领消费者要完全一些。白领者熟知获得信息的来源，更多地利用它们；而蓝领者不太知道信息和备选商品。白领者比蓝领者更多地依靠非商业性来源，后者基本上用商业性来源获取信息。

消费者的性别对购买过程也有影响。一般说，妇女更多的是食品、饮料、卫生保健品、家用小件物品等的决策者，而男子更多的是酒、烟等的决策者，男子和妇女都是家用电器、照相机等的决策者。虽然有些较贵重的商品是夫妻共同决策，但总有一方作用较大一些。信息来源应该直接指向进行决策的消费者。

消费者的婚姻状况也影响决策过程。单身男女是单独地寻找和评价信息，因此要将商业性、非商业性的、社会性的信息直接指向单身男女。已婚夫妇可能单独行动，也可能一起行动，依商品的重要性和商品对双方的影响而定。例如，购买价值较大的商品，夫妻共同寻找和评价信息，所以信息来源应该直接指向夫妻双方。如果商品不贵重，夫妻一方会像单身男女一样寻找和评价信息。

家庭规模扩大，决策过程也会变长。两个或更多成员的家庭中，往往不止一个人收集和分析信息。在这种情况下，决策过程有三个阶段。首先，家庭成员商议可能的商品。第二，收集信息，常常是单独收集。第三，家庭成员再次商议，进行决策。对于一些较多人口的家庭，零售企业可以使用不同类型的促销，向不同家庭成员诉求。

（二）生活方式

一个人的生活方式对他的购买过程也有巨大影响。生活方式是人们生活和使用金钱、时间的方式。零售企业如果确定和理解了其顾客的生活方式，就在决策时有了一个强有力的工具。

消费者的活动、兴趣、意见可以用来分析生活方式及其对购物行为的影响。当活动、兴趣、意见可以与人口特征资料联系起来的时候，它们是特别有用的。按照这三个标准把人们分成不同的群体，就能看出人们在商品使用、购物时间、购物过程中的情绪等方面的明显差异。

文化、社会阶层、参照群体和阶层意识的不同，是生活方式对购买行为有重要影响的若干社会性方面。文化是一个群体中的人们共同拥有的独特的精神和物质遗产。社会阶层是一种文化中划分的人群的等级，参照群体是影响某个人思想和行动的群体。阶层意识是对社会地位的期盼。

一个人对家庭、宗教、教育等的重要性的认识受文化的影响。少数民族同胞因为所处的文化不同，其行为也不同于汉族人。在一些落后的少数民族地区，家庭中的购买决策基本上是集中型的，宗教甚至迷信对人们的行为影响很大。从零售企业的角度看，受文化的影响的行为规范和准则是重要的。文化对购买过程的各个方面都有影响。

在一种文化中，人们被分成不同的社会阶层。这些阶层的划分基于收入、职业、教育、住房等。每一阶层中的人们有同样的价值观和生活方式，而不同阶层的人们在使用购买决策过程上大不相同。例如，较低阶层的消费者的信息来源有限，因而只寻找附近服务态度好的零售企业。中等阶层的消费者利用媒介信息并进行广泛的寻找，他们不仅在附近的商店中购买。较高阶层的消费者用媒介信息并在精品高档商店中购买。

对于那些显眼的商品，参照群体在消费者的购买决策过程中有重要作用。参照群体是与消费者直接面对面的，因而对消费者购买过程影响最大。企业应该了解参照群体的不同类型和作用。例如，一个人的邻居是这个人的参照群体，但是，零售企业必须注意这个人是住在农村还是城市。农村居民一般对邻居很了解，会模仿邻居的购买行为；而城市居民对邻居了解甚少，模仿邻居的可能性很小。

阶层意识使参照群体的作用得以发挥，使声望性购买得以实现。没有阶层意识的消费者依赖自己或家庭的标准，有阶层意识的消费者——拥有者，或者是争取者——关系商品的社会地位，其购买过程包括社会性来源的信息寻找和商品的社会性利益、生理性利益的评价。

第三节　零售竞争环境

一、零售竞争的特点

零售市场是垄断性竞争市场，因此，零售业的竞争也就表现为异质性的垄断竞争。所谓异质性，是指零售竞争的各个主体在形态上是各种各样，在经营条件方面各不相同。从现代零售主体来看，西方国家一方面存在着大型百货公司、国家连锁商店等为代表的垄断组织，另一方面又存在着大量的中小零售商。我国的情况也颇为类似，一方面存在着大型百货商店，另一方面存在着数以万计的中小零售商。这些零售商存在和依赖的条件是不同的，他们在竞争时的反应是不同的。零售业这种竞争特点的形成，有三个方面的原因。

（一）零售市场的差别与狭窄

零售市场是一种顾客分散、顾客和商店的距离具有决定意义的市场，顾客一般不会越过当地市场去购买他们所需要的商品，因而零售市场局限于地方一级。这使零售市场范围狭小。进入地方一级市场的零售商一般不会完全重复经营同一种类商品或使用同一方式经营，因为他们要满足顾客诸多方面的需求和不同的购买行为的要求。这导致零售商之间树立特色竞争，以求以自己的独特性吸引顾客。

（二）来自需求的影响

零售商面对的消费者需求受到商店的价格和消费者住地或工作单位与商店距离的影响。需求数量和消费者与商店距离成反比关系。当商店价格较低时，消费者的需求量增加。当商店与消费者所在地距离较近时，消费者的需求量就增加。反之亦然。对于价格而言，零售商可以控制和调整；这使零售商之间为竞争更大的需求量展开价格方面的竞争；而对于消费者与商店的距离，零售商则不容易调整，而且这个距离还具有分散不均等的特性。正是这个距离的因素形成了零售商竞争的垄断因素。它造成一些零售商在地理位置上处于优势，因为它不仅接近消费者，而且接近消费者的数量多，有较大的需求量，使其在竞争中处于垄断地位。相反，一些与消费者所在地距离较远的零售商则因为不能接近较多的消费者而需求量减少，从而使自己在竞争中处于劣势。但这些零售商除了运用调整商品价格外，还扩大商店规模，扩大商品的种类范围，增加花色品种，提供舒适的购物环境，建立免费停车场，扩大广告宣传，以吸引消费者去他们的商店购买商品，增加消费者的最大需求量。

（三）来自供给的影响

在一个区域内需求量是有限的，过多的零售商满足一定的需求量会使每个零售商应获得的利润下降。这样就导致一些零售商想方设法维护自己的销售量，保证应有利润水平；而另一些零售商因销售量下降，不能得到营业必须有的利润，被迫停业。与此相反，如果一个行业的零售商太少，零售商获得的利润比较高，就会吸引新的零售商进入这个行业，现有的零售商也会被吸引扩大商店或开办新店，从而又引起竞争。只有在每个零售商都能保持一定水平的利润，这时相互之间的竞争才处于均衡状态之中。然而均衡状态经常被打破，原有的零售商不甘于目前的利润水平，要设法提高，也有一些新的零售商随时进入这个行业中，这就使零售市场的垄断与反垄断的竞争持续长久而激烈。

二、零售竞争的演变

零售业的竞争伴随着商品供求的态势，在不同的供求关系下和不同的经济时期中表现出竞争的焦点和形式不同。我国改革开放以来，在流通领域实行了“三多一少”的流通体制改革，由国营企业独占市场变为多种经济成分并存的市场结构。从此，流通领域引入了竞争。

引入竞争的初期，零售业的竞争焦点在于商品，即谁拥有了紧俏商品就获得竞争优势。因为在这一时期，市场上的多数商品处于供不应求的状态，多数零售商寻找紧俏商品的来源，以商品吸引顾客。零售商之间展开了商品货源的争夺。有的零售商采用了“人无我有，人有我新，人新我全，人全我廉，人廉我转”的竞争策略，吸引顾客，创造高销售额。

随着零售业进入更多的零售商和零售经营者，社会生产力水平的提高，市场上商品日益丰富，消费者由选择商品向选择商店发展。消费者由过去集中在几家商店购物向多家购物分散发展。这使零售商意识到改善商店的环境才会吸引更多的消费者。零售商把竞争的焦点推向了改善购物环境的竞争。给顾客营造更轻松、更方便的购买环境的做法得到了全国大型零售商的响应。改善购物环境，受到了消费者的欢迎，大多数消费者被吸引到购物环境好的商店之中。

商场环境的改善，带来了商品提档，价格升位的问题。消费者在良好的购物环境中发现商品的价格比购物环境差的商店高了许多。一时间，消费者到大商店观赏商品的人多，实际购买的人数减少，同时分流现象明显，这使大型商店的销售遇到麻烦。为此，一些零售商率先采用价格促销竞争策略，同时引起另一些零售商的强烈反应。价格战被掀起。

价格促销只能对零售商解决一时问题，达到短期内要实现的目的。但对长久经营并非是灵丹妙药，而且竞争的结果，往往是两败俱伤。

商品竞争毕竟是有限的，价格竞争并不能长久。一些零售商把视线转向了广阔的零售服务领域，亮出了“零风险购物”、“商品送货上门”等服务竞争口号。服务竞争在西方被称为“第二次竞争”，商品竞争被称为“第一次竞争”。从商品竞争到服务竞争使竞争发展进入新的层次。

零售竞争是一个广阔的领域。它不仅包括满足销售所必需的服务，也包括满足消费所需要的服务，让顾客满意，使顾客成为企业永久性的顾客是服务的目的。近几年来，零售商在服务方面采取了差异服务、灵活服务、店外服务、联合服务等多种方法。服务竞争越是激烈，服务领域越被拓宽，服务项目越繁多，并不断翻新。

服务竞争并不意味着竞争的停止，而是揭开新一层次竞争的序幕，并推动竞争向更高层次发展。战略竞争在现阶段零售市场竞争中已露端倪。战略竞争是高于服务竞争的更高层次的竞争。它促进零售商从根本上考虑企业的发展，最大限度地发挥企业的优势，树立特色，占领最有力的市场。战略竞争对企业的资源配置、市场方向、市场发展等起到了重新组合与分配，重新确定的作用，从而影响到零售组合重组与发挥。

零售业竞争，从以商品为核心开始，发展到以服务为核心，继而发展到以战略为核心，不断演化发展，并无止境。零售商只要处于市场经济条件下，就要相互展开竞争。零售商积极参与竞争，围绕优势与特色做文章，则可能在竞争中立于不败之地。

三、零售竞争的类型

零售商业竞争按照竞争的表现形式划分，可以分为四种类型。

（一）同一行业内部和不同行业之间的竞争

同一行业内部竞争指的是同一行内部两个以上的零售企业，为了招徕同一地区内的消费者而相互之间进行的竞争。这是零售商之间相互竞争的最普遍的一种类型。

不同行业之间的竞争指的是分属不同行业的零售商经营同一行业的商品，使其能够招徕到更多的消费者，能够获得更多的销售额，从而使不同行业的零售商之间进行竞争。这种竞争由跨行业经营而引起。这种不同行业的零售商经营同一行业商品的竞争，如果日益激烈，则会导致低劣商品价格的下降，毛利率下降，零售商的利润受到损失，当然这会给消费者带来利益。

（二）争夺顾客的竞争

争夺顾客的竞争是指同行业或不同行业的零售商为维持本企业一定的利润水平，从竞争对手那里争夺消费者而展开的竞争。这也是零售商竞争的实质。任何零售商的经营都必须保持损益平衡，获取最低限度利润，否则无法生存与发展。这种争夺顾客的竞争通常表现在零售商为了吸引消费者，调整本企业的营业时间，给消费者提供最大的方便；改善服务，给消费者最大的服务满足；改善购物环境，给消费者创造购物的轻松、愉快感等。使消费者乐于把金钱移向本企业，致使本企业提高利润水平。

（三）扩大销售份额的竞争

扩大销售份额的竞争是指零售商为提高市场占有率而进行的竞争。扩大销售份额的竞争，在经济高度发展时期表现并不明显。因为经济的高度增长，带来了市场的不断扩大，人们的实际收入也不断增加，任何新增的零售店都会有利可图。但是在经济平缓时期，市场发展缓慢。在这种情况下，零售商根据本企业的销售份额，会发现本企业在当地零售市场中的位置及稳固程度。零售商要使本企业在当地零售市场中确定有利的位置并保持稳定，就要扩大本企业的销售份额。然而这样做并不容易，这要影响到其他零售商的销售份额，引起其他零售商强烈的反应，从而使零售商之间扩大销售份额的竞争激烈化。

（四）开发在市场上适当位置的竞争

开发在市场上适当位置的竞争是零售商为了寻找本企业在市场中所占有的地位而进行的战略方面的竞争。随着零售商之间的竞争的日益加剧，零售商会发现仅依靠提供商品的经营是难以保护本企业不受竞争的威胁。因为所有的零售商都可以获得同样的商品。

零售商要摆脱依靠商品经营受到的竞争威胁，就要为企业寻找适当的市场位置。零售商可以通过企业市场定位来完成。在企业市场定位的过程中，零售商可以运用市场细分的理论，使用人口统计资料或消费者生活方式的特点分割市场，明确本企业为哪一消费群服务。并使本企业提供的商品、价格、商店的陈列与装饰、雇用的人员、播放的音乐等，都适合这一消费群的要求。给企业进行市场定位明显是企业的战略行为。这使得零售商的竞争围绕着企业的战略而进行。

四、零售业竞争者的分析

零售业是广泛容纳经营机构的行业。这使得零售业竞争对手构成复杂化。对零售商而言，辨别本企业的竞争对手，分析竞争者的状况，这是从事经营活动的重要前提。零售商应辨别本企业的竞争对手，要建立广泛的竞争观念并在这一观念的指导下分析本企业的竞争者构成。

广泛的竞争观念是指零售商不仅要把与本企业经营相同商品种类及品种的零售商视为竞争对手，而且还应从多方位、多角度、多层次分析可能成为本企业的现实的和潜在的竞争者，从而使零售商立足市场，目光远大，发挥优势，发展自己，在竞争中立于不败之地。对于一位零售商而言，他的竞争者可能由以下三个方面构成。

（一）从经营商品和市场目标方面分析竞争者

1. 同一地区内与本企业经营相同商品种类及品种，提供相同服务的零售商

同一区域内，有数家以完全相同的商品和服务面对消费者的商店，会使消费者产生随便去哪一家商店都可以的想法，不把购买固定在一家商店。因此，这几家商店之间展开竞争。

2. 与本企业目标市场相同的零售商

有着相同的消费群体，或者同是满足消费者的某种需要的商店互为竞争对手。同是满足消费者某种需要的商店，虽然经营的商品有所不同，但是商品之间却有极强的替代关系，这也使这些零售店之间成为竞争对手。

3. 与本企业争夺同一消费群购买力的零售商

零售商开发新的经营领域，组织有关闲暇娱乐品、奢侈品、收藏品、豪华汽车、游艇等方面商品，吸引消费者的可任意支配的购买力。经营这些商品的零售商们，相互成为竞争对手。当消费者的购买力只能投向一种商品方面，经营这些商品的零售商就展开了激烈的竞争，他们大力宣传本企业经营的商品会给消费者带来更多的利益，吸引消费者的购买力投向本企业。

（二）从零售商的发展方面来分析竞争者

1. 有发展前景的中小零售商

他们尽管与本企业经营的商品相似，或市场目标相同，但终归是小规模、品种不齐全，不能构成对本企业的威胁。但这些小企业坚持不懈地努力，使经营呈上升趋势，他们就会扩大发展自己，成为本企业的强有力的竞争对手，对此零售商不能不预先估计到，密切地注意他们的发展状态，采取相应的措施，以防患于未然。

2. 新的零售商或零售经营者

有的新零售商一进入就拥有较大的经营规模和良好的购物环境，在很短的时间内，就在零售市场上占有重要的位置，使原来的零售商遇到强大的竞争对手。原有的零售商若是对此估计不足，则会使自己所占有的市场份额被分割。因此，零售商业要密切注意新零售商的进入状况、可能从事的行业、可能与本企业形成的竞争关系的性质等。

3. 直销零售经营者或无店铺零售商

近几年来，世界许多国家的直销零售业发展很快。我国直销零售业，生产者直销的势头有增无减，无店铺经营方兴未艾，电子销售日益受青睐。这些使原来为店铺零售商的顾客开始分化，其中一部分顾客成为无店铺的零售经营者的顾客，直销零售商和无店铺商的发展形成了店铺零售商现实和潜在的不可忽视的竞争对手。

（三）从竞争对手的反应方面分析竞争者

1. 从容不迫竞争者

这些竞争者对本企业的行为没有迅速反应或反应不强烈。他们可能认为他们的市场稳固，顾客青睐于他们，本企业的行动不会给他们的经营带来影响；或者他们还没有找到反击的方法或需要的资金。

2. 选择竞争者

这些竞争者可能只对某些类型的竞争行为做出反应，而对其他竞争行为不予理睬。如对本企业削价会做出反应，而对本企业增加广告则没有反应。零售商应该了解竞争对手会在哪些竞争方面做出反应，以求得采取最可行的竞争策略。

3. 对抗型竞争者

这种竞争者对本企业所采取的竞争行为反应强烈，而且不让步，直接对抗。如本企业采取六分让利促销，他们便会以七分让利、十分让利促销。保护自己的市场，争夺更大的市场。

4. 随机型竞争者

这种竞争者并不表露可预知的反应模式，他们对本企业的竞争行为可能会反应，也可能不做反应，使本企业无法预知。

（四）分析竞争者的实力与竞争策略

在竞争中，零售商不仅需要辨别竞争对手，还要进一步分析竞争对手的实力状况和竞争策略，这样才能够知己知彼，发挥优势，提高竞争力。

分析竞争对手实力状况，需要搜集对手的有关情报，如对手的经营规模，经营商品品种等方面的情况。通过这些方面的分析，零售商会对竞争对手在零售市场中的地位，拥有的优势和不足、对自己经营的影响程度做出估计。

分析竞争对手的竞争策略，需要了解对手的商品经营特色，以哪些商品为骨干商品，以哪些商品为辅助商品，平均价格水平如何，骨干商品的价格定位；提供服务的特色，人员服务还是自助服务，服务项目数量以及对消费者的吸引力状况；竞争对手追求的利益，对手追求的是利润最大化，还是追求市场占有率；在追求利润最大化方面，是追求长期的最大的利润，还是短期的或者是满意的利润即可。通过了解，使零售商判断出竞争对手的竞争目标，使用的竞争策略。

◎小结

零售宏观环境包括社会和人口环境、经济环境、政策与法律环境、技术环境以及现阶段的经济全球化。零售顾客的购买行为分为复杂型、和谐型、习惯性、多变型购买行为。消费者购买过程是分阶段进行的，由觉察需要、信息搜集、选择评价、购买决定、买后评价一系列的购买活动阶段构成，并形成连续的过程。消费者运用购买决策过程上的差异取决于影响消费者决策过程诸因素，它包括两大类：一是人口特征、一是生活方式。

➤案例

2010 年第六次全国人口普查数据显示，全国总人口为 1 370 536 875 人。其中：普查登记的大陆 31 个省区市和现役军人的人口 1 339 724 852 人。与 2000 年第五次全国人口普查相比，十年增加7390 万人，与 1990 年到 2000 年的十年之间人口净增长量 1.3 亿相比，减少了约 5600 万人，年均增长率降低了 0.5 个百分点。十年人口数字的变化反映出，我国人口过快增长的势头得以控制，人口素质不断提高，城镇化进程步伐加快，同时也面临着人口老龄化的趋势在加快、流动人口规模不断扩大、出生人口性别比偏高等挑战。从普查数据可以看出，目前我国的人口增长属于低生育率、低死亡率、低增长率的模式，人口过快增长的势头得以控制，人口素质不断提高。

根据普查结果，31个省、自治区、直辖市共有家庭户40 152万户，家庭户人口124 461万人，平均每个家庭户的人口为3.10人，比2000年人口普查的3.44人减少0.34人。全国男性人口占51.27%，女性人口占48.73%，总人口性别比由2000年人口普查的106.74下降为105.20（以女性人口为100.00）。居住在城镇的人口为66 557万人，占总人口的49.68%，居住在乡村的人口为67 415万人，占50.32%。同2000年人口普查相比，城镇人口比重上升13.46个百分点。

面临的一系列人口问题挑战：

老龄化趋势加快。关于我国人口的年龄构成，这次人口普查表明，0～14岁人口占16.60%，比2000年人口普查下降6.29个百分点；60岁及以上人口1.78亿，占13.26%，比2000年人口普查上升2.93个百分点，其中65岁及以上人口1.19亿，占8.87%，比2000年人口普查上升1.91个百分点。我国人口年龄结构的变化，说明随着我国经济社会快速发展，人民生活水平和医疗卫生保健事业的巨大改善，生育率持续保持较低水平，老龄化进程逐步加快。

出生人口性别比偏高。人口的性别比也是社会十分关心的问题，根据这次人口普查结果，我国男性人口占51.27%，女性人口占48.73%，总人口性别比由2000年人口普查的106.74下降为105.20（以女性人口为100）。

流动人口规模扩大。是目前我国人口国情的一大特点。根据普查，我国居住地与户口登记地所在的乡镇街道不一致且离开户口登记地半年以上的人口为26 139万人，其中市辖区内人户分离的人口为3996万人，不包括市辖区内人户分离的人口为22 143万人。同2000年人口普查相比，居住地与户口登记地所在的乡镇街道不一致且离开户口登记地半年以上的人口增加11 700万人，增长81.03%；其中不包括市辖区内人户分离的人口增加10 036万人，增长82.89%。这主要是多年来我国农村劳动力加速转移和经济快速发展促进了流动人口大量增加。也就是说，2010年我国扣除市辖区内人户分离的流动人口2.21亿人，比2000年增加了1亿人。

此外，根据地区人口分布的数据，一个非常明显的特点就是这一次沿海发达省份的常住人口占的比重增加，内陆稍微欠发达地区的常住人口占的比重在下降。这也就是说，更多的人口从内陆西部往东部发达地区迁移、流动。

☞讨论题

我国零售业如何适应第六次全国人口普查显示的人口环境的变化？

思考题

1. 影响零售的社会和人口环境是什么？
2. 如何理解经济全球化对零售业的影响？
3. 零售顾客的购买动机有哪些？结合实际，谈谈你的购买动机。
4. 影响零售顾客购买决策的因素有哪些？
5. 如何对零售竞争者进行分析？从哪几方面着手？

第四章　零售战略

本章讨论的主要问题

1. 零售战略规划目标和任务
2. 零售战略制定的分析工具
3. 零售竞争战略和扩张战略

关键术语

零售战略　分析工具　竞争战略　扩张战略

第一节　零售战略概述

一、什么是零售战略

战略一词源于希腊语“Strategos”，即“军事将领”，后演变为一个军事术语，意指根据对战争全局的分析做出的作战谋略。在现代，随着“战略”一词被引申到政治和经济领域，其内涵也逐渐演变。对企业来说，战略是一种为企业长远的目标而制定的计划。明茨伯格（Mintzberg）等于1998年提出了关于企业战略比较全面的看法——著名的5P模型，即从企业未来发展来看，战略表现为一种计划（Plan）；从企业发展历程来看，战略则表现为一种模式（Pattern）；从企业的市场行为来看，战略也表现为企业在竞争中采用的一种计谋（Ploy）；从产业层次来看，战略表现为一种定位（Position）；从企业层次来看，战略则表现为一种观念（Perspective）。对于零售企业而言，根据企业外部环境和内部条件，设定零售企业长远的发展目标，通过在不断变化的环境中调整资源配置来取得竞争优势，从而实现利益相关方的期望的行动纲领和方案，即为企业的零售战略或称零售发展战略。

零售战略的制定和实施直接关系到零售企业未来发展方向的准确性，其内容包括制定战略展望和业务使命、设定目标体系、制定战略完成目标、执行和实施制定的战略、进行业绩评估并随时监测发展态势，以及时调整战略来确保企业的竞争优势。可见，零售战略的制定和实施是决定零售企业经营管理成败的关键因素。

二、零售战略特征

对于某种零售组织来说，总是产生在一个与其环境相适应的前提下，但环境不是僵化不变的。当环境变化时，就极有可能与零售组织的变化不协调。因此，零售组织的发展变化必须要与社会经济环境相适应，越是能适应这些环境变化，越是能生存和发展，否则将会自然地被淘汰或走向衰落。在不断进行自我调整的过程中，战略起着至关重要的作用，有助于有效地利用其资源以实现其长期目标。随着竞争日益激烈，消费者行为模式变化迅速，为避免错失发展机会，人们逐渐认识了长远规划与事务性的日常规划的关系，零售企业对战略规划的特征的把握日益成熟。归纳起来，零售战略规划具有以下四个显著的特征。

1. 战略规划的全局性

战略规划追求的是实现企业总体效果最优，通过整合和协调企业的所有职能，引导各个部门都朝一个共同的目标努力，以实现各项活动的总体目标。

2. 战略规划的长远性

战略规划是企业在未来较长时期内生存、发展的统筹规划。为应对未来市场的不确定性，战略的制定必须基于企业经营活动的经验和教训，并着眼于未来市场发展的趋势。因此，战略必须具有三个方面的长远性，即环境分析的长远性、目标制定的长远性和措施选取的长远性，并随时监控战略的执行结果，以根据实际情况来调整具体措施。

3. 战略规划的指导性

战略为企业在未来的一段时间内指出了发展目标，及实现这一目标的基本途径。它必须甄别增长机会，指导企业寻求并获得适合自身资源和能力的发展。

4. 战略规划的竞争性

对于零售企业来说，战略是为了市场需要而生的。所有零售企业都必须满足市场的需求以获得生存和发展，因此战略在执行过程中，需要持续并密切关注市场竞争形势与自身的实际情况，以确定企业战略对市场与竞争对手做出正确的反应，确保企业的生存发展。

三、零售战略的体系

零售战略作为指导零售企业的总体规划，它影响企业的经营活动和对市场力量的反应。任何零售商，无论其规模与形态如何，都可以而且应该采用战略计划，沿着“企业宗旨-设定目标-战略制定”的逻辑和路径建立零售战略。

（一）零售战略指导思想

战略指导思想是指导战略规划的制定和实施的基本思路与理念，是整个战略谋划的灵魂。它包括战略理论、战略分析、战略判断、战略推理，直至形成战略思想、战略方针，是贯穿战略管理始终的战略思维过程，对确定战略目标、寻找战略重点和采取战略措施具有十分重要的意义①。零售商在制定战略的过程中，必须明确有关企业发展的总目标，为企业的未来发展指明方向，确定行动的总方针，必须调动自上而下的所有人力、物力、财力，保证战略方针的贯彻和战略行动的落实，以满足顾客需要和为顾客提供最大利益服务为宗旨。需要指出的是，在战略指导思想当中，企业经理人员的高瞻远瞩、创新求实和灵活应变的战略管理能力尤为重要。

（二）零售战略目标体系

1. 总目标

所有零售企业都必须满足市场的需求以获得生存和发展，但每个零售企业的方式各不相同，零售战略反映了不同零售企业的经营哲学以及经营风格。零售企业战略的总目标是在企业使命和企业功能定位的基础上制定的，体现了企业经营发展战略的定位与总宗旨，它表明了企业存在的意义。

2. 目标体系

零售企业战略的总目标主要是指出企业发展的总的方向，但要保证企业战略总目标的实现，必须将其层层分解，将其具体化为职能性战略目标，形成包括各项具体子目标在内的目

① 裴蓉编译.《世界著名商学院 MBA 精华读本》[M]. 中国对外翻译出版公司，2000。

标体系。这一目标体系应由经济职能目标、社会职能（贡献）目标、员工管理目标三部分构成。

1）经济职能目标

零售企业的经济职能目标主要包括经营、市场和利润目标。

（1）经营目标。企业的经营目标是企业生产经营活动目的性的反映与体现，是在一定时期企业生产经营活动预期要达到的成果。零售企业的长期经营目标是企业发展战略的具体体现，不同的企业其经营目标是不同的，是价值评估的基础之一。在分析企业外部环境和企业内部条件的基础上确定的企业各项经济活动的发展方向和奋斗目标，是企业经营思想的具体化。企业经营目标不止一个，它们之间相互联系，包括经济效益，即零售企业希望每单位资源投入取得足够的产出数量的体现；也包括企业组织发展方向方面的内容，即一个组织所追求的价值，它能使企业的经营活动保持连续性和稳定性。

（2）市场目标。市场目标主要关注企业在整个零售市场上的地位，可用市场份额或称市场占有率来表示。市场份额数量也就是市场份额的大小，一般有两类表示方法：一类是用企业销售占总体市场销售的百分比表示，另一类是用企业销售占竞争者销售的百分比表示。

对于零售商来说，企业理性的市场目标应是追求“适度的市场份额”。适度的市场份额是指企业市场份额的数量既不能太小，也不能太大。太小就不能体现规模优势，太大就可能超越企业控制能力。

（3）利润目标。这一目标的设定表明零售企业希望直接从其经营中获得的货币性回报。零售商在一定经营期内争取达到的利润目标，反映着企业一定时期财务、经营状况的好坏和经济效益的高低，它是零售商未来经营必须考虑的重要战略目标之一。利润目标一经确定，便成为企业生产经营活动的行动依据，企业要根据利润目标来进行组织销售，控制成本等工作，常用的衡量指标如下。

销售利润率。它是企业的净利与销售净额之比。这一比率说明每一元销售额所能实现的利润。

净值收益率。它是企业的净利与业主或股东的资产净值之比。这一比率说明每一元资产净值所能实现的利润。

资产收益率。它是企业的净利与全部资产之比。这一比率说明总资产额中的每一元所能实现的利润。

2）社会职能（贡献）目标

社会性目标不总像经济目标那样，可以具体明确或容易数量化，但它们却能使零售企业更加关注各种社会问题，例如公众满意度，建立良好的企业形象，使顾客、供应商、企业员工、政府和社会团体形成良性互动。

（1）社会服务目标。例如提供足够的商品，给予消费者自由选择商品和服务的权利；安排就业，减轻社会中就业困难者的数量；交纳税金，支持政府发挥职能等。

（2）社会诚信目标。公平地对待消费者，如迅速、公平、平等地处理消费者的意见；明确地告诉消费者产品的缺点。

（3）社会公益目标。在必要的时候回馈社会，资助社会公益事业。如捐助、提供奖学金等。

所有的零售企业目标，无论是哪一类，都必须与企业战略的目标保持一致，各项目标都必须服从企业任务。

3）员工管理目标

这一目标反映出现代企业管理是以人为本的管理，企业的发展是以雇员为基础的。因此，企业战略的目标设定应考虑企业员工经济上的要求和个人发展方面的要求。例如，企业员工需要获得人们的尊敬，从工作中感到自己的重要性，他们才能以饱满的工作热情去创造良好的工作业绩，并在为顾客提供服务的同时，从工作中获得乐趣，满足其个人的期望。

（三）零售战略规划步骤

诸多零售专家提出了制定零售战略的步骤，归纳起来，大致有六个步骤，如图 4-1 所示。

第一步，确认市场机会。确认市场机会就是对市场进行分析，包括消费者分析、行业分析和竞争者分析。在进行市场分析和研究过程中，还应该注意进行长期的市场环境研究，对未来 5 年、10 年甚至更长远的未来趋势进行预测，从而制定企业中、长期发展战略。

第二步，设定经营方针和目标。经过详细的市场研究之后，要确定企业的经营方针和目标。零售企业在制定发展战略过程中，零售商必须进行选择，找到目标顾客层，最终确定经营方针和中、长期的发展战略目标。

第三步，设计商业战略。商业战略包括商业定位、行业定位、业态定位、规模选择、发展空间选择、时间选择和扩展策略。

第四步，建立组织保障体系。要实现发展战略，企业必须建立一套完善的组织体系，才能使发展战略得以实施。

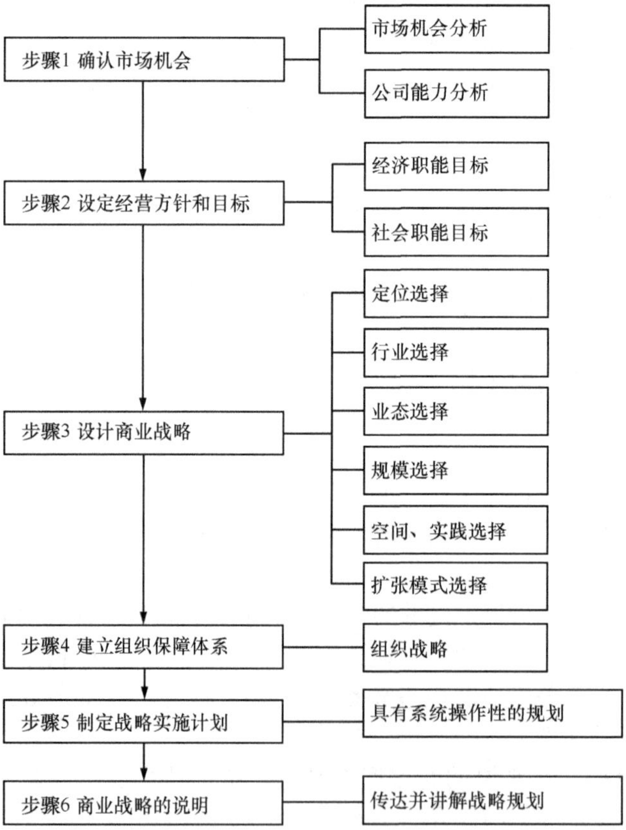

图 4-1 零售战略规划步骤

第五步，制定战略实施计划。战略规划一定要包括具体的实施计划，否则，会遇到实施的盲目化和低效化。

第六步，商业战略的说明。企业的发展战略一旦确定，就应适时地向员工公布、说明，使员工对企业的前景、目标有清晰准确的了解和认识，这样，才能保证战略实施的顺畅。

四、零售战略与企业文化和企业结构的关系

1. 零售战略与企业文化的关系

每个企业的立意都会在其所设定的战略、文化和组织结构中反映出来。企业文化是一个很难量化的指标，它包含了一个企业的行为、员工的态度、企业的核心价值观、领导者的方式等内容，和企业战略、组织结构都有着密切的关系。尽管文化在看得见的部分是一个组织的结果，比如大家看到的员工手册、行为模式。但事实上来讲，在制定组织之前，在确定战略的时候就有匹配的文化了。当企业战略发生变化，隐含的寓意就是企业文化也在发生变化，文化发生变化最终会影响战略的实施。

文化与企业战略的关系应该是一种匹配关系，例如企业选择创新性的战略，则企业必须有鼓励创新的文化来匹配。企业战略的制定，既受企业文化的影响，最后又形成文化作用下的结果。大多数企业在企业的内外部环境发生变化以后，会选择适当的战略去适应，然后相匹配的文化随之产生，而新的文化产生后又会影响组织。当企业发生变革时，变革可能源于相互影响，企业战略的变化可能导致文化变革的出现，文化变革也可能也会导致战略调整，这是一个相互影响的过程。

2. 零售战略与企业结构的关系

经营环境、经营战略以及组织结构之间存在相互作用和相互依赖的关系，零售商的发展战略是企业结构设定与变动的基础，而企业结构的合理与否又会反过来影响企业战略目标的实现。企业建立管理组织结构应遵循适应企业的战略目标的原则，从企业实际情况出发，增强管理组织结构的适应性。当零售商的企业战略发生改变或企业战略的推进使企业内部条件发生变化时，为有效地发挥组织结构的管理功能，企业组织结构应适应其企业战略的要求，随着内外环境的变化而变动，采用不同的组织结构，以保证企业既定战略目标的实现。

企业管理组织结构包括直线结构、事业部制结构、矩阵制结构、多维制结构等不同类型，现代企业管理组织结构应根据战略发展的要求作出合理选择。企业组织结构在设置和调整时，要注重健全现代化管理组织系统和发挥组织结构机制的作用。通常情况下，当环境处于稳定状态，现行的组织结构又能适应经营管理的需要，企业可维持原有组织结构模型；但当企业战略提出新的要求，现行的组织结构与要求不大适应或不能满足要求时，企业应调整或重新设置企业原有组织结构。

第二节 战略分析工具

在当代企业的战略制定过程中，SWOT 分析、波特五力分析模型、关键性成功因素（KSF）分析等都是众所周知的工具，被广泛地在各类企业发展战略规划制定过程中使用。

一、SWOT 分析

来自于麦肯锡咨询公司的 SWOT 分析，着重分析企业的优势（Strengths）、劣势（Weaknesses）、机会（Opportunities）和威胁（Threats）。因此，SWOT 分析实际上是对企业内外部条件各方面内容进行综合和概括，进而分析组织的优劣势、面临的机会和威胁的一种方法。SWOT 分析着眼于企业自身的实力及其与竞争对手的优劣比较，以及外部环境的变化及对企业可能的机会和威胁的分析。对于零售企业来说，通过 SWOT 分析，可以帮助企业把资源和行动聚集在自己的强项和有最多机会的地方，让企业的战略变得更加明朗。

（一）优势与劣势分析

在激烈的市场竞争环境下，识别环境中有吸引力的机会是企业发展的重要环节，但理性分析企业是否拥有在机会中成功所必需的竞争能力，才是确保战略的科学性的关键，所谓“知己知彼，方能百战百胜”。科学制定企业发展战略，必须全面掌握企业的实际情况，回答“企业具有什么能力？适合做什么业务？”等问题。因此，每个企业都要定期审视和评估自身的内部资源与环境。对企业来说，针对目标所需，一切可利用的、能够创造和再创造利益的事物，便是可用的资源，找出自身独特的资源或与众不同的竞争优势来源和必须规避的劣势，这也是零售企业确定自身能力、制定发展战略，并最终把握发展机会的必要工作。

这里我们所探讨的零售企业对内部资源的分析和管理，是一种动态的管理，即必须对内部资源的动态变化进行监控和了解，包括对有形资源和无形资源的全面分析和了解。只有这样才能准确地从内在价值评价资源特征，掌握与竞争者相比的特殊之处，从而确定企业发展战略的主要方向。

1. 零售企业的有形资源分析

（1）物理性资源。对企业来说，设施及设备的性能和地理位置是最主要的物理性资源，零售企业也不例外，商店的地理位置、类型和布局，卖场的规模、商品的结构以及企业管理的信息技术资源等都是清晰可见的资源。在购物区占据有利位置的零售商会拥有强大的营销优势和令人满意的服务品质，譬如理想的客流量或所提供服务的方便性。同理，大仓库和商品储藏空间在适当的位置也是一种有助零售商增长的资源，仓库大小和地点与零售商战略不符同样可能不利于零售企业的发展。

此外，零售企业运用先进信息技术不仅可以降低供应链成本，实现高效的销售和存货管理，甚至可以有助于零售商对市场潮流和顾客最终的满意程度做出及时反应，为顾客创造一种全新的购物体验，这对于打造企业竞争优势起着重要作用，但是只有实力较强的大型零售企业才具备这样的技术优势。

（2）财务资源。这项资源分析主要是分析企业的融资能力以及企业内部产生现金流的能力。零售企业的战略能力很大程度上受其现有或可获得的财务资源的影响。财务资源与企业发展之间存在着密切的联系，获取资本的成本和企业筹资的能力，在实施并购战略时，影响巨大，充分说明了这个资源的重要性。

（3）人力资源。人、财、物、信息等资源可以说是企业最为关注的几个主要方面，其中人又是最为重要的、活的第一资源，在企业发展中起着举足轻重的作用。企业的性质是由集体和团队性质组成的，作为企业和单位它的目标是发展和创造效益。根据企业和单位发展所追求的目标效益的性质差异，需要不同的人力资本，这就要有人力资源的保障。因此，企业必须了解自身的人力资源状况。零售企业的员工是顾客和公司间联系的连接点，他们的服务技能和能力将在培养顾客忠诚度和拓展新业务时起到至关重要的作用。只有管理好了“人”这一资源，才算抓住了企业管理的要义、纲领，企业的战略才能得到有效的执行。

2. 零售企业的无形资源分析

以资源为基础的竞争优势的形成过程中，无形资源对竞争优势贡献的差异取决于竞争所处的特定的层面，企业为获得竞争优势，必须逐步形成与每个竞争层面相匹配的能力。企业对自己所拥有的资源和所处的竞争层面的理解，以及不断培养、改善和提高企业运用无形资源的能力，对其取得竞争优势具有决定性意义。

(1) 技术资源。即企业拥有的专利、贸易秘密、商标等知识产权；同时还包括应用上述资源所需的知识。

(2) 创新资源。包括高水平的管理人员及研发人员；及企业管理中产生的新思维、新概念、新组合等。创新与组织结构、信息等相结合，不仅有利于增加企业声誉，并且有利于促进企业的多种无形资源的形成。

(3) 商誉。即在用户中的声誉；品牌级别和名次；市场对质量和可靠性的印象；在供应商中的声誉等。

(4) 社会资本。是指通过社会历史演变积淀下来的，相对于个体资本而存在于社会人际关系状态中的各种资源。

由于企业是一个整体，而且竞争性优势来源十分广泛，所以，在做优劣势分析时必须从整个价值链的每个环节上，将企业与竞争对手做详细的对比。因此，资源分析必须考虑每种资源与企业能力培养和战略方向的相关性，然后有针对性地发展和应用资源，而不是简单地罗列出企业的资源。基于某一项单独的资源形成的优势可能很容易被竞争对手复制，例如产品组合、商店布局和设计等，很难形成持久的竞争优势。但是，当企业在充分了解并发挥自身资源优势的基础上，制定出科学的发展战略，使企业培养出在某一方面或几个方面优势，当这些优势正是该行业企业应具备的关键成功要素，并形成企业的核心竞争力后，该企业的综合竞争力就可能超过其竞争对手，一种更持久的竞争优势就形成了。

(二) 机会与威胁分析

随着信息时代的到来，全球信息网络逐步建立和完善，经济全球化、一体化的进程日益加快，市场的发展也随之表现出日益多变的特征，特别是消费需求的日趋多样化，使企业所处的环境变得更为开放和不确定。这种变化几乎对所有企业都产生了深刻的影响，环境分析成为一种越来越重要的企业职能，SWOT 分析法、PEST 分析法等也随之成为企业这方面的常用分析工具。

在 SWOT 分析中，机会与威胁分析与优势与劣势分析不同，优势与劣势分析主要是针对企业自身的内部资源，以实现企业发展扬长避短的目的，而机会与威胁分析主要是着眼于分析企业的外部环境，以达到趋利避害的目的。其中，机会分析指的是通过对环境的分析和预测，找到企业具有优势、适合企业发展的领域；威胁分析则是指当环境中出现一种可能削弱公司竞争地位的不利发展趋势时，及时、果断的采取战略行为应对其所形成的挑战。

(三) SWOT 评估

在这个阶段，SWOT 分析通过把企业内部优势、劣势与外部机会和威胁结合在一起（如

图 4-2)，对企业战略制定的内部资源、外部环境基础进行系统的剖析。为避免在分析过程中，仅仅列出许多相关因素，却缺乏重点、关键因素分析，SWOT 分析的结论必须有针对性，即要有对既往战略的作用评估，又要对新战略选择具有指导意义，因此也可对各项相关指标进行量化评估。

当通过上述分析，确定了自身的优势和劣势后，企业必须进行定位，结合内部资源分析，利用外部环境因素，因势利导，应用分析结果，制定最适合企业发展的战略，如图 4-3 所示。

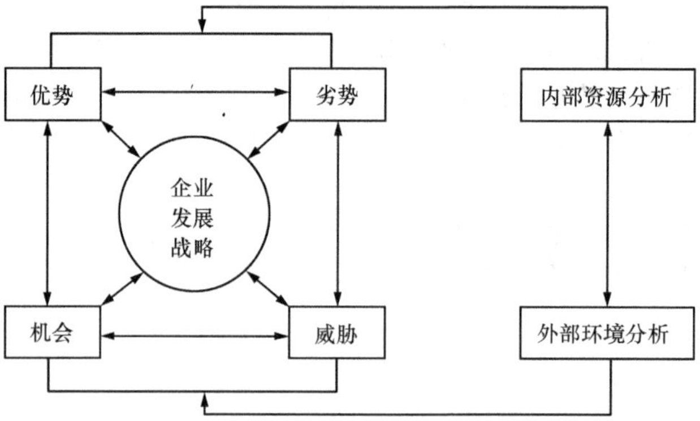

图 4-2　优势、劣势、机会与威胁分析

内部因素 / 外部因素	优势（Strength）	劣势（Weakness）
机会（Opportunity）	利用 SO 战略优势，抓住机会 适宜增长战略	WO 战略 利用机会，克服劣势 适宜改变方向战略
威胁 （Threat）	ST 战略 利用优势，减少威胁 调整现行战略	WT 战略 弱化或规避劣势、威胁 适宜巩固/缩小/撤退战略

图 4-3　基于 SWOT 分析基础的战略选择

二、五力竞争模型

迈克尔·波特（Michael Porter）于 80 年代初提出了五力分析模型，确定了竞争的五种主要来源，即供应商的议价能力、购买者的议价能力、潜在进入者的威胁、替代品的威胁、行业内竞争者现在的竞争能力。五种力量模型将大量不同的因素汇集在一个简便的模型中，可以有效地分析行业的基本竞争态势和客户的竞争环境，对企业战略制定产生了深远的影响。

应用这一模型，一种可行战略的提出首先应该确认并评价这五种力量，不同力量的特性和重要性因行业和企业的不同而变化。

1. 供应商的议价能力

供应商可以通过提高投入要素价格与降低单位价值质量的能力，来影响行业中现有企业的盈利能力与产品竞争力。随着采购额占销售收入比例控制的重要性不断增加，与供应商之间的博弈成为零售企业发展的一个关键环节。企业如何制定动态的供应商评价体系、选择供应商、控制采购风险、与供应商建立战略伙伴关系，已成为企业在采购环节最为关心的几个问题。

2. 购买者的议价能力

购买者主要通过其议价与要求提供较高的产品或服务质量的能力，来直接或间接影响行业中现有企业的盈利水平。购买者讨价还价的能力受很多因素的影响，主要有可供选择的零售组织的数量、一次购买规模和购买者讨价还价的技巧等。对零售企业来说，当购买者总数较少，或购买者的购买行为具有较大的选择范围，可向多个卖主购买产品时，零售企业通常需要在产品定价方面充分考虑购买者的议价能力。在当代，购买者的力量倾向于越来越大，这迫使零售企业越来越多地采用“低价格、低成本、高质量服务”的策略。

3. 新进入者的威胁

当新进入者与现有企业形成市场竞争关系时，将可能最终导致行业中现有企业盈利水平降低，严重的话还有可能危及某些企业的生存。这种竞争性进入威胁的严重程度取决于两方面的因素，即进入新领域的障碍大小与预期现有企业对于进入者的反应情况。在1992年零售业对外开放以前，我国零售业的进入壁垒非常低，但是随着零售业的对外开放，尤其是2001年入世以后，零售业的进入壁垒随着零售市场集中度的提高而逐渐增加。从成本壁垒角度看，外资零售企业进入中国市场后通过多种途径降低商品成本，对其他投资者造成了绝对成本壁垒。比如外资零售企业具有庞大的营销网络和配送能力，跨国零售集团还往往对一些商品采取买断形式，对周围零售商形成绝对成本壁垒。① 除此之外，又由于信息技术和地理位置对零售业盈利能力的影响，零售业还存在一定的“技术壁垒”和较高的“选址壁垒”。总之，新企业进入一个行业的可能性大小，取决于进入者主观估计进入所能带来的潜在利益、所需花费的代价与所要承担的风险这三者的相对大小情况。而现有企业对进入者的反应情况，则取决于有关厂商的财力情况、报复记录、固定资产规模、行业增长速度等。

4. 替代品的威胁

两个处于同行业或不同行业中的企业，可能会由于所生产的产品或是提供的服务互为替代品，从而在它们之间产生相互竞争行为，这种源自于替代品的竞争会以各种形式影响行业中现有企业的竞争战略。零售业或零售企业的替代者，是指那些提供与零售业相似的服务、在某种程度上可以替代某种类型零售企业的行业、组织或个人。这些组织和个人都会在某种程度上对零售业或零售企业的生存和发展形成威胁。

5. 同业竞争者的竞争程度

零售业中现有竞争者已经形成多组织类型、跨地区、跨经营范围的复杂竞争态势。当前，零售业除了在传统经营模式的企业之间存在激烈的竞争，还要面对新的经营模式的竞争，例如电子商务、企业直销等。企业竞争战略的实施使企业间产生冲突与对抗，常常表现在价格、广告、产品介绍、售后服务等方面，其竞争强度与许多因素有关。如果某个细分市场已经有了众多的、强大的或者竞争意识强烈的竞争者，那么这些情况常常会导致价格战、广告争夺战等，并使企业在竞争中付出高昂的代价。

行业中的每一个企业或多或少都必须应付以上各种力量构成的威胁，五种力量的合力共同决定了一个行业的竞争强度和盈利性。从战略策划的角度看，五种力中起主导作用的力量是最

① 夏春玉，汪旭辉．中国零售业30年的变迁与成长．中国商报，2008-12-16。

重要的，因为它直接决定了企业获利能力的大小。就零售业来说，新进入者和现有竞争者是决定其竞争结构的主要力量。通过五力模型分析，零售企业可以从自身发展的需要出发，采取科学、有效的发展战略来应对这五种竞争力量，以增强自己的市场地位与竞争实力。

第三节 零售竞争战略

战略选择是企业对内部资源的运用的一种谋划，为企业朝着实现目标和创造有利的竞争位置提供经营方面的指导。对零售企业来说，在竞争定位的基础上选择一种适合的竞争战略至关重要，经验表明，至少50%的利润变化取决于战略的选择。零售商应确定竞争优势、培养方向以及巩固优势的途径。

一、成本领先战略

成本领先战略又称低成本战略，是指企业通过在内部加强成本控制，以达到同行业成本领先水平的竞争战略，适合于产品差异性小、同质化程度高、以价格竞争为主的行业。成本领先战略的企业往往会采用低价策略来吸引顾客购买，因其这样会减少收入，为此必须增大销量。成本领先的企业还有另一种选择，就是不刻意追求更大的市场份额，而将价格定得与竞争对手大致相当，如果商品成本较低，则企业的成本领先优势则会通过毛利率的提高，实现增加总利润的目的。总体来讲，成本领先战略就是以大规模生产和经营来降低成本，再以低成本所支持的低价格来赢得市场，增加收入，最终实现赢利。“薄利多销”是成本领先战略最好的概括。但是，零售业要通过采取成本领先战略获取成功，必须要找准市场切入点，并辅以其他策略共同使用。例如，折扣价格、品牌策略，它们或把成本与大幅降低的价格联系起来，或将比既定的竞争对手要低的价格与良好的品牌形象联系在一起，有力地增强了自身的竞争力。

零售企业要创造成本优势可以从以下四个方面进行思考：第一，进行企业经营成本影响因素分析，实施成本领先战略，企业首先要了解自身的成本现状，通过找出那些对企业经营成本影响最大的或企业降低成本潜力最大的因素，深化已有的成本优势，创造可能的成本优势；第二，制订成本控制目标和成本控制计划，进行系统的成本控制；第三，与供应商建立良好的合作关系，节约采购成本；第四，实施连锁经营，创造规模效益。

二、差异化战略

差异化战略又称别具一格战略，是指企业提供的产品或服务与竞争对手形成明显区别，通过在产品设计、技术特性、产品品牌、产品形象、服务方式、促销方式等方面形成差异，向顾客提供具有独特性的产品或服务的竞争战略。差异化战略的核心是特色经营。这种通过形成特色来培养优势的竞争战略是波特定义的基本竞争战略之一，一直在企业竞争中扮演着重要的角色。

企业通过差异化战略在“顾客认同的价值”方面表现出独特性。差异化使企业通过不同的价值活动取得顾客认可和重视，有利于企业建立起客户对其产品或服务的认识与信赖，降低服务的价格弹性，同时还可以使购买方具有较高的转换成本，而对企业及其产品产生一定的依赖。总的来说，差异化战略的特色经营有五大好处，一是产品差异有利于使企业与竞争对手有效区分，从而从竞争者中脱颖而出；二是产品差异能减少竞争威胁，由于产品的独特价值，能够提高顾客的品牌忠诚度，降低对价格的敏感性，从而减少价格竞争的必要性；三是产品差异有助于降低替代品威胁，增强企业的议价能力，有利于企业获得高于行业平均水平的收益；四是对潜在的竞争对手形成进入壁垒，产品差异本身就是一种有效的进入障碍，可以增加潜在进入者的成本和周期；五是有利于企业应对供应商的威胁。由于差异化企业产品的独特价值和顾客忠诚度，企业有更大的可能性将由供应商提价所增加的成本，成功转嫁给顾客承担。

由于零售企业的产品是无形的服务，零售企业的差异化战略很难体现在它所经营的产品上，因此零售业中的差异化战略反映的是零售业的动态和竞争性的特征。对零售企业来说，该战略的实施必须做好以下四个方面的工作：第一，准确定位。零售企业差异化的主要途径是市场定位，即为企业选择一个独特的市场位置，能使自己与竞争对手有明显区别，这个市场位置能够建立一定的进入障碍，能为自己提供超过竞争者的相对优势。第二，宣传并保护企业形象。形象建设是零售企业的差异化战略不可或缺的部分，企业形象是消费者对企业所有活动进行综合评价的结果，是企业市场地位及发展潜力的体现。为企业设计一个不同于其他企业的形象后，通过进行有力的宣传，就能在很大程度上影响消费者对企业的主观评价，因此，一定要在经营活动中树立并维持良好的形象。第三，充分利用好信誉这笔无形资产，提供信誉保证，建立自有品牌。第四，建立以生产率为导向的差异化，包括有效的成本管理、分销体系、供应连锁的管理和为高效送货而进行的最佳商店设计等。

三、目标集聚战略

目标集聚战略的核心是细分市场，即企业通过集中其全部力量满足一个特定消费者群体（细分市场）的方式，为自己建立起一套发展战略。通过以低成本为基础或利用更明显的差异化，以一个特定的消费者群体为焦点，比其他竞争者更经济、更有效地满足他们的需求，来占领较小市场。这些战略的实施范围被特意缩小，企业通过较为细化的目标市场的选择，寻找现有竞争者的最薄弱环节切入，从而可以避免与势力强大的竞争者正面冲突，因此较为适合那些相对较弱的企业。

零售企业实施目标集中战略，关键要做好以下工作：第一，在市场调查的基础上对市场进行有效细分。对市场进行细分，实际上就是根据消费者的差异性，对消费者进行分类或分群，如对消费者的地理特点、人口特性、行为方式、消费心理等进行分类。零售企业对市场进行细分时，为了保证其有效性，市场细分一定要在市场调查基础上进行。第二，各个细分市场对企业价值各有不同，选择有潜力的细分市场作为自己的目标市场，要仔细考虑市场是否有足够的现实需求或潜在需求；企业是否有能力满足这些需求并盈利；企业在这个细分市场上能否取得一定的竞争优势。第三，根据目标市场的特点，制订业务开展的详细计划。目标市场一旦选定，企业要根据目标市场的特点，确定零售网点的位置、选择商品经营范围、选择进货渠道、确定商品价格策略、进行企业视觉设计和广告宣传等。

第四节　零售扩张战略

一、地理战略

1. 区域集中式布局战略

这种布局战略的主旨是通过在一个区域内集中资源密集开店，形成压倒性优势，以实现规模效应。这种网点布局在同一个地区开设多家店铺，一是易于提高该零售商知名度，树立企业形象；二是在一个区域内开店越多，广告费用越低，因此可以降低连锁企业的广告费用；三是节省人力、物力、财力，提高组织的管理效率，能够更容易地在各个连锁店之间合理分配资源；四是可以提高商品的配送效益，在同一地区店铺越多，分摊到各店铺的运输费用也越低，在配送方面也会形成规模效益。这种网点布局有两种方式，一是先选取目标区域，然后在选定的区域内密集扩展，二是先确定物流配送中心的地址，然后以物流配送中心的辐射范围为半径向外扩张。两种方式均具有集中布局的特点，只是后者更注重配送中心的服务能力，可集中资源按时配送，提高送货效率，这种布局方式对要求商品配送快捷高效的零售业态，如标准超市等，尤为适用。

2. 区域跳跃式布局战略

这种布局战略是指零售商在主要的大城市或值得进入的地区分别开设店铺。这种战略往往是零售商希望占领某个大区域市场，通过先入为主，从而抑制竞争对手的方式，达到占据具有较大发展前途的地区和位置的目的。跳跃式布局的优点主要表现在两个方面：一是这样可以分散企业地理布局上的风险，当一个地区经济出现衰落，企业不至于面临整个市场的全面失败；二是当零售商采取的经营模式对地点有特殊要求，且该模式在企业扩张过程中会复制，那么尽早在主要目标市场锁定理想地点，将使零售商的扩张活动变得更为主动。

3. 区域领先式布局战略

这种布局战略是指零售商优先将店铺开设在竞争程度较低的地区，或商业网点相对不足的地区，避开强大的竞争对手以求取发展。在那些容易被大型连锁零售企业所忽略的地区，例如城市郊区，商业网点往往相对不足，零售商在这样的地区容易取得规模效益，形成优势，从而为企业后期的发展积累资本。但采取这种战略的零售商同时可能面临较大的地区市场差异性，加大企业商品供应在市场适应方面的难度。这种战略适用于物流配送能力较强的零售商，否则企业物流配送将难以满足各店铺的配送需求。沃尔玛创业初期即采取这种布局战略，从而有效地避开了竞争对手。

二、扩张路径

零售商的扩张路径主要有两种类型，一种是发展初期依赖自我发展的滚动扩张战略，另一种是发展后期的收购兼并战略。两种战略各有利弊，需要根据企业自身的实际情况灵活运用。

1. 初期扩张路径

在企业发展初期，常常缺乏雄厚的资本实力和合适的并购对象，因此，开设新店、增加营业网点成为企业规模化发展的重要内容。这种扩张路径主要是通过自身的积累和投资，不断建立新的门店，使企业逐步发展壮大。选取这种发展路径，零售企业需要塑造自己的特色经营和核心竞争力，并采取合理的经营和管理模式。该方式的优点在于企业开设新门店时可以设定统一的运行标准，有利于企业的管理，对企业选择的发展战略和经营模式也能进行有效的验证和及时的修正。但选取这种扩张路径，企业在前期需要投入较多的资金，且零售商要认识和把握新区域的市场需要有一个过程，同时当地消费者也需要时间了解、接受新的进入者。

纵观世界零售100强企业各自的发展历史，几乎全部都是在发展初期以自己开新店为主，在这些企业早期发展战略的选择上，多偏重于内部管理型战略，强调自身积累的发展、热衷于一家一家地开设新店。实际上，直到今天，还有部分 100 强企业偏爱自己开店，而不采取并购方式。以沃尔玛为例，自 1962 年沃尔玛在美国阿肯色州的罗杰斯城创立第一家折扣店，整个发展的前 20 年，沃尔玛基本上是以自己开店为主。

2. 中后期扩张路径

在零售企业尚未发展和壮大的初期，可能缺乏实力推行外部交易型战略，但企业在获得早期经营的成功后，随着零售业的快速发展，竞争的激烈化将使企业无法仅仅依靠自我滚动扩张式的经营战略适应市场发展要求，资本运作逐步开始得到各大型零售企业的青睐，企业兼并、收购与重组等外部交易型战略成为中后期扩张的重要路径。这种外部型的并购战略的核心是采用资本运营的方式，将现有的零售企业收购、兼并过来，通过整合，使被兼并企业与之融为一体。采取并购战略进行扩张的优点是有利于降低零售商进入和占领新市场的难度，被兼并企业往往熟悉目标市场，通过获取被兼并企业的资源和顾客基础，零售商能迅速占领新市场，形成规模经济，增强企业的实力，推进企业整体发展战略。但由于被兼并企业的组织结构、管理制度，以及企业文化常常明显地有别于本企业，在兼并后的融合期，对被兼并企业进行符合本企业标准的改造，同样存在一定甚至可能很高昂的成本。

世界零售业巨头取得早期发展的成功后，推行并购战略已成为其扩张的主要方式和手段，例如沃尔玛、家乐福等零售企业，不断地通过并购战略的实施，达到扩张的目的。家乐福在 1998 年收购了曾位于世界零售 100 强排名第 22 位的法国普美德斯公司，这一并购战略十分有助于其抗衡法国本地企业，并使其从 1998 年的世界零售 100 强第 9 位，一跃成为 1999 年的世界第 2 位，2001 年家乐福成为最国际化的零售企业，拥有超过 9200 家商店，遍及 31 个国家和地区。2004 年在波兰收购 13 家大卖场，成为当地第二大零售商，进一步强化了国际竞争力。

三、扩张速度

由于零售商在很多经营方面的差异性和特色可以低成本复制、模仿，如果零售商在现有经营模式成熟后才考虑扩张，那么在行业的进入和退出壁垒都相对较低的背景下，可能因为等待而失去发展的先机，进而丧失竞争优势。且零售业也是一种注重规模效益的行业，这些都决定了零售商会尽力推进企业扩张，当然缺乏基础的盲目扩张极有可能导致适得其反。因此，零售企业应以何种速度进行扩张，需要零售商在发展之初就有充分而理性的意识，并制定相应的扩张战略计划。

在制定扩张计划的过程中，企业的扩张速度主要会着重考虑三个方面的因素。一是企业的内部资源状况，包括企业的财务资源、人力资源和信息资源等是否充足，这些因素都会影响零售商的扩张速度。二是企业的管理能力，一个零售商的管理层在当前规模，可以实现十分有效和到位的管理。但当企业规模增长超过管理资源的承受能力时，这种管理效果将无法持续，企业的管理就可能陷入困境。因为随着企业的发展壮大，对管理水平的要求会越来越高，企业的组织结构需要重新设计，信息管理系统需要进行修正和扩容，仓储和配送能力也面临同样的状况。这决定了企业的扩展速度不能脱离企业的管理基础，盲目的扩张只会带来不良的后果。三是外部市场机会，扩张速度还取决于市场机会本身。当一个新的市场机会出现，企业却暂时无法负担所需的大量资金，如果市场机会转瞬即逝，错过这个机会将带来巨大损失时，时机就成为企业首要的考虑因素，为了不错失市场机会，那么企业可能会选择稀释股权。当然，盲目冒进和谨小慎微的保守做法都是不足取的，零售商应该在谨慎扩张以降低风险和冒险跳跃式增长之间权衡利弊，寻找一个最佳的扩张速度。

四、多元化扩张

多元化战略是相对企业专业化经营而言的，一般是指企业同时经营两种以上基本经济用途不同的产品或服务的发展战略，包括产品的多元化、市场的多元化，投资区域的多元化和资本的多元化。多元化经营是属于经营战略中的“产品—市场”战略范畴，零售商采取多元化扩张战略，进入一个全新的开发领域，开拓和占领更多新市场，可以规避单一经营的风险。零售业战略多元化模式主要有以下几种。

1. 横向多元化扩张

这种扩张方式属于零售业的市场多元化范畴。零售商通过联合本行业的经营发展壮大，使之通过扩大市场份额巩固市场位置。随着增长战略方式的重点转移，该扩张方向在零售业中已变得更为明显，这一整合可能完全为了获得该企业的市场，也可能是为了得到补充性招牌以增强品牌影响力。

2. 纵向多元化扩张

零售商的多元化扩张战略可以推进企业运营扩展到供应链前向或后向的其他行业，这将有利于企业创造进入性壁垒以保护自己并阻挡竞争者，以便增强对市场的控制力。零售商的前向扩张即为选择向商品供应链的前向扩张，进入企业的原料供给环节。这种选择一是基于企业为获得稳定可靠的货源，有效降低供货成本，消除企业发展的货源制约的需求；二是基于企业为获取供货商的丰厚利润的动机，故而主动进入供货商的经营领域。例如麦当劳和肯德基快餐店均建立了自己的原料生产基地。当前许多国内外大型零售企业，包括连锁超市也纷纷投资生产自有品牌商品，这种商业资本向工业资本的渗透行为也是这种扩张战略广为流行的例证。零售商的另一种选择是后向扩张，即零售商选择整合销售环节，在电子商务兴起后，新的零售方式将给传统的零售方式带来问题和挑战，促使零售商重新评价分销服务的前向整合问题。这种前向扩张战略通过加强对零售商和顾客之间主要活动的控制，有助于零售商控制报价空间。例如现在许多零售商通过投资于分销中心、绕开了批发商而承担了上游分销的责任。

3. 复合多元化扩张

复合多元化扩张战略的实施主要是为了在恰当的时间抓住有利的机会，这是一种从与现有的经营领域没有明显关系的产品、市场中寻求成长机会的策略，可能出于企业进取型发展战略的需要、分散商业周期风险的需要或是退出衰退的市场的需要。由于企业所开拓的新事业与原有的产品、市场毫无相关之处，所需要的技术、经营方法、销售渠道等必须重新取得。

五、国际化扩张

随着企业的发展壮大以及国内市场的逐渐饱和，关注国际市场成为企业的必然选择。企业的国际化战略是国际化经营过程中的发展规划，是企业产品与服务在本土之外的发展战略，将在很大程度上影响企业国际化进程。零售商们运用这种战略来开发国际市场，以推进企业的国际化扩张，其决策过程如图 4-4 所示。该战略可以分为本国中心战略、多国中心战略和全球中心战略三种。

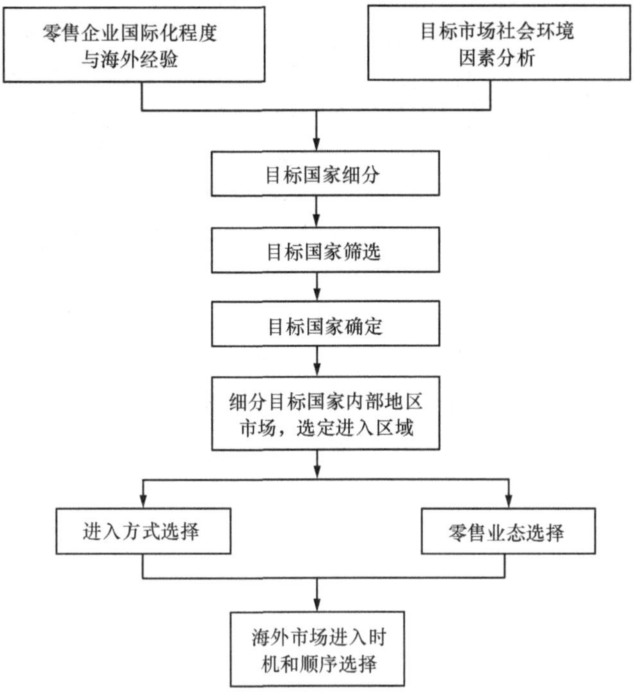

图 4-4 零售企业国际化决策过程

（一）本国中心战略

1. 本国中心战略的含义

本国中心战略（ethnocentric predisposition）是基于母公司的利益和价值判断制定的一种经营战略，即将母公司成功的经营模式移植到各国的分公司中，其目的在于以高度一体化的形象和实力在国际竞争中占据主动，获得竞争优势。这一战略的特点是经营决策权由母公司控制，在海外原样复制已有经营模式，管理模式高度集中；优点是集中管理可以节约大量的成本支出；缺点是产品对东道国当地市场的需求适应能力差。

2. 本国中心战略的营销模式

在海外扩张的过程中，全球化零售商面对两个潜在的挑战：（1）有效利用公司资源以获得最大程度的规模效益；（2）根据各海外市场的具体情况更好地满足当地顾客的需求。实施本国中心战略时，经营者要在获得标准化经营和满足各国市场不同需求之间寻求平衡。尽管全球化零售商也注重各国市场的差异性，也会采取一些措施以适应当地的市场，但大多数情况零售商还是用标准化市场营销的方式处理各个细分市场上的顾客，在各国市场采取一致的市场态度，其市场营销技巧的标准化是国际扩张的具体战略的结果。这种标准化的市场营销战略使各国市场的产品范围、装修布局、广告宣传、产品价格以及服务水平等在很大程度上类似。

3. 本国中心战略的管理模式

实施本国中心式战略的零售企业可以重复使用一个已被证明有效的标准化管理模式，该模式具有以下特点。

（1）管理模式标准化。在那些市场期望可以把握的国家，零售商服务趋于标准化，全力展示具有鲜明特色的、统一的门面。该战略使用的是标准化的经营管理方式，这种集中管理的方式有利于降低的成本，使零售商能从产品、销售、商店管理、广告和个人培训的规模经济中获益。由于标准化的经营模式可以便宜和快捷地复制，因此，实施这种国际化战略的零售企业往往能快速扩张，例如快餐连锁企业肯德基、麦当劳公司等。

（2）管理模式信息化。实施本国中心式战略的零售企业的管理往往具有信息化特点，具有一个完备、有效的企业信息管理系统，以通过企业信息网络充分掌握和控制各市场的经营活动。该系统建立在信息技术基础之上，它能通过收集关于经营状况的详细信息，为企业的市场决策提供参考与服务，例如根据销售的信息，调整产品路线等。

（3）管理权限集中化。实施本国中心式战略管理，零售企业在经营组织的权力方面往往十分集中，经营决策权由母公司控制，故采取该战略的零售商并不鼓励所属商店的创新精神，海外市场的组织只需遵从总部制订的规章和程序即可，零售技巧和策略与公司高度统一。

总体来说，这种战略在企业的进一步扩张方面具有良好的应用性，但过于标准化的管理使其缺乏变化空间与灵活性，易导致其对海外市场变化的适应性差，也不利于企业把握当地市场发展的趋势。

（二）多国中心战略

1. 多国中心战略的含义

多国中心战略（polycentric predisposition）是统一的经营原则和目标的指导下，按照各东道国当地的实际情况组织生产和经营的一种扩张方式。如果跨国公司规模相对较小，或者将经营局限于特定的文化或地区，那么它也可能具有多中心和地区中心倾向。实施这种战略的零售企业会根据海外市场的具体情况，建立与母公司不同的经营模式。与选取本国中心战略的零售商相反，选取多国中心战略的零售企业将他们的分支机构看作地理上分散的经营业务，虽然基本经营理念保持不变，但这些分支机构均可为适应各地市场的具体条件或满足市场的某些特殊要求，而对经营模式进行必要的调整。超级市场的国际化是多国化战略的典型代表，虽然“一站式购物”的零售方式成为了超级市场国际化的基本经营理念，但是产品种类和品牌却是基于每个国家顾客期望的不同而有所差异的。

可见，在实施这种战略的零售企业中，海外的子公司明显拥有较大的经营决策权，而母公司则主要承担总体战略的制定和经营目标分解。这种战略的优点是对东道国当地市场需求的适应性较好，对市场变化的反应速度较快，缺点是增加了子公司和子公司之间的协调难度。

2. 多国中心战略的营销模式

采用多国中心战略的零售商对其营销战略有一个全球化的界定，但他们同样会应用本土化营销的思维，这种思维强调各个市场的差异性，要求跨国公司按照当地的观念反思自己的营销战略，并根据当地市场的具体情况来进行调整。实施这种国际化战略的零售企业在营销方面追求不是基于市场共性的标准化营销带来的效益，而是从各个国家和地区消费者的需求差异化出发，通过营销策略的差异化和本土化来满足目标消费者的多样化需求。实际上，很多零售企业在其进入的所有国家保持了经营策略的核心因素，但每个市场都可以根据市场的可变因素对营销战略加以改进，以提高竞争力，例如根据国家之间，甚至不同的商店之间的差异，市场条件和供应要求的不同，来调节产品范围；根据销售渠道的不同而使用不同的定价政策，在决定价格水平方面给其商店经理更多的自主权；或在国家之间提供无差别的服务，但广告宣传的具体内容却根据各国顾客的习惯而改变。

多国中心战略根据本地客户相应定制产品与营销战略，倾向于在经营业务的国家里建立一整套价值活动，从制造、营销到研发。也因此，实施这种战略的企业无法获得经验曲线效应和地域经济的利益。

3. 多国中心企业的管理模式

采取多国中心战略的零售商实施分权化的管理。母公司在推进主要的战略决策时，允许东道国管理层有相当程度的自主权，如销售渠道地方化，可由当地管理层决定销售渠道的组合策略；或有权决定使用由本国和移居海外的管理人员共同组成的混合管理队伍，从海外重新招募管理人员等。

对于零售商的多国中心战略来说，既要贯彻其母公司的基本经营理念，同时又要考虑当地的细微差别，因此这类零售商的管理模式通常具有以下特点。

(1) 管理模式推广成本高。多国化零售商的发展空间弱于全球化零售商。每次扩张需要的投资规模，以及聘用高水平管理人员存在的困难，都限制了其经营模式的推广。

(2) 管理模式的责任分散。这种管理模式相对于本国中心战略的管理模式，其分权化程度相对较高，责任分散特点明显。

(3) 管理模式规模效益低。多国化零售商不会从规模经济中获益太多。它们会从得到的经验中获益，但是与全球化零售商相比，其网络的国际扩张不会引起零售成本、供应和广告成本的降低。

(三) 全球中心战略

1. 全球中心战略的含义

全球中心战略（Geocentric predisposition）是将全球视为一个统一的大市场，在全世界的范围内获取最佳的资源并在全世界销售产品。采用全球中心战略的企业通过全球决策系统把各个子公司连接起来，通过全球商务网络实现资源获取和产品销售。这种战略既考虑到东道国的具体需求差异，又可以顾及跨国公司的整体利益，已经成为企业国际化战略的主要发展趋势。但是这种战略也有缺陷，对企业管理水平的要求高，管理资金投入大。

2. 全球中心战略的营销模式

采用全球中心战略的零售商，产品开发既不同于本国中心战略，主要由国内用户需求决定，也不同于多国中心战略的以当地需求为基础甚至地区内标准化，他们将提供具有地区特点的全球性产品，根据各国市场的具体情况进行弹性生产。全球中心战略的营销文化，不同于多国中心的东道国或地区特色，而具有全球特点，这类零售商聘用最好的管理人员，不论他们是来自哪个国家或地区。

3. 全球中心战略的管理模式

采用全球中心战略的零售商，以全球化的观点看待经营与管理，最大型的国际企业往往具有这一倾向，其管理模式的特点如下。

(1) 管理模式的组织协商性。这种战略倾向于寻找和培养全球最佳人才，由他们充任世界各地的要职。采取全球化战略的零售商在管理模式上实行组织中各层级相互协商的管理。

(2) 管理模式的责任分散。这种管理模式多采用全球一体化与国家分部责任制。

总之，零售商的倾向将极大地影响企业国际化战略的选择和市场进入方式。一部分零售商主要关心盈利和增长，而不是制定能够发挥自己优势的综合性国际化战略；某些则更加重视大批量生产带来的价格竞争优势，而不是根据当地需求开发适合当地特点的产品；另一些则更愿意向那些与本国有类似文化的海外市场销售产品，以便可以在整个地区采用相同的基本营销模式。这些倾向都将最终反映在企业的战略选择中。

◎小结

零售企业的战略规划在零售企业的发展过程中显得日趋重要。零售企业的战略概括了企业经营活动的类型、范围、发展方向和指导这些活动的理念。科学的企业战略规划有利于零售商培育和维持核心竞争优势，帮助企业从成本领先、差异化、目标集聚战略等一般性战略中选取最适合的经营战略；从横向多元化、纵向多元化、复合多元化中选择最合适的零售扩张路径；并从本国中心战略、多国中心战略和全球化战略中选择最合适的国际化方式。

➢案例 零售业并购加速，成为企业拓展新模式

2010 年，并购无疑已成为了助推零售企业拓展的加速器，而这似乎仅是个开始，更多的零售巨头正在拿起并购的利器，并购事件此起彼伏，从 2001 年初物美系并购湖州老大房、京东商城收购千寻网、海航商业入驻天津国际商场，到年中家乐福收购保龙仓的年度重头戏，再到其后涌现出来的茂业国际、银泰百货、新世界等企业在市场上的并购高潮。

一、并购挺进新市场

大商集团、山东银座、苏宁电器、春天百货等是 2001 年以并购的形式进军新市场的典型代表。

号称全国最大百货商场的大商集团，多年来市场网络主要分布在东北、华北、西北以及西南地区，而对于华南市场却鲜有进驻。通过对桂林微笑堂商厦的收购，标志着大商集团正式登陆广西百货市场，也使大商集团扩展到全国 12 个省份的 50 余个城市。

与大商集团不同，山东银座将新市场锁定在电子商务上。通过对小红帽网上商城的收购，网络购物市场成为山东银座重点发展业务的一部分，而将“银座小红帽”打造成综合性网购服务商的目标，也将大大增强山东银座的市场渗透能力。

自成为 LAOX 第一大股东以来，苏宁电器通过 LAOX 搭建的海外平台，进一步了解国际家电市场，不断借鉴先进的国际家电零售经验，加强双方的人才交流互通，逐步拓展商品引进，提升企业的核心竞争力。而通过此次增资，LAOX 所募得的资金将主要用于其在日本国内开店、商品采购以及补充运营资金，苏宁与 LAOX 将进一步深化合作，有利于 LAOX 更加稳定、长远的发展。

苏宁的增资将进一步巩固和发挥公司与 LAOX 在经营和管理上的协同效应，而且也有助于苏宁在中国国内开设乐器店与日本生活风尚店的过程中，引进商品、提供店面经营经验，提高苏宁产品丰富度与店面运营能力。

与上述企业相比，春天百货并购贵阳国贸广场的规模则要大一些。2009 年春天百货上市后的发展步伐进一步加快，在稳固厦门以及北方青岛、北京、长春市场的基础上，开始向西南部市场发力。斥资 5.51 亿元购得贵阳国贸广场后，将更有助于春天百货在西南市场快速打开局面。

二、并购策动新布局

为快速确立区域强势布局，2010 年茂业国际、海航商业、新世界、银泰百货、物美系、百联集团等选择了见效快的组合并购。

2010年以来，茂业国际在环渤海区域市场扩张中接连出手。在先后拿下秦皇岛、保定、沈阳、淄博、常州、淮安等区域并购标的后，加上已在天津市场拿下的新项目，茂业国际已经初步形成了自己的环渤海布局，而且还通过有效布点完成了华东、华北、东北市场的衔接。

海航商业的频频并购也成为2010年行业发展的一个新亮点。2010年2月，成为天津国际商场新东家后的海航商业全面开始了对该项目的工作交接。在海航的官方网站上，也将"深耕京津"作为海航商业的重要战略。但是，靠并购建立起来的海航商业胃口还远不止于此。10月，海航商业正式宣布全资收购上海家得利超市全部股权。值得注意的是，海航商业副总裁柏彦的一番话：通过未来一系列的收购兼并等资本运营手段，预计明年一季度海航商业的销售规模就将突破100亿元，成为大型商业集团。

在北京周边区域，新世界也在通过连环并购增强市场话语权。今年6月至10月间，新世界首先以1.5亿元购下北京新世界百货、又锁定北京崇文门一商业地块，接连在廊坊、沈阳分别斥9.4亿、5亿元拿地。新世界百货表示，收购将进一步扩大公司百货商店业务及加强收益来源，提高华北地区百货商店业务的利益，以期在华北地区增加市场占有率及获得规模经济及协同效益。

包括银泰百货在合肥、北京、湖北等区域市场上的收购动作，以及物美集团旗下浙江供销超市对湖州老大房超市的并购、百联集团5亿元拿下港佳控股下的华联吉买盛，越来越多的零售巨头开始借助并购不同区域的龙头企业来谋求全国市场的新布局。湖南步步高、武汉中商、华润万家、京客隆等零售企业在2010年都有资本并购行为，从某种意义上来说，都是为了寻求企业发展瓶颈的突破口。

无论是快消品连锁企业百强榜中排名第四的华润万家，还是区域型上市企业京客隆，或许都不再那么迫切需要通过并购的方式来快速占领新的市场。然而，业界却依然能够看出华润万家之并购广州宏城、京客隆之并购首联对于他们自身破局的意义。

（资料来源：中华合作时报·超市周刊，2010-12-14）

☞讨论题

并购，是否是所有零售商实行扩张战略的首选？并购战略的利弊？实施并购战略有何难点？

思考题

1. 零售战略对零售商发展有什么样的意义？
2. 零售商在制定战略之前要进行哪些因素分析？
3. 零售战略的目标体系是什么？
4. 零售战略选择包括哪些方面，请分别举例加以说明。
5. 比较国际化扩张战略在市场营销和管理方面的差异。
6. 国内出现的"百货超市"业态在战略的市场定位上出现什么问题？它将给企业的经营带来什么影响？

第五章　商圈分析与选址决策

本章讨论的主要问题

1. 了解商圈的构成及商圈分析的意义
2. 商店位置类型及其匹配条件
3. 零售商店选址决策的具体内容

关键术语

市场调查　商圈　商店选址

第一节　开店市场调查

一、开店调查的内容

零售商店的开店调查可以分为二个阶段：一是主要针对开店的可能性做大范围的调查，其结果作为是否设店的决策参考，重点在于预测销售额、大致决定商场规模、业态类型等，所以，零售商店的开店调查内容包括调查设店地区的市场特性和大致趋势。二是根据第一阶段的结果，对拟设店地区消费者的消费需求和购买行为的状况作深入的调查研究，作为决定商店具体的经营战略和具体的商品结构、定价及销售促进等经营策略的依据，所以其内容更加深入和具体。

一个城市的人口规模与结构、消费水平及城市结构、零售业结构等，可以反映出城市化状况，也决定城市商业的发展水平。零售商店尤其是大型零售商店的发展，与城市的发展有着非常密切的关系。因此，开设一家零售商店，特别是大型商场，必须对该地区内各种条件，如消费购买能力、竞争商店的营业状况通过调查并做出分析判断，作为设店时销售额预测及商场规模决定的参考，进而利用调查分析所得资料来规划商场整体的经营战略策略及经营的价值等。开店市场调查的内容大致可以归纳为以下几个方面：

（一）城市结构——地理位置和区位条件

对于地区内实际生活的空间，包括中心地带及周围区域城市结构机能的调查，以了解该地区内设施、交通、活动空间等环境，以及将来的发展规划。

1. 地势

对于地区内地形状况调查，尤其有关平地的广阔及腹地的大小要予以了解，对于气候的特殊性亦要深入了解，因为零售商场与气候因素有相当的关系。

2. 交通

位置以位于交通要道较好，因为交通网密布的地方，往往是人口容易集中或流量特别大，自然是设店的理想地点。所以调查时对于交通路线及车辆往来班次、载送量等均为考虑的重点，有时对于停车空间也有调查的必要。

3. 繁华地点的位置、形态

在城市繁华的地段，往往是商家容易集中之处，所以零售商店选择热闹地段设店是理所当然的，但是在地价上及租金上则较高，因此在投资成本提高的情况下，如何在此条件下作有利运用以及将来可能变动的方向，均成为在繁华地段设店的考虑要素。

4. 城市功能

一般设店位置若为行政、经济、文化活动等密集的地方，则整个城市功能易于发挥出来，诸如行政管理、经济流通、娱乐服务、商品销售等功能，自然成为人口流量集中的焦点，因此对于流动的人口究竟是以公务人口为主体还是以购物、社交、娱乐的人流为主体，均是调查应明确的事项。

5. 城市规划

除了城市结构的现状外，有关将来发展的方向，诸如交通网的开发计划、居住区开发建设规划及商业区的建设布局规划等，均为设店时在地点因素上，对于将来商圈的变动所必须考虑的要点。

（二）生活结构——消费需求及购买行为

生活结构调查就是搜集地区内消费者生活形态的资料——消费者需求及购买行为特征，依据人口规模与结构、家庭户数及构成、收入水平、消费水平和购买行为等方面进行整体的研究。

1. 人口规模与结构

除对于目前人口规模与结构进行调查之外，有关过去人口规模增长的速度及将来人口结构的变迁也要加以预测，同时将人口结构依行业、年龄、教育程度等进行分类整理，以便深入分析之用。

2. 家庭户数构成

是人口结构中基本的资料之一，可据此对家庭户数变动及家庭人数、成员状况，了解家庭变化趋势，洞悉城市化的发展与生活形态的关系。

3. 收入水平

收入水平决定消费者的消费购买能力，也对消费者消费动机行为产生根本性的影响。调查地区内的经济发展状况、居民每人或每个家庭的收入水平，并可与其他城市、其他地区相比较，作更进一步的分析。

4. 消费水平

家庭人均消费支出是地区内消费活动的直接指标，也是对零售业者最重要的指标。通过这个指标的调查，可以了解地区内居民家庭的消费情形，并针对消费内容依商品类别划分，得知其商品类别的消费支出额，同时也可以把握商圈内的消费购买力的概况。

5. 购买行为

对消费者购买行为的调查分析，可以由消费者购买商品时的活动范围及购买某商品时经常在何商场购买予以了解。其目的，一可以得悉消费者购物活动的范围，二是可以知悉消费者选择商品的标准，对于该地区的消费意识作深入研讨。

有关上述资料的取得，可以通过政府机构发行的刊物或公报，诸如人口统计的资料、家庭收支调查与个人收入分配研究资料等获得，除此之外，商店本身也可以配合实际业务的需要进行相关的调查。

（三）零售业结构——竞争态势

零售业结构调查是对于地区内零售业实际态势的调查。调查结果不但可以作为设店可能性及经营规模决策的依据和参考，也可以作为拟设商场洞悉各大小型零售商场的动向，制定经营战略和策略的依据。

1. 零售业规模

包括对一个城市不同商业区零售商业营业面积、从业人数、销售额等事项进行调查，尤其对于营业面积及销售额总量和过去的增长状况应做尽可能充分的了解，同时针对城市中心地区及周边地区的销售额密度及商圈范围做一比较。

2. 业种、业态销售动向

将地区内各类业种、业态商场构成及销售额作一统计分析，可了解在商圈内零售业发展实际状态，也可以作为设立商场时业态选择和商品组合决策的参考。

3. 大型商场的动向

大型商场作为零售商业的主要经营者，其动向对于地区内的行业发展和竞争态势有决定性的影响力，所以无论大小型商店的设立，对于现有大型商场的规模、销售额、定位和商品组合、营销手段、商场设施等资料均必须加以调查，以作为设店时重要的决策参考。

4. 竞争对手情况

拟设商店周围的竞争情况对零售商店的经营成败将会产生巨大影响，因此，零售商店在开设地点的选择时必须分析研究竞争对手。主要调查分析竞争对手的经营情况，特别是主要竞争对手的业态、经营规模、经营范围、目标顾客与定位、经营策略等基本情况；分析研究与竞争对手的相容性，即与邻近商店在商品经营或服务方面存在互补性，如果一家商店会因为其他商店的存在而获利，则说明该店与周围商店存在亲和力，商店之间亲和力越大，就能吸引更大的客流量，从而扩大销售；分析研究与竞争对手之间的相斥性，即与邻近商店在经营或服务方面存在相似性，因此可能导致客源分流。一般来说，零售商店不宜选择周边有较多与自身经营业态、经营范围、经营策略等相似商店的地点。但如果是经营挑选性强商品的专业店，则同类竞争者聚在一起可能会吸引更多客源，产生“扎堆效应”。

二、开店市场调查的方法

（一）按调查范围划分的方法

按调查范围不同，市场调查方法可分为市场普查、抽样调查和典型调查三种。

1. 市场普查

即对市场进行一次性全面调查，这种调查量大、面广、费用高、周期长、难度大、但调查结果全面、真实、可靠。一般企业没有能力，也没有必要搞这种大规模的市场普查。

2. 抽样调查

即对拟调查对象按照抽样方法选取一定样本进行调查分析，据此推断整个总体的状况。比如拟经销一种小学生食品和用品，完全可选择一、两个学校的一、二个班级小学生进行调查，从而推断小学生群体对该种产品的需求情况。

3. 典型调查

即从调查对象的总体中挑选一些典型个体进行调查分析，据此推算出总体的一般情况。如对竞争对手的调查，你可以从众多的竞争对手中选出一两个典型代表，深入研究了解，剖析它的内在运行机制和经营管理优缺点，价格水平和经营方式，而不必对所有的竞争对手都进行调查，这样难度大，时间长。

（二）按调查方式划分的方法

按调查方式不同，市场调查方法可分为访问法、观察法和试销或试营法。

1. 访问法

事先拟定调查项目，通过面谈、电话、邮件、问卷等方式向被调查者提出询问，以获取所需要的调查资料。这种调查简单易行，有时也不见得很正规，在与人聊天闲谈时，就可以把你的调查内容穿插进去，在不知不觉中进行着市场调查。

2. 观察法

即调查人员亲临顾客购物现场，如商店和交易市场，亲临服务项目现场，如饭店内和客车上，直接观察和记录顾客的类别、购买动机和特点、消费方式和习惯、商家的价格与服务水平、经营策略和手段等，这样取得的第一手资料更真实可靠。要注意的是你的调查行为不要被经营者或顾客发现。

3. 试销或试营法

即对拿不准的业务、新上市的产品或促销措施，可以通过试营业，或产品试销，来了解顾客的反映和市场需求情况。

三、开店市场调查的程序

（一）确定需调查的问题

开店市场调查首先要确定问题之所在及其调查范围。例如，这个地区是否适合开店？适合开设什么业态的店？具体的店址应该在什么地点？恰当的规模是多大？应该如何进行定位？等等。为了弄清问题之所在及其调查范围，可找一些对问题比较懂行的人进行访谈，听取他们的意见。这些人包括本企业的销售人员、部门经理、供货商、有代表性的顾客等。

（二）制定调查计划

零售商店开店市场调查的第二个步骤是精心策划并制定调查计划。在这一阶段，首先要明确所需要的资料信息，然后决定如何有效收集资料获取信息，并制定调查研究计划。

1. 确定所需的资料信息

在调查之前，应先准确地界定需要哪些资料，什么信息。

2. 确定资料来源和收集方法

确定了所需的资料信息之后接下来便是决定资料的来源和收集方法。比如，收集什么资料，是收集第一手资料，还是二手资料；用什么方法收集；在什么地方进行资料收集；由谁提供资料，确定收集对象；什么时候调查最合适，确定收集时间。

3. 考虑调查成本

调查的价值取决于实际收集到的资料信息的质量和收集信息的成本。如果收集资料信息的成本过高，调查可能得不偿失。因此，在决定调查之前，还要估计一下调查成本。

4. 准备调查工具

正式调查前，需要充分准备调查所需要的工具手段，如设计收集第一手资料的调查提纲或调查问卷以及调查所需的记录表、统计表，购置或准备调查所需文具、录音录像等设备。需要时，还应购置一些小纪念品或小赠品，以备调查中赠送被调查者。

（三）实施调查计划

开店市场调查的第三个步骤是认真实施调查计划。在实际进行资料收集时，要注意资料的可靠性和真实性。收集到基本资料以后，要严格考察所有信息资料的相关性，对比分析某一来源的资料与另一来源的资料，增加资料的可靠性。

（四）分析调查结果

开店市场调查的第四个步骤是理性解释调查结果。单纯的资料没有多大的用处。有用的资料是经过分析处理并可据之采取行动的信息。因此，要对收集到的资料加以分析，找出问题的原因，发现现象之间的因果关系和内在规律，作出有价值的判断和推论，最终形成对决策层有参考指导价值的调研报告。

第二节　商圈分析

一、商圈的定义与形态

（一）商圈的定义

商圈（Trading Area），指一家零售商店的顾客所来自的地理区域，亦即在一地理区域内的潜在顾客有高于零的概率会前往购买商品，故商圈的概念是针对一家零售商店及其商品而言的。当两家或两家以上的商店位置相近，它们的商圈可能在很大程度上会是重叠的。

零售企业的经营活动通常有一定的地理界限，也即有相对稳定的商圈。不同的零售企业由于其地理位置、交通状况、经营规模、经营方式、经营品种、经营条件的不同，商圈规模、商圈形态等存在很大差别。而且，同一零售商店在不同的经营时期受到不同因素的干扰和影响，其商圈并不是一成不变的，商圈规模时大时小。商圈形态表现为各种不规则的多角形，为便于分析研究，一般将其视为以零售商店本身为中心的同心圆。根据来店顾客的比率，商圈又可以进一步划分为主要商圈、次要商圈和边缘商圈。

1. 主要商圈

也称核心商圈，是最靠近零售商店、顾客的集中度最高、每个顾客的平均购货额最高的区域，在该商业圈的顾客占顾客总数的比率最高（55%～80%）。在此区域内，由于这家商店具备易接近性的竞争优势，足以吸引顾客前往惠顾，形成非常高的顾客密集度，而且通常不会与竞争者的主要商圈重叠。

2. 次要商圈

也称次级商圈，是指主要商圈再向外延伸的区域，在该商业圈的顾客占顾客总数的比率较少（15%～25%），顾客分布也较为分散。一家商店对其次要商圈的顾客仍具有相当的吸引力，但是往往要与其他竞争者争取相同的顾客，竞争比较激烈。

3. 边缘商圈

边缘商圈是位于次级商圈以外的区域，在该商业圈的顾客占顾客总数的比率相当少（剩余顾客，5%左右），且非常分散。对边缘商圈的顾客而言，此商店较无竞争优势。

（二）商圈形态

了解商圈形态是进行商圈分析的基础。商圈形态一般可分为下面五种。

1. 商业区

商业区是商业行业的集中区域，其特点为商圈大、流动人口多、各种商店林立、热闹繁华。商业区的消费特性为快速、流行、娱乐、冲动购买及消费金额比较高等。

2. 居住区

该区域以固定居民住户为主，户数至少在1000户以上。居住区的消费特点为消费者群稳定，要求商店便利性、有亲切感，家庭用品购买频率高等。

3. 文教区

该区附近有大、中、小学校等。文教区的消费特点是消费群以学生居多、消费金额普遍不高、休闲食品、文教用品购买频率高等。

4. 办公区

该区主要为办公大楼集中地区。办公区的消费特点是外来人口多、消费水准较高等，对便利性要求高。

5. 混合区

可分为住商混合、住教混合。混合区具备单一商圈形态的消费特色，属多元化的消费习性。

（三）商圈顾客的来源

零售店有其特定的商圈范围，在这一范围内，零售店的服务对象，即顾客来源可分为以下三部分。

1. 居住人口

是指居住在零售店附近的常住人口，这部分人口具有一定的地域性，是核心商圈内基本顾客的主要来源。他们忠诚度较高，消费场所比较固定，但是顾客人数弹性较小，难以扩大市场，单店规模不宜在短期内进行大调整。

2. 工作人口

是指工作地点在零售店附近的人口，这部分人口中不少利用上下班就近购买商品，他们是次级商圈基本顾客的主要来源。商圈内工作人口越多，商圈规模越容易扩张，潜在的顾客数量就较多，单店扩大规模更具有可行性。

3. 流动人口

是指在交通要道、商业繁华地区、公共活动场所过往的人口。这部分人口是处于商业区的零售业态商店的主要顾客来源，是构成边缘商圈内顾客的基础。流动人口选择消费场所的随意性较大，忠诚度较低，较易受到商业竞争对手的影响。

（四）商圈分析的意义

零售企业的地理位置关系到其零售战略的实施和零售经营目标的实现，因此，选址决策是零售企业最重要的决策之一。店址的好坏，决定了其商圈的规模和商圈的质量。商圈与零售企业经营活动有着极为密切的关系，无论新开店还是老店，都不应忽视对商圈的分析。所谓商圈分析，就是经营者对影响商圈的人口结构、生活习惯、产业结构、交通状况、城市规划、商业氛围等因素进行实地调查和分析，为选择店址，制定和调整经营策略提供依据。

1. 商圈分析是新开商店合理选址的前提

为了估算市场容量，针对较大的目标市场，就需要通过商圈分析确定商圈范围，了解商圈内人口分布状况及相关资料，进行市场细分与定位，根据经营计划选择一个或多个消费群，进行经营效益评估，衡量店址的使用价值。

2. 商圈分析有助于零售店制定竞争经营策略

通过商圈分析，可以掌握客流来源和客流类型，了解顾客的不同需求特点，采取有针对性和竞争力的经营策略，满足顾客现实与潜在的需求。

3. 商圈分析有助于零售店制定市场开拓策略

通过商圈分析，可以明确哪些是本店的基础顾客群，哪些是潜在顾客群。力求在保持基础顾客群的同时，吸引和扩大潜在顾客群，并通过制定相应的市场开拓战略，不断延伸经营触角，扩大商圈范围，提高市场占有率。如果商圈范围较小，商圈内消费能力尚不足以适应企业经营的需要，则可以考虑提高知名度，重新定位，扩大商圈范围，面对更多消费者；如果商圈大小已经足够，商圈内的消费能力很强，企业就应考虑提高忠诚度，增加消费者在本店消费的比重，充分挖掘商圈内的消费能力。

4. 商圈分析有助于加快资金周转

通过商圈分析，可以了解商圈内顾客的消费行为与购买习惯，从而合理组织商品，加快商品周转，提高资金使用效率。

5. 商圈分析有助于为开设分店和连锁店提供参考

除了新店址的商圈分析，对目前营业的分店进行商圈调研所得到的结果也可以为新开设分店或连锁店提供相关信息，并避免自身商圈范围交叉重复。

二、商圈的影响因素

影响商圈大小的因素有很多，概括起来主要有以下七个方面。

（一）商店业态

目前我国零售业态有 17 种，其中主流业态主要有百货商店、食杂店、便利店、专业店、专卖店、超市、大型超市等。一般来说百货商店、专业店、专卖店的商圈相对较大，大型超市和超市次之，食杂店与便利店最小。这是因为不同业态的零售商店经营的商品范围和服务特点不同而造成的。

（二）商店的经营规模

一般来说，商店的规模越大，其经营的商品品种相对较多、商品的挑选余地大，其有效吸引顾客的地理区域将相应扩大，商圈相对较大。商圈范围虽然因商店经营规模而扩大，但并非成比例增加。

（三）商店的商品经营种类

一般来说，经营日用品的商店，其商圈范围相对较小，往往仅限于附近几个街区；而经营选择性强、技术性高、需要提供完善售后服务及满足特殊需要的商品，则往往有更大的商圈范围。

（四）商店本身的地理位置

一般来说区域性的商店，其核心商圈顾客密度较大，是主要目标顾客；而次级商圈顾客密度较小，对零售店的重要性也相对较弱；而边缘商圈的顾客只是偶尔来光顾，在商场的经营计划中一般不会依赖这部分顾客。

居民区的便利店，商圈范围一般较小，顾客密度很大，很少有次级商圈和边际商圈的顾客。

位于商业中心、交通要道的大型百货商场和专业店等业态形式，核心商圈的顾客一般密度较小，次级商圈和边际商圈的顾客对这类店的贡献较大，需相当重视。

（五）竞争商店的位置

竞争对手的位置对商圈大小也有影响，如潜在顾客位于同行业、同业态的两家商店之间，则这两家商店的商圈都会缩小。当然，也可能由于同行业的商店集中，使顾客有更多的选择机会，出现“扎堆效应”，使商圈因竞争而扩大，例如大城市的商业中心区和商业特色街就是如此。

（六）交通状况

交通状况是影响商圈大小的重要因素。如商店所处位置交通便利，则有利于扩大商圈，反之，则可能限制商圈的扩大。地理上的障碍，如街道、河流、铁路及城市交通管制设施等均会影响商圈规模。

（七）商店的经营特色和促销手段的运用

商圈的规模可以通过广告宣传、推广手段、服务方式、经营特色等各种促销手段来扩大。一般来说，知名度高、有经营特色的商店往往能够吸引边际商圈的顾客慕名前来购物。

三、现有商店的商圈分析

现有商店的商圈范围、形状和特点通常可以通过商店掌握的各种数据进行描绘。一般来说商店可以通过抽样调查销售记录、售后服务登记、顾客意见征询等途径搜集有关顾客居住地点等资料，从资料统计分析中即可估计商圈范围，从而描绘商店的现有商圈。目前不少零售业采取了会员制，通过了解会员购买情况，则可更迅速描述商圈。

无论采取哪种方法，在描述商圈时都要考虑时间因素，如平时与节假日的顾客来源构成比重可能不同；节日前后与节日期间，顾客来源构成比重不同；开业不久的商店在开业酬宾期间可能吸引较远距离的顾客，而以后商圈范围可能缩小；促销前后与促销期间的顾客来源构成比例也可能不同，商店在开展大规模促销活动时的商圈范围可能比平时大。

现有商店商圈分析的重点是老顾客，但是商店必须通过创造经营特色来扩大商圈，以吸引更多的顾客，扩大销售，增加收益。

四、新设商店的商圈分析

（一）新设商店测定商圈的意义

新设商店的商圈测定，对于零售企业有针对性地根据商圈范围大小，以及商圈范围内的顾客构成来制定相应的经营策略，从而获得经营成功有着重要的意义。

（二）新设商店测定商圈的方法

新设商店测定商圈的方法有许多，下面介绍几种常用的方法。

1. 雷利法则也称零售引力法则

它是由美国学者威廉·雷利在 1929 年提出的。雷利指出：商圈规模由于人口的多少和距离商店的远近而有所不同，商店的吸引力是由最邻近商圈的人口和里程距离两方面发挥作用。雷利法则的基本内容是：在两个城镇（社区）之间设一个中介点，顾客在此中介点可能前往任何一个城镇（社区）购买。换言之，这个点位于对顾客具有同等吸引力的两个商店位置上，据此，雷利提出以下公式：

$$D_{ab}=\frac{d}{1+\sqrt{\frac{P_b}{P_a}}}$$

式中 D_{ab} 为 a 城镇（社区）的商圈范围；d 为城镇（社区）a 到 b 的距离；p_a 为城镇（社区）a 的人口数量；p_b 为城镇（社区）b 的人口数量；

假设 a 城镇（社区）有人口 10 万，b 城镇（社区）有人口 9 万，a 与 b 之间相距 20 公里，则 a 城镇（社区）的商圈半径为：

$$D_{ab}=\frac{20}{1+\sqrt{\frac{10000}{90000}}}=15\text{ 公里。}$$

雷利法则的缺点是只考虑到从一地到另一地的直线距离，而未考虑行程；另一缺陷是只考虑一地到另一地的主干道而不考虑支路，因此，在具体应用时有明显不足。

2. 饱和法

饱和法是通过评估商圈内某类商品销售的饱和程度从而测定商圈的方法。这种方法有助于新设商店了解某个地区内同行业是过多还是不足，位于饱和程度低的地区则其成功可能性必然超过高饱和地区。测定一个地区零售商店饱和程度的公式如下：

$$ISR=C\times RE/RF$$

式中，ISR：某地区某类商品的零售饱和指数；C：某地区购买某类商品的潜在顾客；RE：某地区每位顾客的平均购买金额；RF：某地区经营同类商品的商店营业总面积。

饱和指数越大，意味着该商圈内的饱和程度越低；饱和指数越小，则意味着该商圈内的饱和度越高。在不同的商圈中，原则上应选择零售饱和指数较高（饱和度较低）的商圈开店。

例如，为一家新设的食品店测定零售饱和指数时，根据调查资料得知，该地区购买食品的潜在顾客人数为 20000 人，每人平均每周在食品店购买食品 10 元，该地区现有食品商店 12 家，总营业面积 10000 平方米，根据上述公式，该地区购买食品的零售饱和指数可计算为：$ISR=20000\times10\div10000=20$ 元。20 元就是该地区食品店每周每平方米营业面积的销售额的饱和指数。用这个数字与其他地区测算的数字相比较，就作为选择合适店址的依据。

饱和法的缺点是：不易获得准确的计算资料；未考虑原有竞争商店对新的竞争对手有哪些优势或劣势，因此，新设商店要作出正确决策还必须结合其他因素进行分析。

3. 其他方法

长期以来，许多学者都致力于商圈的研究，他们提出了不少划分商圈的方法。如 20 世纪 60 年代，由赫夫提出的顾客吸引力原则，通过不同地区商品的种类、顾客从家庭住所到购物区所花的时间及不同类型顾客对路途时间的不同重视程度等三个方面出发，对商圈进行分析。也有专家提出应该通过实验法，即通过观察或访问，对潜在顾客进行直接调查，搜集资料，进行分析，然后作出商圈划定的决策。

（三）新设商店的商圈分析

新设店铺商圈划定后，要根据所掌握的资料情况，深入分析商圈特点。

（1）人口规模及特征。包括：人口总量和分布密度；年龄结构；平均教育水平；职业构成；人口变化趋势等。

（2）经济情况。包括：产业结构；生产总值、人均可支配收入水平；拥有住房的居民百分比；城市化程度等。

（3）政策法规。包括：税收；营业限制；最低工资法；规划限制等。

（4）劳动力保障。包括：劳动力资源供给；管理人员资源；人员结构；工资水平等。

（5）供货来源。包括：制造商和批发商数目；供应商的可获得性与可靠性；商品运输成本；运输与供货时间；

（6）促销活动。包括：媒体的可获得性与传达频率；成本与经费情况。

（7）商店区位的可获得性。包括：城市规划；区位的类型与数目；交通运输便利情况；

自建与租借店铺的机会大小；必要的停车条件；成本等。

(8) 竞争情况：现有竞争者的商业形式、位置、数量、规模、营业额、营业方针、经营风格、经营商品、服务对象；所有竞争者的优势与弱点分析；竞争的短期与长期变动；饱和程度。

第三节　商店经营位置选择策略

一、商店位置的类型

商店位置一般分为三种基本类型：孤立商店、无规划的商业区和规划的购物中心。现阶段我国零售业态处于成长阶段，主要以孤立商店及无规划商业区为主，购物中心类型相对较少，尚处于起步阶段。

(一) 孤立商店

孤立商店是坐落在公路或街道旁的单独零售建筑，邻近没有其他零售商与之分享客流。

孤立商店的优势是：①无竞争对手与其瓜分客流；②租金相对较低，有可能降低成本，从而降低价格；③道路及交通的可见度高；④经营上具有较大的灵活性。

孤立商店的劣势则在于难以吸引客流，许多人不会跑远路去购物。而且需要单独承担促销宣传费用，在多数情况下，建筑不能租用而需要新建，成本高。

孤立商店要吸引和保持一定稳定的目标顾客群很不易，因此通常适合开设大型购物中心或适合建立顾客一站式购物的大型综合性超市；而小规模的专业店就无法在此立足，因为它们既不可能做到花色品种齐全，又无价格上的优势或形成鲜明的经营特色，人们不愿意跑那么远去闲逛或购物。

当然孤立商店依附于某一特殊的设施，如学校、厂矿或加油站，则可能吸引周边的流动顾客，而且孤立商店周围的情况也是在发展变化的，有些地处郊外的购物中心或商业区有时可能是一家有特色的孤立商店发展而来的。

(二) 无规划商业区

无规划商业区是指两家或两家以上的商店坐落在一起或非常接近，但区域的总体布局或商店的组合方式未经事先长期规划，也可以说是自然形成的商业区。这些商店的布局并非按一定的模式，而是随时间的推移（先开先来）、零售业的发展趋势及机遇而定的。

无规划商业区主要有四种类型：中心商业区、次级商业区、邻里商业区和商业街。

1. 中心商业区

中心商业区（central business district，CBD）是一座城市或城镇的零售商业中心，是市内最大的购物区，与闹市区同义。

中心商业区是一座城镇或城市内办公大楼和零售店最为集中的区域，车流和人流高度集中，这里吸引着来自整个城镇的消费者。中心商业区一般不超过一平方公里，中心商业区至少有一家大型百货商店和大批专业店和便利店，周围是文化和娱乐设施。

中心商业区能够吸引大量顾客，是在于其具有以下优点：①商品丰富；②公交便利；③商品价格档次多样，有较大选择余地；④靠近商务和社交设施，可提供多样化的服务。

但中心商业区也有其固有的缺点，主要表现为：①交通拥挤、停车场地紧张；②住在郊区的人前往费时费力；③最受欢迎的位置租金较高；④居民及商店在向郊区外移。

2. 次级商业区

次级商业区（secondary business district，SBD）是一座城市或城镇内无规划的购物区域，通常位于两条主要街道的交叉处。一座城市，特别是大中型城市通常有多个SBD，每个次级商业区至少有一家小型百货商店、几家专业店和多家便利店或杂货店。这些商店与中心商业区的商店相比，往往规模较小、商圈也不大，商店经营商品的花色品种少，以便利商品为主。

次级商业区的优点是商品花色品种基本齐全，立地靠近大路或公交车站，人流相对较少，没有中心商业区那么拥挤，且比中心商业区离住宅更近。次级商业区的主要缺点是：供应的商品和服务不均衡，设施老化、货运不便、停车困难等。

3. 邻里商业区

邻里商业区（neighborhood business district，NBD）是为了满足单一住宅区购物和服务便利需要发展起来的无规划的购物区。这类商业区位于住宅区的主要街道上，通常以一家超级市场或杂货店为主，由若干小店组成，这些小店大多是干洗店、美容店、理发店、小饭店等。

邻里商业区具有营业时间长、环境安静、购买方便等优势，同时也存在商品的选择范围有限、价格相对较高等缺点。

4. 商业街

商业街（string）是由一组零售店组成的未经规划的购物区，这些小店坐落于沿街或公路旁，一般经营相似或具有互补性的商品。商业街可能是从一家经营成功的孤立商店发展而来。位于商业街的商店一般有服装店、小吃店、汽车维修店等。

商业街具有许多与孤立商店共同的优势，如租金低、经营灵活、运营成本低、停车方便等，也有一些相似的缺点，如商品花色品种有限、广告费高、需要自建店房等。此外，商业街的商店因为存在竞争者，一方面可能因为竞争店铺的存在可分担宣传费用，以吸引更多顾客；另一方面也需要分享客流和利润。

（三）规划的购物中心

规划的购物中心是由一组统一规划、建在一起的商用建筑所构成，产权集中，实行集中管理。规划的购物中心作为一个整体进行设计和运作，各类商店平衡配置。通常是由一家或多家大型商店（骨干商店）和许多小商店组成。规划的购物中心在国外发展很快，在我国才刚起步，但已显现出良好的发展势头。

规划的购物中心具有以下优点：由于有长期规划，商品和服务品种的组合合理；各商店的客流达到最大化；租金通常比CBD低；拥有各具特色但又统一规划的购物中心形象。

尽管规划的购物中心有以上优点，但也有其局限性，主要表现为：房产所有者的硬性规定，减少了每个商店经营的灵活性，每家商店经营的商品和服务受到一定限制；租金虽比CBD低，但远高于孤立商店；购物中心内同类商店间竞争激烈。

规划的购物中心主要有三种类型：区域购物中心、社区购物中心和邻里购物中心。

1. 区域购物中心

是一种大型购物中心，它至少有一家大型百货商店，并由50～150家甚至更多小零售店组成。区域购物中心以商品为导向，商品品种广而深，同时提供大量服务，以鼓励消费者在中心购物。在国外，一个典型的区域购物中心的服务对象在10万人以上，他们居住或工作在距中心驱车30分钟范围内，人们前往购物的车程平均不到20分钟。由于区域购物中心占地大、投资高，因此，我国发展区域购物中心必须慎重。

2. 社区购物中心

是一种中等规模、规划的购物设施，一般拥有一家百货商店、大型专业商店，此外有几家小商店。社区购物中心有比邻里购物中心更趋完善的长期规划，商店配置更均衡。它提供以购物便利为导向的商品和服务，品种结构适中，消费者来自一个或多个邻近人口较多的住宅区。服务对象是居住或工作在距中心驱车10～20分钟范围内的大约2～10万人。

3. 邻里购物中心

是一种以超级市场或药店作为最大商店的规划的购物设施。中心的其他商店还包括理发店、美容店、干洗店、五金店、快餐店、加油站等。邻里购物中心主要向居住或工作在附近的居民提供便利导向的商品和服务。其服务半径是驱车不到15分钟范围内的人口。

二、商店类型与位置条件的匹配

一般来说不同类型的商店应选择不同的位置，以下是专家通过研究分析得出的商店类型以及与之匹配的位置条件。

（一）百货商店的位置条件

(1) 选址在城市繁华商业区或交通要道，或市、区级商业中心、历史形成的商业集聚地。

(2) 商店规模大，营业面积5000平方米以上。

(3) 交通便利，要求有较大面积的停车场。

（二）便利店的位置条件

(1) 选址在居民住宅区、主干线公路边，以及车站、医院、娱乐场所、机关、团体、企业事业单位所在地。

(2) 面积限制在50～200平方米以内。这个面积限制是便利店的最佳面积范围，既不会因面积太大而导致投入（例如便利店的设备和装修等）和费用（例如租金与人工费用等）太高，又可以保证有足够的商品陈列面积摆放所需的商品。

(3) 便利店应保证在建设物的底层开设店铺，一般不要设在夹层或二层，楼层间高度保证在3米以上。

（三）超市的位置条件

(1) 大型超市：选址在市、区商业中心、城郊结合部、交通要道及大型居住区，辐射半径2公里以上，目标顾客以居民、流动顾客为主；交通方便，停车便利，设不低于营业面积40%的停车场。

(2) 中型超市：一般选在都市中小型的商业区，距离居民区只有步行10分钟或驾车5分钟左右的距离，配有停车场及自行车和摩托车的停车位。

(3) 小型超市：店址一般设在居民聚集区或小型商业区，顾客步行5分钟，乘车或骑车几分钟就可到达。

（四）购物中心的地理位置条件

(1) 社区购物中心：选址在市、区级商业中心；商圈半径为5～10公里；建筑面积为5万平方米以内；有较大停车场，停车位300～500个。

(2) 市区购物中心：选址在市级商业中心，商圈半径为10～20公里；建筑面积10万平方米以内；停车位500个以上。

(3) 城郊购物中心：选址在城乡结合部的交通要道；商圈半径为30～50公里；建筑面积10万平方米以上；设有超大停车场停车位1000个以上。

三、商店最佳位置选择的策略

选择商店最佳位置时，既要进行定性分析，又要进行定量测算，是一件复杂而又耗费精力的事情，要做好选址工作需要制定多种有效策略：

（一）地理位置细分策略

地理位置细分的策略是指对气候、地势、用地形式及道路关联程度等地理条件进行细微分析后，对商店位置做出选择的策略。

1. 商店选址与路面、地势

一般情况下，选址都要考虑所选位置的道路及路面地势情况，因这直接影响着商店的建筑结构和客流量。通常，商店地面高度应与道路处在一个水平面上，这样有利于顾客出入卖场，是比较理想的选择。但在实际中，路面地势较好的地段地价都是很高，商家在选择位置时竞争也很激烈，所以在有些情况下，商家不得不将商店位置选择在坡路上或路面与商店地面的高度相差很多的地段上。这种情况，最重要的就是必须考虑商店的入口、门面、阶梯、招牌的设计等，一定要方便顾客，并引人注目。

如果商店位置不得不设在非水平面的楼层空间，比如二三层楼上或者地下层，则应使入口处的楼梯设计位置尽量在建筑物的表面，而不能在商店内，应对楼梯加以装潢，如以电动滚梯代替步行楼梯、外罩玻璃罩等。外观既要美观又要醒目，具有吸引力。

2. 商店选址与地形

地形、地貌对商店位置的选择的主要影响表现在：①方位情况。方位是指商店坐落的方向位置，以正门的朝向为标志。方位的选择与商店所处地区气候条件直接相关，如：风向、日照均对店面的朝向有很大影响。以我国北方城市为例，通常以北为上，所以一般商业建筑物坐北朝南是最理想的地理方位。②走向情况。走向是指在商店所选位置顾客流动的方向。比如我国的交通管理制度规定人流、车流均靠右行驶，所以人们普遍养成右行习惯，商店在选择地理位置进口时应以右为上。如商店所在地的道路如果是东西走向的街道，而客流又主要从东边来时，则以东北路口为最佳方位；如果道路是南北走向，客流主要是从南向北流动时，则以东南路口为最佳位置。③交叉路口情况。交叉路口一般是指十字路口和三岔路口。一般来说在这种交接地，商店建筑的能见度大，但在选择十字路口的哪一侧时，则要认真考察道路两侧，通常要对每侧的交通流向及流量进行较准确的调查，应选择流量最大的街面作为商店的最佳位置和店面的朝向。如果是三岔路口，最好将商店设在三岔路口的正面，这样店面最显眼。但如果是丁字路口，则将商店设在路口的“转角”处，效果更佳。

（二）潜在商业价值评估策略

潜在商业价值评估是指对拟选开业的商店位置的未来商业发展潜力的分析与评价。评价商店位置的优劣时，既要分析现时的情况，又要对未来的商业价值进行评估。这是因为一些现时看好的商店位置，随着城市建设的发展可能会由热变冷，而一些以往不引人注目的地段，也可能在不久的将来会变成繁华闹市。如北京市这样的古老城市，在旧城区改造过程中，在城区的四周建起了现代化的居民小区，许多居民乔迁新居，致使原来僻静的城外街道现在车水马龙十分热闹，构成生意旺盛的新商业街，而昔日远近闻名的传统商业街，比如前门大栅栏，虽然位于市中心区，也随形势的变化逐渐失去了光彩。因此，新开商店在选址时，应更重视潜在商业价值的评估、评价：①拟选的商店地址在城区规划中的位置及其商业价值。②是否靠近大型机关、单位、学校、厂矿企业。③未来人口增加的速度、规模及其购买力提高度。④是否有集约效应，即商店建设如果选在商业中心区，虽然使企业面对多个竞争对手，但因众多商家云集在一条街上，可以满足消费者多方面的需求，因而能够吸引更多的顾客前来购物，从而产生商业集约效应。所以“成行成市”的商业街，也是企业选择位置需重点考虑的目标。

（三）出奇制胜策略

商店选址时既需要科学考察分析，同时又应该将它看成一种艺术。经营者有敏锐的洞察力，善于捕捉市场缝隙，用出奇制胜的策略，与众不同的眼光来选择商店位置，常常会得到意想不到的收获。例如当今全球最大的零售商店沃尔玛在创业之初就是采用“人弃我取”的反向操作策略，山姆·沃尔顿面对像西尔斯、凯玛特这样强大的竞争对手，采取了以小城镇为主要目标市场的发展战略，把大型折价商店开到不被一般商家重视的乡村和小城镇去。因为那里的市场尚未被开发，有很大潜力，同时又可回避城市商业日益激烈的竞争。待到西尔斯、凯玛特意识到沃尔玛的存在时，后者已经牢牢地在小城镇扎下了根，并开始向大城市渗透。沃尔玛已成为全球最大的连锁零售企业。再比如新加坡著名华商董俊竞创建“诗家董”百货集团，在商店选址问题上，力排众议，选择一块人们普遍认为风水不好又面对坟场的乌节路地段作店址。后来这块地方很快成为商家云集之地和世界上租金最昂贵的地段之一，“诗家董”的生意也越做越红火。董俊竞之所以不信风水选这块地作店址，主要是注意到每天都有不少外国人通过乌节路到城里去，乌节路有可能发展为交通要道。

（四）聚合策略

零售商店周围的竞争情况对商店经营的成败产生巨大影响，因此在商店选址时，必须分析附近的竞争对手。在零售企业相对集中的地方，经营特色，价格、服务等方面努力做出特色，才能成功。对于单一功能商店，由于经营业务单一，规模小，对顾客的吸引力薄弱，自身难以拥有较大的客流。这些商店具有依附性、借客源性的特征，所以在选址上采取聚合策略。一种方案是在商业区或大商场旁边设店，从而获得较大的客源。另一种方案是在“××专业街”开店，因为专业街同业商店多，就会产生聚集效应，容易扩大影响，凝聚人气。消费者在专业街可以货比三家，讨价还价比较容易，所以客流量多。这样商家的生意反而比单枪匹马更容易做。比如，麦当劳、肯德基快餐厅几乎都是建在大商场旁边，也是这个道理。考察同一地段同类商店的经营业绩、商品的价格水平等情况可以初步测算可能产生的利润状况；也有助于确定今后自己的商品定位，用较少的投资进入了竞争十分激烈的便利店市场，不仅站住了脚，而且得到迅速发展。所以集中在一起的商店群相互间既存在竞争，又有着合作，要权衡把握好这种关系。

（五）专家咨询策略

对于较大型商业的投资来说商店位置的选择是重要战略决策。为避免重大决策失误，经营者应聘请有关专家进行咨询，对所选择的商店位置进行调查研究和系统分析，如对交通流量、人口与消费状况、竞争对手等情况逐一摸底分析，综合评价优劣，再做出选择，使商店地址的选择具有科学性。

四、店址选择的程序

（一）选择区域、方位

选择商店店址，先要找出目标市场、找准服务对象，然后再根据目标市场、服务对象选择店址设置的区域。另一方面，要根据商场的经营规模和档次，测算投资回收率，在此基础上认真加以选择，确定方位。

（二）制图——找出最佳位置

在确定店址后，应绘制出该区域的简图，并标出该地区现有的商业网点，包括竞争对手和互补商场，还应标出现有商事结构、客流集中地段、客流量和客流走向、交通路线等，以保证店址决策的正确性。

（三）市场调查

在商店店址基本区域方位确定后，必须进行周密的市场调查，论证选址决策的准确性。在市场调查过程中，应注意将调查对象分类统计，并对调查时间和内容进行必要的抽样调查，以保证调查资料的可靠性。

（四）具体实施方案的制订和落实

确定店址的具体位置后，需要抓紧时机投资兴建商场。如何启动则需要拟定切实可行的实施方案并加以贯彻落实。

◎小结

选址是零售企业的首要决策，也是最重要的决策之一。而要准确地评价零售商店的位置，必须分析和评估商圈，分析商圈和正确选址的基础前提是开展充分的市场调查。商圈是一个零售商店有效吸引周边顾客的地理范围，一个零售商店的商圈规模越大，就越容易取得经营成功。划分商圈是商店选址的第一步，商店的商圈由主要商圈、次要商圈和边缘商圈组成，商圈的划分可以根据人口状况、商店可经营商品的品种、规格、价格、交通状况、地理环境、周围商店的状况等因素来进行判断，划分方法有雷利零售引力法则、饱和法等分析方法。因此，零售商必须在进行商圈分析的基础上选择相应的地理位置和相应店址。商店选址是一个综合决策问题，商店选址要考虑哪些与商店类型相匹配的因素或位置条件，如何对商店地址进行评估，对商店位置做出正确选择的策略，这都是在商店选址中必须注意的重大问题。

➢案例　重庆解放碑商圈——西部第一商业街

说到重庆最繁华的商业步行街，解放碑绝对是龙头老大，它引领了重庆潮流几十年，至今仍是重庆乃至西部地区的时尚风向标。在重庆有一句常对外地人说的话："不去解放碑，等于没有来重庆"，可见解放碑在重庆的地标地位。

解放碑是重庆市人流量最大的地区，也是进入重庆中心地带消费的代名词。据政府有关部门介绍，作为城市核心CBD，解放碑区域有着其他商圈不可比拟的人气——进出车行流量达每小时15200辆，以解放碑商业步行街为核心约1平方公里的商圈范围内有常住人口近7万人，而日均出入人流33万人次，昼夜人口比例为4.3∶1，节假日和重大商贸活动最高人流高达100万人次，每年接待外来游客达到950万人次，每年的圣诞节、新年之夜，数十万的重庆市民会像潮水般涌向解放碑听钟声、共欢乐。解放碑的魅力可见一般！据抽样调查，在解放碑地区购物的消费者中，常住人口仅占31%，近郊区的消费者占36%，重庆市远郊区县的占16%，外省市及外国人口占17%，商品辐射范围主要是本市及周边省市。

解放碑核心商圈不仅是长江上游的黄金商贸区，也是中国西部最大的商业步行街区。区域内商贸服务业业态齐全，国内外知名品牌集中，又是解放碑商圈的另一大特色。各种类型的商业主题街，各具特色的专卖店，各种品牌的连锁相映生辉，促进了商贸区的繁荣兴旺。在不到1平方公里的区域内，入驻有第三产业机构单位7600个，其中，批发零售贸易业53个；有商业网点达4500多个；商业营业面积超过120万平方米。而且，营业面积超过5000平方米的大型商场有20多家。在商圈中心地带半径不到500米范围内，布局有7家10000平方米以上的大型零售商店，包括新世纪百货（16000平方米）、重百大楼（20000平方米）、重百临江商场（12000平方米）、王府井百货（47000万平方米）、大都会购物中心（50000平方米）、美美百货（50000平方米）、茂业百货（迪康百货，50000平方米）。商业网点密度大，大型商场多，商家扎堆，为国内少有，商业经营规模大，现代商业气息浓郁也为全国之少见。全市十大零售企业，解放碑占据五席，五个商贸企业列西部之最：即最大的零售商——重庆百大楼股份有限公司；最大的批发商——重庆商社；最大的零售超市——家乐福；设施档次最高的商务机构——大都会广场；还有全国医药行业最大的零售连锁企业——和平药房总部。

解放碑商圈具有社会服务功能强的巨大优势。金融证券、保险、信息中介、餐饮宾馆、休闲娱乐等现代服务业发达。品牌餐饮网点630多家，万豪、海逸等高星级酒店10余家；有工、农、建、中、交、光大、华夏、兴业、中信、招商、商业和浦发银行等110余个金融机构；还有邮电通讯、信息咨询、技术服务行业经营网点300多个；有25家世界五百强企业的办事机构落户商贸区。

自2006年起，解放碑商业中心区相继荣获“全国百城万店无假货示范街”称号、“中国十大新地标商务区”、“中国著名商业街”、“全国特色文化广场”等称号。目前，解放碑商圈社会消费品零售总额已突破300亿元，雄居中国西部各商业街区的首位，成为名副其实的中国西部第一街。

如今，解放碑商圈已经成为重庆市的商贸、金融、商务中心，是重庆CBD的核心区域。目前解放碑商圈正在以更高的目标、更大的气势、更优化的商贸发展环境，创新改造提升，进一步确立其在西部商贸的制高点的地位，全方位、高品质地满足和服务消费者，打造西部的购物天堂。

☞讨论题

1. 从本案例中分析商圈的影响因素有哪些？
2. 对于大型零售商店来说，解放碑商圈的核心商圈、次级商圈、边缘商圈的范围如何判断？
3. 众多大型百货商场在选址上为什么要扎堆解放碑？

思考题

1. 为什么要做开店市场调查？开店市场调查有哪些内容？
2. 什么是商圈？商圈的构成、形态与顾客来源是怎样的？
3. 商圈分析有何重要意义？
4. 影响一个零售商店商圈大小的因素主要有哪些？
5. 零售商的选址决策有何意义？为什么零售商必须作好选址决策？
6. 一般来说零售商店主要有哪些位置类型，各有何优缺点？
7. 不同类型的商店对与之匹配的位置条件有何要求？
8. 联系实际，分析零售商店的具体店址选择策略。

第六章　零售定位与特色经营

本章讨论的主要问题

1. 零售定位的内涵、程序、方法与基本内容
2. 百货商场的营销定位与特色经营
3. 超级市场的营销定位与特色经营

关键术语

零售定位　市场细分　目标市场　特色经营

第一节　零售定位概述

一、零售定位的内涵

“定位”一词是杰克·特劳特1969年最早提出的，他和另一位广告经理艾尔·里斯出版了一本后来很有影响的书《定位》。伴随着营销学的发展，定位一词在世界上流行开来。营销学者菲力普·科特勒等人把定位概念引入整体营销管理中，将其作为营销战略的重要和核心的内容，认为“定位就是对公司的产品进行设计，从而使其能在目标顾客心目中占有一个独特的位置。”这样使得定位概念由营销的战术层面提升至战略层面，进而成为确定营销战术组合的基础。

根据以上定义，零售定位就是零售商根据自身条件和市场环境的特征，确定企业在目标市场中的竞争地位。通过零售定位，使零售企业在目标市场消费者中形成一种特色，树立一种独特的形象，从而在市场竞争中取得主动，赢得竞争优势。

零售定位包括广义和狭义两个方面的界定。从广义方面看，零售定位包括零售市场研究、细分市场、选择目标市场和市场定位等内容。从狭义方面看，零售定位包括两方面的内容，一是满足目标市场消费者的什么需求，二是以什么样的商品与服务，建立什么样的特色形象来满足目标市场消费者的需求。

二、零售定位和特色经营的重要性

在商业竞争日趋激烈的今天，零售商的定位策略直接影响甚至决定着其经营的兴衰成败。很多零售企业将经营不佳归咎于竞争激烈、缺乏价格优势、卖场布局不合理、服务无创新等，实际上，诸多问题的出现首先应审视定位问题，即是否找准了目标市场，并为目标市场提供了比竞争对手更好的商品与服务。无论何种经营模式，一旦定位不清晰，产品与客户之间就失去了连接，商品、品牌和服务就会轰然倒下，无论是根基稳固的大企业还是灵活轻巧的中小企业都是如此。同样是亚洲市场，家乐福在中国风光无限，然而败走日本、韩国。在中国大多数老百姓对食品和日用品价格敏感度很大的状态下，以价格为主要手段的方式作用很大。然而同样以低价模式进入日韩市场，而日韩消费者价值已经发生了分层，以价格为主要购买诱因的情况发生变化，消费讲求新鲜，价值讲究个性化，其消费模式也不像美国那

样，一次购齐一周的物品，因为日韩妇女的职业化水平相对低，有更多的时间去照顾家庭并购物。因而同样的定位和经营模式却导致家乐福在日韩市场遭到失败的命运。

市场定位和特色经营在实践中是如此的重要，那根本原因是什么呢?

1. 顾客本身就是差异，而且消费者的价值越来越个性化

差异性是决定零售企业实行市场定位和特色经营的基本原因。各种各样的原因引起了消费者需求的差异性、多样化，甚至个性化。从表面看，零售商向不同的顾客提供的是同一种商品，但实际上，顾客所买的可能是根本不同的东西。同样是买服装，中老年人注重更多的是冬暖夏凉这些功能，而年轻人则可能把款式和是否流行作为首选内容。富有者，把高价和时髦作为身份与地位的象征，贫贱者把食饱腹、衣遮体当成衡量商品优劣的尺度。有贪虚荣的，有图实惠的，等，顾客对商品看法的差异决定了他是否作为最终消费者的主要因素。

2. 企业不可能在所有方面都做得最好，只能在某些方面独树一帜

随着市场竞争的激烈化，差异化定位策略越来越受到企业经营者的关注，比较一致的观点是，成功的企业不可能在营销组合的每一个方面都做得最好，只能在某些方面做得优于竞争对手。崔西（Treacy）和魏斯玛（Wiersema）在 1995 年提出，在产品领先、经营出色和服务亲和三个方面的某一个方面成为市场领袖，另外两个方面表现恰当即可。通过对世界 100 多家成功企业的研究得出结论：成功公司在五个方面为顾客提供了相应的利益组合，包括价格诚实、产品稳定、易接近性、独特体验和和服务遵守承诺；但是他们不需要将五种利益的所有方面都做得优于竞争对手，仅仅是一个方面做得非常出色，另一个方面做得优秀，其他方面达到行业平均水平。Ander 和 Stern（2004）专门对零售业研究后认为，在品种丰富、价格低廉、时尚流行、服务便利和迅捷快速五个要素中，有一个要素做得最为出色，而其他四个要素仅达到平均水平或是及格水平即可。

第二节　零售定位的程序与方法

一、深入细致的市场调研

不少企业在寻找目标市场时常常依据常规思维，如毛皮类产品选择北方市场，认为北方天气寒冷，这类产品肯定好销；保健品选择大城市市场，考虑大城市居民收入水平高，购买力也一定强；另外一想就想到北京、上海市场，因为这些市场的社会零售商品额每年都有成百上千亿，认为稍微占有一小块市场份额，销售收入就很可观。其结果是，重点选择定位在北方市场的这家皮毛产品销售公司在这些市场上的效益并不理想，而无意中开发的南方市场却结出硕果；而在大城市竞争得头破血流的一家保健品公司却在内地某省的一个小城镇开辟了大市场；再就是进入北京市场的公司，发现在开展业务时处处受限制，费用层层加码，一年下来几乎无利润可言。以上的结论并不是说北方市场、大城市市场、大型商场不能进，而是说“市场定位”不能靠“拍脑袋”，靠主观臆想。在寻找目标市场和进行定位前，一定要通过深入细致的市场调研去了解当地消费者的风俗习惯、收入状况、需求状况，当地市场的竞争状况，当地商业经营方式及商业道德，当地政府的限制等。在掌握第一手资料，获得客观环境市场信息的基础上，才能做出比较正确的市场定位决策。

二、市场细分

如果企业试图满足所有人的所有需求，最后将不可避免陷进麻烦。在市场上，由于受许

多因素影响，不同的消费者通常有不同的欲望和需要，有不同的购买习惯和购买行为。正因为如此，可以按照这些因素把整个市场细分为若干个不同的子市场。每一个子市场都是一个有相似需要的消费者群。市场细分的过程是将异质的消费者群体划分为较小的较同质的群体的过程。

（一）有效的细分

企业进行市场细分的目的是通过对顾客需求差异予以定位，来取得较大的经济效益。众所周知，产品的差异化必然导致生产成本和销售费用的相应增长，所以，企业必须在市场细分所得收益与市场细分所增成本之间做一权衡。由此，有效的细分市场必须具备下面的标准。

1. 可测量性

可测量性即细分市场的购买力和规模大小可以识别和衡量。如上海徐家汇商委在测量出徐家汇商圈的容量后，做出了新的市场细分，并制定了相关经营策略。即东方商厦、太平洋百货、上海六百依旧实行错位经营，保持各自特色；港汇广场与南京路的依势丹相抗衡；以万余平方米的宝良市场与东北部的商务中心呼应；扩容与扩张并举，这样，实现了社区型商业向都市型商业的转变。如果进行市场细分过程中，某些细分变数或购买者的需求和特点很难衡量，细分市场后无法界定，难以描述，那么市场细分就失去了意义。一般来说，一些带有客观性的变数，如年龄、性别、收入、地理位置、民族等，都易于确定，并且有关的信息和统计数据也比较容易获得；而一些带有主观性的变数，如心理和性格方面的变数，就比较难以确定。

2. 可赢利性

可赢利性即细分市场的容量能够保证企业获得足够经济效益，否则服务这个市场毫无意义。如一个普通大学的餐馆，如果专门开设一个法国餐厅满足少数师生酷爱西餐的要求，可能由于这个细分市场太小而得不偿失；但如果开设一个回族饭菜供应部，虽然其市场仍然很窄，但从细微处体现了民族政策，有较大的社会效益，值得去做。20 世纪 80 年代，上海亲子百货以儿童细分市场为目标，营业面积 5000 平方米，然而由于当时这个细分市场容量太小、产品线狭窄，缺乏一定目标消费者支持，每平方米创利太少，从而导致失败。

3. 可接近性

可接近性即企业有足够的资源和能力接近该细分市场，能进行有效的促销和分销，并占有一定的市场份额。一是企业能够通过一定的广告媒体把产品的信息传递到该市场众多的消费者中去，二是产品能通过一定的销售渠道抵达该市场。

4. 差异性（易反应性）

如果一个细分市场对营销战略的反应和其他市场没有区别，则没有必要把它当作独立的市场。例如，已婚与未婚的妇女对香水销售的反应基本相同，该细分就不应该继续下去。飞机顾客具有不同的服务需求，飞机舱位才有必要分为头等舱、商务舱和经济舱。

（二）市场细分的方法

市场细分可以从不同的角度来进行，没有哪一种方法适合所有的零售商，他们必须找出影响顾客购买行为的最重要的一个或若干个因素。一般而言，零售商主要是将地理、人口和行为特征作为细分依据或标准，见表 6-1。

表 6-1　零售市场细分的方法

细分标准	细分变量
地理因素	地理位置、城市规模、地形、气候、交通状况、人口密度等
人口因素	年龄、性别、家庭人口、收入、职业、教育、宗教、民族、国籍、社会阶层等
行为因素	生活方式、寻求利益、态度、购买频率、购买习惯、对服务、价格、渠道、广告的敏感程度等

1. 地理细分

地理细分是把顾客按照居住地进行划分，零售商决定进入某一个或一些地理区域开展业务。零售市场可以按国家或在一国内按省、市、县、城镇或地区进行划分。在划分过程中注意不同地域的需要和偏好的不同。例如，消费者主要习惯在距离住家和办公地点较近的超市购物，超市的主要销售对象就定位在离他们较近的细分市场上。

在中国，许多零售企业的竞争力主要集中在区域市场，比如徽商集团、重庆商社、武商集团分别扎根于安徽、重庆和湖北，区域称王。也有越来越多的零售商放眼全国，通过连锁经营在国内广泛布点，例如百联、大商、华润万家等企业，他们在商品选择上针对全国不同地区重点也有所不同。另外，即使在同一市区，连锁店也必须根据不同社区的不同需求进行相应调整，例如，富裕社区里超市中的进口食品、深加工制品比其他社区的就要多。

按地理区域划分的细分市场可辨别，易接近，而且规模较大。根据这种方法细分的顾客身份也非常容易识别。

2. 人口细分

人口细分是使用最普遍的一种细分市场的方法。通常用来细分零售市场的人口变量包括年龄、性别、家庭人数、收入、职业、教育、宗教、民族、国籍、社会阶层等。这种细分依据比其他依据更容易识别和衡量。

年龄是许多商品的零售市场的一个很好的细分变量。不同年龄段的消费者，由于生理、性格、爱好、经济状况的不同，对消费品的需求往往存在很大的差异。因此，可按年龄将市场划分为许多各具特色的消费者群，如儿童市场、青年市场、中年市场、老年市场等等。从事服装、食品、保健品、药品、健身器材、书刊等商品生产经营业务的企业，经常采用年龄变数来细分市场。日本资生堂公司对日本妇女用化妆品市场作了调查研究，按照妇女消费者的年龄，把所有潜在的妇女顾客分为四种类型：第一种类型为 15～17 岁的妇女消费者，她们正当妙龄，讲究打扮，追求时髦，对化妆品的需求意识较强烈，但购买的往往是单一的化妆品。第二种类型为 18～24 岁的妇女消费者，她们对化妆品也非常关心，采取积极的消费行动，只要是中意的化妆品，价格再高也在所不惜。这一类妇女消费者往往购买整套化妆品。第三种类型为 25～34 岁的妇女，她们大多数人已结婚，因此对化妆品的需求心理和购买行为也有所变化，化妆也是她们的日常生活习惯。第四种类型为 35 岁以上的妇女消费者，她们可分为积极派（因为“徐娘半老”）和消极派（因为即将进入老年），但也显示了对单一化妆品的需要。根据调查，资生堂提出口号“体贴不同岁月的脸”，对不同年龄阶段的顾客提供不同品牌的化妆品。这就是按照年龄进行市场细分。

收入的变化将直接影响消费者的需求欲望和支出模式。收入高的消费者就比收入低的消费者购买更高价的产品，如钢琴、汽车、空调、豪华家具、珠宝首饰等；收入高的消费者一般喜欢到大百货公司或品牌专卖店购物，收入低的消费者则通常在住地附近的商店、仓储超市购物。因此，汽车、旅游、房地产等行业一般按收入变数细分市场。苹果公司 2007 年推出 iPhone 手机，首次进入高端手机市场，并将价格定位于五千到八千，吸引了大量高社会经济地位者和高科技爱好者，在全世界受到追捧，2010 年成为最畅销的手机产品，2011 年苹果公司超过诺基亚成为全球最大的手机厂商。

文化程度有时也可用来划分市场。大多数商品的消费不受教育水平的影响，但也有一些例外。例如，严肃书刊的书店一般都是迎合受过良好教育的人。

性别可从两个方面用作市场细分的依据。首先，可以针对某一性别进行商品诉求，如妇女结婚用品商场。第二，可以根据夫妇双方谁进行较多的购买决策来进行细分。衬衫尤其是高级男衬衫常常是妻子为丈夫作购买决策，因此，男衬衫店可能应该更多地迎合妇女的心理。美容美发、化妆品、珠宝首饰、服装等许多行业，长期以来按性别来细分市场。

家庭生命周期，是指一个家庭建立发展过程中经历的阶段，是影响消费者消费倾向变化的重要因素之一。家庭生命周期可分为六个阶段：独身期、新婚期、满巢一期、满巢二期、空巢期、鳏寡期。处于不同生命周期阶段的家庭有不同的需求和偏好。例如：单身阶段的消费者一般比较年轻，几乎没有经济负担，消费观念紧跟潮流，注重娱乐产品和基本的生活必需品的消费；新婚阶段的消费者往往具有比较大的需求量和比较强的购买力，耐用消费品的购买量高于处于家庭生命周期其他阶段的消费者。空巢二期是指子女独立生活，家长退休的家庭，处于这一阶段的消费者收入大幅度减少，消费更趋谨慎，倾向于购买有益健康的产品。

社会阶层指在社会中具有共同的价值观、生活方式、兴趣和行为的个人或家庭的集合。许多公司为特定的社会阶层设计产品和提供服务。消费者在选择和使用产品时，尤其是在能显示地位与身份的商品的购买上，不同阶层消费者的差别非常明显。许多人将拥有某类商品作为身份和地位的象征，例如，一些自认为是“上等阶层”的人，不管是否真心喜欢，都倾向以打高尔夫球、钓鱼、玩古董等为主要的休闲活动，以配合其上层身份，希望被同一阶层成员所认同；而低社会阶层的消费者在高档、豪华的商店则会产生自卑、不自在的感觉，他们愿意在装饰朴实的商店里购买物美价廉的商品。

3. 行为特征细分

最常见的用来细分市场的行为变量是消费者生活方式和消费者寻求的利益。

生活方式指消费者如何生活，如何消磨时间和花费金钱，从事什么活动，以及他们对所处的世界的态度和观点。根据消费者的主要生活方式，消费者可以分为严肃型和活泼型、传统型和新潮型、节俭型和奢侈型、乐于社交型和爱好家庭生活的人。如美国人的消费观念是奢侈、享受型，生活舒适程度最高，零售商普遍推出信用消费的服务；而中国人则是节俭、克制型，储蓄比例最高，信用消费往往只用于住房、家具、家电等耐用消费品的购买。

也可基于消费者想从零售购买中寻求的利益来细分市场。一些消费者可能认为低价比较重要，而另一些则重视有无友好和殷勤的营业人员。一些人可能要品种齐全，而另一些则强调其质量。高露洁公司曾做过一项牙膏市场研究，发现牙膏顾客所追求的利益有四项：低价格、防蛀牙、洁白牙齿、味佳，因此将牙膏市场细分为上述的四个细分市场。

三、选择目标市场

一旦零售商确定了市场细分机会，下一步就是评价各种细分市场，并决定为多少个细分市场服务，这个过程就是选择目标市场的过程。针对目标市场，可把营销活动集中于购买需求及购买习惯都很类似的一群人。

（一）目标市场的分析评估

为了保证选择目标市场的最优化，企业必须对各细分市场进行评估。评估细分市场，是选择目标市场的前提。评估细分市场必须考虑下面这些要素。

1. 市场潜力

比较各细分市场之间的发展潜力，可以了解哪里的机会最大。一个好的目标市场应该能产生足够的销售量和利润额。零售商通常能够根据二手资料来源估测细分市场的规模。如果一个细分市场的规模现在不大，但未来将会扩大的话，这个细分市场也是有吸引力的，增长的细分市场肯定比停滞不前的细分市场有吸引力。中老年时装市场的规模在不断地扩大，所以一些专业店或百货商场已开始注意研究并试探性地进入这一市场。

2. 公司资源

零售商所能（或所愿）提供的资源，对于零售战场的大小具有决定性的影响。资源多，战场可以扩大，进入的细分市场可以增多。反之，则战场必须缩小，细分市场必须减少。

3. 竞争者的策略

在竞争者积极介入的地方，要斟酌是否有必要与之正面冲突。在竞争者忽略的地方，就可以研究是否有开发的机会。这并不意味着不要与竞争者正面对抗，而是要谋定而后动，先将客观环境、利弊得失分析清楚，再采取对自己最有利的行动。

4. 目标与策略

要知进退，有所为有所不为。有时，要根据公司的长期目标与策略而进入某些细分市场，并牺牲短期的利益。如以几近倾销的价格进入“具有发展潜力”的市场，以期摄取市场占有率。或者，为了维持领先的地位，推出并佯攻竞争者的某些优势市场，让其首尾不能兼顾，正是策略引导行动的先例。

5. 市场地位

要考虑本企业目前在整体市场所处的地位。如果是处于市场进入阶段（刚进入一个新市场），则最好先找一个立足之地，等站稳脚之后再往外扩张（即利基策略）。如果已攻占桥头堡，处于市场渗透阶段，则就要从原有的基础上向外扩张（即市场发展策略）逐步进入新细分市场，甚至开发新市场。

6. 优势与劣势

应知己知彼，了解本身与竞争者的优劣势，并选择能将本身优势发挥到最大、劣势效果降到最小的细分市场。

（二）目标市场模式选择

通过对不同的细分市场进行评估，零售商会发现一个或几个值得进入的细分市场。零售商必须决定进入哪几个细分市场，有五种模式可供采用。

1. 密集单一市场

最简单的方式是零售商选择一个细分市场集中服务。零售商可能本来就具备了在该细分市场获胜必需的条件；也可能资金有限，只能在一个细分市场经营；也可能这个细分市场中没有竞争对手；或者这个细分市场可能会成为促进细分市场继续发展的开始。零售商通过密集营销，了解本细分市场的需要，树立特别的声誉，在该细分市场建立巩固的市场地位。密集市场策略的缺陷是将所有资源用在一个细分市场上，可能导致较大的风险，尤其在某个细分市场出现不景气的时候。

2. 有选择的专门化

采用“有选择的专门化”选择若干个细分市场，其中每个细分市场在客观上都有吸引力，并且符合公司的目标和资源。但在各细分市场之间很少有或者根本没有任何联系，然而每个细分市场都有可能赢利。这种多细分市场目标优于单细分市场目标，可以分散公司的风险，即使某个细分市场失去吸引力，公司仍可继续在其他细分市场获取利润。

3. 产品专门化

零售商用“产品专门化”集中提供一种产品，并向各类顾客销售这种产品。例如保健用品零售商向各类顾客提供不同种类的保健床。零售商通过这种策略，在某个产品方面树立起很高的声誉。但是如果产品—这里以保健为例，被一种全新的高科技保健床代替，就会发生滑坡的危险。

4. 市场专门化

市场专门化是指零售商专门为满足某个顾客群体的各种需要服务。例如保健用品零售商可为老年顾客提供一系列产品，包括保健床、保健枕、保健按摩椅、保健营养品等各类保健用品。零售商专门为这个顾客群体服务，而获得良好的声誉，并成为这个顾客群体所需各种保健用品的销售代理商。但是，如果这个顾客群体老年消费者群体突然不信任该公司及其产品，或者大量削减这方面的消费购买，零售商就会产生销售滑坡的危险。

5. 完全市场覆盖

完全市场覆盖是指零售商想用各种产品满足各种顾客群体的需求。只有大零售商才能采用完全市场覆盖策略，例如大型百货商场、超级市场等。

四、进行零售定位

（一）何为零售定位

零售定位，是指零售商在选定的目标市场上，根据自身的优劣势和竞争对手的情况，强有力地塑造出本零售企业商品和服务与众不同的、给人印象鲜明的个性或形象，并把这种形象生动地传递给顾客，从而使该零售商在市场上确定适当的位置。零售定位包含以下基本要点：

（1）定位是为了使零售商获得更大的竞争优势而提出的，是一个竞争性的概念，所要展现的是本企业与竞争者的不同之处和超越之处。

（2）定位确定的是本零售商的商品和服务在消费者心目中与众不同的印象和位置，因此，定位应该包含商品和服务是什么样的和谁来购买的基本内容。定位应该是竞争者所没有，或者没有注意到的，但是对消费者具有巨大的吸引力。

（3）零售定位是商品定位、服务对象定位、价格定位和促销定位等的有机结合体。甚至还可以外延至区域定位（商圈）、业态定位、规模定位等，当然核心的还是目标顾客定位和商品定位。

（4）定位是建立在对本零售商的商品服务和竞争对手的商品服务的深入分析并对消费者需求能准确判断的基础之上。

（二）零售定位的基本内容

零售定位包括零售商的目标顾客定位、商品定位、价格定位和促销定位等。

1. 目标顾客定位

目标顾客定位即服务定位，是指零售商的商品与服务是为满足哪些目标消费者的需求？

即解决为谁服务的问题。每一个零售商首先必须对目标顾客做出选择。确定服务对象是零售定位的前提和基础，只有对目标市场有了明确的定位，零售定位中的商品定位、价格定位、促销定位等才能确定下来。

服务对象一般有以下几项选择：①高收入顾客群；②中等收入顾客群；③低等收入顾客群；④高、中收入顾客群；⑤中、高收入顾客群；⑥中、低收入顾客群。目前我国大多数超市的商品定位千篇一律为"以中档为主，兼顾高低档次"，这是服务对象定位模糊从而导致商品定位不明晰，直接造成超市竞争白热化，以价格竞争为主要形式，大多无法获取合理利润。因此，越来越多超市开始重新进行市场定位，明确更加清晰的服务对象。如百货商场，从现实状态看，百货商场的定位集中于高中档顾客，但商品结构有所差别，有的侧重于高档商品，有的则侧重于中档商品。在世界各国，以低收入顾客为目标市场的百货商场，现在已不复存在；相反，完全以富翁为目标市场的百货商场也极为少见，它们大多在高中档、中高档和中档之间选择。

2. 商品定位

商品定位包括商品档次定位和商品组合定位。

(1) 商品档次定位。商品档次有低档、中档和高档之分，不同档次的商品都有相应收入水平的消费群体。就我国现阶段消费水平而言，高收入阶层在人口总数中占极少数，构成市场主体的是占人口绝大多数的中等收入的工薪阶层和刚刚富裕起来的农民阶层。因此，大多零售商的商品档次定位应以中档为主。重庆新世纪百货提出"工薪阶层的消费乐园"，商品档次定位以中档为主，适当经营一些高档商品，因而他们赢得了重庆广阔的市场。美国沃尔玛、德国阿尔迪的商品定位都主要针对满足中低收入水平的顾客需求，它们的营业场所设施简朴，服务简单，几千平方米的商场内售货员寥寥无几，推出的商品优质廉价。定位于高档次，将目标市场集中于高档收入者，也是目前少数零售商采用的一种定位策略。例如，美美百货以高档精品百货的定位进入中国市场，并在高端百货市场树立了稳固的市场形象。

(2) 商品组合定位。即确立经营的商品的深度和广度。一些零售商求全、求多，以提供广泛地商品组合满足顾客的一揽子需求，例如百货商场、大型超级市场等。华润万家大型超市就是以大比重的百货商品比重和更具选择性的商品结构取得了竞争优势。华润万家是由深圳的万佳百货和华润超市整合而来，本来就有做百货的基础，因而华润万家超市走的是"超市"＋品牌服装＋生活用品的形式。国美、苏宁等家电专业店走的是"窄而深"的商品组合策略，提供各种类型、品牌、档次、款式的家用电器和电子产品来满足顾客购买家电的需求。但是，"大而全"并不是没有明确的细分市场，如果一味求全而毫无特色，容易陷入没有任何经营特色与鲜明形象的误区，恰恰违背了现代消费者的购物心理。因此，越来越多零售商追求差异定位，塑造鲜明的经营特色。美国西尔斯公司为了改变属下商场经营过于分散、缺乏特色的形象，推出了精心设计的"主力计划"，即每一大型商场都只经营 6 大类商品，这样，每个商场都拥有自己的主力商品，避免雷同，特色经营，以与最佳专业店相抗衡。这项计划的实施深为一批忠实客户所赞赏，并给西尔斯公司带来了巨大经济效益，被称为"零售业的里程碑"。

3. 价格定位

所谓价格定位，就是零售商把商品的价格定在一个什么样的水平上，这个水平是与竞争者相比较而言的。有三种情况：一是高价定位，即把不低于竞争者商品质量的商品价格定在竞争者商品价格之上。一般是借助良好的品牌、质量和售后服务优势。二是低价定位，即把商品价格定得远远低于竞争者价格。但商品质量和售后服务并非都不如竞争者，有的可能比竞争者更好。之所以能采用低价，是由于该零售商要么具有绝对的低成本优势，要么是零售商形象好、商品销量大，要么是出于抑制竞争对手、树立品牌形象等战略性考虑。三是市场平均价格定位，即把价格定在市场同类商品的平均水平上。

4. 促销定位

所谓促销定位就是选择什么样的促销方式和媒体来开展企业的促销活动。促销定位有两层含义：一层是促销方式的选择定位，即广告、销售促进、人员推销、公共关系等方式的选择及其组合；另一层含义是在选择了特定的促销方式后，又怎样确定实现这个方式的具体手段或媒体。促销定位准确与否直接关系到促销的效果。要提高促销定位的准确性，零售商必须分析提供的商品及服务的属性以及消费者的特性，同时要考虑到企业本身的实力，从而找准既适合于商店，又适合于消费者的促销方式。

现代社会中，广告在促销中的地位尤为重要和突出。零售商通过广告活动使商店在消费者心目中确定位置的方法称为广告定，目的是要在广告宣传中为零售商和商品创造、培养一定的特色，树立独特的市场形象，从而满足目标消费者的某种需要和偏爱，为促进商品销售服务。广告定位一般有以下几种方法：①抢先定位。使品牌第一个进入消费者心目中，抢占第一位置。②强化定位。一旦成为市场领导后，应不断地加强商品在消费者心目中的印象，以确保第一的地位。③比附定位。不但明确自己现有的位置，而且明确竞争者的位置，然后用比较的方法建立或找到自己品牌与竞争者的品牌、自己想要占据的位置与竞争者已占据的位置之间的关系，使自己的品牌进入消费者的心目之中。④逆向定位。面对强大竞争对手，寻求远离竞争者“非同类”的构想，使品牌以一种独特形象进入消费者心目中。⑤补隙定位。根据商品特点，寻找消费者心目中的空隙，力求在商品功能、价位等方面独树一帜。

（三）零售定位策略选择

1. 竞争性定位策略

也称迎头定位策略，是指企业根据自身实力，为了占据较好的市场位置，不惜与市场上占支配地位的、实力较强的竞争者发生冲突，从而达到使自己的商品与服务进入与竞争者相同的市场位置的目的。这种定位策略的优点是竞争过程中往往相当惹人注目，甚至产生所谓轰动效应，零售商及其提供的商品服务可以较快地为消费者所了解，易于达到树立市场形象的目的。缺点是具有较大的风险性。

在某个目标市场上处于第一位、第二位的，有时不止一个零售商，而是有 2～3 个势力均衡的零售商共同瓜分市场、处于势均力敌的地位。这种市场往往是竞争最激烈的市场。零售商可以采取这种定位策略，抓住竞争者的弱点，发挥自己的优势，突出自身的特色，出奇制胜，在竞争中壮大实力，甚至超越竞争对手。

2. 拾遗补缺定位策略

也称避强定位策略，是指零售商尽力避免与实力最强的或较强的竞争者发生直接竞争，而将自己市场定位于另一个市场区域内，使自己商品的某些属性或特征与较强的竞争者有比较明显的区别。比如夫妻店、杂货店等微型零售商由于受本身能力的限制，即使追随、模仿大企业也做不到，所以就只能在市场上充当拾遗补缺的角色，在大零售商忽视、遗弃的市场上进行补缺型的经营活动。这种策略的优点是能使零售商较快地在市场上站稳脚跟，并能在消费者或用户中树立形象，风险小。缺点是避强往往意味着零售商必须放弃某个最佳的市场位置，很可能使企业处于最差的市场位置。

3. 突出特色定位策略

指零售商通过分析市场中现有的零售定位状况，发掘新的尚未占领但有潜在市场需求的位置，填补市场上的空缺，塑造鲜明特色。采用这种定位方式时，公司应明确创新定位所需的产品在技术上、经济上是否可行，有无足够的市场容量，能否为公司带来合理而持续的盈利。世界上最大的家具巨头宜家家居（IKEA）的战略定位是自助式家具服务商，而这个与众不同的定位是宜家的核心所在，定位一旦占据就很难被竞争对手模仿，单独模仿其中一个环节都是徒劳的。

4. 重新定位策略

定位很难做到一劳永逸，重新定位在现实中比首次定位更普遍。零售商在选定了市场定位目标后，如定位不准确或虽然开始定位得当，但市场情况发生变化时，如遇到竞争者定位与本公司接近，侵占了本公司部分市场，或由于某种原因消费者的偏好发生变化，转移到竞争者方面时，就应考虑重新定位。重新定位是以退为进的策略，目的是为了实施更有效的定位。2009 年，北京的新世界百货宣布各分店不再以档次做定位，而是用时尚和生活作为门店类别。在北京百货商场同质化非常严重的情况下，新世界百货选择重新定位策略，其首家时尚馆一改男女顾客全覆盖的传统，专门面向白领女性，并引入国内外设计师设计的服装或新世界独有的签约品牌，同时开设书吧、宠物店等适合小资情调的休闲场所，力图通过重新定位形成相当于竞争对手的错位优势。

第三节　百货商场的营销定位与特色经营

百货商场（Department store，Dept. S）是指在一个建筑物内，经营若干大类商品，实行统一管理，分区销售，满足顾客对时尚商品多样化选择需求的零售业态。百货商场主要满足顾客对时尚商品的选择性需求，是零售业态中的一种主要业态。近年来，国内百货商场“千店一面”的现象比较严重，主要表现在品类布局、结构趋同，品牌聚集能力趋同，经营模式、促销方式一致等方面，大都依靠价格促销进行竞争，这导致企业间的竞争白热化，降低了利润空间。而百货商场同质化的根本原因就在于总体定位模糊，没有形成鲜明的特色经营，从而无法吸引与培养忠诚顾客。因此，百货商场要获得较好发展，关键在于准确定位，塑造特色形象，寻找到比竞争对手更有利的竞争优势。

百货商场怎样才能做好准确定位和特色经营呢？首先注意的是不要盲目跟风、模仿，在看到周围商家的经营状况，不切实际的去学习、模仿，结果可能反而丢掉了自己商场的特点。要结合自己商圈的实际情况，因地制宜，具体定位。

一、百货商店的营销定位

（一）目标市场定位

百货商场营销定位首先必须找准自己的目标顾客，不要总是想着大而全。百货商场的消费者可以划分为高、中、低三个收入层次。高端消费者是融高质量商品和愉悦购物体验于一体，强调的是精品、名品以及高质量的体验式服务；中端消费者在满足了基本需求的同时，对高品质有所追求，属于理性购物者；低端消费者更加注重商品的实用性和评价，如图 6-1 所示。针对不同收入水平消费者，百货商场一般有以下三种目标市场定位：

（1）奢华型定位，即以高端人群为目标的定位。虽然，在我国高端人群人数有限，但购

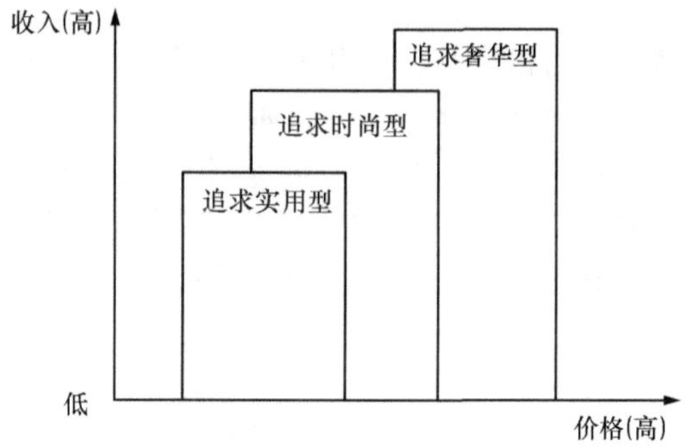

图 6-1 百货商场的目标定位（以收入为依据）

买力可观。同时，有众多向往高端生活的人群，他们的收入有限，却愿意购买超过其经济能力的商品，以抬升自己的地位。纽约最顶尖的精品百货要属 Bergdorf Goodman，2008 年当选为全美最具有声望的奢侈品零售商。这家百货商场选中的品牌不一定家喻户晓，但绝对是业界顶尖的象征。它囊括了全世界极度罕见的奢侈品，任何天价新品都会先在这里亮相。据调查显示，Bergdorf Goodman 的目标顾客为最低年龄在 50 岁以上，年净收入在 15 万至 19.9 万美元之间的女性，这家百货商场的商品品质以及对于顾客服务的关注程度也备受赞誉。

（2）时尚型定位，即以引领潮流和时尚为诉求点的定位。现代人尤其是青年，追求自我的释放，关注流行时尚，渴望走在潮流的前端。1993 年进入国内的台湾企业——太平洋百货，将目标市场定位于追求流行时尚的 20～40 岁之间的白领，主推时尚流行商品，创下了傲人业绩，目前在国内已有 7 家分店。

（3）实用型定位，即以主流生活需求满足为定位的百货商场。这种定位是面向最广大的主流消费群体，这类消费群体一般收入水平中等，消费精打细算，理性较强，不易被花样繁多的促销所诱导，对所信任的零售商忠诚度高。例如，重庆的两大本地百货商场即重庆百货商场和新世纪百货商场的定位都较好地符合了重庆经济发展的水平，新世纪定位于“工薪族购物天地”，以中档商品为主，兼顾精品，更好的是抓住了近年来工薪族已成为消费主力军这一消费趋势。

当然，百货商场的目标市场定位还可以以年龄、性别、区域范围等为依据。比如，是选择青年顾客，还是中老年顾客；是选择儿童、妇女还是男士顾客；是选择本地区顾客，还是流动顾客等。2009 年北京的新世界百货宣布，将不再以中高低档为定位划分，而是根据顾客群的不同，开出专门的女子时尚馆。香港的太古百货将目标消费群定位于 18～35 岁的时尚女性，以经营女性消费品为主；为了方便携带儿童的女性消费者，与餐饮区相连的是占地 3000 平方米的儿童乐园。太古百货这一定位取决于科学的市场调查，一方面，地下商场的天然属性决定了其不能像地上商场那样经营高端品牌，只能以中端品牌甚至低端产品为主，而这样的产品所面对的主要消费群体正是 18～35 岁的时尚女性。另一方面，所在区域香港中路的购买力核心是上班族，她们拥有一定的经济能力，拥有前卫的信息接受能力和超前的消费欲望。

（二）功能定位

从功能上看，大型商场与综合购物百货商场的功能定位是有差异的。

大型商场应向专而全的方向发展，更趋于专业化，形成经营特色，培养自己的顾客群，更加明确自己的市场定位，形成自己的拳头商品和主力商品。在商品结构上，多经营选购型商品（即消费者愿意付出时间去搜集相关信息，挑选并评估不同的款式、包装和质量，期望找出相同质量下价格最低的商品）和特殊型商品（消费者不太在乎其价格高低，而愿意花费更多的时间去搜集特定品牌的信息，如一时找不到，宁愿持币待购的商品）。这里的“专”就是根据定位选好针对目标市场的几个大类的商品，专中求全，全中求特，在经营上形成特色。这里的“全”就是在已经选定的产品类上深入开拓商品的花色品种，满足顾客的全方位需求，这样就可以避免过去那种“大百货”盲目追求商品种类一应俱全的现象。

综合购物百货商场坚持百货商场规模大、品种齐、价格平、功能全、服务优的经营特色，采取集休闲、购物、饮食、娱乐于一体的一站式经营形态。选择中等收入家庭作为主要服务对象，同时努力争取低收入阶层，吸引高收入阶层，最大限度地争取客源，从婴儿、儿童、年青人、成年人至老年人皆是目标顾客群。服务宗旨是以合理价格为顾客提供完善而优质的生活必需品。综合购物百货商场以全新的市场经营理念为消费者提供优质的商品，周到贴心的服务，优雅舒适的购物环境，必将成为引领消费潮流，演绎时尚风采的现代百货商场。综合购物百货商场引进国际先进的商业业态和管理经验，形成独具特色的商业文化，为消费者提供高品质的商品和服务。综合购物百货商场的发展方向是购物中心，在主营零售业的基础上，引入餐饮、娱乐以及其他服务，强调体验式购物，满足顾客休闲型购物消费需要。

（三）商品定位

商场以实现商品的最终消费为目的，以经营品种齐全，花色丰富、质优而价格合适的商品给众多消费者为主要任务，其商品包括衣、食、住、用、行、娱乐、文化等各个方面。但商场在商品齐全的基本要求下，仍需突出本商场的个性商品特色。进入国内的台湾太平洋百货商场，一直坚持错位经营策略，商品品牌与竞争对手保持着30%的差异性，并努力最终将品牌差异性上升到70%，从而塑造了无法替代的竞争优势。

商场突出商品特色主要表现在：

(1) 创造本商场商品的重点的特色，实现商品的全中求专、专中求特。

(2) 突出商品的档次特征。商品的档次可根据商品的价值、品牌等因素进行划分。

(3) 突出商品的质量特征。如有的商场经营“名优特新”商品，有的商场则经营大众商品。

(4) 突出商品的价格特征，如有的商场以高价进行价格定位，而有的商场则根据薄利多销的方针，以低价位进行定位。

(5) 在商品的经营组合上形成特色。国外流行的商品组合方法是根据消费者群体的不同进行商品组合，如男装部、女装部、儿童用品部、中老年服装部等。还可根据消费者需求用途特征进行商品组合，比如厨房用品、家居用品等。

（四）经营方式定位

百货商场的经营方式按照是否自营分为自营、招租、委托管理三种方式。

(1) 自营。包括购销、保底抽佣和纯分成三种形式。购销是指商场自行进货，自行销售，自担经营风险。保底抽佣是商场将场内一定面积的铺位或专柜交由代理商或经销商，商场按该铺位或专柜销售额的一定比例定期抽取佣金，同时双方约定最低销售保底额，当销售额低于保底额时，市场仍按保底额的一定比例抽取佣金。纯分成是商场将场内一定面积的铺位或专柜交由代理商或经销商，商场按该铺位或专柜销售额的一定比例定期抽取佣金，双方不约定最低销售保底额，共同经营，共当风险。

（2）招租。商场将场内一定面积的铺位或专柜出租给实际用家，商场获租金收益，铺位或专柜的实际用家负责经营，获取经营收益，承担经营风险。

（3）委托管理。一些不具有自营能力的房地产开发商，采取引入管理公司进店经营管理的模式。目前我国一些具有雄厚实力的商场纷纷向外输出管理。由于对外输出管理对于输出者来说，是一种花钱少、见效大的工作，因为是商场实施由粗放型经营向集约型经营转变的一种重要方式。而对于输入者来说，引入管理公司既可以解决本企业经营管理能力不足的问题，又可以引进最新的管理方式，使用现成的零售商品牌，因而不失为共享分工收益的一种科学决策。

商业经营管理能力不同的企业对经营方式的选择应有所不同，见表 6-2。

表 6-2　经营方式定位

经营方式	适用情况
自营	企业具有商场经营管理能力
自营为主，招租为辅	企业具有商场经营管理能力，但为扩大规模，充实服务功能，以招租形式引入一些核心经营业务以外的或者自己不擅长经营的项目商户作为补充
自营为辅，招租为主	企业缺乏商场经营管理能力或营运资金不足
全部招租	企业无商场经营管理能力
委托管理	企业无商场经营管理能力

二、现代百货商场的特色经营与形象塑造

1. 现代百货商场的特色经营

建立一个清晰和有特色的形象，并通过商品和服务经营过程来不断强化这一形象，这个塑造和维持这一形象的过程即特色经营与形象塑造。

我国百货业长期以来形成“千店一面”的状况，与商场经营缺乏特色和创新有关。百货商场商品以种类繁多、品种齐全作为一个重要特征，但新兴的业态出现后，很容易便将百货商场作为其竞争对手，从百货商场中抢去一部分他们经营有优势的商品的市场份额，如家电专业店抢去了长期以来占据百货商场半壁江山的家电市场的份额；便利店抢去了日用品中相当大的份额；而大型综合超市和连锁超市几乎抢去了所有的副食品的市场份额。这些新兴的业态以其独特的经营模式，迅速地抢占零售市场的份额。拥有良好的经营广度，曾经是百货商场的优势，而随时间的推移，这种优势变成了百货业的劣势，百货商场必须在经营上有所创新，才能重新确立自身的优势。百货商场必须经历一个时期的“阵痛”。大规模减少经营商品的种类，缩小经营的广度，增加同类商品中销售较好的商品品种，加大经营的深度，从而改变过去百货商场经营目标定位比较模糊的现状，与新兴业态的大型综合超市、超市和便利店等业态形成错位经营。经过调整后的百货商场已经不具备原来的许多特征，但同时增加了许多新的特征，如品牌系列化、商品系统化等，新的百货商场商品更突出高档性、时尚性，挑选性强、技术性高的商品将会大量进入百货商场。百货商场的目标顾客群体相当明确，如面向 18～50 岁的职业女性；或面向高收入阶层的家庭等不同的定位。在顾客心目中，百货商场更像一个专卖店的集合体，卖场集中了大量的专卖店，明确的定位，使顾客始终相

信该百货商场所提供的是最好的。只有这样才能形成自身独特的经营定位，确立自身的竞争优势。

2. 现代百货商场的形象塑造

商场形象对于商场经营活动有重要影响，对于商场市场竞争有举足轻重的作用。如果不专门刻意设计与塑造，商场形象形成过程慢，不易于迅速而有效的传播，甚至可能使社会公众从某些局部或假象中得出不利于企业的结论。

企业的形象可以通过各种商场实体本身表现出来，如建筑形状、结构、颜色、功能等；也可以从消费者对商场的心理感受来表现，如可以使人感到豪华、朴实、时髦、典雅、别致、活泼、庄重等；还可以通过商场的价格、质量、服务、促销方式等形式来表现。商场形象的不同，其表现形式也有所不同。

塑造“负责任企业”的形象对商场经营至关重要。从管理者到员工都要形成商场形象观念，树立正确的价值观，不仅在业务活动中树立公正、服务，讲究商业道德的形象，同时还要关心社会公益事业，使商场在自身发展的同时，造福于公众与社会。如发起组织具有广泛群众基础的社会公益活动，赞助“希望工程”、残疾人福利事业、文化事业等，支持赞助高雅的文化团体（如交响乐等），以此表示商场的宗旨、实力和信心，“取之于社会，用于社会、回报社会”，“绿叶不忘根的情”，获得社会公众的认同和好感，树立商场形象。

塑造商场形象是一个长期的过程，要有长期的规划和活动安排，通过长期努力，才能得到消费者和社会公众的认同。

第四节　超级市场的营销定位与特色经营

不同超市共生共赢、协调发展的前提是定位的差异化和空间的分散化。好的超市必须准确把握自身的经营定位，即超市需在什么样的时间、什么样的地点为哪一类消费者提供什么样的服务。

所谓超市营销定位，就是决定超市经营商品的方向和特色。连锁超市营销定位至少要明确回答以下问题：①目标顾客群是什么？②相对于竞争者自身应如何进行富有特色的定位？③如何实施定位策略，进而塑造商品特色和独特形象，使自身区别于竞争对手，并充分满足消费者需求，并给消费者留下一个生动、鲜明、深受欢迎的良好形象。

一、超级市场的营销定位

（一）目标市场定位

超级市场是经营与人民生活密切相关的主副食品和家庭日常生活用品为主，为消费大众提供多品种、价廉物美的商品和优良购物环境、优质服务的零售场所。因此，其经营定位是明确的，那就是主要定位于社区居民、家庭主妇与单身男女这些消费群体。

近年来，超市生鲜经营迅速崛起，超市逐渐承担了居民的“米坛子”、“菜篮子”的功能。相比农产品集贸市场，超市的购物环境和生鲜品质量保证更好，居民逐渐习惯于在超市购买各类生鲜食品，而生鲜也成为超市最集客和体现经营差异化的战略发展品类。对于这类超市而言，周边社区居民成为主要消费群体。

家庭主妇与单身男女这些消费群体或是负担着家庭的起居饮食，或是由于工作事务繁忙而无多余的时间花费在饮食或日常生活的琐事。他们需要方便、快捷的服务与商品。

当然，随着超市的不断发展、经营种类的增加和社会的不断进步，超市所定位的一般目标市场在原来的消费群体上出现了扩大的趋势。

（1）由职业妇女组成的双职工小家庭。

（2）追求新鲜、卫生、品质良好且对价格较不敏感的消费者。

（3）收入水平或教育水平较高、较喜欢尝试新事物或追求时尚的消费者。

（4）较注重购物环境舒适感的消费者。女性或男性的单身族，年龄在 18～45 岁之间。单身外山或旅行的消费者。

（5）喜欢闲逛的消费者。

（6）礼品的购买者。礼品购买者的消费特性是购买商品时选择性较强，超市的销售方式正好能迎合这部分消费者的需求。

上述消费者都可作为超级市场的目标顾客，这使得超级市场的目标市场更为复杂，消费者的购买行为更加难以捉摸。因此，要尽量避免单一阶层消费者的定位，最大可能满足辐射商圈内大多数消费者的多层次、多样化的需求。

（二）商品定位

在确定了目标顾客之后，要考虑用什么样的商品去满足这些顾客的需求。商品定位也是超市通过商品来设计出企业在消费者心目中的形象的过程。

1. 经营范围定位

超级市场出售的商品都有大体相同的特征，即食品和大众化的日常生活用品，但是具体经营范围也有差异。

标准食品超市：以经营食品为主的超级市场称为标准食品超市，食品占全部商品构成的70%左右，但其中生鲜食品构成不足 30%。相当比例的消费者在购物后，还是要走向菜市场购齐所需生鲜食品。这种业态并不能真正满足家庭主妇对基本生活用品一次性购足的愿望。

大型综合超市：是在标准食品超市经营食品、日用品基础上，增加百货类商品（如服装、鞋帽、家电等）而形成的超市业态，食品类与非食品类各占商品构成的 50%左右；经营品种繁多，可达二三万种，商品组合宽度广，目标顾客层广泛，最大限度满足消费者对吃、穿、用等日常生活用品一次性购足需要。

随着主副食品加工程度、居民消费水平以及超市经营管理水平的提高，主副食品如鲜菜、水果、肉类等的经营有较大发展，并逐步呈现上升、占据经营的重要地位。在标准食品超市发展的基础上，近年来又延伸出食品加强型超市、生鲜超市、生鲜加强型超市。

食品加强型超市：食品经营面积一般占到超级市场营业面积的 30%以上，最终调整到50%以上的，称为食品加强型超市。这类超市各类主副食品非常丰富，是吸引客流量与提升销售的主力商品。

生鲜超市：生鲜超市起源于欧洲，是专门为家庭提供新鲜、便捷的个性化饮食产品，属于专业化经营商业类型。一般来说，生鲜经营面积占到超级市场营业面积的 15%～20%的，称为生鲜超市。

生鲜加强型超市：生鲜经营面积占到超级市场营业面积 30%以上的可称为生鲜加强型超市。生鲜加强型超市是强化并突出了生鲜经营的超市。从专业化程度上讲，它已经达到了生鲜超市的经营水准和规模，但它又不是专门经营生鲜，生鲜仅仅是其整个超市经营的一部分。例如，永辉超市一般 5000～8000 平方米，生鲜经营的面积大，生鲜经营面积比重和销售比重往往达到 45%以上，是典型的大卖场生鲜加强型超市。

2. 经营品种定位

超市应注重品种齐全，向消费者提供日常所需的食品、日用品，以满足其一次购买的需求。超市商品应满足附近居民80%的日常生活需要。经营的品种有多种，从锅碗瓢盆到卫生清洁用品，人们平时生活的常用品基本都包括在其中。

（三）价格定位

由超级市场的目标市场和商品定位所决定，超级市场的商品价格，在通常情况下应略低于其他零售经营形式的价格水平。对于超级市场，人们心理上的需求是价廉物美，即产品是品牌货，价格是低价格。因为超级市场经营的商品主要是大众化品种和实用品种，随着收入的提高、经济的发展，使用日常基本品的普通收入者和中高收入者在使用商品的品牌、种类方面是越来越接近。所以低售价不仅对低收入者有吸引力，对高收入者也同样具有很大的吸引力。

超市价格合理和价格低廉是超市经营定位的一个基本要求。通过低价销售能实现大批量经营，并加快周转速度，从而使超市形成“低价化——大众化——连锁化——大量化——低成本——高效益”的良性循环。

在总体上实施廉价策略的基础上，必须高度重视配合实施多种灵活的定价策略，包括滚动差别定价法：各类商品依秩序实施滚动降价（通常以一月为一个周期，一周期四个时段，一周为一时段），价格成波浪式起伏，超市卖场随时都要“好戏连台”，并且卖场内的特卖场遍及各大销售区域，有效的引导消费人流，诱使顾客进行即兴消费，同时，不定期的通过运用“牺牲部分商品促进商品整体销售”的招徕定价的销售方法进行贱卖活动，定期地将消费者广为熟悉商品时时保持低价，以此带动其他相关商品的销售。

（四）服务定位

优质、有特色的服务是超市强有力的竞争手段之一。超市强调购物方便，顾客在超市可以自由地购物而不受干扰，可以轻松、舒适的浏览商品，直接触摸到商品，可以自由挑选商品。提供商品信息、熟食、组合菜等，最大限度地满足顾客的各种需要。提供给顾客的良好进出、停车等便利设施。

二、超级市场的特色经营与形象塑造

1. 超级市场的特色经营

超级市场要明确自己的经营特色，从而与竞争者形成差异化优势。一般，可以从以下方面塑造经营特色：

（1）塑造价格优势。通过低廉的价格去吸引消费者，从而实现大批量经营，加快周转速度。

（2）塑造绿色超市形象和特色。以绿色、环保、健康等为主题，加强生鲜食品的经营与管理，并随着消费水准的提高，引导消费的商品特色，如健康食品、养生食品、无公害蔬菜、放心猪肉等。

（3）强调具有生鲜处理技术及鲜度管理技术，承诺保证生鲜商品的品质。

（4）强调经营的商品品种齐全，或在某些商品品种上特别齐全，能满足顾客对商品的不同需求。

（5）强调经营的某些商品别具特色。例如，新鲜、产地直销、直接由国外进口、新奇、稀有、特殊口味、特殊用途等。

（6）强调可提供额外的服务。如送货服务、免费停车、影印、电话卡出售、代客送礼等。

（7）强调卖场有独特的气氛以及促销活动的多样化和特色化。

（8）强调具有高格调的整体形象。

（9）强调能够提供新的商品知识及新的食用方法。

（10）强调能提供购物时间的方便，如提早开门或延长营业时间。

2. 超级市场的形象塑造

（1）刻意设计与塑造超市形象。如果不专门刻意设计与塑造，超市形象形成过程慢，不易于迅速而有效的传播，甚至可能使社会公众从某些局部或假象中得出不利于企业的结论。为此，要专门研究、系统总结超市形象设计，有计划地传播超市形象。

（2）塑造超市诚实、文明竞争的精神。诚实经营作风，是超市形象的根基，是赢得顾客的心的基础。顾客对商品不满意、要求退换货、或对服务不满意提出意见要求时，要遵照“顾客第一”的宗旨，予以妥善解决。在竞争中采用正当的手段开展竞争，尊重竞争对手，反对恶意中伤等不正当竞争手段。

（3）塑造超市精神，要靠管理者与全体员工共同努力。超市形象与每个员工的行为举止有密切的关系，每个人都是超市形象的传播者。要教育引导员工，心系超市，热爱超市，爱店如家，将自身行为与超市兴衰联系起来，树立追求“店兴我荣，店衰我耻”的荣誉感。塑造超市特色形象是一个长期的过程，要有长期的规划和活动安排，通过长期努力，才能得到消费者和社会公众的认同。

◎小结

零售定位就是零售商根据自身条件和市场环境的特征，确定企业在目标市场中的竞争地位。通过零售定位，使零售企业在目标市场消费者中形成一种特色，树立一种独特的形象，从而在市场竞争中取得主动，赢得优势。零售定位的程序是市场调研、市场细分、选择目标市场，最后进行市场定位。零售定位的基本内容包括零售商的目标顾客定位、商品定位、价格定位和促销定位等。

➢案例 1　高档定位将西单商场引进死胡同

曾作为“平民商场”的北京西单商场有着骄人的销售业绩，一度连续 15 年保持北京市单体店年销售额第一。但是，进入新世纪后，由于西单商圈的飞速发展，高密集度的百货商场带来了残酷的竞争，造成了西单商场营业额迅速下滑。2003 年，3.4 万平方米的西单商场全年亏损达一亿多元。在巨大的经营压力下，西单商场开始停业进行全方位改造，目的是营造现代、时尚、典雅的一个购物乐园，以实现从“传统百货商店”向“现代精品百货商店”转型。但是，事与愿违。尽管在 2003 年的最后一天西单商场重张营业，可重新开业后第一个月内，西单商场销售额相比同期下降了 60%、累计亏损了 496 万元，这在西单商场 70 多年的经营历史上从来没有过。

在北京，一般的看法是：中友百货、庄胜崇光等打的是“时尚牌”；新世界和华联等打的是“实惠牌”；而燕莎、赛特和国贸商城则以专营世界知名品牌出名，打的是“高档牌”；新东安、东方新天地这一类近似“摩尔”模式的大型购物中心，其延伸服务深入人心，制胜法宝是“增值牌”。拥有 73 年历史的西单商场素有“平民商场”之称，它的成功在于多年来一直坚持走大众消费路线，即面向广大工薪阶层，以中档商品为主，高档商品兼备，小商品齐全。围绕“工薪阶层”的经营理念，集“吃、喝、玩、乐”于一体的西单商场无疑成了“老百姓的购物天堂”。在西单转型后，一方面意味着以前顾客群的丢失，另一方面西单商场的定位与燕莎、赛特很相似，可后两家已经培育了十几年的顾客群，西单商场是没法相比的。扔掉73年的顾客群，再重新搭建新的顾客群，谈何容易！国外的商场也会进行经常调整，但他们万万不敢丢掉自己的顾客群。当商场都在盲目提升品位、走精品路线的时候，往往失去了自己的特色，于是就出现了更高层次上的千店一面。

在重开张短短3个月后，西单商场人事大变动，新领导班子宣布重新调整定位，提出“打破原精品百货格局，扣紧大众时尚百货主题，恢复传统优势项目，充分利用各项资源，打造竞争力强的拳头品类，形成对目标客户群的有效吸引”，回归“大众时尚现代百货商店”。

☞讨论题

1. 决定商场定位的最关键因素是什么？
2. 什么原因造成西单商场改造后业绩不佳？
3. 重新定位应注意哪些问题？

➢案例2　津工超市打造社区居民生活服务中心

津工超市是天津市规模最大的社区连锁超市，目前拥有240家连锁店和一座面积为20000平方米的配送中心，连续多年入选“中国连锁百强”。创立初期，没有明确定位，以扩大经营为目标。之后市场竞争激烈，生存难度加大。2005年，津工超市经过对社区居民的调查，对发达国家社区的考察，提出了社区服务的概念，并规划设计了社区超市、社区厨房、社区服务、社区物流、社区养老五个板块组成社区一站式服务体系。

社区超市要成为居民购买日常生活必需品的主渠道，这是在社区市场立足的重要保证，所以在商品结构上以快速消费品为主，米面粮油及肉蛋蔬果是门店的主力商品，定牌商品也以大米、粉丝、食醋、肥皂等民生商品为主；在价格结构上对大包装的民生商品长期采取竞争导向定价，使社区居民在家门口就能买到低价格的生活必需品，这使津工超市粮油肉蛋的销售规模居全市同行业前列。成为社区居民购买生活必需品的主渠道为经营其他项目创造了有利条件。

社区厨房从简单的店内制作起步，从政府最关注的早餐开始，目前90%的门店经营早餐，每天销售近万份，正在试验供应正餐及半成品。

社区服务包括缴费，信用卡还款以及部分文化娱乐项目。

社区物流以门店为起点家庭为终点，既送自营商品也承接第三方送货业务，门店已经开始提供自营商品的送货上门服务，目前与天津最大的送报上门的“今晚快递公司”达成合作意向，把他们3000人的送报员队伍、60万订户与津工超市的门店网络、商品采购配送系统进行资源整合。

社区养老需要在社区超市、厨房、服务、物流的功能完备时，以会员制的方式提供居家养老服务。随着运营模式的探索不断进行门店调整，目前单店平均面积是166平方米；门店布局现在调整到生鲜约占门店面积的25%，社区厨房约占10%。2008年，津工销售10.2亿元，同比增长17.4%，2009年销售12.87亿元，增长21.7%，2010年，只在天津发展、只做社区店的津工，门店达到456家，销售15亿元，增长14.2%。津工超市连年高速增长，在天津独占鳌头。2009 年，该商业模式获得中国连锁经营协会“2009 零售业年度创新奖”。反差巨大的是，津工高速成长的 5 年，却是家世界、劝业超市等 30 多家竞争对手由盛而衰、败走麦城的 5 年。只有津工越战越勇，进一步与天津市政府、国家电网、铁路等合作，形成了一种高速发展的良性循环体系。

☞讨论题

1. 津工超市的市场定位是什么？
2. 这一定位的依据是什么？
3. 它是如何成功实施定位战略的？

思考题

1. 市场细分的标准和方法有哪些？
2. 零售商进行目标市场选择时可以选择哪些目标市场模式？这些模式各有什么优缺点？
3. 零售定位的基本内容是什么？零售商应如何进行定位策略的选择？
4. 将目标市场定为工薪阶层的百货商场应如何进行营销定位与特色经营？
5. 华润万家“OLE′”超市是一家定位于高收入人群的高端超市，请问这类超级市场应如何进行营销定位，并实现特色经营？
6. 最近，在湖北武汉新开张了一家特色食品店。这家食品店出售的全是“黑货”，比如黑米、黑豆、黑芝麻、黑木耳、黑面包、黑咖啡等等，许多顾客买“黑色食品”时，一下子就会想到去这家黑货店。因此，该店生意一日比一日红火。请问“黑货店”生意兴隆的原因？

第七章　零 售 组 织

本章讨论的主要问题

1. 零售组织的分类
2. 零售组织结构设计的要求与程序
3. 零售组织结构的类型和特点

关键术语

零售组织　组织结构

第一节　零售组织分类

零售组织是指处于商品流通过程的最后环节，将商品直接销售给最终消费者的商品流通组织。零售组织作为独立运行的市场主体，一个重要的特征就是有一个完整的组织结构，以此推动企业正常、稳定运转和保证企业管理的各项职能充分发挥。企业在设计和构建其组织结构形式时，必然需要考虑零售组织的类型，本节主要从所有权关系、店铺零售战略组合、无店铺零售和非传统零售形式三个方面对零售组织进行分类。图 7-1 表明了各类零售组织的进一步细分。

一、按所有权关系划分的零售组织

按所有权关系来划分零售组织是美国零售业的一种典型分类方法。不过，美国学者对其零售企业按所有权关系（Ownership）进行的分析，既不是通常意义所理解的个人所有、合伙制或公司制的概念，也不是所熟悉的公有、集体、私营、个体的概念，而只是指该企业属于独立商店、连锁商店、特许经营店或是租赁门市部。他们的所有者可以是专职零售商、制造商或批发商等个人，也可以是股权分散的上市公司。

按所有权关系可以把零售组织划分为：独立商店、连锁店、特许经营商店、租赁门市部、消费者合作社和垂直营销系统，其所有权可以归制造商、批发商或消费者所有。

1. 独立商店

独立商店通常是指只有一处经营场所、独立进行销售活动的商店。独立商店可以有各种所有制形式，如独资、合伙、公司制。但除少数公司制独立商店规模巨大外，大多数独立商店规模都很小，许多只有一两个人管理，在服装、杂货等行业中尤其如此。

独立商店在零售业数量中所占比例最高。例如，美国零售商中的 80%～90%都是独立商，他们的零售额通常占零售总额的一半或者更多一些。我国的情况也大致如此，个体零售商占零售商总数的 85%左右。

独立商店是最为普遍的商店，它之所以能在街道的各个角落随处可见，是与它的优点分不开的。独立商店具有经营灵活、资本投入低、商品和服务专业化、能够直接控制经营战略，形象独特，能统一指挥、独立自主的特点。但独立商店也存在一定的劣势，如规模小、议价能力有限、不能达到规模经济、过分依赖店主的个人经验、经营的连续性难以保证等。

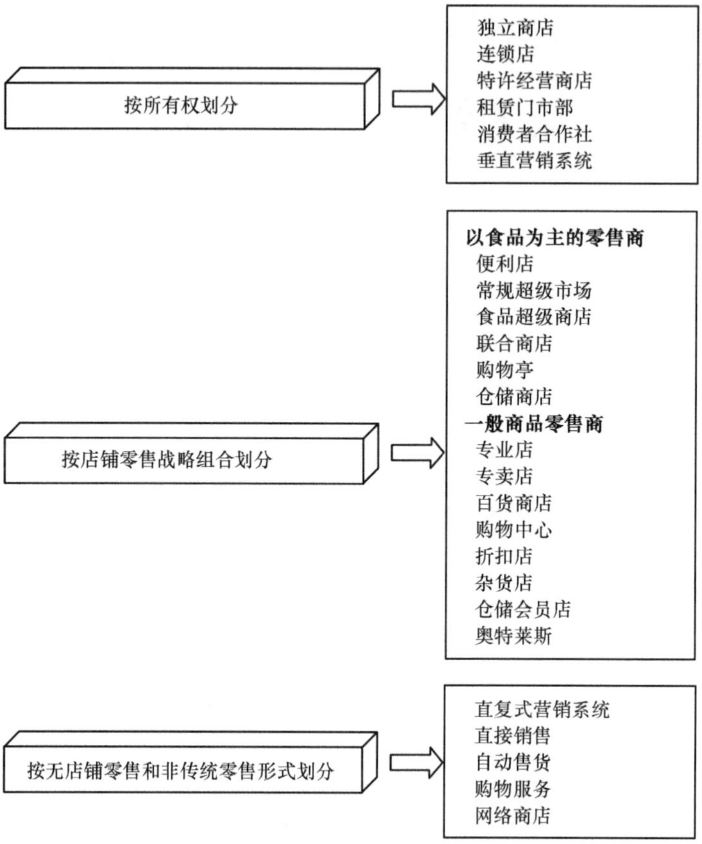

图 7-1 零售组织的分类

为了克服自身的缺点，许多独立商店组织起来，通过放弃某些独立性，实行一定程度的连锁经营，加强自己的竞争地位。如在美国的食品、药品和日用品等行业中，独立商店往往采用联合进货、合作连锁经营、自愿连锁经营等办法来增强实力。但这种较松散的联合不存在一个上层管理机关，各个商店依然保持独立。

2. 连锁店

连锁商店也称联号商店，即在总店的管理控制下，采取统一的商品经营和标准化的经营方法。连锁商店有两种基本形式：

（1）直营连锁店，指零售商经营多个属于同一所有者的相同商号的商店，构成一个整体的单一的经营企业，通常实行一定程度的集中采购和集中决策。直营连锁商店在国内外均发展的非常迅速，进入“世界500强”的零售企业，大部分是采用直营连锁方式发展起来的。

（2）自愿连锁店，由许多独立的商店自愿联合起来，进行共同活动的联合组织。连锁总部遵循共同利益原则，统一组织进货，协调各方面关系，制定发展战略，搜集信息并及时反馈给各成员店。参加连锁的各零售店使用共同的店名，尽可能使经营标准化，并按销售额或毛利的一定比例向总部上交加盟金或指导费。但各成员企业可以保持自己的经营自主权和独立性，独立核算，自负盈亏，人事自主，在经营品种、经营方式、经营策略上也有很大的自主权。

连锁店的优势十分明显：批量采购和多店经营的效率；强大的议价能力；管理的专业化和计算机化；可多店分摊广告费用；制定和实施长期战略规划等。但是，连锁店也同样存在一些劣势：经营缺乏灵活性，如所有分店或多或少都需要奉行统一的定价、促销和产品组合策略，因而在适应市场需求方面存在问题；投资成本高；由于分店多、层次多，管理控制差；大量雇佣员工，员工工作通常缺乏自主性，创造热情较差等。

3. 特许经销商店

特许经销商店即是采用加盟连锁经营的商店形式，它是缺乏管理和销售技术的商店经营者向有经验、有名气的商家缴付费用在获得使用其名称、商品、管理技术和服务等特许权后建立起来的商店。

特许经营涉及特许人（可能是制造商、批发商或服务提供者）与受许人之间的合同协议，特许协议主要分为产品/商标特许协议和经营形式特许协议两类。在产品/商标特许协议中，受许人同意销售供应商的产品或者以供应商的名义开展经营，以此取得供应商的承认。其经营相对自主，虽然必须遵守一定的经营规则，但可以自行确定营业时间、选择商店位置、决定商店设施和陈列以及采用其他方式经营商店。产品/商标特许经营约占零售特许销售总额的2/3，如汽车经销商和许多加油站。在经营形式特许中，受许人除享受商品和服务经销权外，还可以在店址选择、质量控制、财务系统、开业、管理培训以及问题处理等方面得到特许人的帮助。近几十年来，特许经营的发展大多涉及经营形式的特许协议，普遍存在于餐馆及其他餐饮店、房地产和服务零售等行业。

特许经销商店在国内外相当普遍，从汽车零件、印刷、旅店到快餐、装饰材料等，几乎所有商业领域可见到其踪影。这种商店形式的优点在于，可以帮助投资商店的新手和缺乏经验者利用特许商的知名度、市场经验和管理技术，迅速打开局面；而特许商则可以通过此方式以较少的代价（基本上是名誉资产和技术资本）投资新商店，壮大本企业的声势，并获得较稳定的收入。但特许经销商店也有一些不利因素，对于获得特许权的商店来说，如果特许商提供的商品和服务的质量有问题，就会蒙受很大的损失；特许商为了多获得特许费，在一个地区建立的特许商店如果过多，就会影响特许商店的销售收入；特许商的过分干涉，特别是在特许商做出一些有利于自己而不利于特许商店的决定的时候，有损特许商店的自主性。作为特许商来说，如果新设立的特许商店经营不善，就会败坏自己的名声。此外，帮助一家特许商店实现标准化管理要耗费巨大精力，尤其是遇到特许商店不履行契约而发生法律纠纷时，更是费时费力。

4. 租赁门市部

经销商以出租门市部来经销商店是特许经销商店的一种变异，所不同的是，它比后者更进一步，作为承租人的商店经营者不仅从租借商那里获得特许权，还可向租借商租用经营场所、设备等，但在分配经营所得时，通常承租人要按销售比例或销售比例加上固定费用向租借商交纳租金。这种商店有的是制造商将土地、房屋、设备出租，有的则是百货商店或专业商店将店内某门市部出租。承租人一般应有经营某项商品的专业特长，而且在经营中要执行租借商的销售政策，专门推销一定品牌的商品，这与我国目前一些商店单纯将店内铺位出租的情况不一样。

多数情况下，零售商租赁门市部目的在于将经营范围拓宽到零售商自身不具备的，需要高度专业化技能或知识的产品或服务项目。因此，租赁门市部经营的往往是围绕商店主要产品线的相关产品类别。最常见的租赁门市部有店内美容院、摄影室、鞋部、首饰部、化妆品部、钟表修理部、修鞋部等。

租赁门市部的优点是，租借商实际上承担了相当一部分投资，而租借者只需有购买商品和一小部分设备的资金就足以开业，比特许经销商店所需要的投资少，又具有特许经销商店的优点；对于租借商来说，其好处是不必有专门的经营特长，也不用承担投资的全部风险（因为流动资金是租借者提供的）和管理责任，就能建立起专门为自己推销产品的销售点。当然，从租借商的角度看，也存在一定的风险，如租赁部的经营程序可能与商店相冲突、租借者可能会对商店形象产生不利影响、顾客可能把问题归咎于商店而不是租借者。租借者也可能面临允许提供的商品或服务类别受限制、必须遵守一定的营业时间和经营形式、灵活性差等问题。

5. 消费者合作社

消费者合作社是由消费者集体投资的商店。参加消费者合作社的人，可以参与商店的决策，但商店的具体管理是由专门的管理人员负责的。这种商店对所有的消费者提供服务，任何人只要投资就算参加。参与者采用投票的方式进行决策，年底分红也是按一年中每人所购买商品的消费额派分惠顾红利。农民常采用消费者合作社的方式来为自己提供农用物资的供应服务，一些餐馆和杂货店也常采用这种方式。

消费者合作社的优点是中间环节少，价格低廉，因而能吸引一些消费者。其缺点是：经营者不是专业人员，往往计划不周，管理实效；由于工资低，以至于难以雇到熟练的经营者及雇员；竞争力较低。这些都限制了消费者合作社的发展。

6. 垂直营销系统

垂直营销系统是一个实行专业化管理和集中计划的组织网。这是一种区别与传统营销系统的组织形式，在此网络系统中，各个成员为了提高经济效益，都采用不同程度的一体化经营和联合经营，如批发商与零售商实行一体化。这种系统的经营规模、交换能力和避免重复经营的特征，使得它有可能实现规模经济，并与传统商品渠道系统展开有效的竞争。如图7-2所示。

垂直营销系统分为部分一体化垂直营销系统和完全一体化垂直营销系统。在部分一体化垂直营销系统中，渠道中的两个独立企业承担全部生产和分销功能，无需第三方帮助。这类系统最常见的形式是制造商和零售商在无需独立批发商的情况下达成交易，共同承担运输、储存及其他分销职能，常为家具店、家用器具店、餐馆、计算机零售商和邮购公司所采用。在完全一体化垂直营销系统中，一个公司承担全部生产和分销功能，无需其他任何公司帮助。完全一体化垂直营销系统使公司得以全面控制其战略，建立与最终消费者的直接联系，在不提价的前提下（通过减少渠道成员）取得更高的零售加价，自主生产和经营，无需依赖他人，享有对商品和服务的垄断权，把全部利益保留于公司内部。

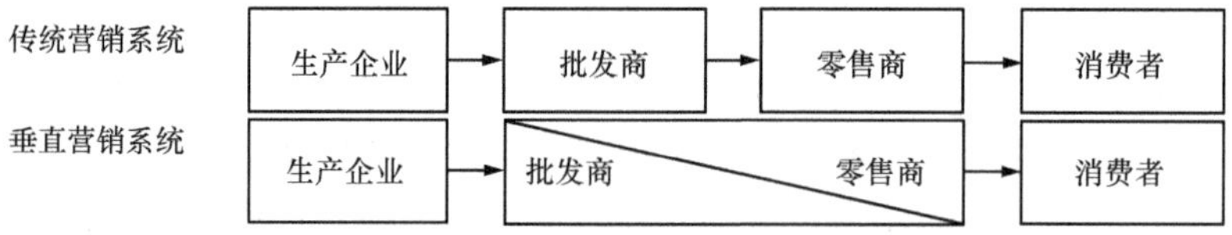

图 7-2 传统营销系统和垂直营销系统

二、按店铺零售战略组合划分的零售组织

按零售战略组合对零售企业的划分，类似我国目前对零售业态的定义。根据国家零售业态分类标准（GB/T 18106～2004），零售业态指“零售企业为满足不同的消费需求进行相应的要素组合而形成的不同经营形态。零售业态按零售店铺的结构特点分类，根据其经营方

式、商品结构、服务功能，以及选址、商圈、规模、店堂设施、目标顾客和有无固定营业场所进行分类。”按照这种战略组合分类方法，可以把零售企业划分为有店铺零售组织和无店铺零售组织，这里，我们只讨论有店铺零售组织的各种类型，即按店铺零售战略组合划分，可以分为以食品为主的零售商和一般商品零售商两类。

（一）以食品为主的零售商

以食品为主的零售商经常采用的战略组合形式有以下几类：便利店、常规超级市场、食品超级商店、联合商店、购物亭和仓储商店。

1. 便利店

便利店（convenience store）是以经营食品为主的零售组织，营业面积在100～300平方米左右。店址一般选在商业中心区、交通要道以及车站、医院、学校、娱乐场所、办公楼、加油站等较便利的公共活动区，商圈辐射范围小，营业时间一般在16小时以上。提供即时性食品的辅助设施，开设多项服务项目，经营商品品种在2000～3000种左右，售价高于市场平均水平，销售方式以开架自选为主，结算在收银处统一进行。这类零售组织的目标顾客主要为单身者、年轻人，有即时消费性、小容量、应急性等特点。

便利店的市场优势在于：当消费者不想花时间到超市去购物时，他可以在便利店方便地购买一些临时性或补充性的商品，例如消费者在加油的同时买些东西，还可以坐在汽车里通过窗口购买。此外，便利店的营业时间也长。但是便利店的商品价格较高，这反映了销量的有限和经营的高成本。

2. 常规超级市场

常规超级市场（conventional supermarket）是实施开架售货的食品综合店，经营食品杂货、生鲜食品和果蔬类产品为主。一般位于市、区商业中心、居住区，营业面积在2000平方米以下，商圈辐射半径2公里左右，经营品种1万种以上，主要目标顾客以居民为主。

常规超市是百货公司式的食品店，它的主要特点是，适应生活节奏加快和冰箱普及后顾客大批购买食品与副食品的需要，以少品种、多数量、快周转、低价格销售为经营特征。超级市场采用自选式售货法，但有的配置有补充商品和管理货篮、货车的服务员。自助服务和低价位结合起来，使得常规超市更加突出了食品品种的广泛及相关产品，同时也刺激了冲动性购买，导致销售增加。目前，常规超市正面临来自其他类型商店的竞争压力：便利店为顾客提供更大便利；以经营食品为主的超级商店和联合商店经营更多产品线和商品品种，毛利水平也更高；仓储店经营成本更低，价格也更低；会员俱乐部，因为采用折扣价也加强了竞争性，特别是它们正在竭力扩大其食品经营等。这些都使得其不得不调整战略组合，向其他形式如以经营食品为主的超级商店方向发展。

3. 食品超级商店

食品超级商店（food-based superstore）这种形态始于20世纪70年代，当常规超市试图通过扩大营业面积和增加非食品类经营项目以阻止销售额下滑时即变成了食品超级商店。食品超级商店比常规超市更大更多样化，但又比联合商店的经营范围窄。典型商店营业面积在2000～5000平方米，销售额的20%～25%来自非食品商品，如园艺品、鲜花、小型家具、葡萄酒和冲洗胶卷等。它是以经营各种食品及日用品为主的零售组织。

超级商店像联合商店一样效率极高，提供一次购齐服务，刺激冲动购买，并以经营高利润的一般商品为特色。超级商店还有其他优势：将超级市场转变为超级商店比转变为联合商店更容易，费用也较低；许多消费者感到在超级商店比在巨大的联合商店购物更舒适；管理专家也更看好这种战略组合形式。

4. 联合商店

联合商店（combination store）是将超级商店和综合商店结合在一起的战略组合形式，其经营规模非常大，从3000平方米到10000平方米，有时更大，它所经营的商品种类更加齐全，有3万种，其中非食品商品销售占到总销售额的25%～40%。这种大规模，多品种的经营更有效率，成本更低，许多非食品商品较常规超市经营商品的毛利更高，同时也满足了消费者“一站式”购物需要，刺激冲动购买和吸引了不同类型的消费者的经常光顾。典型的联合商店有美国的梅杰（Mayer），弗雷德·梅耶（Fred Meyer），沃尔玛（Wal-Mart）等。

其中，超级中心（supercenter）是一种特殊类型的联合商店，由一个超级市场和一个折扣百货商店组成。超级中心销售额的至少40%来自非食品类商品，经营商品5万～10万种余。沃尔玛自20世纪80年代末以来也大力开发超级中心，并获得极大成功，它将在中国开的超级中心称之为购物广场。

5. 购物亭

购物亭（box store）是以经营食品为主的折扣价商店，基本战略是低价，自有品牌、集中经营少数品种（通常不足1500种），营业时间中等（与超市比），很少服务，经营少量全国品牌商品，几乎没有冷冻易腐性食品，每种商品的规格和品种也很有限。商品价格标在货架上而非每件商品上，商品就展示在打开的包装盒里，顾客自己携带购物袋，商品价格一般比超级市场要低20%～30%。

6. 仓储商店

仓储商店（warehouse）始于20世纪70年代后期，是以经营食品为主的折扣商店。按照经营规模可有三类仓储店：1500～2500平方米的，2500～3500平方米的和5000～6500平方米的。它们按不加修饰的形式提供中等数量的食品品种，以经营全国品牌为主，采用打开包装箱的方式展示商品，几乎没有服务，价签在货架上，店址选在非商业中心等策略。仓储商店对那些希望一次购齐的消费者具有很大吸引力。

最大的仓库商店被称作超级仓储店（super warehouse），它们的单店年销售额2000万美元，经营众多商品，包括果蔬产品。这种店的房子很高，以容纳装载商品的货盘。商品被直接运抵商店，顾客自己捆扎他们购买的货物。超级仓储商店以远低于常规超市的毛利水平（大约13%左右）经营获利。目前，限制仓储商店发展的主要问题之一是缺少品牌连续性。因为商店通常购进那些能以特殊低价买到的商品，于是一些品牌商品出现暂时或持续缺货。另外，许多消费者不喜欢仓储店的购物环境。

（二）一般商品零售商

以经营一般商品为主的零售战略组合形式包括：专业店、专卖店、百货商店、购物中心、折扣商店、杂货店、仓储会员店、奥特莱斯。

1. 专业店

专业店（specialty store）是指为特定顾客阶层的某种需求提供商品与服务的商店，它所经营的产品线较窄、较深，集中经营几种互补商品并提供高水准的服务，商品质量较高，价格也高。例如，服装店、体育用品商店、家具店、花店和书店等。专业店可以说是种类最多的商店，但规模不太大，营业面积100平方米以下的居多，其中绝大部分为中小店铺。而且专业店的专业化程度高，经营方向专一，可以为顾客提供个性化的服务，同时也便于灵活经营和培养专业管理人才。

目前一种新型专业店，大类杀手（category killer）或称超大型专业店正在壮大。这是一种特别大的专业店，营业面积一般超过800平方米，其特点是在它经营的专业内可选商品品种数量巨大，而且价格特别低，也采用开架售货，自我服务的方式，可称之为专业“折扣商店”。这类商店将消费者从相当广的周边地区吸引来，满足在某一个商品大类内“一次购齐”的需要，如家电专业连锁苏宁等。

2. 专卖店

专卖店（exclusive shop）指以专门经营或被授权经营某一主要品牌商品（制造商品牌和中间商品牌）为主的零售组织。专卖店销售单一品种或单一品牌商品，规格齐全、款式多样、货物充足、服务周到，商品质量有保证。专卖店一般选址于繁华商业区、商店街或百货商店、购物中心内；营业面积根据经营商品的特点而定；以著名品牌、大众品牌为主；销售体现量小、质优、高毛利；采取定价销售和开架面售；注重品牌名声、从业人员必须具备丰富的专业知识，并提供专业知识性服务。

3. 百货商店

百货商店（traditional department stores）属于综合商店的一种，它一般设在城市中心的繁华闹市区，营业面积600～20000平方米，内部分为若干商品经营部门，由统一的机构进行管理，属于大中型商店。它除了主要经营日用工业品外，也有选择地经营食品、副食品、土特产、医药卫生用品等，同时注重服务，设餐饮、娱乐等服务项目和设施。与其他零售组织形式相比，传统百货公司更依赖出租商品部；更多信用交易；单位面积销售额和每笔交易额较低；员工人均销售额较高，而毛利和经营成本较低，因而享有较高的销售利润率。由于百货商店规模比较大，经营的商品品种比较多，而且兼营普通商品与高档商品，能满足各个层次的顾客多方面的消费需求，因而在商品零售业中扮演重要角色。

4. 购物中心

购物中心（shopping center）是指多种零售店铺、服务设施集中在由企业有计划地开发、管理、运营的一个建筑物内或一个区域内，向消费者提供综合性服务的商业集合体。

根据我国市场的实际情况，购物中心可分为社区型、市区型、城郊型三类。社区购物中心是在城市的区域商业中心建立的，面积在5万平方米以内的购物中心；市区购物中心是在城市的商业中心建立的，面积在10万平方米以内的购物中心，商圈半径为10～20公里，有40～100个租赁店，包括百货商店、大型综合超市、各种专业店、专卖店、饮食店、杂品店以及娱乐服务设施等，停车位1000个以上，各个租赁店独立开展经营活动，使用各自的信息系统；城郊购物中心是在城市的郊区建立的，面积在10万平方米以上的购物中心。

5. 折扣商店

超级市场兴起后，很快由食品行业向耐用消费品行业传播，出现了一批仿效自选购货、低价格、快周转的经营方式，销售玩具、运动用品、家用电器、家具等商品的廉价商店，这些商店被称作折扣商店（full line discount store），有的叫“廉价商店”，也有的则称之为“实用品超级市场”。它的营业面积一般在300～500平方米之间，位于居民区、交通要道等租金相对便宜的地区，商圈辐射半径2公里左右，目标顾客主要为商圈内的居民，通过开架自选，统一结算，为顾客提供有限的服务的方式经销低于市场平均水平的商品。折扣商店在二次大战后的美国十分兴旺，它销售的食品甚至超过了超级市场。但近年来，折扣商店虽然仍然存在，已有一部分朝着高级化发展，商品价格升高，并增加服装等生活用品的经营，与百货商店的差距正在缩小；另一部分则向货仓式商店、货箱式商店演变，将店址选择在远离商业闹市的低租金区域，设施简单、装修简陋，甚至不用货架，只将原包装箱打开展示商品，由顾客自选自取，不附设任何其他服务项目，尽量减少开办和管理经费，以达到低价吸引顾客的目的。

6. 杂货店

杂货店（variety store）以经营花色品种多样的廉价商品和服务为主。地址位于居民区内或传统商业区内，营业面积一般在100平方米以内，交易通常采用现金，以柜台式和自选式相结合方式销售商品。杂货店不经营完整的产品线，不划分商品部，也不送货上门。杂货店在现有的诸零售形态中业绩最差，这主要缘于专业店和百货商店的激烈竞争。

7. 仓储会员店

仓储会员店（warehouse club）也称会员俱乐部（membership club），它是处于批发业务和零售业务之间的零售组织。位置居于城乡结合部的交通要道，单店营业面积在9000平方米以上；以经营大众化衣、食、用品为主，自有品牌占相当部分，商品在4000种左右，实行低价、批量销售；这种企业一般不做广告，不提供送货服务，而且经营场所也很简朴，很少使用信用卡等。它们的目标顾客以中小零售店、餐饮店、集团购买和流动顾客为主。会员俱乐部是从美国二十世纪五六十年代流行的会员制折扣商店，以及欧洲那些迎合小食品和药店需要的巨大仓储商店派生出来的。

8. 奥特莱斯

奥特莱斯（outlets）是由生产企业首创并推广的一种零售组织。在一个面积较大的卖场内，很多生产企业以低于商业售价的价格跨行业经营服装为主的各种品牌商品。由于所经营的主要是一些高档名牌产品，对于充分认识品牌价值的消费者有很大的吸引力。

奥特莱斯最初是为了销售残次商品和零售企业退回来的商品而创立的，现在是专门销售名牌过季、下架、断码商品的购物中心，折扣低至七折以下，绝大多数商品全年价格都不会高于五折。奥特莱斯已遍布欧美日等发达国家，在我国上海、北京、重庆等地也已出现，已经越来越多地变成了一种生产企业直销自己名牌产品的独立零售组织。奥特莱斯的经营地点一般选在郊外交通便利的地方，特别是要求靠近高速公路，店内布置新颖，能使顾客产生舒适的感觉。

三、按无店铺零售和非传统零售形式划分的零售组织

虽然大多数货物和服务是由商店销售的，但是非商店零售却比商店零售发展得更快。这种不设销售店堂的零售组织主要有五种形式：直复式营销系统、直接销售、自动售货、购物服务和网络商店。

（一）直复式营销系统

直复式营销系统是一种为了在任何地方产生可度量的反应和达成交易，而使用一种或多种广告为主体的互相作用市场销售系统。直复式营销系统企业利用广告介绍产品，顾客可写信或打电话订货。订购的货物一般通过邮寄交货，用信用卡付款。其优势：由于无店铺，大大降低创建和经营成本，还可减少人工费用；成本的降低，直接提高了与其他店铺零售商在价格竞争中的优势；同时，也方便了消费者，足不出户的随时购买他们所需要的商品。当然，直复营销也有一些局限性，如消费者在购买产品之前无法进行查验，从而增加购物风险；另一个难点在于销售目录的制作及送达效果直接影响销售量。从长远看，直复营销仍呈增长趋势，原因在于：顾客喜欢方便的购物方式；越来越多的直复营销商将24小时营业，提供订货服务；产品标准和著名品牌的声望都使得消费者在依据商品目录或其他非人员的描述进行购物时，对风险的

担心有所减轻；技术上的突破性进展和新型直复营销方法，如“家庭计算机订货系统”能够鼓励更多的消费者购物。目前，直复式营销系统主要有以下几种形式。

1. 目录销售

顾客通过商店的商品目录来购货，商店简单到只需要有一张桌子摆放商品目录就行了。为了让顾客了解商品的具体情况，也可以在室内展示少量样品。顾客选中商品后，即可开票付款，一次提走货物。货仓一般距离不太远，有的还提供送货服务。主要经营的商品项目包括家庭用品、体育器材、提箱手袋、手工工具、园丁用具等。一般来说，不经营衣服和食品等即买即用的商品。

2. 邮购销售

通过给顾客（主要是偏僻地区或外地顾客）邮寄商品目录，或通过报刊、杂志与电视公布商品订单，由顾客将订单邮寄给商店，再由商店将商品邮寄给顾客。这种销售方法的好处是：减少营业场所方面的支出，可以跨越地理障碍，争取到更多的顾客；但缺陷是：邮费增加了经营支出，距离远时易造成顾客与商店的矛盾，尤其是遇到目录过时或顾客订货不及时的时候更是如此。

3. 电话销售与电子销售

一些商店在节假日专门接受顾客的电话订货，在平时也对生病或有急需的顾客提供服务；由于电视与计算机的普及，使许多家庭可以通过专用闭路电视和计算机网络查找商品目录，并直接与商店的计算机沟通，坐在家中订购所需商品，从而大大减少了购物时间。虽然电子销售法现在还不可能广泛采用，但它所显示的前景是十分吸引人的，将来有可能为商店管理带来更为深刻的革命。

（二）直接销售

直接销售主要有挨门挨户推销、逐个办公室推销和举办家庭销售会等形式。推销人员可以直接到顾客家中或办公室里进行推销，也可以邀请几位朋友和邻居到某人家中聚会，在那里展示并销售该公司产品。直接销售的商品主要是化妆品、维生素、家庭用具、杂志、报纸等。直接销售由于没有店铺，可以省去一般零售店的很多费用，登门推销可以方便顾客购买，同时也可以针对顾客的各种问题给予恰当的解释，经过当面演示提高销售成功率。但直接销售成本高昂（销售人员的佣金为20%～50%），而且还需支付雇佣、培训、管理和激励销售人员的费用。因此，未来直接销售很可能要被电子销售所取代。

（三）自动售货

使用硬币控制的机器自动售货是第二次世界大战后出现的一个发展领域。在发达国家，自动售货已经用在相当多的商品上，包括经常购买的商品（如香烟、软饮料、糖果、报纸和热饮料等）和其他商品（如袜子、化妆品、食品、书、唱片、胶卷和避孕产品等）。售货机被广泛安置在工厂、办公室、大型零售商店、加油站、街道等地方。向顾客提供24小时售货、自我服务和无须搬运商品的便利。同时，由于要经常给相当分散的机器补充存货，机器常遭破坏、失窃率高的原因，自动售货的成本很高，因此，其销售商品价格比一般水平要高15%～20%。对顾客来说，机器损坏、库存不足及无法退货等问题也是非常令人头痛的。

（四）购物服务公司

购物服务公司是不设店堂的零售商。专为某些特定顾客，通常为学校、医院、工会和政府机关等大型组织的雇员提供服务。这些组织的雇员可成为购物服务公司的会员，他们被授权从一批经过挑选、愿意向这些成员以折扣价售货的零售商那里购货。例如顾客想买一台录像机，就可以从购物服务公司领一种表格，拿到经过批准的零售商那里以折扣价购买录像机，该零售商要向购物服务公司付一小笔费用。

（五）网络商店

网络商店是通过互联网进行商品经营活动的一种商店形式。零售商在互联网上开设虚拟商店、建立网上营销网站，消费者可以根据网址进入网站访问，浏览商店的商品目录等各种信息，找到合意的商品可以发送电子邮件向零售商订货，通过电子转账系统用信用卡付款，零售商通过邮寄或快递公司把商品送给购物者。通常所见的当当网、亚马逊、易趣等均属于网络商店模式。

网络商店的优势体现在：不受营业时间限制；突破了传统商店商圈的限制，顾客可以遍及全国甚至世界；具有特殊的交互性能，使个性化经营成为可能；具有成本和效率优势，具有竞争力；商品品种数量不受场地限制。存在的问题主要包括：配送系统往往跟不上；网上支付存在安全问题；一些商店信誉不够；一些消费者缺少上网条件；消费者对商品质量不放心。

第二节　零售组织结构设计要求与程序

对一个零售组织来说，稳定的结构和任务安排、政策、资源、权力、责任以及奖励，都应有效地满足目标市场、雇员和管理层的需要。表 7-1 列出了零售商在计划和评估一个组织时所应考虑的各种因素。零售企业的组织结构设计应充分考虑到目标市场、员工和管理层等各方需要，有针对性地依据一定的设计要求和程序来进行。

表 7-1　零售商计划评估一个组织应考虑的因素

目标市场的需要：
是否有足够数量的员工（售货员、送货员、收银员等）可以为顾客提供适当水平的服务？员工是否有丰富的知识、是否有礼貌？
商店设施是否得到很好的维护？
分店顾客的特殊需要是否能够得到满足？
需求的变化是否能得到迅速的反映？
员工的需要：
职位是否有足够的挑战性？
是否具有有序的晋升计划？
员工参与决策制定吗？
沟通渠道是否明确和畅通？
工作能令人满意吗？
公司是否实行内部提升制度？
雇员是否得到公平待遇？
良好的表现是否得到奖励？
管理层的需要：
能否比较容易的获得并留住有能力的员工？
人事制度是否有明确的规定？
每名员工是否向一名主管汇报？
每位管理人员是否都能恰当的监督和控制那些向他（她）汇报的员工？
运营部门是否得到足够得到人员支持（如计算机化的报告、市场研究、广告）？
组织层次是否恰当？

续表

组织计划是否统一？
员工是否受到激励？
缺勤率是否较低？
组织是否有连续性、从而使员工工依次得到更换？
组织的灵活性是否足以适应顾客偏好和/或地区增长模式的变化？

一、零售组织结构设计的要求

在零售企业组织机构的设计时，必须符合下面六方面的要求。

（一）组织机构设计要以零售企业承担任务为基础

一般而言，零售企业所要承担的任务主要分四大类，即：战略管理、商品管理、商店管理和运营管理。在零售商店中，因类型不同，其经理负责的任务也有所区别。例如，资深的管理人员主要承担零售业战略决策；经营经理负责采购商品、管理商店，并负责执行商店的战略计划，制定能够直接影响零售经营业绩的日常决策；行政管理人员负责制订计划，确定计划方案实施步骤，并且提供有关信息来帮助经营经理贯彻执行企业的战略计划。具体来说，零售商店所承担的任务，如图 7-3 所示。

战略管理
制定零售战略
确定目标市场
决定零售方式
设计组织结构
选择商店位置

商品管理
商品采购
　确定供应商
　采购谈判
　订货
控制商品库存数量
　制定采购预算计划
　分配库存商品
　检查开架购物位置和存货位置
商品定价
　确定初始零售价格
　调整价格

商店管理
招聘、雇佣、培训商店人员
制定工作时间表
维护商店设施
评估商店管理人员的业绩
确定展示位置并展示商品
向顾客出售商品
维护和更换商品
提供捆绑赠品和送货服务
处理顾客投诉
进行实物盘点
防止存货短缺

运营管理
宣传公司、其商品及服务
　计划沟通程序
　制定沟通预算
　选择宣传媒体
　制定具体宣传计划
　设计特别的展示活动
　处理公共关系
人力资源管理
　制定管理商店人员政策
　招聘、雇佣、培训经理人员
　设计升职路径
　保存雇员记录
商品分销
　确定仓库位置
　接收商品
　给商品贴标记和标签
　储存商品
　把商品运至商店
　向供应商退货
制定财务控制措施
　即使提供有关财务状况的信息
　预测销售额、现金流量和利润
　向投资者筹措资本
　为顾客开账单
　提供信贷

图 7-3　零售商店所承担的任务

（二）组织机构设计要以组织业务经营活动为中心

零售企业的组织机构是为实现其销售目标而设置的，其基本任务是通过销售商品直接满足广大消费者的需求。所以，组织机构设置必须以组织业务经营活动为中心，也就是说企业的业务机构是企业组织机构的主体。强调以业务经营活动为中心，必须做好两方面工作：其一，要以主要力量安排直接从事业务经营的各个环节，满足业务第一线优先需要；其二，加强企业一线业务综合部门机构设置，要使业务机构从上至下构成一个分工协作的有机体系，使其充分发挥功能，并以此为轴心，合理安排其他各类机构。

（三）组织机构设计要符合精干的原则

机构的设置不能超越于企业的实际需要，形成机构臃肿，人浮于事。检验的标准是在于各级履行管理职能的环节和部门是否适应零售企业的规模和销售目标。强调机构精干，主要是通过减少管理层次，精简管理机构的重复交叉设置等途径，精简管理人员，充实销售一线人员。值得注意的是，零售业因企业性质、规模不同，其机构设置和管理人员多少也有所区别，这就要求组织机构策划者根据企业实际需要来考虑。

（四）组织机构设计要便于统一领导

零售企业内部管理体制的基本准则是统一领导，分层管理。那么，机构设置也必须符合这一准则。在经营活动过程中，全体员工必须维护组织集中统一的指挥和决策，建立有权威性的指挥决策机构，理顺上、下级之间关系，服从统一部署和行动。在统一领导下，又必须规定各部门、各环节的职权范围，发挥各层次自主管理的积极性和能动性，使得各部门在规定的职权范围内，独立行使日常经营管理活动，并据以检查和考核各部门的工作绩效。

（五）组织机构设计要具有稳定性及灵活性

零售企业组织机构一旦确定，应具有相对的稳定性，为零售店的发展服务。但市场千变万化、零售店周围环境也在不断改变，因此，零售店组织机构应具有灵活性，能不断调整，增强应变能力，可以自动调节，使之在激烈的市场竞争中立于不败之地。

（六）组织机构设计要有效益

设立组织机构，目的只有一个就是使零售店高效率地运行，开展经营活动，提高经济效益。标准应该是以最少的投入获得最大的产出。

二、零售组织结构设计程序

一般来说，只有零售商的组织结构满足了目标市场的需要，它才能生存下来。虽然许多零售公司都执行相似的任务或职能，但可以有多种组织方法来执行这些职能，并使客户、员工和管理层的需要同时得到满足。建立零售组织的过程如图 7-4 所示。

（一）确定任务

零售作为分销渠道的一个重要环节，在商品销售中担负着重要的任务。零售组织的典型任务有：

（1）战略管理，包括选择商店位置、确定零售方式等。

（2）商品管理，包括采购、运输、接收商品、检查进货数量、存货的盘点和控制、确定价格。

（3）商店管理，包括客户调查、信息交换、接触顾客（如广告、人员推销）、商品修理和

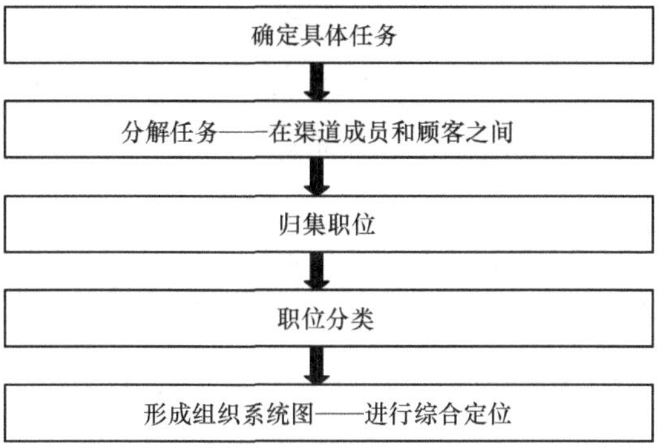

图 7-4　零售公司组建过程

更换、顾客回访和处理顾客的抱怨等，还包括橱窗陈列和设施维护（如保持店面整洁）等。

（4）运营管理，包括销售预测和预算、创造便利的购物条件、处理收据和财务记录、信用业务、给顾客开账单、送货和将未售出的或损坏的商品退还给供应商等，当然还应有人员管理等。

恰当地从事这些活动对所选择的战略组合具有关键意义。

（二）分解任务

上述各项任务多是由零售分销渠道来执行的，但它们并不一定由某个特定零售商执行。一些任务可以由制造商、批发商、专业人士（公司）或顾客来执行。图 7-5 表明了可由各团体开展的活动的种类。

任务	执行者
能执行前面所列的从商品采购到协作的全部或一部分任务	零售商
能执行几种或多种职能，如运输、贴标签、存货的清查和控制、商品准备和陈列、调研、销售预测等	批发商 制造商或
包括以下几类：采购部门、运输公司、仓储公司、市场调研公司、广告代理商、会计师、政府信用机构、计算机服务公司。它们都是专门执行一种特定任务的	专业人士 （公司）
可以承担的责任有运送、信用（现金销售）、销售（自助或直复营销方式）、产品改进等。	顾客

图 7-5　零售任务分解

在分解与顾客信用有关的任务时应考虑以下一些标准。

（1）只有目标市场迫切需要的任务才应执行。

（2）一项任务应由具备完成任务所需的特殊能力和设施的团体来执行。

（3）当零售商将任务授权给其他团体时，应考虑到可能会失去对过程的控制。

（4）零售商的组织结构可以影响到任务的分解。如特许经营者可以联合起来拥有自己的信用机构，而独立经营者则很难做到达一点。

（5）对任务进行分解时应考虑到通过分散或改变任务可获得的节约。

（三）归集职位

零售商确定了所要执行的任务之后，这些任务便被归集成职位。这些职位必须有明确的定义和构成。一些将任务归结为职位的例子如图 7-6 所示。

任务	职位
商品陈列，联系和接待顾客，包装礼品，跟踪顾客	销售人员
装饰橱窗，布置内部陈列，车辆的使用	陈列人员
输入交易数据，处理现金收据，处理信用卡购买，礼品包装，存货控制	收银员
给顾客账单，信用卡业务，顾客调查	信用业务人员
商品的修理和更改，顾客抱怨的处理，顾客调查员	顾客服务人员
接收商品，检查来货，给商品标价，货物存储和控制，退货	仓库保管员
清扫商店，更换旧设备	门卫
人事管理，销售预测，预算，定价，任务的协调	管理人员

图 7-6 零售职位任务

零售商在把任务归集为职位时，应考虑实施专业化分工。在专业化分工条件下，每名员工只对有限的职能负责。专业分工的优势包括任务范围明确，专业化的技能，降低培训费用和时间以及可以启用教育水平较低和经验较少的人员等。但注意专业分工应适度，否则会使员工士气低落，浪费人力资源。

当所有任务都归集成职位后，职位说明书就形成了。职位说明书概括了每个职位的名称、目标、任务和责任。它们是对员工进行聘用、监督和评价的工具。图 7-7 是一个商店经理的职位说明书。

职位名称：友谊百货公司八一路分店经理
该职位的上级：高级副总裁
该职位的下级：八一路分店的所有员工
职位目标：配备适当的人员和经营八一路分店
任务和责任：
1.员工招聘、甄选、培训和评价
2.商品陈列
3.库存盘点和控制
4.批准商品订单
5.分店之间的商品调动
6.销售预测
7.预算
8.处理商店收据
9.银行业务往来
10.开店门、锁店门
11.了解顾客抱怨
12.分析计算机数据表格
13.所有业务的年终检查
14.向上级主管提交报告
需要参加的委员会和会议
1.商店经理检查委员会
2.每月参加由高级副总裁主持的会议
3.监督部门经理的每周例会

图 7-7 一个商店经理的职位说明书

（四）职位分类

职位大体可以按照职能、产品、地理区域或综合的分类体系进行划分。

（1）按职能划分，根据职能范围可把职位分为促销、采购和商店管理三类。这种分类方法要运用专业知识。

（2）按产品分类是根据商品或服务来划分职务。例如，一家百货商店可以聘用服装、家电、文化用品、洗化用品礼品等方面的人员。

（3）当多家分店分布在不同地区时，按地理区域划分职位的方法十分有用。

一些零售商，特别是规模较大的零售商，往往把三种方法综合起来使用。如一家分店雇用和监督自己的销售人员，而每一产品线的采购人员由公司总部雇用和控制。这样，职能方法、产品方法和地理区域方法便结合起来了。

（五）形成组织系统图

零售组织机构的形成必须经过统一、协调的规划，职位必须明确、清晰，同时职位间的相互关系也必须明确，这样才能使组织结构形成一个完整的统一体。在构建零售组织的机构时，还应考虑组织中的权力层级关系问题。权力层级（hierarchy of authority）是通过描述公司内部员工之间的报告关系（从最底层到商店经理或董事会），说明职务关系的。零售机构的层级可由最高层经理与最低层雇员之间的职位数量反映出来。若一家公司内管理分层较少，有大量的下级向同一个上级汇报，那么该公司是扁平式组织（flat organization）。这种组织的优点是沟通良好，问题能得到快速处理，以及员工能较好地投入工作。主要问题是向同一位经理汇报的人数可能会过多。高长式组织（tall organization）是有多层管理人员，实行分层汇报，分级管理。在这种结构下，可以密切监督、有效管理；它的问题是沟通渠道太长，对员工缺乏个人的影响（无法接近组织内的高层人士）以及制度僵化。综合以上因素，零售组织便完成了组织系统图（organization chart）。它以图示形式表明公司内部的层级关系。图 7-8 是分别按职能、产品、地区和综合方法建立组织系统图的例子。

第三节　零售组织结构类型

零售组织有不同的结构类型。例如，独立经营的零售商的组织结构要比连锁零售商的简单得多。独立经营不必管理离主店很远的机构，业主往往一个人就可以监督所有的雇员，员工在遇到与工作有关的问题时随时可与业主接触。相比之下，连锁经营商必须弄清如何委派任务，如何协调多个分店间的业务，以及如何为所有员工建立统一的政策。

一、小型独立商店的组织结构

小型独立商店通常采用简单的组织结构，因为只有两三个人事层次（业主与雇员），而且业主亲自管理业务，监督员工。由于人员有限，没有严格的专业化分工，也没有分支机构。它的优点是反应快速、灵活、运营成本低。缺点是它只对小型组织适用，当组织规模扩大后仍沿用这种组织结构会导致高层信息超载。

图 7-9 是一个小型独立商店的组织结构图。随着销售规模的扩大，当店里员工数量增多时，管理分工就形成了，但仍然是简单的分工，只是将某些经常性工作指派给某个员工专门负责。将各个员工的职责加以明确划分，并不违背员工之间的合作，小型独立商店经常需要大家一起来做某一件工作，如接货时往往需要全体出动。小型独立商店很少实行职能的专业化，因为需要完成的许多任务都与现有的工作人员数有关，因此，每个员工都必须把他的时间分配给多项任务。

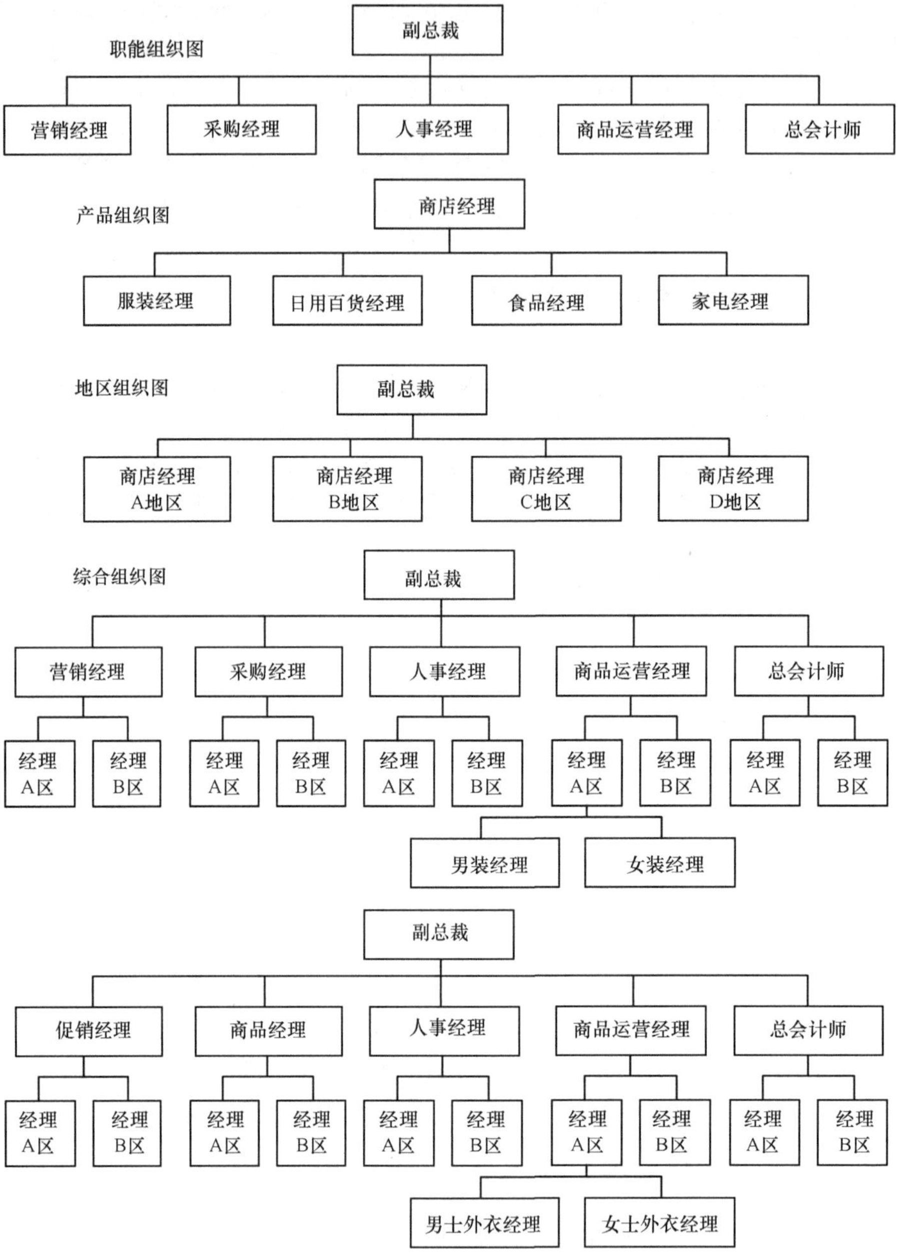

图 7-8　零售组织不同形式

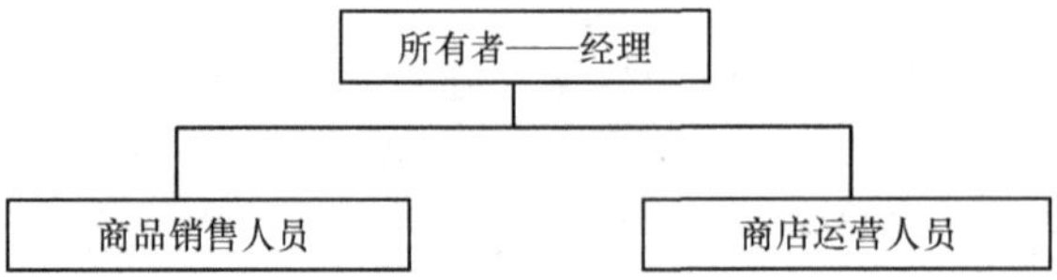

图 7-9　小型独立商店组织结构

二、百货商店的组织结构

大中型百货公司一般都沿用梅热结构（Mazur plan）的修正形式作为自身的组织结构。这种结构把整个零售业务分为四个职能领域：商品销售、公关宣传、商店管理及财会与控制。这些职能部门的任务如下：

（1）商品销售。采购、销售、库存计划与控制、设计促销活动。

（2）公关宣传。橱窗设计和店内陈列、广告、设计和实施促销活动（与商品销售经理合作）、广告调研、公共关系。

（3）商店管理。商品保管、顾客服务、购买商店自用品和设备、商店保洁、运营活动（如商品入库、检查、贴标签、送货以及看管库房）、商店和商品保护（如保险和保卫）、员工培训和报酬、工作场地管理等。

（4）财会与控制。信用和信用审查、开支的预算和控制、库存计划和控制、记录保存。

这四个领域依据直线（垂直授权和责任）和职能结构（建议和支持）组织起来如图 7-10 所示。例如，财会经理和公关宣传经理向商品部提供职能服务，但在职能部门内部是按直线组织的。

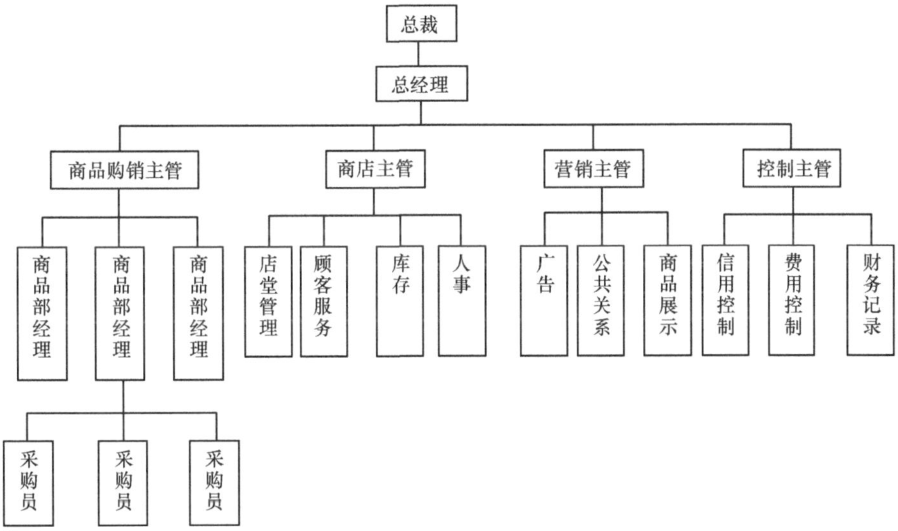

图 7-10 百货商店组织结构

在基本的梅热结构中，商品销售经理领导的商品部负责采购和销售活动。商品销售经理通常被看作商店中最重要的部门经理，其责任包括监督采购人员、为各部门设计财务控制系统、协调各商品部的计划和政策（树立商店的整体形象）、对经济数据及其对商店的影响进行解释。一些商店还设置了商品分部经理，以减少向同一个经理报告的采购员的数量。

在基本的梅热结构中，采购员对本部门的开支控制和利润目标负有完全责任。采购员的任务：进行初步预算、研究流行趋势、与供应商讨价还价、计划所需销售人员的数量、让销售人员了解商品购买和流行趋势方面的信息。把采购和销售归集于同一个职位（采购员）中，可能会产生一个重大问题：由于采购人员并非一直待在商店中，这可能使人事控制（培训、日程安排以及监督）非常困难。

随着百货商店分店增多，梅热结构产生了三种衍生形式：母子型分店组织（mother hen

branch store chickens organization)，由总部人员对分店进行监控和经营；独立型商店组织(separate store organization)由各分店负责采购；平等型商店组织(equal store organization)采购集中化，各分店是地位平等的销售单位。

在母子型组织中，总店经理保留了大部分权力。商品计划和采购、广告、财务控制、营业时间及一些其他任务都集中管理。在很大程度上，这种组织使下级单位的行为标准化了。分店经理负责聘用和监督本店员工，并且确保分店的日常运营与总公司的政策一致。如果分店数量很少，且顾客的购买偏好与总店类似，那么这种组织形式十分奏效。然而，随着分店的增多，采购员、广告主管、会计和其他人员由于工作过量可能会无暇顾及分店。此外，由于总店的人员完全是从各分店调来的，因此，顾客偏好的差异很容易被忽略。

独立型组织直接把商品销售经理置于分店之中。分店在商品购销和经营决策上拥有自主权。这种组织可以使顾客需求很快受到重视，但它导致了总店与分店管理人员重复设置。而且协调也成问题（如保持各分店的统一形象）。分店之间的存货调运十分复杂，且耗资巨大，只有当分店规模很大，地理位置分散，或者顾客口味相差很大时，这种组织才是非常有效的。

在平等型组织中，百货公司既要提高总体利润，又要顾及分店利润。这种形式是包含多家分店的百货公司通常采用的形式。采购职能（如预测、计划、采购、定价、把商品运送到分店、促销）均采用集中管理。销售职能（如商品陈列、推销、顾客服务、商店运营）由各分店管理。各销售点（包括总店）的待遇是平等的；采购人员不受总店人员的监督。数据收集至关重要，因为采购人员与顾客和商店的接触更少了，责任很难在采购人员和销售经理之间划分。

三、连锁零售商的组织结构

各种类型的连锁店通常采用前文所述的平等型组织结构，如图 7-11 所示。虽然连锁店的结构各不相同，但是它们有以下共同特征：

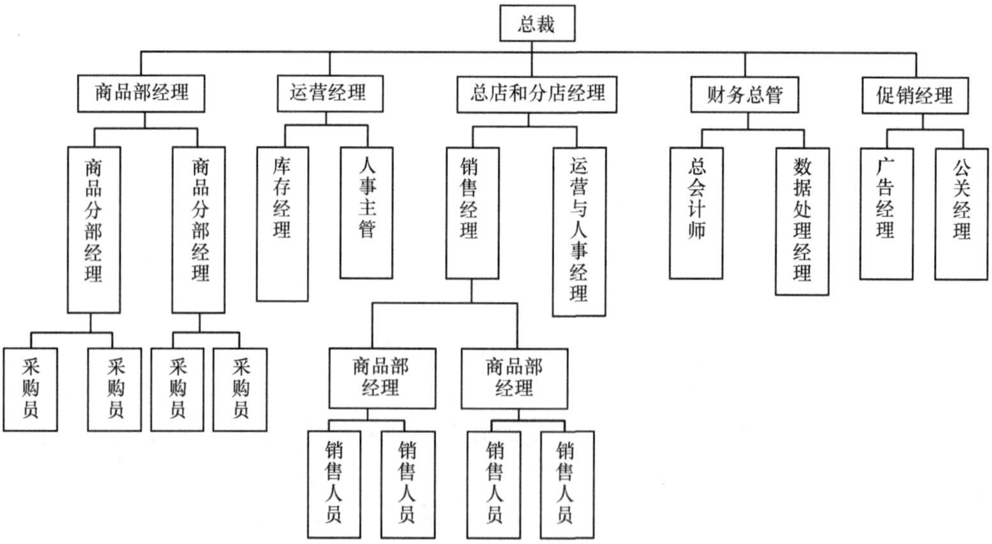

图 7-11 许多连锁店采用的平等型组织结构

（1）划分多个职能部门，如促销、商品管理、配送、商店运营、不动产、人事和信息系统。

（2）权责高度集中，各分店经理负责销售。

（3）运营标准化（固定设备、商店布置、建筑设计、商品系列和商店服务）。

（4）完善的控制系统使管理保持一致。

（5）一定程度的分权使分店能更好地适应当地情况，并增加商店经理的责任。

四、购物中心的组织结构

购物中心即多角化经营的零售商（diversified retailer），也称作集团零售商或混合零售商，是指一个所有者拥有多家经营不同商品的公司。购物中心需要在建立和保持组织结构方面进行一些特殊的思考。第一，各单位之间需要进行控制。操作程序明确的目标必须在各单位间得到沟通。第二，需要协调各单位之间的竞争（如一家公司的百货商店是否与其折扣商店经营相同的品牌）。第三，资源必须在各单位之间分配。第四，必须避免可能的形象与广告冲突。第五，管理技巧必须与不同的业务相适应。因此，购物中心往往有一非常复杂的组织结构，如图 7-12 所示。

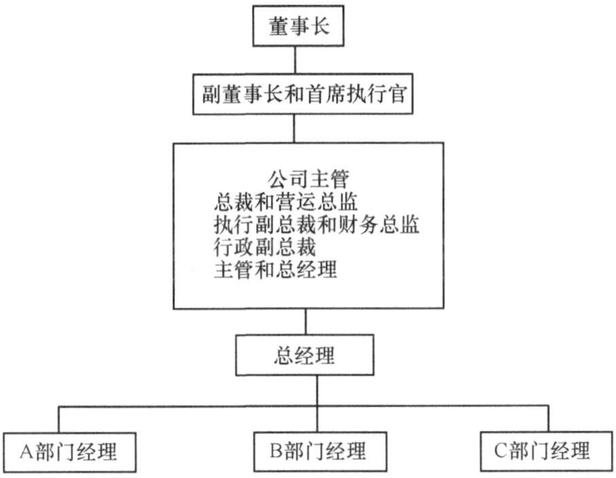

图 7-12　购物中心组织结构

五、超级市场的组织结构

自从超级市场出现以来，其组织结构发生了很大的变化。早期的超级市场由于规模小，组织结构非常简单，一般是业主或经理加上少数雇员，而现在的大型超级市场却规模宏大，人员众多，组织结构异常复杂。超级市场常用的一种组织形式如图 7-13 所示。

这种组织形式的特点是：在权力的运用上在超级市场内具有直接而明确的由上而下行使权力的路线。权力集中于超级市场内，对于日常问题的处理通常能决策迅速，反应灵敏。因为一切权力和责任均集中于超级市场内部。组织商店的主管人通常要通盘考虑店内的协调与营运的各个方面。在专业化方面组织形式需要经过较广泛而严格训练的管理人员。各个部门分别担当着如下职责：

（1）开发部的工作职责。包括：商圈资料收集；选址标准的确立；店铺的投资评估；店铺工程设计、审核及工程招标、工程监督、验收；店铺平面配置规划；开店流程安排及进度

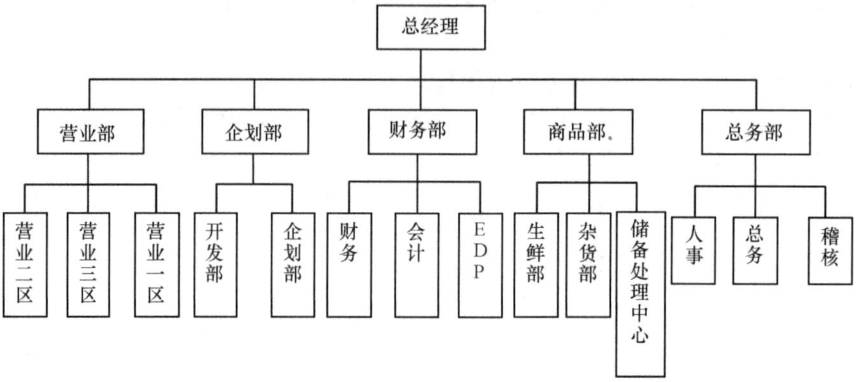

图 7-13　超级市场常用的一种组织形式

控制；店铺设备采购；店铺设备维修与保养；店铺的寻找等。

（2）企划部的工作职责。包括：长中短期经营计划的拟订；经营分析及建议；作业的规划与推动；合理化、效率化作业的规划与推动；新市场开拓方案及计划的拟订；协助相关部门做好策划工作。

（3）营业部的工作职责。包括：营业目标拟订及督促执行；对督导员的管理；门店经营业务的监督与指导；门店经营手册执行情况的检查与监督；营业人员调配及工作分派；门店经营情况及合理化建议的反馈与处理。

（4）商品部的工作职责。包括：商品组合策略的拟订及执行；商品价格政策的拟订及监督执行；新商品的开发及滞销品的淘汰；货源的掌握与开发；供货商的档案化管理以及供货商活动的组织；商品的议价与采购；门店商品配置陈列的规划和指导；促销计划的拟订与执行；仓储、配送作业的规划与执行；竞争店商品结构及竞争力的调查与分析；商品销售分析、毛利分析及改善对策。

（5）财务部的工作职责。包括：资金的筹集、规划、使用及调度；各项财务会计报表的编制；财务分析；账务处理；各项费用、凭证的审核；厂商货款对账与付款；每日营业现金收支统计；会计电算化系统作业；发票管理；税务申报、年度决算申报；门店会计作业指导；内部审计；财务管理。

（6）管理部的工作职责。包括：企业组织制度的确立；人事制度的规划及执行；员工福利制度的拟订与执行；人力资源规划与人员招聘；人才培训；奖惩办法的拟订与执行；各种契约范本的制订及公司权益的维护；公共关系的建立与维护；务类工作会议的组织与安排；特许经营业务的规划与发展；其他各类管理制度的拟订与执行。

◎小结

零售组织可按所有权关系、店铺零售战略组合、无店铺零售和非传统零售形式进行分类。对一个零售组织来说，稳定的结构和任务安排、政策、资源、权力、责任以及奖励都应有效地满足目标市场、雇员和管理层的需要。零售组织的结构因机构类型不同而不同。小型独立商店通常采用简单的组织结构很少进行专业分工，许多百货商店采用“梅热结构”形式作为自身的组织结构，平等型组织结构是“梅热结构”的一种改进形式，超级市场组织结构一般按部门划分，购物中心的组织结构则十分复杂。

➢案例1 宜家——品牌与成本两相宜

宜家（IKEA）自1943年初从一点“可怜”的文具邮购业务开始，在60年的时间就发展成为在全球共有226家连锁商店，分布在42个国家，雇佣了7万多名员工的“庞然大物”。截至2005年8月31日的财务年度，IKEA获取了177亿美元的营业额，成为全球最大的家居用品零售商之一，还赢得了美国《商业周刊》发布的2005年全球品牌100强中排名第42位的荣誉，品牌价值高达78.17亿美元。宜家声称2006年版本的商品目录印制了1.6亿册，比圣经印得还多，这些目录都被全球的宜家迷们所捧走。

久经风雨而不倒，遍历忧患却更强，宜家成功秘诀在于：既控制品牌又控制成本，品牌与成本两相宜。

宜家的品牌成功在于其突破了一般家具商的概念，在人们眼里，它出售的不是家居用品，而是一种生活方式。世界各地的顾客都把拥有这一生活方式奉为他们自身具有良好的品位，能赏识价值的表现。当人们走进宜家商店，无不被其新颖别致的商品设计所吸引，而这些商品都是独一无二的。宜家一直坚持由自己亲自设计所有产品并拥有其专利，每年有100多名设计师在夜以继日地工作以保证“全部的产品、全部的专利”。

宜家的研发体制也非常独特，能够把低成本与高效率结为一体。宜家发明了“模块”式家具设计方法，这样不仅设计的成本得以降低，而且产品的成本也能得到降低。可能宜家是唯一能深刻理解“简单即美”的机构，用“简单”来降低顾客购买成本，用“美”来提高顾客购买价值。

物流本来是家居类产品成本的大项，因为运输实在太麻烦了，但是宜家通过“平板包装”不仅提高了运输效率，降低了运输成本，而且能够在装配上节省一大笔组装成本。为了进一步降低物流成本，IKEA把全球近20家配送中心和中央仓库集中与交通要道和集散重组，以方便于各门店的物流联系。从门店提供的实时销售记录开始，反馈到产品中心，再到OEM商，物流公司、仓储中心，直到转回到门店，整个物流链的运转在IT技术的支持下极为顺畅。

宜家的通路策略是绝对的不打折扣的直销，为了保证对产品价格、销售记录、专利权的维护以及整个销售体系的控制，宜家一直拒绝对旗下的产品进行批发，对大宗团购客户也不提供任何“让利”服务；另外，宜家也不出租任何自己的柜台，连餐厅都是亲力亲为。这些独特的策略产生超常规的绩效，IKEA的故事就是一个经典案例。

☞讨论题

作为一家专卖店和专业大店的综合形式，宜家的成功经验给人们带来了哪些启示？

➢案例2 席殊书屋——服务顾客的会员俱乐部

席殊书屋成立于1996年，是一家以销售人文学术和时尚生活类图书为主的书店。席殊书屋是中国第一家，也是目前最大的民营全国性连锁书店，截止到2004年底，席殊书屋已经通过直营和特许经营方式开设了630家连锁店，遍布全国30个省市自治区的400多个城市。

席殊书屋根据自身定位，对目标读者群的消费需求和特征做了大量的调研分析，发现很多读者到了书店，往往不知道哪一本书值得阅读和购买。鉴于此，席殊书屋将“席殊好书俱乐部”模式引入到了连锁书店系统中，通过会员制模式创造和满足读者需求，并以此留住核心顾客群。

俱乐部的精髓在于为会员提供六大好处：

（1）一流的专家学者为会员推荐各类好书，中国每年出版的图书有12万种，茫茫书海何为“好书”？席殊好书俱乐部组织100多位国内一流的专家学者成立了“专家导读系统”，为会员推荐和评介经过反复挑选的优秀之作。

（2）会员读者可以获赠好书俱乐部两月一期的会刊《好书》杂志，选择自己所需要的图书。《好书》杂志，16开，厚达144页，不但信息量大，且在内容方面呈现出大手笔。《好书》推荐的每一本书都是专家或资深编辑精挑细选的，通过《好书》会员可以了解到最新的读书动态、阅读热点、流行时尚，全面满足会员的阅读需求。

（3）多种优惠方式，让会员享受真正的实惠。向会员推荐每一种书都有程度不一的折扣，不仅让会员最大限度地省钱，还要让会员真正享受超值服务。

（4）电话、传真、E-mail购书，快速邮购，送书上门。书屋开通了订书和送书业务，为读者提供方便。

（5）退书、换书使会员读者购书无后顾之忧。会员读者购买的图书如有质量问题，图书可以无条件退换。

（6）免费寻书，使读者很难有买不到的书。如会员读者有需要的图书，在当地书店购买不到，席殊书屋将尽量调货以满足读者需求。

俱乐部会员制受到读者欢迎。会员制模式导入不到一年，武汉席殊书屋就吸收了8000多名会员，上海建国西路席殊书屋发展会员5000多名，南昌市一经路席殊书屋会员已达4000多名。席殊书屋各连锁店会员购书已占销售额70%以上。

导入会员制模式后，席殊书屋各连锁店销售业绩得到了大幅度提升。席殊书屋北京总店所处区域既非文化区也非商业区，交通并不很便利，人流量也不大，很多读者是慕名而来，不到一年时间会员已达8000余名。北京总店不足120平方米的营业面积，俱乐部运营前，平均每月不过12万元的销售额，当年9月份的月销售额是11万元，10月份引入会员制，当月销售收入达到17万元，比上月增长50%多，此后营业额逐年上升，当年营业额比上年增长68%。

☞讨论题

席殊书屋的会员制是如何为顾客提供超值服务？达到了什么效果？

思考题

1. 按店铺零售战略组合划分的零售机构有哪些类型？
2. 零售组织结构设计的要求有哪些？
3. 小零售商和大零售商建立零售组织的步骤是否相同？
4. 描述小型独立零售商、百货商店、连锁经营和购物中心组织结构。

第八章　商店管理

本章讨论的主要问题

1. 零售人力资源管理、商店管理者的职责
2. 商店财务管理
3. 商店运营管理

关键术语

零售人力资源管理　商店管理者　商店财务管理

第一节　零售人力资源管理

人力资源管理是零售管理的重要组成部分。在人力资源、物力资源、财力资源和信息资源四种资源中，人力资源是最重要的。零售企业能否永续，在于人力资源的运用是否得当。零售人力资源管理涉及人员的招聘、甄选、培训以及在与零售商的组织结构和战略组合相吻合的基础上进行人事监督。所有的零售商都须根据其业务类型、员工数量、营业点的位置及其他因素制定自己的政策。因为零售战略的实施需要良好的员工队伍，而且劳动成本可能占到零售商运营开支的50%甚至更多，因此，有效人力资源管理的价值十分明显。

一、零售人力资源管理过程

零售人力资源管理过程，是由招聘、甄选、培训、确定报酬和监督等几个相互联系的步骤组成。这个过程的目的是获得、发展和留住员工。

（一）招聘

招聘（recruitment）是零售商得到一批职位申请者的活动。潜在的员工来源包括：教育机构、其他渠道成员、竞争者、广告、代理机构、主动申请者、现有的或以前的员工寻找新职位或朋友推荐。

对低层的销售职位，零售商倾向于依靠教育机构、广告、上门求职者（或写求职信者）及员工的推荐。对中层管理职位，零售商则利用职业中介机构、竞争者、广告和现有员工。

通常在招聘过程中，零售商的目的是获得大量的潜在员工，以便在选择时大量淘汰。然而，另一些零售商只对满足最低背景水平的申请者加以进一步考虑，这样，它们在甄选过程中便节约了大量的时间和金钱。招聘的来源及其特点如表8-1所示。

表 8-1　招聘来源及其特点

来源		特点
公司外部	教育机构	高中、商学院、社区学院、大学、研究生院
		有利于在职培训；确保满足最低教育要求；与教员们建立长期联系
	其他销售渠道、竞争者	批发商、制造商、广告代理机构和竞争者的员工和骨干
		减少了培训程度；可以通过前任公司评价员工表现；必须在公司政策指导下进行；如果有员工感到未被提升，将会对士气产生不良影响
	招聘代理机构	私人组织、专业组织、政府、调研公司
		必须仔细选择；必须确定谁支付费用；有利于对申请者进行选拔；利用了人事专家
	广告	报纸、贸易出版物、专业期刊、网址
		大量应聘者；应聘者整体素质不高；费用低；甄选的责任更加重大
	主动申请	上门求职者；写求职信者
		素质差别很大，必须仔细选择；资料应当保留，以备将来填补空缺之用
公司内部	目前的和以往的员工	现有全职、兼职员工的提拔和调动；重新聘用解聘的员工
		了解公司政策和人事制度；提高士气；内部监督人员的真实评价
	员工推荐	朋友、熟人、亲戚
		推荐的价值取决于员工的忠实程度和判断能力

（二）甄选

甄选是从公司应聘者中选择雇员。这一阶段的主要目的是选择少数人员以填补所需职位。程序包括职位分析和说明、填写申请表、面试、测试（视情况而定）、调查和身体检查。这些步骤应作为一个整体来执行。

职位分析（job analysis）就是收集与每一职位的职能和要求有关的信息：任务、责任、能力、兴趣、教育、经验和身体状况，依据这些信息选择人员、确定行为标准和薪酬水平。例如，商店的部门经理通常要监督其他销售人员；担任本部门的主要销售工作；承担一些行政管理和分析责任；并直接向经理汇报；有可能获得奖金多；大部分部门经理在公司内的任期都长达两年或两年以上。

职位分析应当形成书面的职务说明书。一份传统的职务说明书包括每一职位的名称、领导关系（上级和下级）委派任务以及长期的具体职能和任务。

单独使用传统的职务说明书的缺陷：过于死板阻碍了个人发展，没有描述职位之间是如何协调的。因此，为了完善传统的职务说明书，人事专家提倡使用目标导向的职务说明书，它包括基本职能、各职位与总目标的关系、职位间的相互依赖和信息流程。

申请表通常是甄选应聘者时使用的第一种工具，它提供了关于应聘者受教育水平、工作经验、健康状况、前一份工作的离职原因、家庭成员、业余爱好及联系方式等方面的资料。它比较简短，无须太多解释。可以用做面试提问的基础。加权申请表是一般申请表的改进形式。零售商使用这种表格，需要事先对现在或前任的员工业绩进行评分，并确定员有利于工作成功（通过是否能延长任期、增加销售量、减少缺勤率等指标来衡量）的各项标准（教育水平、工作经验等）。对与成功关系密切的因素给予较高的权重，并给每一因素安排固定的分数。在计算出所有申请者的加权总分之后（根据他们提供的资料），就可以确定一个较低的分数作为雇用的底线。有效的申请表可以帮助零售商降低离职率和辨别优秀人员。申请表应与职位说明书结合起来使用。符合职位最低要求的应聘者进入下一道程序（面试），不符合的就立即回绝。这样，申请表便提供了一种快速而廉价的甄选手段。

面试的目的是为获取那些只有通过面对面的提问和观察才能收集到的信息。它可以使未来的雇主确定应聘者的表达能力，观察他/她的外貌，问一些申请表中存在的重要问题，并探查其职业目标。

面试者必须事先作出下面几个与面试过程有关的决策：面试的正式程度、面试的次数与每次面试持续的时间、面试地点、面试参加者、面试氛围（紧张还是轻松）以及面试由哪一个层次的人来组织。这些决策统统取决于面试者的能力和职务要求。

许多零售商，特别是小型零售商，喜欢雇用在面试中表现好的人。而大零售商，还要使用额外的甄选工具：测试。在这种情况下，面试中表现良好的候选人被要求完成一些心理测试（衡量个性、智力、兴趣及领导技巧）和能力测试（衡量知识水平）。

这些测试必须由合格的人来管理和解释。标准化测试一般不能使用，除非可以证明它们能够有效地反映工作业绩。因为能力测试所获得的是关于特殊技能方面的信息，如行业知识、提高销售量的能力、对行业特点的洞察力等。因此对它们的解释比心理测试容易得多，而且它们能直接显示出知识与能力的关系。

在面试与测试结合使用时，零售商需要获得应聘者的查询资料。查询可以在面试阶段之前或之后进行查询的。目的是要了解他人是否热心推荐申请者、验证申请人是否诚实、向前任雇主询问申请人离职的原因、了解申请人和担保人的情况等。信件和电话查询都是廉价、快速和简便的途径。

一位候选人在成功地通过面试、测试和查询阶段后，工作之前还要进行身体检查。

甄选过程的各个阶段相互补充，共同为零售商提供了人事决策的基础。一般来说，零售商应使用职位说明书、申请表、面试和查询。是否使用面试、心理和能力测试、身体检查则取决于零售商的特点和职位类型。

廉价的工具（如申请表）在初选阶段使用，而较昂贵的工具（如面试）则要在申请者大量减少后才能使用。实际操作时必须贯彻机会平等和非歧视原则。

（三）培训

一名新员工加入公司时，需要通过上岗培训课程。上岗培训向员工灌输企业历史和政策，并使其了解一个职位的工作时间、报酬、命令链、工作任务等情况。还要把新员工介绍给他或她的同事。

培训计划用于教育新员工（和现有员工）如何干好工作．以及如何提高自己。培训既有为期一两天的关于填写售货单、操作收银机、个人销售技巧或执行。积极行动计划的训练，又有为期两年的关于零售商及其运营各个方面知识的管理培训。例如：成功的零售商认识到培训是一项连续性的活动。新设备的引进、法律的变化、上新的产品线以及现有员工的激励、提拔、辞退，这些都使培训和再培训成为必不可少的活动。

进行培训需要在几个方面作出决策，如表 8-2 所示。这些决策可以分为三类：识别需求、设计适当的培训方法和效果评价。

表 8-2 培训决策的几个方面

何时进行培训?(是在录用前还是在录用后的工作场所进行培训)
培训多长时间?
对新雇员进行哪些方面的培训? 对现有员工呢?
谁来执行培训计划?(监督人员、同事、培训部门,还是外部专业人员)
在哪里进行培训?(是在工作场所还是在教室)
要学习哪些教材(内容)如何授课?
是否使用视听设备?
如何评价培训效果?

零售商需要通过测评识别出新员工和现有员工已有的技能与公司所希望水平之间的差距(针对每一职位)。培训还要使员工为可能的职位轮换、提拔以及公司所发生的变化做好准备。是否存在进行短期或长期培训的需要,可以根据与最高管理层的沟通、正式评价、非正式观察、小组讨论、员工询问以及员工的业绩来加以确认。

确认了存在培训需要之后,接下来要做的便是从报告会、现场演示、电影、指导计划、会议、敏感性训练、案例学习、角色扮演行为、模式训练以及技能指导等方法中选出最适合的培训方法。这些培训方法可以是个人化的,还有些公司甚至已将其计算机化了。各种方法的特点如表 8-3 所示。零售商通常使用两种或两种以上的培训方法,以避免乏味,并提高培训质量。

表 8-3 培训方法特点

方法	特点
课堂讲授	接近现实,内容连续,可以利用领域内的职业教育人员和/专家;被培训者不能积极参与
演示	利用演示设备或销售技巧;展示培训各个方面的事宜;被培训者积极参与
录像	活跃;利用演示。可多次使用;缺乏被培训者积极参与
项目指导	以固定的方式提高信息;要求被培训者作出反应;提供行为反馈;可根据被培训者的进度做调整;初始投资大
会议	适用于管理培训;会议领导人必须鼓励参与;强化训练
敏感性训练	深入的相互影响;对管理人员了解员工十分有用
案例研究	提出现实的或假设的问题,包括环境、有关信息和疑问;在实践中学习;面对大量的互不相同的问题
角色扮演	被培训者置身于真实环境之中并行使职责
行为模式训练	被培训者对录像或角色扮演课程中的行为模式进行模仿
技能指导	被培训者以自定进度的方式完成一系列任务和练习

为使培训获得成功,必须创造适合学习的环境。一位专家曾指出:"员工离职的很大部分,约 25%是可以避免的。这些员工离职是由于他们在任职的头几周内感到不适、多余和怀疑自己的能力造成的"。通过培训,管理人员对此给予特别关注,并帮助新员工"度过情绪低落期",可以有效地降低离职率。

下面是创造有利的培训环境时应遵循的重要原则:

(1) 通过适当的传授使所有人都能学会所需技能。

(2) 一个人在受到激励时会学得更好,单靠智力是不够的。

(3) 学习应该以目标为导向。

（4）被培训者积极参与，而不是作为消极的听众时，将能学到更多东西。

（5）教师必须提供指导。

（6）学习是重复性的过程，而非一劳永逸。

（7）学习应分散到一定期间内，而不应集中在很短的时间里。

（8）鼓励学习者做家庭作业或参与其他实践。

（9）应结合使用不同的学习方法。

（10）应确定行为标准，而且表现良好者应得到承认。

（11）学习者应有成就感。

（12）教师应适应学习者和环境。

培训计划的效果需加以系统的评价。可以把培训过的员工的业绩与未经培训的员工进行比较。这种比较还可以在从事同一岗位工作但经过不同种类培训的员工之间进行。零售商在衡量培训计划是否成功时，必须把评价与当时确定的培训目标联系起来。此外，对培训效果的衡量应分几次进行，并妥善保存评价记录。

（四）激励

关于激励的理论有多种，其中的三种包括：麦格雷戈（McGregor）的 X 理论和 Y 理论、赫茨伯格（Herzberg）理论以及 Z 理论。

X 理论是对激励的传统看法，适用于较低层次的零售职位：

（1）管理层应对资金、材料、设备和人力资源的组织负责。

（2）应对员工进行指导、激励、控制，并根据组织需要纠正员工的行为。

（3）管理层应主动干预员工的活动；否则，员工会消极对待和抵触组织需要。

（4）一般员工缺乏雄心，不喜欢责任，喜欢被领导。

（5）一般员工以自我为中心，并抵制变革。

Y 理论是对激励的较为现代的看法，可用于各个层次的零售人员：

（1）管理层应对资金、材料、设备和人力资源的组织负责。

（2）人们在本质上对组织需要并不是消极的和抵触的。

（3）激励、发展潜力、承担责任的能力以及愿意实现公司目标，都是人们心中固有的。管理层必须使人们能认识和发展他们的能力。

（4）管理的基本任务是提供组织环境，以使雇员在为组织目标努力的同时实现他们自己的目标。

X 理论认为必须对雇员进行严格的监督和控制，并实行经济激励。Y 理论认为员工可以成为自我管理者并被赋予权力；激励是地位上的和心理上的；管理是分散的和参与性的。

赫茨伯格理论从另一个角度分析激励。它认为产生工作满意和激励的因素（满意因素）不同于那些导致对工作不满的因素（不满意因素）。能够产生工作满意的因素有成就感、对成就的认可、工作本身、责任以及成长或进步。导致对工作不满意的因素有员工对公司政策及其执行不满、监督方法、个人之间的关系、工作条件、薪金以及工作安全感。

Z 理论吸收了 Y 理论和赫茨伯格理论的一些成分，主张员工更多参与工作范围的确定和与管理层一起制定决策。公司与员工相互忠诚，双方为长远利益积极协作。虽然 Z 理论在美国制造商中应用得最广泛，但零售商应用得也越来越多。

对管理来说，使员工产生工作满意感、降低离职率、降低缺勤率及获得高生产率是关键性的。

（五）报酬

报酬包括直接的货币支付（如薪金、佣金和奖金）和间接的支付（如带薪假期、健康和人寿保险、福利及退休计划等）。为了更好地激励员工，一些零售商建立了利润分享计划。小型零售商通常向员工支付薪金、佣金或奖金，而不注重福利。大型零售商则通常要支付薪金、佣金或奖金，再加上福利。对零售商和员工双方都公平的报酬总额才能起到较好的效果。

一些较大的零售商、一些特定职位的报酬水平是通过集体谈判合同确定的。美国劳工统计局的数字，大约有125万零售业雇员加入了工会，而且会员的地位有很大差别。例如，40%以上的超市连锁店聘用加入了工会的职员，而只有1/8的独立超市雇用工会会员。工会合同也经常会影响到那些未加入工会但要求同等报酬的员工。

实行完全薪金制时，工人们每小时、周、月或年的报酬数量是固定的。收入不与生产率直接挂钩，这种制度的优点是便于零售商控制、员工稳定以及支出公开。缺点是零售商缺乏灵活性、限制了对工人提高生产率的刺激以及产生了固定的成本。对底层的零售员工（如售货员和出纳员）通常采取这种方式。

实行完全佣金制时，收入直接与生产率（如销售量）相联系。这种方式不支付固定数量的报酬。它的优点是零售商具有灵活性、员工报酬与工作效率挂钩、不会产生固定的成本，以及可以对员工产生刺激。它的缺点是可能对员工所执行的任务失去控制、员工收入可能较低、成本不稳定以及对员工收入缺乏限制。与直销人员一样，汽车、不动产、保险、家具、首饰及其他贵重物品的销售人员通常采用这种报酬方式。

为把薪金制和佣金制的特点结合起来，一些零售商向员工支付薪水外加佣金。鞋、家用电器销售人员和管理人员报酬就是采用这种方式，有时，奖金是作为对薪金或佣金的补充而支付的。奖金通常支付给那些业绩突出的公司或个人。

有时，高层零售管理人员的报酬通过“报酬自助餐”支付，即他们可以从薪金、奖金、分期红利、福利、人身保险、股票期权和延期退休福利中选择自己的报酬组合。

零售商今天面临的最棘手的问题之一是员工报酬中的福利比例问题，特别是关于退休金和员工健康保险问题。

（六）监督

监督是提供一种鼓励员工完成工作的环境的过程。监督可通过与员工接触、会议及管理人员与下属之间的书面报告来进行。

监督的关键因素之一是对员工的持续激励。工作激励是人们实现工作目标的推动力。监督的作用是激励员工实现公司的目标，使员工的能力适合零售商的需要，正如一位精明的食品杂货店老板所说：“我们需要员工保持兴奋，因为他们是顾客踏进店门后遇到的第一道防线。”

一般而言，零售商在运用人力资源全过程时应考虑以下几点：

员工的招聘和甄选程序必须能有效吸引足够数量的应聘者；

必须有频繁的短期培训计划，因为许多员工都是无工作经验的和临时性的；

必须让员工感觉到报酬是“公平”的；

敬业的员工必须得到提升机会；

对员工的外表和工作习惯必须作出规定并进行检查；

士气不高的问题来源于高离职率和大量兼职员工的存在；

全职员工与兼职员工可能会产生冲突。

二、商店管理者的职责

商店管理者（店长）是商店的最高负责人，店长作业化管理的质量好坏将直接影响到整个商店的营运效率。因此，店长既要与其外部环境保持良好的关系，又需协调与激励全体员工做好商店作业活动，从而不断地提高商店的经营业绩。

（一）商店管理者的定义

对独立店而言，商店的最高管理者称为店主或店经理；而对连锁企业门店的最高管理者，则称为店长而不用经理称呼，这不是为了引入一种洋称谓，这的确是连锁企业的特有性质所决定的。连锁企业门店不是一家单体店，而是连锁店体系中的一分子，它是一个非独立核算单位，不具有独立的法人资格，即使是加盟店，在店长之上可能还有一个“店主”，店主是门店的所有者，而店长是门店的管理者。所以，店长不是法人代表，其工作重点是管理而不是经营，这种从店经理到店长的称谓改变，是连锁制经营方式带来的。大凡国外先进的连锁企业，店长对门店的管理是依据连锁企业总部的营运管理部制定的店长手册来进行的，这样能保证连锁企业属下的各门店管理的统一性及作业上的简便性和标准化。

就店长而言，处于众多关系者间，应顺应当时的时间、场合、状况，有效利用总部授予使用的资源，控制成本，维护设备，热情接待顾客，以发挥各个关系者的功用。店长的地位主要表现在以下八个方面。

1. 商店的代表者

店长是商店的代表者。就员工而言，店长是员工利益的代表者，是门店员工需要的代言人。商店内不论多少服务人员，他们在不同的时间、不同的部门下为顾客提供不同的服务。每位服务人员的表现可能有好坏之别，但整体商店的经营绩效及店铺形象都必须由店长负起全责。所以店长对商店的营运必须了如指掌，才能在实际工作中做好安排与管理，发挥最大实效。

2. 经营目标的执行者

对于商店的系列政策、经营标准、管理规范、经营目标，店长必须忠实地执行。店长要善于运用所有资源，以达成兼顾顾客需求及企业需要的经营目标。

3. 卖场的指挥者

商店的区域有卖场、后场之分，其中以卖场最为重要，因为顾客每天接触最频繁的场所就是卖场，故店长必须负起总指挥的责任，安排好各部门、各班次服务人员的工作，指示服务人员，严格依照商店营运计划，将最好的商品，运用合适的销售技巧，在卖场各处以最佳的面貌展现出来，以刺激顾客的购买欲望，提升销售业绩，实现商店销售的既定目标。

4. 商店士气的激励者

关于工作欲望方面，有句话说：欲望是一股无形的巨大力量。因此，下属工作欲望的高低是一件不可忽视的事，它将直接影响到员工工作的质量。所以，店长应适时激励全店员工保持高昂的工作热情，形成良好的工作状态，让全店员工人人都具有强烈的使命感、责任心和进取心。

5. 员工的培训者

员工整体的业务水平高低与否是关系到商店经营好坏的一个重要因素之一，所以店长不仅要时时充实自己的实务经验及相关技能，更要不断地对所属员工进行岗位训练，以促进商店整体经营水平的提高。同时，店长工作繁忙，并且常有会务活动，当其不在店内时，各部门的主管及全体员工就应及时独立处理店内事务，以免延误工作。为此，店长还应适当授权，以此培养下属的独立工作能力提高下属的工作技能，并在工作过程中及时、耐心地予以指导、指正与帮助。全体员工的各方面素质提高了，商店的营运与管理自然会越来越得心应手。由此可见，培育下属，就是提高工作效率，也是间接促成商店顺利发展的保证。

6. 各种问题的协调者

店长应具有处理各种矛盾和问题的耐心与技巧，如与顾客沟通、与员工沟通、与外部沟通等方面，是店长万万不能忽视的。因此，店长在上情下达、下情上达、内外沟通过程中，应尽量注意运用技巧和方法，以协调好各种关系。

7. 营运与管理业务的控制者

为了保证商店实际作业的规范标准、营运计划和外部环境相统一，店长必须对商店日常营运与管理业务进行有力的、实质性的控制。其控制的重点是：人员控制、商品控制、现金控制、信息控制以及地域环境的控制等。

8. 工作成果的分析者

店长应具有计算与理解商店所统计的数值的能力，以便及时掌握商店的业绩，进行合理的目标管理。同时店长应始终保持着理性，善于观察和收集与商店营运管理有关的情报，并进行有效分析以及对可能发生的情况的预见。

（二）店长的主要工作职责与范围

1. 各项指令和规定的宣布与执行

传达、执行各项指令和规定；负责解释各项规定、营运管理手册的条文。

2. 完成各项经营指标

如营业目标、毛利目标、费用目标、利益目标等。根据商店的各项经营指标，店长应结合本店的实际状况，制定完成年度销售计划的执行计划（包括商品、销售、培训、人员等项目的计划)，可具体细分为月计划、周计划和日计划等。

3. 商店职工的安排与管理

考勤簿的记录、报告、依据工作情况分配人员，对商店职工考勤、仪容、仪表和服务规范执行情况进行监督与管理。

4. 监督与改善商店各部门个别商品损耗管理

不同性质的商店，其损耗商品的类别会有所差异，店长应针对本店的主要损耗商品进行重点管理，将损耗降到最低。

5. 监督和审核商店的会计、收银等作业

店长要做好各种报表的管理，例如：店内的顾客意见表、盘点记录表、商品损耗记录表和进销商品单据凭证等，以加强监督和审核商店的会计、收银等作业。

6. 掌握商店销售动态，向总部建议新商品的引进和滞销商品的淘汰

店长要掌握每日、每周、每月的销售指标的完成情况。并对商店的滞销商品淘汰情况提出对策、制定和修改销售计划。

7. 维护商店的清洁卫生与安全

店内设备完好率的保持；设备出现故障的修理与更换；冷冻柜、冷藏柜、收银机等主力设备的维护等。商店前场与后场的环境卫生，一般按区域安排责任到人，由店长检查落实。在营业结束后，店长应对店内的封闭情况、保安人员的到位情况、消防设施摆放情况等主要环节做最后核实，确保安全保卫工作万无一失。

8. 教育、指导工作的开展

教育指导员工自觉遵守公司规范，积极开展细致的思想工作，协调人际关系，使员工有

一个融洽的工作环境，增强商店员工的凝聚力。

9. 职工人事考核、职工提升、降级和调动的建议

店长要按时评估员工的表现，实事求是地提交有关员工的人事考核、职工提升、降级和调动的建议。

10. 顾客投诉与意见处理

要满足和适应消费者不断增长和变化的购买需求，方法之一就是正确对待、恰当地处理顾客的各种各样的投诉和意见。同时，保持与消费者经常性的沟通与交流，深入居民或顾客中倾听他们的意见与要求，随时改进商店的工作，这也是商店店长的工作职责之一。

11. 其他非固定模式的作业管理

店长面对商店各种突发的意外事件，如火灾、停电、盗窃、抢劫等，应由其自己下判断迅速处理。

12. 各种信息的书面汇报

有关竞争店的情况，顾客的意向，商品的信息，员工的思想等各种信息，应及时收集、整理和分析。

（三）副店长（或称值班长）的作用与职责

商店规模较大的情况下，商店应配备相应的副店长或值班长，其作用与职责主要为下面三点。

1. 店长的助理

店长的事务面广，并且繁杂。商店的整体工作计划制定以后，就需要副店长协助店长按照计划深入到各个具体环节中，细致地逐项安排落实，并且检查实际作业的效果，做到拾遗补阙。

2. 代理店长

在商店店长因事外出或不在店内时，由副店长代行店长的职责，负责商店的全面管理工作，并与店长轮早、晚班。

3. 实习店长

就连锁企业而言，其总部会有意识地在下属各商店安排一批副店长实习，让他们熟悉并掌握商店店长的全面管理工作，为今后连锁企业的不断发展，培养后备的经营管理人才。

（四）店长的资质要求

商店店长是一种具有特殊性质的管理者，他拥有的是范围宽广的职务，他既是商店的全面负责者，但又不是一个具有各方面决定权的决策者，因此，店长这一特殊职务必须具备如下资质条件。

1. 身体素质

商店店长最好是35岁左右的年轻力壮者，能承受长期疲劳的考验，能承受满负荷的紧张工作所带来的压力。

2. 品格

俗话说：“榜样的力量是无穷的”，好的品格可成为模范，能使下属对领导者产生敬重感，从而吸引下属模仿。因此，诚实的品格是商店店长最基本的素质要求，是一切能力的基础，店长必须注意品格与修养。

3. 性格

积极的性格，无论什么事情都积极地去处理，无论什么时候都可以面临任何挑战，从不会

想到要躲避困难。忍耐力，在商店的作业化管理过程中，往往能顺利进行的时候很短，而辛苦的时候和枯燥的时候却很长。所以，对于店长来说，有活力地进行正常的活动是极其重要的。

明朗的性格，用明朗的笑容工作是一天，用毫无表情或阴沉的脸色工作也是一天，店内全体员工的工作气氛是明朗或是阴沉，有时就要看店长的心情了。

包容力，虽然对同事、部下的失败或错误要教育和批评，但是店长不可常常挂在嘴边。为了提醒他们，店长可以给部下时间或劝告，但是不可骄纵。而关怀员工则是激发员工的工作热情、维护店长权威的最有效手段。

4. 技能

（1）优良的商品销售技能。店长对于商店所销售的商品应具有很深的理解力，这对商店营业业绩的不断提高起着至关重要的作用。这就要求店长具有商店销售商品的客观理解和正确判断的能力，尤其是对销售过程中所遇到的新的问题或例外事项，必须有执行的判断力，且能迅速地处理问题。

（2）实干的技能。店长身为管理者要指挥全体店员，让全店员工心悦诚服地接受他的指挥，就必须样样都能干、样样都会干、样样都比人家干得好，具有这样一种实干的技能。

（3）处理人际关系的能力。店长要十分注意与下属之间的情感关系。因为，人与人相处在一起，就会产生一定的情感关系，或者亲密，或者疏远；或者好，或者恶。情感是人的一种心理现象，是人对客观事物（包括人）好恶倾向的内在反映。人与人之间建立了良好的情感关系，便能产生亲切感。在有了亲切感的人际关系中，相互的吸引力就大，彼此的影响力也就大。

（4）自我成长的能力。店长应随着企业的成长，培育自我成长的能力。因而店长应该具有较强的自学能力，能从商店的管理实践中不断总结经验，充实自己。这一点对我国目前的商店店长来说是十分重要的。

（5）教导下属的能力。店长应具有教育教导下属的能力，这是因为目前商业企业的从业人员大多数是没有或缺乏经验的非专业人员，店长身为教导者，应是下属的“师傅”和“老师”，并能发现下属是否能力不足以及帮助其成长与努力向上，指挥下属达到既定目标，从而促使下属提升业绩。

（6）具备商业企业卖场管理的四种基本能力。一是人事组织能力。通常商店的营业时间长、人员流动率高，人事组织是一个大问题，如何留住人才、如何合理地安排好员工班次、如何降低人事费用等等，都应由店长来考虑，所以，身为店长其实首先是一位人事经理。二是沟通能力。在指挥全体店员的过程中，在与顾客、与社会各界的交往中，沟通技巧也是十分重要的。三是商店规划能力。为了实现经营目标、改善经营业绩，需要事前有规划，事后有分析。四是信息分析能力。能够对信息进行计算整理与分析。

5. 学识

学识是才能的基础，才能是知识的实践表现。一个人学识的高低，主要表现为其对自身和客观世界认识的程度。具有丰富学识的管理者，容易取得下属的信任，并由此产生信任感，甚至带来极高的影响力。在学识方面，店长最好要有一定的数理化基础，最好是由理科转为文科的大学本科或双学位大学毕业生。这实际上是要求复合型的人才，应具有：洞察市场消费动向的知识；零售业的变化及发展的知识；零售企业经营管理技术的知识；连锁经营企业的历史、制度组织、理念的知识；销售管理方面的知识；教育方法和技术的知识；商店的计划决策方法的知识；计算及理解商店内所统计的数值的知识；零售业法律方面的知识。

人无完人，没有一个人一生下来就可以具有上列资质，只要店长认清自己的缺点和弱点，努力地改善和弥补，就可以不断提高自己的资质，得到下属的爱戴与尊敬，进而提高商店的经营业绩。

第二节　商店财务管理

一、利润规划

损益表（利润表）是对零售商在某一段时间内的收入和费用情况所进行的总结，通常按月、季和/或年编制。它使零售商了解自己在相同的时期内（如把 2009 年 1 月 1 日到 2009 年 12 月 31 日的业绩与 2008 年 1 月 1 日到 2008 年 12 月 31 日的业绩进行对比），总收入和总支出以及特定项目的收入和支出的情况，并对获利情况进行分析。经常编制损益表，公司可以控制实现目标的进度、更新对业绩的估计并调整战略和战术。

在对不同时期的损益情况进行比较时，时期的确定需要考虑季节因素（如 2009 年第四季度与 2008 年第四季度相比），这一点很重要。零售商还要注意不同的年份可能有不同的周数（如一个财政年度有 52 周而另一个有 53 周）。此外，那些在不同的会计期间增加了商店数目或扩大了现有商店营业面积的零售商，在分析中应考虑增加设施所产生的影响。因此，年度销售额的增长应该既能反映总收入的增加，又能反映同样一家商店销售额的增加。

损益表包括以下主要项目：

（1）销售净收入。零售商在特定时期内的总收入减去顾客退款、减价和员工折扣。

（2）商品销售成本。零售商在特定时期内所销售的全部商品的购入成本总额。它等于购入价格加运费再减去全部折扣（如数量折扣、现金折扣和促销折扣）。

（3）毛利润。销售收入与商品销售成本之间的差额。由营业费用和净利润组成。

（4）营业费用。零售业务的经营开支。

（5）税前净利润。减去所有成本后剩余的利润。

表 8-4 是一家独立零售商——某礼品店的损益表。

表 8-4　2009 年某礼品店的损益表　　　　单位：元

销售净收入	220 000	
商品销售成本	120 000	
毛利润		100 000
营业费用：		
工资	50 000	
广告	3 300	
日常用品	1 100	
运输费	1 000	
保险费	3 000	
维护费	3 400	
其他	1 700	
合计	63 500	
其他成本	17 500	
总成本		81 000
税前净利润		19 000

二、资产管理

每一家零售商所管理的资产和控制的负债都各不相同。

资产负债表是指零售商在某一特定时点的资产、负债和净资产状况的列举。根据（资产=负债十净资产）编制而成。表 8-5 是某零售商店的资产负债表。

表 8-5　某零售商店的零售资产负债表

2009 年 12 月 31 日　　单位：元

资产			负债			
流动资产			流动负债			
现金	13 300		应付工资	4 000		
存货	24 000		应缴税金	9 000		
应收账款	1 100		应付账款	21 400		
合计		38 400	短期借款	700		
			合计		35 100	
固定资产（现值）						
财产	125 000		长期负债			
建筑物	42 000		抵押贷款	65 000		
商店设施	9 700		长期贷款	4 500		
设备	1 700		合计		69 500	
合计		178 400	负债总额			104 600
资产总额		216 800	净值			112 200
			负债+净资产			216 800

资产是指零售商所占有的、具有货币价值的物品。流动资产由现金（或银行存款）和可在短期内变现的资产组成。如存货（或在运输途中的商品）和应收账款（顾客欠零售商的款项）。固定资产包括财产、建筑物（商店营业场地、仓库等）、商店附属设施和收银机、卡车等设备，这些物品在经营中使用的时间较长，许多零售商的主要固定资产是房地产。

在资产负债表上，流动资产项目是按成本记录的。与流动资产不同，固定资产是按成本减去累计折旧记录的。这可能给资产管理带来困难，因为账面记录可能无法准确反映公司资产的真正价值。例如，许多零售业分析人员用隐匿资产科目来说明折旧后的资产，比如商店建筑和仓库，它们反映在零售商资产负债表上的价值可能低于它们的真实价值。在某些情况下，零售商过高的隐匿资产会吸引投资者对其进行收购。

负债是零售商在经营过程中所产生的财务负担。流动负债包括应付工资、应交税金、应付账款（欠供应商的款项）和短期借款。这些款项必须在一年内偿还。长期负债包括抵押借款和长期借款。这些款项一般在几年内偿还。

零售商的净资产可由资产减去负债得出。净资产也叫所有者权益，它表示企业偿还所有负债后剩余的价值。

在运营管理中，零售商的目的是使资产发挥最好的效果。有三种基本的方法被广泛用于衡量资产的管理效果：销售净利率、资产周转率和财务杠杆。

销售净利率是通过零售商的净利润和净销售收入来衡量其业绩的指标：

销售净利率＝净利润÷净销售收入

在某零售商店的案例中，它的销售净利率略高于 8.6%，这个比例对一家礼品店来说是很不错的。零售商可以通过提高销售毛利率或降低营业费用占销售额的比例来提高销售净利率。增加毛利润的方法：投机式采购行为、独家销售某些产品、提供优质顾客服务以避免价格竞争、减少由于集中购买的降价幅度，以及销售那些净利率高的商品。零售商减少营业费用的方法有：加强主人翁意识、降低人员开支（通过更好地安排时间和采用自动化）、通过抵押再融资享受较低的利息率等。然而，零售商应注意不要减少顾客服务，以免引起销售额和利润下降。

资产周转率是根据零售商的净销售收入和总资产来衡量其业绩的指标：

资产周转率＝净销售额÷总资产

某零售商店的资产周转率很低，只有 1.0143，这表示每 1 元资产的平均销售额为 1.01 元。要提高资产周转率，公司必须在资产不变的基础上增加销售额或在保持销售额不变的前提下减少资产。公司增加销售额的策略有：延长营业时间、接受邮购订货、培训员工向顾客销售其他商品，或经营著名的全国品牌商品而不是当地品牌商品。所有这些策略都不需要增加资产。公司也可以通过一些途径实现在保持销售额不变的前提下减少资产：迁入较小的商店（减少营业面积的浪费）、简化固定设备（或让供应商来安装和拥有这些设备）、保持更经济的库存，以及通过与财产所有者谈判使其支付部分改造费用。

零售商的销售净利率和资产周转率的关系，可以得到资产收益率（ROA）：

资产收益率＝销售净利率×资产周转率

资产收益率＝（净利润÷净销售收入）×（净销售收入÷总资产）＝净利润÷总资产

因此，某零售商店的 ROA 为 8.8%，计算如下：某零售商店的 ROA＝0.086×1.0143＝0.0876＝8.8%

商店的资产收益率低于礼品店的平均水平，因为它较高的销售净利率不能充分弥补其较低的资产周转率。

财务杠杆是以零售商总资产和净资产之间的关系为基础对其业绩进行衡量。

财务杠杆＝总资产÷净资产

某零售商店的财务杠杆比率为 1.9314。这个数字表明某零售商店的总资产略少于其净资产的两倍，其总负债与净资产差不多相等。结论是该礼品店的财务杠杆略高于同行业的平均水平。这家店并未处于危险中。

财务杠杆比率高的零售商负有大量债务，百分率等于 1 则表示没有任何负债，即总资产等于净资产。如果比率过高，公司可能因过度偏重于消减成本和增加短期销售额而使一定时期内的利息支出过大；利息支出则使利润减少；公司如果不能一次偿还债务，甚至会被逼破产。

另一方面，如果财务杠杆太低，零售商可能是过于保守。这会使零售商改变现有商店和进入新市场的能力受到限制。一般来说，所有者权益较高时财务杠杆较低，这时可以通过增加短期和长期借款或应付账款来代替部分所有者权益。所有者（如果是上市公司则是股东）也可以从公司抽走部分权益资金。

另外，销售净利率、资产周转率和财务杠杆的关系可以通过战略利润模型来表述。这个模型可以导出一种称为净值回报率的业绩评价指标如图 8-1 所示。战略利润模型可用于资产的规划和控制。例如，零售商的净值回报率很低时，可以得知主要原因是资产周转率不能令人满意或财务杠杆过低。根据战略利润模型，零售商可以通过提高销售利润率、资产周转率或财务杠杆来提高其净值回报率。因为这些指标共同决定了公司的净值回报率，其中任意一个指标翻一番都会导致公司的净值回报率翻一番。

销售净利率　×　资产周转率　×　财务杠杆　=　净值回报率

图 8-1　战略利润模型

其他重要业务比率：

其他一些重要的业务比率也可以用于衡量零售商在实现业绩目标过程中的成败。这些比率对公司的近期和远期业绩都有重要的影响。下面列出几个重要的业务比率（除去前面已讨论过的比率）的定义：

（1）速动比率。现金加应收账款再除以一年内要偿还的流动负债总额。它显示零售商的资金流动性。比率大于等于 1 表明公司流动性较强，因而很容易偿还短期负债。

（2）流动比率。流动资产总额（包括现金、应收账款和应收票据、存货以及可变现的债券）除以流动负债总额。该比率为 2∶1 或更大被认为是状况良好。

（3）回收期。应收账款总额除以销售净额，然后再乘以 365。它可以衡量应收账款（顾客到期未付的款项）的质量。一般来说，在大部分销售都是以信用方式进行的情况下，回收期超过正常销售期间的 1/3 或更多（如信用期为 30 天但在第 40 天收回货款）则表明账款回收不利。

（4）应付账款与销售净额之比。应付账款总额除以年销售净额。这个比率把零售商对供应商的支付情况与它们之间的交易量做了比较。如果比率高于行业平均水平则表明零售商依赖供应商为其提供营运资金。

（5）总毛利率。销售净额减去商品销售成本再除以年销售净额。这个比率应把公司范围内的降价、折扣和商品盈亏考虑进去。毛利总额中包含了零售商的营业费用和净利润。

三、零售预算

编制预算是零售商根据预期的业绩编制一定时期的开支计划。通过编制预算，公司的支出可以与目标市场、员工以及管理层目标的实现紧密联系在一起。例如，公司想使顾客服务达到一定水平（如顾客交款时等待的时间不超过 5 分钟）时，应如何计划人员开支？如何计划销售人员的报酬水平才能对其进行有效的激励？如何计划费用支出总额才能产生令人满意的收入水平并达到利润目标？

由于以下几方面原因，零售商应仔细地编制预算：

（1）支出应与预期的业绩直接相关，并且在目标改变时，支出也应做相应的调整。由此可以提高生产率。

（2）资源被分配到适当的商品部、产品大类等，不同商品部、产品大类等方面的开支应相互协调。

（3）因为管理当局的计划是以一体化的方式编制的，所以更应重视效率目标。

（4）确定支出水平，如广告支出占销售额的 5%。

（5）公司为将来做准备，而不只是适应它。

（6）支出在整个预算周期中得到控制。例如，一家公司在一个预算周期中安排 100000

元用于购买新商品，且它在整个周期过了一半时花了70000元用于这方面的支出，那么计划中的开支只剩下了30000元。

(7) 公司预期的和实际的开支以及业绩水平可以与行业平均水平进行比较。例如，一家专业连锁店的营业支出总额占销售总额的比例与行业平均水平相比处于什么水平?

在编制预算的时候，零售商应考虑编制过程所花费的精力和时间，应认识到自己所做的预期不可能完全准确（因为存在不可预见的顾客需求、竞争对手的战术等因素），因此应根据需要调整计划。预算既不能过于保守，又不能简单地通过在现有的各类支出的基础上加上一定百分比就得出下一期的预算。

有关零售业的预算编制过程，如图8-2所示。

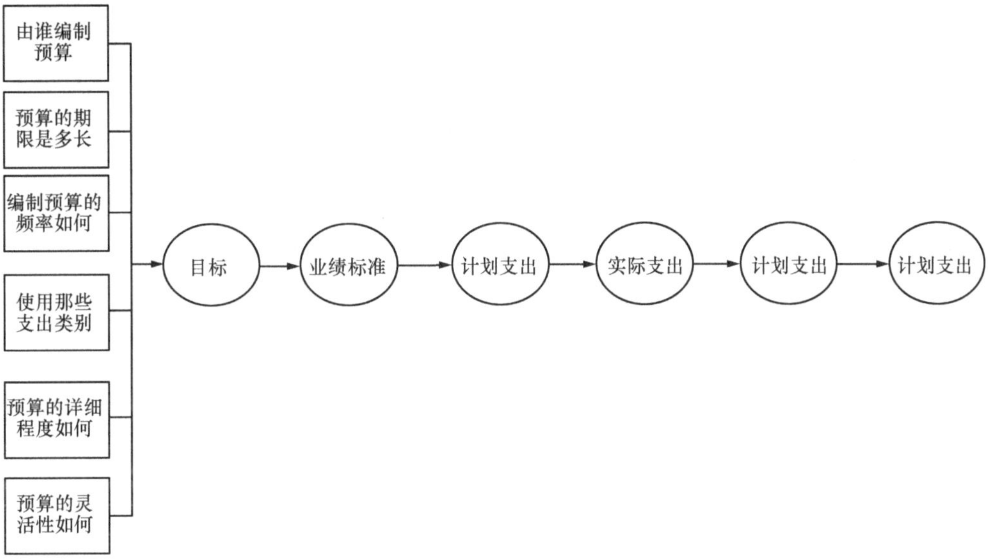

图8-2 零售业的预算编制的过程

零售商在编制预算时必须在六个方面作出预备决策。

1. 明确指定谁对预算编制中的决策负责

在自上而下编制预算时，财务决策由最高层管理人员制定，然后传送给下级的管理人员。自下而上编制预算要求基层管理人员提出本部门的预算要求，把这些要求组合起来就形成了全公司的预算。自上而下编制的预算主要由高层管理人员进行指导和控制。由于自下而上编制的预算中包括了各个方面的要求，基层管理人员可以自己作决策，因而员工的士气得到提高。基于这些原因，许多公司把两种方法结合起来使用。

2. 确定编制预算的期限

大部分公司是按年、季和月来编制预算的。虽然确定了一年的支出，但是还要定期对开支和业绩的预期数和实际数进行比较。这样，公司就可以控制支出总水平并对季节性波动或其他波动提出相应对策。有时，预算的期限可能会长于一年或短于一个月。例如，当一家零售商决定在未来5年内开设数家新店时，它需要确定5年内的资本支出（资产、建设和其他投资支出）。当一家超市连锁店订购生鲜品时，它需要按天或周来编制每种商品的预算。

3. 确定编制预算的频率

虽然许多零售商都定期、连续地检查其预算，但是绝大部分公司都是一年编制一次预算。一些公司每年都要拿出几个月来进行预算编制。这样不但可以使编制人员有充足的时间收集数据，还可使零售商在作出最后决定前多次审查预算草案。

4. 支出种类

（1）资本支出包括对土地、建筑物、工具和设备的长期投资。经营支出包括经营业务所产生的短期销售费用和管理费用。

（2）固定成本是指不论零售商的业绩如何，在预算期内保持相对稳定的支出，如商店的保安支出和房产税。变动成本是指在预算期内与公司业绩有关的支出，比如销售佣金。如果公司业绩好，这些开支就会上升。

（3）直接成本是由各商品部、各产品大类等引起的开支，如各商品部的销售人员和收款员的收入。间接成本（如用于商店橱窗和集中收款人员的开支）则由多个商品部、多类产品分担。

（4）自然账户开支在报表中是按开支的名称填列的（如工资），它们不按用途分配。职能账户开支是按支出的用途或所用于的活动分类的，如出纳员的薪金。

5. 确定预算的详细程度

是否应将计划开支分配到各部门、各产品大类、各产品细类或某种产品？如果零售商要编制十分详细的预算，它必须确定每一类开支都能得到充分的满足。

6. 预先确定预算的弹性

一方面，预算应该有足够的刚性，以使计划开支为目标服务，并把支出和目标联系起来；另一方面，如果预算过于死板，零售商就不能适应变化的市场条件、抓住意料之外的机会或当在目标市场采取的战略不能奏效时使相关开支最小化。许多零售商都以量化方式说明其预算的弹性，当顾客的需要超过预期数值时，应该允许采购员在一个最大比例的范围内增加他或她的各季度预算。

在完成了预算的预备决策之后，零售商就可以按图 8-2 过程来编制预算：

（1）确定目标。目标的基础是顾客、员工和管理层的需要。

（2）具体确定达到目标的业绩标准。这些标准包括顾客服务水平、激励员工并使员工离职率降到最低所需的报酬量，以及令管理层满意的销售额和利润水平。一般来说，预算与销售额的预测值有关。销售额的预测值就是下一个预算期间的预期收入。预测值通常按部门或产品大类进行分解。

（3）支出是根据业绩目标确定的。采用零基预算法时，公司的每一次预算都是从头开始，根据预算期的目标安排开支。采用增量预算法时，公司以现在的或过去的预算为基础，在此基础上加加减减得出下一期的预算。大部分零售商都采用增量预算法，因为这种方法简单易用、费时少而且风险小。

（4）确定实际支出。零售商支付租金和员工薪金、购买商品、做广告等等。

（5）对结果进行控制。这包括两方面的分析。一方面，把实际开支与零售商预先具体确定的每一类计划开支做一比较，并找出产生偏差的原因。另一方面，确定目标和业绩标准是否得到满足，并对产生的偏差作出解释。

（6）调整预算。公司对最初预算方案的调整程度取决于对公司目标的偏离程度。分配到某些方面的支出可能被削减，而分配到另一些方面的支出可能会增加。

在编综合利用预算时，公司必须仔细考察现金流量，因为它能把特定时期内取得的收入的数量和时间与费用支出的数量和时间联系在一起。进行现金流量管理的意图是使收入的取得先于费用的支出。否则，公司为了支付库存和其他费用必须短期贷款或限制公司利润的增长。对季节性业务，这可能是不可避免的。

第三节　其他业务管理

一、商店维护

商店维护包括对零售商有形设备进行管理的所有活动。有些设备必须管理得很好，如外部设备包括停车场、商店进出口标志、橱窗、商店周围的共用区域（如人行道），内部设备包括窗户、墙壁、地板、温度控制和能源利用、照明、商店陈列和标识牌、家具和天花板。表 8-6 列举了商店维护决策的若干方面。

表 8-6　商店维护决策的选择

零售商应对外部设备的维修负哪些责任？
维修工作应由零售商自己的雇员完成还是由公司以外的专业人员完成？这一决定应视设备（空调不同于地板）或服务的类型而不同（如维护不同于修理）吗？
什么维修属于紧急维修？若不是紧急维修，又应该确定在什么期限内完成？
商店各种设施的维修保养应间隔多长时间进行一次（如是每天都用吸尘器清扫地板，或是每周或每月清扫橱窗一次）？
特别的维修保养应间隔多久（如给地板打蜡或是给停车场重新画线）？
商店维护应怎样随季节和昼夜长短的变化相应调整（如商店何时开门，何时关门）？
现有设备在更新之前应使用多久？应采用什么时间表？
对店内各种设备的维护应制定怎样的实施标准？这一标准的成本与希望达到的维护水平相等吗？

商店维护的质量直接影响着消费者对零售商的印象、设备生命周期及运营成本。消费者不喜欢光顾那些没有得到良好维护的商店，就意味着零售商应该定期清洁或擦亮家具，及时更换损坏了的灯，定期清洁和重新粉刷房屋表面以提高灯光效果。一些连锁店甚至为保证店内的色彩和亮度同时更换所有的灯泡。

持续而全面的维护能延长现有设备的使用寿命。例如，在家居用品中心，供暖、通风系统、空调的平均使用寿命为 13 年，地面材料也是 13 年，内部标识牌的平均寿命为 6 年。不过商店维护的成本也相当高。在美国，一个 35000 平方英尺的家居中心仅地面维护一项的年开支就超过 10000 美元。

二、商店能源管理

能源管理是零售商在商店运营中应该考虑的重要问题。一些对能源有特殊要求的商店（如食品店和花店）的能源管理尤为重要。一家典型的超市连锁店，其能源的年使用成本大约占到了销售额的 1%。

为更好地管理能源，零售商应采取以下措施：

（1）在建造和改建商店时使用高质量的绝缘材料，以达到能源费用的长期节约。

（2）注意调节非营业时间的室内温度。夏天的非营业时间要减少空调的使用；冬季的非营业时间供暖温度也应相对调低。

（3）采用计算机化的系统。管理人员在一间办公室内就可监控和熟练调整多个商店的温度、照明、供暖和空调。这种系统甚至能让经营管理人员发现经理们在离店时是否关灯，并通过控制台将灯熄灭。这个系统可节省大量运营成本。

（4）用高效灯泡和荧光灯代替传统照明灯，这也可以大幅度降低能源开支。

（5）在冷冻和冷藏这些特殊地方安装具有干燥性能的空调系统，以更好地控制湿度水平，将潮气的聚集降至最低。

三、商店存货管理

当订购、运输、储存及其他相关成本都在控制之中时，零售商就运用了库存管理来采购和保持适当的商品组合。从有利于经营的角度出发，库存管理可分为三个相互联系的阶段：零售商—供应商，供应商—零售商，零售商—消费者，如图 8-3 所示。

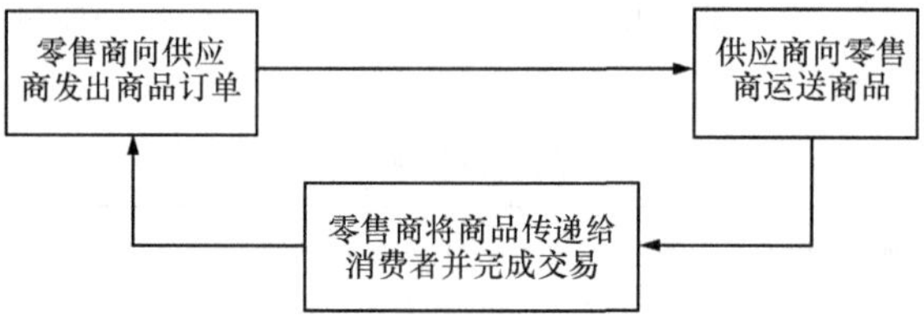

图 8-3　库存管理的三个阶段

首先，零售商根据销售预测和/或实际消费者行为向供应商发出订单。订购商品的数量和品种（如各种颜色和材料）在订购时已做出要求。订购量的大小和频率主要取决于数量折扣和库存成本。其次，供应商根据零售商的订单配齐货物并将商品送往仓库或直接送往商店。最后，零售商接受商品，对其进行整理，做好销售准备（把商品从运输包装中取出、标价、放到货架上），并完成与消费者的交易。一些交易只有在商品转移到消费者手中时才算全部完成。当零售商再次向供货商发出订单时，这一循环又重新开始。

零售商从运营管理的角度进行库存管理时需要考虑的一些因素，见表 8-7。

表 8-7　库存管理需要考虑的因素表

对来自不同供应商的商品怎样协调处理？
多少商品应放在货架上，而不是放在仓库或储存区？
每次将商品从非销售区转移到销售区应间隔多久？
库存管理的那些职能可在非营业时间而不是营业时间进行？
如何在供应商更快的供货时间与较高的成本之间进行权衡？
在商品储存和陈列布局方面能从供应商那里得到什么支持？
什么水平的店内商品通过迅速补充存货使公司的破损率成为可接受的？
哪几类商品出售后顾客需要送货服务，怎样规定送货时间和责任？

目前，为提高库存管理成效，许多零售商运用了快速反应库存计划（QR 系统）。过去，这一方法主要由制造厂商使用。利用快速反应库存计划后，零售商可以通过减少订购量，增加订购频次减少其保有的库存量。快速反应系统需要零售商与供应商保持良好的合作关系，协调的运输，密切监视存货水平以防断档，还需要零售商通过电子数据交换和其他手段定期与供应商沟通信息。

对零售商而言，快速反应系统减少了库存成本，使对商品存储空间的要求达到最小化，并通过迅速补充存货使公司的订货与市场状况更好地适应。对生产商来说，快速反应库存系统亦能提高其库存周转率，通过向供应商提供有关实际销售的数据，可更好地使市场供求达到平衡。在过去，生产商几乎是无法得到这些信息的。此外，QR 系统的有效运用也使零售商不易更换供应商。

近年来，美国 48%的零售商采用了 QR 系统向供应商采购。总的来看，快速反应系统最积极的使用者是百货公司、全线折扣商店、服装专业店、家居中心超市和药品杂货店。

将 QR 系统用于准备上架的商品，降低每笔订单订购量，店内设施的格式化布局和电子数据交换等相联系时是最有效的。准备上架的商品指那些接货后不需要零售人员作任何加工就能直接上货架的商品。

快速反应也意味着供应商须重新考虑订购规模的下限。例如，床单和毛巾生产商曾要求，特定大小和颜色的床单和毛巾最低订购数量为 12 条，现在降到了 2 条。同样，男士衬衫的最低订购量也已由 6 件减少到了 2 件。

新的最低订购规模使一些零售商重新设置店内设施。在这之前，店内设施的布局由零售商的库存总量决定。现在，零售商需要考虑库存量减少这一因素。

电子数据交换（EDI）使零售商能高效地利用快速反应库存计划在零售商与供应商之间建立起无纸的、计算机对计算机的联系。研究表明，如果在全行业内广泛利用快速反应系统和电子数据交换，零售价平均能降低 10%。

一些零售商做的已大大超出 QR 的范围，而更接近于后勤管理，尽可能及时和低成本地将商品从制造商转移到消费者的整个过程。与其他库存管理方法不同，后勤管理将运输、存储、订单处理、包装、进货和消费者服务看作是相互依存的，并将存货管理决策视作商品通过零售供应链的过程（从制造商到仓库，到配送中心再到商店，有时甚至到消费者家中）。如果系统工作得好，公司可以同时做到避免脱销、减少库存、改进消费者服务。

在超市零售业中，许多公司力图采用它们自己的后勤管理方式，即高效的消费者反应系统（ECR）。通过 ECR，超市再配合使用 QR 和 EDI 及后勤规划。第一阶段应以高效的库存补充为目标，把精力集中于原始电子数据的互换。即使在这个阶段，也能通过将书面工作减至原来一半以上而获得令人印象深刻的效果。第二阶段，仍致力于补货效率，这能明显地帮助进一步降低存货水平。最后一个阶段是将零售销售信息全面反馈到制造商的原材料订购起点。

在美国，超市零售商相信 ECR 能为它们节省数百亿美元的分销成本，但它们也知道这套方法执行起来并不容易。许多超市仍不愿将它们与供应商谈判具体短期采购项目的能力转变为不须特别对待的定期填写订单。正如专家所说："对多数公司而言，第一个决定是是否接受 ECR，显然大部分公司已选择了采用。那么接下来的决策就是实施了，但实施是需要资金的。连续的补货使库存易于控制，但这需要复杂的电子信息交换系统，如 EDI。另一现象也经常发生，当面临某些决策如建一个新商店或实施其他项目时，决策树相当简单明了。而实施 ECR 更抽象、更复杂。因为它几乎是无形的，所以要慎重考虑。"

四、商店安全

商店的安全主要表现为两个基本方面：人身安全和商品安全。

零售商利用以下方法解决个人安全问题：

（1）穿制服的安全警卫随处可见，不仅使消费者和雇员感到有保障，同时也警告了蠢蠢欲动的小偷和抢劫者。

（2）利用秘密保安人员阻止那些避开正式警卫人员的犯罪企图。

(3) 在停车场使用更亮的照明灯，让警卫徒步或乘车更频繁地巡查。警卫经常几人一组工作，以更好地处理可能发生的事件。

(4) 利用电子监视器和其他设备扫描店内外雇员和消费者经常活动的区域。7-11 在其 1600 家分店就设有一套新的店内一体化电视监视和报警系统，并有监听功能。某些购物区域禁止对青少年开放。

(5) 通向存储设施（如仓库）的入口要锁严。

(6) 对银行，通常由武装的警卫人员更频繁地巡视。

为减少偷窃的损失，操作计划包括三个关键点。首先，商店在设计和建造时，就应考虑到防盗问题。因此，商店入口、试衣间、送货区的设计都要从安全的角度加以规划。其次，制定一套安全措施，如雇员背景审查，店内警卫设置，电子预警设备和商品标签等。第三，零售商向雇员、消费者和供应商强调预防措施的重要性，并告知公司将采取相应措施以减少损失（如解雇员工和检举盗窃行为）。

一些防止商品被盗的常用措施：使用商品标签、保安人员、监视器、销售点计算机、雇员监视和防盗报警器；使用电子商品监视器将特殊设计的条形码或标签贴到商品上，商品经过商店出口处时，电子设备可感应到标签，若标签未被商店职员取下，或者电子扫描仪没有扫过标签，报警铃就会响；对每位雇员都进行详尽背景调查，"在所有减少店内商品盗窃损失的计划中，预先对雇员背景调查是最重要的"；制定雇员培训计划，并为减少损失提供奖励，或组织全体职员（包括所有者和高级经理）签署一项关于行为道德的规定，并写成文字；解雇涉嫌偷盗的员工；雇用一些便衣人员监视偷盗，不仅观察偷盗行为，而且研究其目标。

同时，零售商可以利用一些具体做法来防止雇员和顾客的盗窃行为，因为它们是库存损耗的最主要原因。

在设计和制定商店安全计划时，零售商必须考虑该计划对员工士气、购物者舒适感及与供应商关系三方面产生的影响。

五、保险

零售商购买的保险包括员工补偿、公众责任险、产品责任险、财险、经理和职员责任险。此外，许多零售商还为其全职雇员提供健康保险选择。有时，零售商付全部保费，有时员工付部分保费。在零售运营中，购买能补偿公司因火灾、顾客对意外事故提起法律诉讼及其他事故引起的损失的保险需要谨慎地筹划。

为了减少易出问题的雇员和消费者对危险及不安全因素的抱怨，并降低保险费的支出，零售商可采取的措施：

在入口处安装防滑地板、地毯和橡胶垫；经常擦洗地面和检查地板是否潮湿；培训设计人员设计无危险的家具；经常检查电梯和自动扶梯；进行消防演习；设计和建造防火商店、防火仓库和防火配送中心；为储存危险品另建分开的仓库；制定恰当的员工培训计划；在法律诉讼中，证明适当维护工作已及时履行。

六、信用管理

信用管理的政策和措施由零售商根据顾客付款的多少而定，主要考虑以下几方面的运营决策：

（1）零售商接受哪种支付方式？只收现金，现金和个人支票，现金和信用卡，现金和借记卡，还是所有这些方式都接受。

（2）信用计划由谁管理？公司可以有自己的信用系统或接受主要的信用卡。

（3）什么顾客符合用支票或信用购买的资格？若用支票购买，有带照片的身份证也许就足够了；若是信用购买，新顾客必须满足年龄、就业、年收入等方面的要求；而对于老顾客则需要根据他或她的未偿清余额和信贷限额加以评估。在信用交易中，也许还应限定最低交易额。

（4）在信贷交易的成本与信用交易产生的利润增加额两者之间将如何进行权衡？

（5）应采用什么信贷种类？若零售商有自己的信用计划，则必须决策从何时起开始计算利息、利息率的高低及每日的最低支付额。

（6）怎样处理延期付款或不付款问题？一些有自己信用计划的零售商依靠外部的收账公司收缴赊欠的款项。

在信用管理中，零售商通常需要在提供信用产生的额外收入与信用管理过程的费用之间进行平衡。信用付款方式的成本包括资格审查和鉴别、交易成本、收账成本及呆账成本。若公司自行完成所有的信贷职能，它将担负以上这些成本；若采用外部的信用交易方式，公司则需要通过向信贷组织支付一定的费用来补偿成本。

无论付款方式如何变动，零售商都应将所有政策清晰地告知顾客和员工。

七、计算机管理

零售商通过计算机管理提高运营效率，这是一种趋势。计算机管理主要围绕计算机化结算系统、电子销售时点系统（POS）和其他设备来展开。

计算机化结算为众多类型的零售商所用，因为它们能高效地处理交易，并对库存进行严格控制。企业正逐步增加对 UPC 系统的依赖。运用此系统，收银员只需手工输人销售额或将商品通过光学扫描器，就可结账。计算机结算系统能迅速记录并显示销售额，让消费者得到详细的数据，并将所有的数据存入计算机存储器中。

这种计算机结算系统能缩短交易时间，减少雇员培训、结账错误，免去了在商品上标价的烦琐程序，降低了成本。不仅如此，它的使用还因使库存控制更为合理、减少商品变质和改进订货而进一步提高了零售商的生产率。企业还能在商品的基础上获得更深入的数据，利用这些数据帮助制定商店储蓄计划，为每种商品分配货架空间及自动完成补货。

用计算机化结算系统的零售商也面临着两个潜在的问题。首先，只有当所有制造商都在自己的商品上贴上 UPC 标签时，基于 UPC 的系统才能达到工作效率的顶峰。否则，零售商必须自己承担贴标签的成本；其次，由于人无法识别 UPC 标签，为防止发生对消费者的欺诈现象，零售商必须为所有商品贴标签，但其可用仅在货架上贴标签代替为所有商品贴标签而节约了劳动成本。

近年来，许多技术的进步都与计算机结算有关。这些技术包括：无线电子扫描器、无线电频率识别标签（RFID）、电子销售时点系统（又称 POS 系统）等。

零售商在运营活动中使用计算机的其他方面包括：雇员的培训、工作安排和确定报酬；预测销售，编制预算；协调库存的订购和处置，管理配送中心；缩短结算时间，减少收银员的差错；与供应商保持密切联系；获取最新信息；保存和取得货款记录；生成和维护数据库（邮购）名单；分配货架空间和广告开支；分析运营情况。

八、危机管理

危机可能由以下几类事件引起，如店内着火；水管破裂；恶劣天气致使橱窗玻璃破碎；停车场发生汽车事故；盗窃；主要雇员或老板突然生病；暴风雪切断了商店的供电；消费者对某种商品或服务的需求出乎意料地高或低；供应商突然提价；一切自然灾害（如洪水、地震等）或其他因素。

虽然危机并不总能预测，而且不管零售商怎样努力，一些不利的影响总会发生。不过，在制定运营管理计划时，应坚持下列原则：

（1）应为各种可能发生的不同危机制定若干应急计划。如制定管理继承计划以防关键人物突然生病。

（2）当危机发生时，重要信息应传递给所有相关的团体，如消防队或警察局、雇员、顾客、新闻媒介等。

（3）与危机有关联的团体应相互合作，避免冲突。

（4）反应要尽可能快，犹豫不决会使情况变得更糟。

（5）决策的命令链应明确无误，决策者需获得采取行动的充分授权。

一位著名的危机管理专家指出，“要尽一切所能避免你的业务陷入危机。但一旦遇到了，就该面对它，管理它，力图长期保持关注。”

◎小结

零售人力资源管理是零售管理的重要组成部分。商店管理者（店长）是商店的最高负责人，店长作业化管理的质量好坏将直接影响到整个商店的营运效率。零售人力资源管理过程是：招聘、甄选、培训、确定报酬和监督。

在利润规划中，损益表（利润表）是对零售商在某一段时间内的收入和费用情况进行的总结，它通常按月、季和/或年编制。每一家零售商所管理的资产和负债都是不同的。战略利润模型把资产周转率、销售净利率和财务杠杆结合起来，导出了一种称为净值回报率的评价指标。零售业的预算编制是零售商根据预期的业绩所编制的一定时期内的开支计划。商店维护包括涉及零售商硬件设备管理的所有活动。能源管理是许多零售商面临的运营管理的一个主要环节。库存管理要求零售商设法获得并保持适当的商品品种组合，同时将商品订购、运输、处置及其他相关费用记录下来。安全管理需保护个人和商品两者的安全。信用管理包括零售商接受顾客在付款方式方面遵循的政策和实际做法。

➢案例　重庆百货大楼股份公司2010年度财务分析报告

一、公司简介

重庆百货大楼股份有限公司，始建于1950年，是重庆市最早的国有商业企业和唯一的商业上市公司。60年来，已发展成为以百货、超市、电器三大业态为主业，涉足酒店、食品、电子器材、劳保等经营领域的一家大型区域性商业零售连锁企业。截至2009年，公司实现销售97.3亿元、同比增长18.15%，利润1.82亿元；到目前，公司拥有各类商场、门店130家，营业面积逾75万平方米，总资产达27.34亿元。

二、公司员工情况

截止日期	2010-12-31	2009-12-31	2008-12-31
职工总数	8 934	9 035	8 634
按工种划分			
生产人员数	—	—	—
销售人员数	894	607	556
财务人员数	465	486	386
技术人员数	728	803	767
行政人员数	1 515	751	741
退休人员数	1 159	1 116	1 076
其他人员数	5 332	6 388	6 184
按学历划分			
博士以上人数	—	—	—
硕士人数	—	—	—
本科人数	640	622	477
大专人数	3 005	2 964	2 711
中专及以下人数	5 289	5 449	5 446

三、公司经营范围、主营业务及其经营状况

经营范围：百货、五金、交电、日用杂品、家具、计量衡器具、劳动保护用品、工艺美术品（含金银饰品）、粮油及制品、副食品、其他食品、零售烟、酒，普通货运、停车服务和场地租赁。兼营：油漆、普通机械、化工产品、化工原料（不含化学危险品）、建筑材料、侨汇商品、专控商品、废旧家电回收

主营业务：百货、五金、交电、日用杂品、家具、计量衡器具、劳动保护用品、工艺美术品（含金银饰品）、粮油及制品、副食品、其他食品、零售烟、酒，普通货运、停车服务和场地租赁。

1. 按行业

行业名称	主营业务收入		主营业务成本	主营业务利润		毛利润
	金额	所占比例	金额	金额	所占比例	
百货业态	8 981 857 812	42.34%	7 507 751 267	—	—	16.41%
超市业态	7 332 902 998	34.57%	6 475 264 996	—	—	11.70%
家电业态	4 216 413 250	19.88%	3 937 385 402	—	—	6.62%
提供劳务	69 366 904	0.33%	53 727 572	—	—	22.55%

从上表看出该企业主要以商品百货销售形式为主。

2. 按地区

地区名称	主营业务收入		主营业务成本	主营业务利润		毛利润
	金额	所占比例	金额	金额	所占比例	
重庆地区	19 599 858 780	92.4%	17 104 273 085	—	—	—
四川地区	894 318 311	4.22%	777 481 622	—	—	—
贵州地区	106 363 872	0.5%	92 374 529	—	—	—

从上表看出，企业营业收入来源于重庆本地区，但发展方向以西南地区为主。

四、公司五大能力

1. 盈利能力分析

公司2008～2010年反映盈利能力的指标如下：

项目＼时间	2008-12-31	2009-12-31	2010-12-31
销售毛利率	15.64%	15.67%	16.61%
主营业务利润率	14.25%	15.16%	15.17%
成本费用利润率	2.63%	2.23%	2.38%
净资产收益率	19.65%	17.89%	12.45%
总资产收益率	6.78%	6.13%	5.43%

该企业盈利能力相对稳定，如不加强销售降低成本，未来获利能力会下降，影响利润率。

2. 营运能力分析

公司2008～2010年反映营运能力的指标如下：

项目＼时间	2008-12-31	2009-12-31	2010-12-31
应收账款周转率	1620.63%	882.92%	744.69%
存货周转率	16.93%	10.1%	9.78%
固定资产周转率	13.4%	6.4%	5.76%
总资产周转率	3.74%	2.87%	2.84%

各项周转率都在下降，说明了企业的资金利用率降低，经营管理水平下滑，企业要加强财务管理，是资本结构达到合理。

3. 偿债能力分析

公司2008～2010年反映偿债能力的指标如下：

项目＼时间	2008-12-31	2009-12-31	2010-12-31
流动比率（倍）	0.96	0.79	0.67
速动比率（倍）	0.73	0.43	0.28
现金比率	0.15	0.35	0.49
经营活动净现金比率	24.32%	29.79%	30%
资产负债率	74.16%	64.88%	64.37%
产权比率	189.79%	193.44%	102%

该企业负债多，财务费用高，短期和长期的偿债压力都很大，企业应该高度重视本身偿债能力，做好偿债的准备。

4. 发展能力分析

公司 2008～2010 年反映发展能力的指标如下：

项目＼时间	2008-12-31	2009-12-31	2010-12-31
主营业务收入增长率	190.1%	13.89%	17%
净利润增长率	236.41%	−1.39%	46.98%
总资产增长率	10.04%	15.42%	214.8%
资本积累率	17.10%	13.77%	131.60%

该企业发展能力强，前景好，净利润增长率呈先下降、后上升的向好趋势。

5. 现金能力分析

公司 2008～2010 年反映现金能力的指标如下：

项目＼时间	2008-12-31	2009-12-31	2010-12-31
现金比率	15.33%	34.14%	49.54%
现金流动负债比	24.32%	29.79%	29.99%
营业收入现金比率	5.84%	7.50%	8.02%
经营现金流量净利润比	2.2807	3.4341	3.4476

该企业的现金收益质量良好，现金流动性强，发展势头较好。

五、同业比较分析

对象：南宁百货大楼股份有限公司、上海友谊股份有限公司

（1）现从宏观角度将其与同行的上海友谊公司和南宁百货大楼公司在 2010 年年末的主营业务收入、每股收益、净利润、和净资产方面进行比较，见下表。

企业名称	主营业务收入	每股收益	净利润	净资产
重庆百货大楼	21 212 744 876	1.41	530 014 131	2 183 127 305.8
上海友谊公司	31 052 422 032	0.63	612 621 698	5 087 563 056
南宁百货大楼	1 857 688 038	0.37	97 135 536	329 999 974

根据以上数据分析，重庆百货公司的主营业务收入处在比较好的位置，表明该公司的运营能力比较强，但比上海友谊还是较弱。每股收益在三家的比较中处于优先地位，表明该公司的盈利能力很好，利于企业吸引投资，对企业的经营发展有利。从净资产项来看，重庆百货处在中等水平，但远远高出南宁百货的净资产，竞争力还是比较强的。

（2）从微观角度分析 2010 年重庆百货和南宁百货及上海友谊股份的比较

指标＼企业	重庆百货大楼	南宁百货大楼	上海友谊股份
总资产收益率	6.78%	9.82%	4.16%
总资产周转率	13.4%	1.88%	1.56%
主营业务利润率	14.25%	15.99%	10.59%
资产负债率	74.16%	69.68%	76.09%

续表

企业 指标	重庆百货大楼	南宁百货大楼	上海友谊股份
净利润增长率	236.41%	239.46%	58.38%
总资产增长率	10.04%	22.21%	14.56%

总资产报酬率表明每一元资产能创造的净利润是多少，反映企业的综合利用效果的指标。从三个企业来看，南宁百货的最好，说明他的资产利用率的效率高，利用全部资产创造的利润也越多，从主营业务利润率也可以看出，重庆百货大楼处于两者之间，效益较好。三个企业的资产负债率都差不多，但长期偿债能力都比较弱，重庆百货处在中等水平。重庆百货和南宁百货的净利润增长率在2010年都相当的高，表明两企业在该年的财务管理取得了相当大的进步，上海友谊的增长率比较正常。从总资产增长率看出重庆百货的最低，资产增加额幅度不大，说明企业的资产规模没有另外两家发展快。

☞讨论题

从重庆百货自身五大能力分析及同行比较看出，企业的发展势态还是比较有优势的。公司如何加强财务管理，改善资产结构？公司如何重视企业的偿债能力，特别是长期偿债能力，降低企业的风险？企业的发展方向要稳步上升，如何避免资产的盲目扩张？公司在人力资源管理方面应该特别注意哪些问题？

思考题

1. 人力资源管理全过程中，你认为哪个环节最重要，为什么？
2. 如果你是店长，你认为自己应该承担什么职责，从而使你的管理更有效？
3. 描述资产、负债和净资产之间的关系。如何应用资产负债表对这些项目进行分析？
4. 一个零售商的净销售收入为700 000元，净利润为50 000元，总资产为550 000元，净资产为200 000元。①计算销售利润率、资产周转率和资产收益率。②计算财务杠杆和净值回报率。③评价该零售商的财务业绩。
5. 在什么情况下你倾向于自下而上编制预算，而不是自上而下编制预算？
6. 与当地零售商进行一次交谈，了解它们是怎样实现能源利用最大化的。
7. 后勤管理和库存管理有何区别？
8. 为零售商制定一个五年计划以使顾客确信前往购物的安全性。
9. 你会奖励报告工作伙伴偷盗的零售雇员吗？为什么？
10. 若零售商过分依赖计算机进行自动管理，可能存在什么潜在问题？
11. 列举以下事件发生时，零售商应急计划的内容：

(1) 商店内起火。
(2) 商店店面被故意损坏。
(3) 制造商的产品收回。
(4) 主要供货商破产。

第九章　商店布局与商品陈列

本章讨论的主要问题

1. 商店布局的作用和重点
2. 商店布局的方法有哪些
3. 商品陈列的原则，方法
4. 橱窗艺术，商店氛围

关键术语

商店布局　商品陈列　商店氛围

第一节　商店布局

商店布局是指营业设备，如货架、柜台、陈列橱等的摆设。合理的商店布局，能够充分利用营业面积，便利商品陈列，美化商店环境，从而吸引更多的顾客。

一、商店布局的重要性及其原则

（一）商店布局的重要性

现代商场的卖场是企业与顾客以货币和商品进行交换的场所。一般指的就是店铺内陈列商品供顾客选购的营业场所。不同的商品卖场布局状态给来店顾客心中产生的效果是不相同的，对商品销售的作用也是不同的。尤其是针对商场的经营方针来看，卖场的布局技术更是重要的一环，它充分体现了商场采销合一的经营方针，好的店面设计有助于影响顾客的购买决策。实质上卖场布局是一个商品、设施、操作三者如何实现最佳配合问题。商店布局具有下列重要意义：

（1）商店布局能促使来往顾客流动到每个角落，依靠来往顾客的最大限度的流动，可以使全部商品展现在顾客的面前；

（2）商店布局会对激起顾客的购买，发挥促进作用；

（3）商店布局可以减少非营业性的空间，扩大营业空间范围；

（4）商店布局是向顾客提供对商品选择相比较的手段；

（5）为了取得最大限度的卖钱领，可以按部门进行商品的分类。

（二）商店布局的原则

今天的顾客已不再把“逛商场”看做是一种纯粹的购买活动，而是把它作为一种集购物、休闲、娱乐及社交为一体的综合性活动。因此，合理设计购物环境是十分重要的。它不仅有利于提高营业效率和营业设施的使用率，还有利于为顾客提供舒适的购物环境，满足顾客精神上的需求，使顾客乐于光顾本商场购物、消遣。

1. 顾客第一原则

适应顾客是一切商业行为都必须遵循的原则卖场始终是为顾客而存在及服务的，这是身为商场经营者及卖场设计者所必须遵守的一大原则。

(1) 在空间布局、主副通道的安排上要符合消费者的购物习惯。要以“假如我是顾客”的眼睛来设计卖场，追求人性化的设计；通道的宽敞度，货架间最小距离为90公分（两个顾客的肩宽）；灯光的明暗度要让顾客感觉舒适。

(2) 设置顾客活动休息区。

(3) 连锁卖场应按统一模式在各地开设商场卖场，往往会忽视地域间消费需求的差异性。在标准化前提下，强调适度的差异化，将更能适应顾客需求。

2. 安全便利原则

(1) 安全性包括：顾客的安全，如商场外的道路交通是否安全，卖场内的通道是否顺畅，地面是否防滑，灯光是否光亮，货架扶梯是否能不刮伤顾客；商场的安全，如是否有健全的防灾设施；商品的安全，如陈列商品是否会倒下来，商场的布局是否有死角，是否装置闭路电视监视系统等。

(2) 便利性包括：交通及停车，如商场离车站远近，是否有停车场；能否满足一次购足的需求；是否有公共卫生设施、公用电话；出入口的设计是否便于顾客进出；商品陈列能否让顾客一目了然，而且容易挑选、购买方便；商品包装、展示及收银等作业是否有适当的操作空间；收银机的数量是否与客流量相适应；是否配备微波炉，以满足顾客非常温性需求等等。此外，商场附近有无路灯及美化设施；卖场内装修是否美观大方、是否冬暖夏凉、空气是否经营保持新鲜。

3. 高效利用原则

充分利用空间，提高单位面积效益。平面空间（货架）的利用要充分；立体空间（货架端、货架顶部、离开地面的一切可利用的地方）的充分利用；充分利用货架，减少仓库库存。

4. 关联原则

利用对相关商品的连带购买达到促进消费的目的。相关品类商品关联布局；高利润商品与低利润大销量商品搭配布局；购买频率高的产品与购买频率低的产品搭配布局；顾客本人购买产品与顾客家庭消费产品搭配布局。

5. 注重形象，突出特色的原则

在感性消费时代，消费者往往凭直觉来评价商场的好坏。因此，商场形象是决定经营成败的一个非常重要的因素。形象的内容包括：店面形象，如店名、店徽、招牌、外观装修、店面的色彩和照明等，卖场内形象，如经营商品品种、陈列方法、卖场内顾客、收银员、营业员、理货员、促销员、卖场内设备及设施等。商场为了扩大影响还可通过促销、信息接收、发送来提升形象。通过形象信息的广泛传输，可吸引更多的顾客。卖场购物环境的设计应依照经营商品的范围和类别以及目标顾客的习惯和特点来确定，以别具一格的经营特色，将目标顾客牢牢地吸引到商场里来。使顾客一看外观，就驻足观望，并产生进店购物的愿望；一进卖场内，就产生强烈的购买欲望和新奇感受。

6. 经济性原则

卖场布局设计的最终目标是扩大销售量，增加利润。设计要科学，要能够合理组织商品经营管理工作，使进、存、运、销各环节紧密配合，使每位工作人员能够充分发挥自己的潜能，节约劳动时间，降低劳动成本，提高工作效率。在激烈的市场竞争中，对卖场的投资是很必要的，但绝不意味着可以盲目、无计划地进行。卖场布局设计作为一项投资，在投入时应慎重考虑是否值得投入，投入多少才合理；如何以最小的投入达到一定的设计水准等。概括起来就是卖场环境设计要讲究经济性。不可以在装潢上大量地投入资金，把商场装饰得富丽堂皇。过度装潢是浪费。另外，商场经营若干年后一般都要重新装修，为了节省成本，在初次装潢时，要尽量选用能够随时变化、可变性较强的设计和材料。

二、商店布局类型

商场内部布局包括商场的高度、通道、各层营业厅的规划等方面。

（一）布局类型

1. 直线式

又称方格式，是指将货架和通道平行摆放于店堂，顾客各通道宽度一致，常运用于超市、批发市场，这是传统的商店布局形式，其基本形式如图 9-1 所示。超市卖场一般呈格子式布局，格子式布局是商品陈列货架与顾客通道都成长方形状分段安排，而且主通道与副通道宽度各保持一致，所有货架相互呈并行或直角排列。这种布局在国外或国内超级市场中常可以看到，当购物者在走道上推着购物车，转个弯就可以到达另一条平行的走道上，这直直的走道和 90 度的转弯，可以使顾客以统一方向和一系列有秩序地移动下去，犹如城市的车辆依道而行一样。

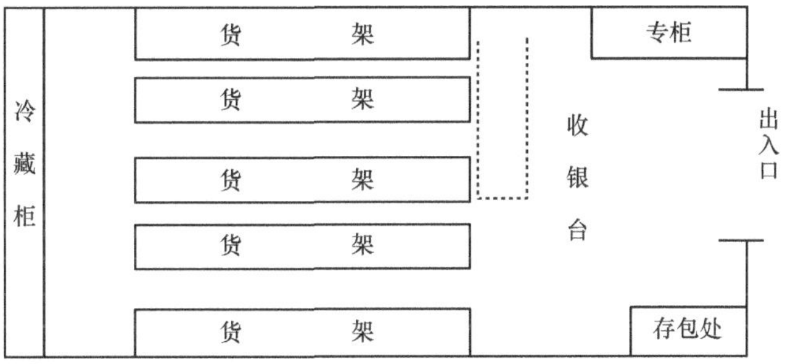

图 9-1　格子式布局基本形式

优点：布局规范，顾客易于寻找货位地点；通道根据顾客流量设计，宽度一致，可充分利用卖场面积；能够创造　种富有效率的气氛；便于快速结算。

缺点：冷漠，易丢失商品，失窃率较高。

2. 岛屿式

岛屿式布局是在营业场所中间布置成各不相连的岛屿形式，在岛屿中间设置货架陈列商品。其基本形式如图 9-2 所示。这种形式一般用于百货商店或专卖店，主要陈列体积较少的商品，有时也作为格子式布局的补充。现在国内的百货商店在不断改革经营手法，许多商场引入各种品牌专卖店，形成“店中店”形式，于是，岛屿式布局被改造成专业店布局形式正被广泛使用着，这种布局是符合现代顾客要求的。专业商店布局可以按顾客“一次性购买钟爱的品牌商品”的心理设置。例如，在顾客买某一品牌的皮革、西装和领带时，以前需要走几个柜台，现在采用专业商店式布局，则在一个部门即可买齐。

优点：充分利用营业面积、装饰美化、满足消费者对某一品牌商品的全方位需求，对品牌供应商具有较强的吸引力。

缺点：不便于补货、储存和营业员协作。

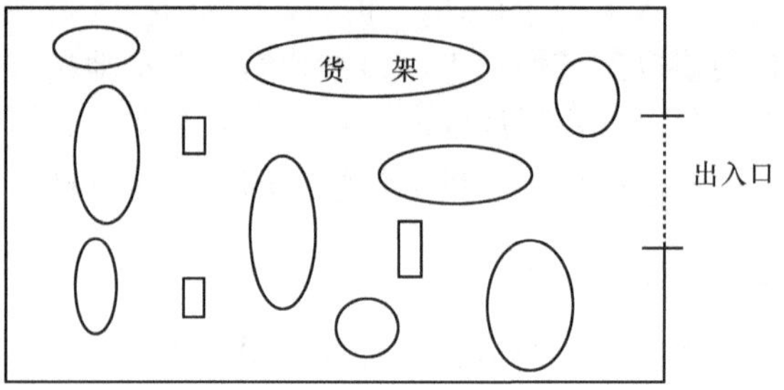

图 9-2　岛屿式布局基本形式

3. 自由流动式

顾客通道呈不规则路线分析，货位布局灵活。自由流动式布局是以方便顾客为出发点，它试图把商品最大限度地展现在顾客面前。这种布局有时既采用格子形式，又采用岛屿形式，是一种顾客通道呈不规则路线分布，其布局形式如图 9-3 所示。专卖店、精品店和礼品店可能采用自由流动布局。这种布局中，货架和商店分门别类，或者商品陈列在自由取位的货加上，为客户创造了一个无结构特点的购物通道。陈列商品的货架可能具有不规则的形状，如半圆形或弧形等。这会鼓励客户寻找商品，并在他们感兴趣的物品前逗留。

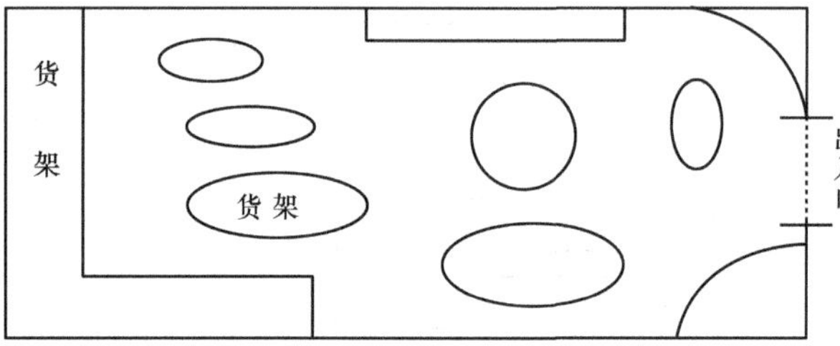

图 9-3　自由流动式布局形式

优点：气氛活跃，可增加随机购买机会；便于顾客自由浏览，不会产生急切感；顾客可随意穿行各个货架和柜台。

缺点：顾客难于寻找出口，导致顾客在店内停留时间过长，不便分散客流；浪费场地面积。

（二）布局元素

卖场布局是针对商场内部设施进行不同的排列组合，通过对各个元素系统的集合，给人以视觉、听觉上的感受，从而刺激心理需求，达到一种享受美的感觉。

1. 柜台

柜台通常分为普通柜台和异形柜台两大类。普通的柜台为了方便陈列商品，一般长为 1.5～2 米；宽为 50～60 厘米；高为 90～100 厘米。商场不管选用何种尺寸，关键是要保持各个连锁门店的柜台形式统一。通用柜台的制作成本较低，互换性好，实用、方便，但是用以布置商品陈列时，总使人感到单调、呆板以及缺少变化，因此现在各种异形的柜台屡屡出现在很多的连锁百货商场、专营店内。这些变形的柜台是根据商场实际情况和营业场所的形状设计的，主要包括三角形、梯形、半圆形以及多边形柜台等。

布置陈列商品时利用异形柜台组合，不但可以合理利用营业场所的面积，而且可以改变普通柜台的呆板、单调的形象，并增添门店卖场的线条变化，使商场门店的营业现场表现出曲线的韵律。目前制作柜台的主要材料是新型的铝合金材料，柜台里面通常用玻璃隔成二至三个支架，使得陈列的商品更多，使顾客更能直观地看到商品。采用异形柜台时，必须严格设计，计算好尺寸，按要求定做，必要时还要考虑到几类柜台的互换性。

2. 货架

一般货架的高度为200～230厘米，宽度为40～70厘米，深度为40～50厘米。而现代商场的货架形式越来越多，不管选用何种尺寸，各个连锁门店应保持基本统一。货架的基本尺寸出来与人体高度和人体活动幅度密切相关外，同时还需要考虑到人的正常视觉范围和视觉规律。人的征程视觉有效高度范围为从地面向上30～230厘米，通常地面以上60～164厘米为商品的重点陈列空间，160～200厘米为商品的展示陈列空间。对隔绝式售货的柜台来说，其对应的货架上面有3～4层，下面大多设几个拉门，可以储藏很多商品或一些必要的包装材料等物品，为现场售货提供了便利。对于敞开式售货的商场来说，顾客识别和选取商品的有效范围为地面以上60～200厘米，一般顾客选取商品频率最高的范围为地面以上90～150厘米。从高度来看，60厘米以下是难以吸引顾客注视的部分，因而现代商场将其作为商品储存库用。制作货架的材料较多，可以是木制的、铝合金制作的、钢制作的等，一般商场可根据陈列商品的类型选用不同的材料的货架。

如用以陈列衣袜和创伤用品的货架一般选用木制或架，上下或左右的隔板可选用塑料或玻璃材料，以体现这类商品的价值感和量感。

3. 服务设备

服务设备是布局中供消费者坐、行、看、用的一系列服务设施。它们一般由消费者直接控制和使用，如休息用椅、试衣室、扶手电梯等。

服务设备在布局中的重要作用在于表现出经营者的人情味，不难想象，一家商场，尤其是大型商场，不管其商品多么丰富多彩，如果缺乏服务设施，会给人一种冷漠的感觉，这种对人的漠视，自然会使空间环境失去宜人的氛围。对于服务设施，不能简单认为只是功能性设备，人们对服务设备的感觉更多的是内心的一种感受，是视觉的影响，所以要考虑社会与整体环境的协调，起到既给人以好感，又给人以美感的效果。

另外，还要注意陈设、绿化等应放在点状空间。如果与营业设备一样在线状空间，就会因吸引人群而导致空间堵塞。

4. 陈设

陈设是为了给顾客购物时提供一个舒适、优美的环境。陈设具有更大的灵活性、有效性，这是针对布局中服务设备而言。陈设可分为：展示功能的陈设，导向功能的陈设，点缀环境，强化个性的艺术陈设。

1）展示功能的陈设

展示功能的陈设一般安放在比较醒目及空间结构不足的位置，以起到一种广告及连结弥补空间的作用。应该说其功能相当于橱窗，但其自身的造型上有更随意的选择性。这类陈设设计要注意所选材料的性能、造型使其达到结构、造型、空间环境的统一。展示功能的陈设应把众多分散的信息点巧妙地编织成为更醒目的一点，提高视觉冲击力。

在实际的商场布局中，模特儿是主要的陈设。它不仅可强化布局的生命力，还可以通过逼真造型直观地唤起人一定的意象和概念。模特儿作为传递信息的工具，构成了一种形象化的符号系统，它可以直接与消费者对话，传达商品的功能意义。模特儿对整个布局的情调起主导作用。

2）导向功能的陈设

导向功能的陈设具有引导消费者顺利购买所需商品的功能。它是视觉导向类，它是一种文字语言与视觉形象的有机结合物。导向功能的陈设可分为文字导向、图形导向及二者结合的导向三类。导向功能的陈设一般安放在电梯、电话亭、洗手间、服务台、收银台等旁边。导向陈设是一种视觉语言。人类感知事物最敏感、准确的就是视觉。因此，符号给视觉以刺激，让人感知事物。导向陈设要把复杂的事物用简单的形式表达出来，且给人的印象是瞬间的。因此要特别注意导向陈设的三个特征：一是形象独特而有别于其他个性化的元素；二是形象构成去繁就简的单纯美；三是短暂的时间内传递出明确的信息。

3）艺术陈设

由一般元素构成的布局，给人的情感冲击并不强烈。但与艺术陈设相结合，就会产生审美的飞跃。向更高的审美的精神空间迈进。它能够构成不同的"性格取向"，以其形式和内容本身产生的精神力量来强化布局整体环境的主题，起到一种点缀、导向的烘托气氛的作用。

目前的许多商场里，经营者更多的是注重字画、壁画等平面的艺术陈设，而忽略了占据三维空间的艺术陈设。似乎认为应让柜台占满每个角落。其实，在一些适当的位置摆放一些艺术品是会起到意想不到的作用。但要注意作为整体布局的统一，艺术陈设不能脱离环境凭空设置。在某一布局中，艺术陈设可以成为一个较明确的情感交流中心。因其形象的确定，象征的内蕴等等都与商品形成对比统一，从而强化和丰富了原有的布局，满足了消费者的心理和视觉的需求。如在体育用品店安放一座"掷铅球"塑像，就会使消费者萌发出生命的跃动感。在宾馆、饭店等的布局中，则注意强调艺术陈设的不同个性，创造出文化性、民族性、乡土性的氛围。

在现代西方的艺术设计中，甚至将灭火器、消防栓艺术化为陈设，这也是我们策划者极力追求的目标，即达到艺术与实用的和谐。

（三）卖场面积分配

商店场地面积可分为营业面积、仓库面积和附属面积三部分。各部分面积划分的比例应视商店的经营规模、顾客流量、经营商品品种和经营范围等因素影响。合理分配商店的这三部分面积，保证商店经营的顺利进行对各零售企业来说是至关重要的。

一般一层营业厅的楼层高度介于4.5～6米，而其他楼层的高度介于3.6～4米。过高的楼层高度易造成建筑物的空间浪费，而高度过低则会给消费者造成压抑感。

通常情况下，商店面积的细分大致如下：

（1）营业面积：陈列、销售商品面积，顾客占用面积（包括顾客更衣室、服务设施、楼梯、电梯、卫生间面积、用餐厅、茶室等）。

（2）仓库面积：店内仓库面积、店内散仓面积、店内销售场所面积。

（3）附属面积：办公室、休息室、存车处、饭厅、浴室、安全设施占用面积。

根据上述细分，一般说来，营业面积应占主要比例，大型商店的营业面积占总面积的60～70%，实行开架销售的商店比例更高，仓库面积和附属面积各占15%～20%。

在安排营业面积时，既要保证商品陈列销售的需要，提高营业面积的利用率，又要为顾客浏览购物提供便利。有些商店在营业场所中设置顾客休息场所和一定的自然空间，备有台阶或座椅供顾客使用，深受消费者的欢迎。

由于大型商场楼层高、面积大、客流多，顾客在购物时极易产生生理和心理上的疲劳，十分需要有一定的休息场所来缓解疲乏，稍作休息，继续浏览购物，实现“一站式购物”。有些商店还借助于室内造园的手法，在一楼大厅布置奇山异石、移种花草树木、引进喷泉流水，满足人们回归自然的心理需求，同时，也引得一些顾客欣欣然留影纪念。

近年来，一些商店的经营者本着为消费者服务的宗旨，还特意为儿童设立了游戏的场所，并配有玩具和各种游戏设施，派专人看护，方便带小孩的顾客购物，虽占用了一些营业面积，但也带来了不可低估的社会效益。

（四）卖场通道设计

（1）商场营业厅内顾客通道的宽度是根据商场的经营定位、商品的种类、性质、顾客人流和数量来确定。百货商店的主通道宽度为 4～4.5 米，副通道宽度为 2～2.5 米，入口处最好没有门，道路和店堂之间没有阶梯或坡度。

（2）超市卖场通道设计应视卖场规模大小决定，人的基本宽度、通行人数，购物车的基本宽度和通道宽度都要考虑：人体区间前方最宽，其次是侧面，背后最窄。人体区间宽度大约是 0.45 米，2 人双向是 0.9 米，一个人正面的宽度加上与另一个人侧面蹲下的宽度为 1.2 米，以此作为设计通道宽度的基准。超市的主通道宽度为1～4.5米，副通道的宽度在0.6 米～2.1 米，详细的商店规模通道设计见表 9-1。

表 9-1　商店规模通道设计表

一层销售场面积/平方米	主通道宽度/米	副通道宽度/米
300	1.8	1.3
1000	2.1	1.4
1500	2.7	1.6
2000	3.5	1.8
3000	4.5	2.1

（五）货位布局

现代商业竞争日趋激烈，商店销售情况的好坏，在一定程度上依赖于顾客的量，商店的货位布局已不单纯是商品货架、柜台的组合形式，它还承担着重要的促销宣传的任务。合理独到的商店货位布局，能够吸引更多的顾客前来购物，并能诱导他们增加购买数量，提高顾客对于商店的认同感。

商店货位布置的要点。在规划商品货位分布时，一般应注意以下问题：

（1）交易次数频繁，挑选性不强，色彩造型艳丽美观的商品，适宜设在出入口处。如化妆品、日用品等商品放在出入口，使顾客进门便能购买。某些特色商品布置在入口处，也能起到吸引顾客、扩大销售的作用。

（2）贵重商品、技术构造复杂的商品，以及交易次数少、选择性强的商品，适宜设置在多层建筑的高层或单层建筑的深处。

（3）关联商品可邻近摆布，相互衔接，充分便利选购，促进连带销售。如将妇女用品和儿童用品邻近摆放，将西服与领带邻近摆放。

（4）按照商品性能和特点来设置货位，如把互有影响的商品分开摆放，将异味商品、食品、试音试像商品单独隔离成相对封闭的售货单元，有效减少营业厅内的噪音，集中顾客的注意力。

(5) 将冲动性购买的商品摆放在明显部位以吸引顾客，或在收款台附近摆放些小商品或时令商品，顾客在等待结算时可随机购买一两件。

(6) 可将客流量大的商品部、组与客流量较少的商品部、组相邻摆放，借以缓解客流量过于集中，并可诱发顾客对后者的连带浏览，增加购买机会。

(7) 按照顾客的行走规律摆放货位。我国消费者行走习惯于逆时针方向，即进商店后，自右方向左观看浏览，可将连带商品顺序排列，以方便顾客购买。

(8) 选择货位还应考虑是否方便搬运卸货，如体积笨重，销售量大、续货频繁的商品应尽量设置在储存场所附近。

(六) 大型商店各层货位的配置

大型商店各层货位的分布，应遵循如下原则：

(1) LG 多配置顾客购买频率高的商品，如超市。

(2) 一层为保持顾客客流顺畅，适宜摆放挑选性弱、包装精美、色彩艳丽的轻便商品。如化妆品、皮包、日用品、饰品、珠宝首饰及特别推荐的新产品。

(3) 二、三、四层宜摆放选择性强，价格较高并且销售量较大的商品，如纺织品、服装、鞋帽、箱包眼镜等。

(4) 五层可分别设置各种专业性柜台。如床上用品、照相器材、玩具、文化用品、餐具、工艺美术品。

(5) 六层以上应摆放需要较大存放面积的商品，如运动保健器具、钟表、乐器、电器、音像制品、高档家具等商品，还可设置休息室、咖啡屋、快餐厅以便利顾客需要。

第二节 商品陈列与橱窗

商品陈列是零售企业组织经营业务活动的一项重要的宣传手段。商品经营者通过商品陈列，集中反映商店的经营类别和特色，向广大顾客传播经销信息，提高顾客对商品的了解、记忆和信赖的程度，从而诱导消费者作出购买的决定和行动。因此，商品陈列的最终目的是希望能使任何一个逛商店的人都变成一名真正的顾客，从而实现企业的效益。商品陈列讲究科学性与艺术性的有机结合。科学的、匠心独具的商品陈列形式，可以赋予商品鲜活的生命、可以抓住顾客的眼睛、捕捉顾客的心灵，成为商店“无声的推销员”，它通过陈列用具光、色的结合，并配合各种装饰品或背景，从不同角度淋漓尽致地展示商品的个性特色，来感染并最终征服我们的“上帝”。

一、商品陈列的原则要求

(一) 商品陈列原则

(1) 容易判别原则。入口处的商品分布图醒目张贴，让顾客一进卖场就对陈列方位一目了然；各大类别商品的标示牌必须清晰；商品陈列图一旦确定，不要轻易更改（促销区域除外)。

(2) 显而易见原则。商品正面必须向着顾客；价格标签必须清晰可见；每一种商品不能被其他商品挡住；从人的视觉出发（人的眼睛向下 20 度最易观看；人的平均视觉是 110～120 度，可视宽度范围为 1.5～2 米；顾客在卖场内步行购物时的视角为 90 度，可视范围为

1 米)；将销售频率高的商品陈列在货架的二、三层上。

(3) 伸手可取原则。商品的纸箱外包装应去掉；货架上陈列的商品应与上层隔板保持 3～5 厘米的间距；在开放式陈列的果脯、小食等特殊商品，旁边应有盛商品所用的小勺。

(4) 满货陈列原则。有资料表明，放满陈列可平均提高 24%的销售额。把每一隔货架都充分摆满商品，发挥货架的仓库储存作用；万一缺货时，要保证把第一排的排面摆满；根据该单品的销售量，设定每个单品的最高货架陈列量，根据最高货架陈列量来及时补货和下订单。货架每一格至少陈列 3 个品种（畅销商品的陈列可少于 3 个品种)，保证品种数量。当商品暂缺货时，要采用销售频率高的商品来临时填补空缺商品位置，但应注意商品的品种和结构之间关联性的配合。

(5) 竖直方向陈列。分类商品以竖直方向陈列。人的视觉规律上下垂直移动方便，其视线是上下夹角 25°。顾客在离货架 30 厘米至 50 厘米距离间挑选商品，就能清楚地看到 1～5 层货架上陈列的商品。而人视觉横向移动时，就要比前者差得多，就会非常不便。实践证明，两种陈列所带来的效果确是不一样的。纵向陈列能使系列商品体现出直线式的系列化，使顾客一目了然。系列商品纵向陈列会使 20～80%的商品销售量提高。另外纵向陈列还有助于给每一个品牌的商品一个公平合理的竞争机会。

(6) 价位陈列原则。从左到右，价格由低到高；从上到下，价格由高到低。

(7) 实体陈列原则。重的、大的、整箱的陈列于货架底层。

(8) 关联陈列原则。邻近摆布，相互衔接，充分便利选购，促进连带销售。

(9) 规避陈列原则。按照商品性能和特点来设置，如把互有影响的商品分开摆放，将异味商品、食品隔离成相对封闭的售货单元。

(二) 商品陈列要求

1. 陈列的安全性

排除非安全性商品（超过保质期的、鲜度低劣的、有伤疤的、味道恶化的)，保证陈列的稳定性，保证商品不易掉落，应适当地使用盛装器皿、备品，进行彻底地卫生管理，给顾客一种整洁有序的感觉。

2. 系列商品要分类陈列

商品陈列分类要容易选购。目前国内营业面积 100M² 以上的便利店经营商品一般在 2 000到 25 000 种左右。店内商品的大分类、中分类、小分类表示要清楚，不要混乱，使顾客进入店堂内很容易找到自己要购买的商品。

使顾客容易看得见、容易理解是商品陈列的基本原则。为了达到这个目的，首先要加以分类展示。分类陈列时，商品按相互关联使用的原则，将不同但相互关联的商品集中在一起进行销售。第二，使商品能一目了然地放置于分隔的展示空间。商品区域分不清楚，会使顾客产生混淆。第三，要尽可能地方便顾客自己寻找所需商品。

1) 商品的分类方式

(1) 按不同种类缩短选择商品时间的一般方法；

(2) 按不同素材按不同原材料区分排列；

(3) 按不同菜谱提供烹饪菜肴情况下使用的方法；

(4) 按不同活动可分为年中固定活动、地区性活动；

(5) 按不同机能按低热量食品、健康食品等分类；

(6) 按不同季节以季节性强的商品分类，设专柜的方法；

(7) 按不同价格，按不同价格带将商品集中到一起进行销售的方法；
(8) 按不同色彩通过色彩调节，突出商品，促进销售的方法；
(9) 按不同顾客年龄层次分类的方法；

2) 商品分类陈列应注意的六大搭配原则

(1) 主力商品与辅助商品的搭配陈列；
(2) 食品与非食品（装食品的器皿、包装等）的搭配陈列；
(3) 购买频率高的商品与购买频率低的商品的搭配陈列；
(4) 单位价格高的商品与单位价格低的商品的搭配陈列；
(5) 女性购买商品与男性购买商品的搭配陈列；
(6) 成人购买商品与儿童购买商品的搭配陈列。

3. 产品要放到方便顾客拿取、举手可得、易放回的位置上

顾客越方便拿取商品，商品实现销售的机会就越多。增加商品的可得性，就是增加商品的销售机会。这就要求商品陈列做到易见易取。

所谓易见，就是要使商品陈列容易让顾客看见，一般以水平视线下方20°点为中心的上10°下20°范围为易看见部分。

所谓易取，就是要使商品陈列容易让顾客触摸、拿取和挑选，与此关系最密切的是陈列的高度及远近两个问题。依陈列的高度可将货架分为三段：

(1) 中段为手最容易拿到的高度，男性为70～160厘米，女性为60～150厘米，有人称这个高度为"黄金陈列线"，一般用于陈列主力商品或公司有意推广商品。

(2) 上下端为手可以拿到的高度，次上端男性为160～180厘米，女性为150～170厘米，次下端男性为40～70厘米，女性为30～60厘米，一般用于陈列次主力商品，其中次下端需顾客屈膝弯腰才能拿到商品，所以比次上端较为不利。

(3) 上下端为手不易拿到的高度，上端男性为180厘米以上，女性为170厘米以上，下端男性为40厘米以下，女性为30厘米以下，一般用于陈列低毛利、补充性和体现量感的商品，上端还可以有一些色彩调节和装饰陈列。

有关远近的问题，放在前面的东西要比放在后面或里面的东西容易拿到手，为使里面的商品容易拿取，常用的办法是架设阶层式的棚架。

顾客在购买商品的时候，一般是先将商品拿到手中从所有的角度进行确认，然后再决定是否购买。当然，有时顾客也会将拿到手中的商品放回去。如所陈列的商品不易取、不易放回的话，也许就会仅因为这一点便丧失了将商品销售出去的机会。

4. 让人感觉良好的陈列

1) 清洁感

不要将商品直接陈列到地板上。无论什么情况都不可将商品直接放到地板上。注意去除货架上的锈、污迹。有计划地进行清扫。对通道、地板也要时常进行清扫。

2) 鲜度感

保证商品质量良好，距超过保鲜期的日期较远，距生产日期较近。保证商品上不带有尘土、伤疤、锈。使商品的正面面对顾客。提高商品魅力的POP也是一个重要的因素。

3) 新鲜感

符合季节变化，不同的促销活动使卖场富于变化，不断创造出新颖的卖场布置。

(1) 富有季节感的装饰。

（2）设置与商品相关的说明看板，相关商品集中陈列。

（3）通过照明、音乐渲染购物氛围。

（4）演绎使用商品的实际生活场景。

（5）演示实际使用方法促进销售。

5. 满陈列

通过视觉提供给顾客的信息是非常重要的，顾客由陈列的商品上获得信息：陈列的高度、位置、排列、广告牌、Pop。在商品陈列中，不管是柜台，还是货架，商品陈列应显示出丰富性。从顾客的心理学规律来看，任何一个顾客买东西都希望从丰富多彩的商品中挑选，如看到货架上只剩下为数不多的商品时都会有疑虑，唯恐只卖剩下来的“落脚货”。因此，商品陈列应尽可能地将同一类商品中的不同规格、花色、款式的商品品种都展示出来，扩大顾客的选择面，同时也给顾客留下了一个商品丰富的好印象，从而提高所有零售门店商品周转的物流效率。另一方面，从商店本身的利益来看，如货架常常空缺，就白白浪费了卖场有效的陈列空间，降低了货架的销售与储存功能，又相应地增加了商店仓库库存的压力，降低了商店的周转率。因此，商店应尽可能缩短商品库存时间，做到及时上柜、尽快上柜，以达到最好的销售效果。根据美国的一份零售超市调查报告表明，商品满陈列的超市与非满陈列的超市相比较，其销售量按照不同种类的商品，可分别提高14%～130%，平均可提高24%。

要使商品陈列做到丰富、品种多而且数量足，并不是一股脑儿将所有商品毫无章法地摆在卖场上，将柜台、货架塞得满满的，而是要有秩序、有规律地摆放。商品之间可留有适当的空当间隔，也可在摆放商品时组合成一定图形或图案（如米字线的形式），同时可以达到商品丰富的效果。一般零售超市对于货架上放满商品有两个规定：第一，如果长1米的陈列货架（每一格）一般至少要陈列3个品种；第二，按营业面积计算，卖场面积1平方米商品的品种陈列量平均要达到11～12个品种。

即使由于某些客观原因造成商品某些品种缺货、断档，在陈列中也要努力消除这些不利的影响。如可以将众多同类商品摆放出来或适当均匀加大陈列商品的间隔，或补上其他类型的商品。但要注意，一般超市不允许用相邻的商品来填补空缺（除非该相邻商品也是销售率高的商品），应该用销售率高的其他商品填补空缺，同时这个商品与相邻商品有一个品种和结构之间的配合。

6. 陈列成本问题

为了提高收益性，要考虑：①将高品质、高价格收益性较高的商品与畅销品搭配销售；②关联商品的陈列；③适时性；④降低容器、备品的成本，同时要提高效率，防止商品的损耗。

二、商品陈列的类型

（一）陈列要领

1. 陈列前的准备

（1）中分类的陈列分布要先确定；

（2）货架的尺寸规格要标准化；

（3）建立商品资料；

（4）做实验货架陈列样品；

（5）同类样品尽量采用垂直陈列；

（6）特殊商品采用特殊陈列工具；

（7）陈列量与订货单位一并考虑；

（8）商品与层板间要预留空隙；

（9）调整商品陈列时不能违背原则。

2. 要领

（1）货架不同段位的陈列。上段：陈列希望顾客注意的商品，具有感觉性的陈列；黄金段：陈列高利润、有特色的主营商品，高度约在85cm～130cm，是一般人最易看到的位置；中段：陈列价格便宜、利润少、销量稳定的商品；下段：陈列周转率高、体积大、比较重的商品。

（2）隔物板的运用。防止商品缺货及维持陈列面，固定位置，有助管理。

（3）立体前进陈列。使商品能让顾客容易看到。

（4）标价牌的重点：位置要一致、要标出原价及特价、防止标价牌脱落。

（5）运用陈列使卖场多变化，引起顾客注意：端架陈列、槽沟陈列、突出陈列。

（6）集中焦点的陈列。利用照明、色彩、形状、装饰制造顾客视线的陈列集中。

（7）制造出气氛的陈列。如在端午节，将商品摆成龙舟状。

（8）高利润商品要重点陈列。提高公司整体利润。

（9）主力商品与补助商品必须确定。红花一定要绿叶衬，方能显示价值，突出特色。

（10）商品陈列的规则。遵循由小到大、由左到右、由浅而 深、由上而下的基本原则。

（二）商品陈列主要类型

商场商品陈列的基本方法可分为：集中陈列法和特殊陈列法。

1. 集中陈列法

即正常货架陈列，超市商品陈列中最常用和使用范围最广的方法，是把同一种商品集中陈列于一个地方，这种方法最适合周转快的商品。做好正常的货架陈列，要注意几个要素，如陈列位、陈列面、产品线、库存、POP及维护等。商品陈列要在视线水平位置/中央位置/消费者常走的位置；要拥有最多的陈列面；同品牌或同类型/同规格的商品需集中，品名要永远面对消费者；库存应该足够/随时补货；要容易拿取；先进先出，库存需轮运；一定要使用POP/价格标示，且要有持续性/稳固性；要维持整齐/整洁/拿掉不良品；要使店头老板了解/同意我公司所作的。

1）货架上的排列法

厂牌垂直排列法：每一个厂牌都能分享到与视线等高的位置；创造货架上各位不同的特色；可以依商品包装大小做最有效的空间利用。

厂牌水平排列法：只有一个厂牌能拥有与视线等高的位置；容易造成混乱的陈列面，不能依包装大小做适度的调整，容易造成空间的浪费。

最理想的货架排列法：厂牌垂直排列＋包装大小水平排列，货架上位置的大小，由商品的市场占有率高低来决定，以销售额为计算标准，则高价位的商品比低价位的商品占优势；以销售量为计算标准，则回转速率快的商品占优势。

2）货架的插卡效果在货架陈列上配上插卡效果会更好，要善于使用货架插卡配合商品陈列，促进销售增加，不同标示卡的运用效果如下所示：

广告讯息标示卡：广告讯息＋品牌＝＋124％

产品识别标示卡：品牌＋利益点＝＋18％

完全讯息标示卡：品牌＋利益点＋价格＝＋33％

口号的标示卡：如更省钱/特价品＝＋5％

降价讯息标示卡：原价ＸＸ，特价ＸＸ＝＋23％

2. 特殊陈列法

即以集中陈列为基础的变化性的陈列方法。

在超级市场中，商品按类别集中式的陈列是最基本的陈列方法，它也构成了超市陈列卖场的基础。在采用集中陈列的基础上，我们还可以运用一些变化性的陈列方法，即特殊陈列法，以此打破陈列架的单调感，活跃卖场气氛。尤其是对不处在主通道上的中央陈列货架更显重要。因为它能够把顾客吸引进去，变化性的陈列是打动顾客、刺激购物欲的利器。以下是几种常用的表现手法。

1）整齐陈列法

整齐陈列法是将单个商品整齐地堆积起来的方法。只要按货架的尺寸确定商品长、宽、高的排面数，将商品整齐地排列就可完成。整齐排列法突出了商品的量感，从而给顾客一种刺激的印象，所以整齐陈列的商品是企业欲大量推销给顾客的商品，折扣率高的商品或因季节性需要顾客购买量大、购买频率高的商品，如夏季的清凉饮料等。整齐陈列的货架一般可配置在中央陈列货架的尾端，即靠超市里面的中央陈列货架的一端，但要注意高度的适宜，便于顾客拿取。对于大型综合超市和仓储式商场来说，一般在中央陈列货架的两端进行大量促销商品的整齐陈列。

2）端头陈列法

端头陈列质量的优劣，是关系到成功零售店形象的一个主要方面。所谓端头是指双面的中央陈列架的两头，在超级市场中，中央陈列架的两端是顾客通过流量最大、往返频率最高的地方，从视角上说，顾客可以三个方面看见陈列在这一位置的商品。因此，端头是商品陈列极佳的黄金位置，是卖场内最能引起顾客注意力的重要场所。同时，端架还能起到接力棒的作用，吸引和引导顾客按店铺设计安排不停地向前走。引导、提示、诉求可以说是其主要功能，所以端头一般用来陈列特价品，或要推荐给顾客的新商品，以及利润高的商品。由此可见，端头陈列商品的多样性，必须要使我们改变特殊陈列都是陈列特价品的观念。这就要求在端头陈列架商品的配置上，一部分可以是跌幅很大的特价品，另一部分可以是高利润的商品或新商品。

端头陈列法可以是进行单一商品的大量陈列，也可以是几种商品的组合陈列。由于中央陈列架的端头是非常引人注目的主要场所，所以如果将几种商品组合陈列是能够将更多的顾客注意力引向更多的商品。在美国曾进行过一项调查，调查资料显示，将单一的商品陈列改为复合商品组合陈列，销售额就会有很大的提高。尽管销售额的提高会因商品的不同而有所差异，但销售额在任何情况下都会有相当大的增加。这个调查资料显示，可以将同一个商品在不同的中央陈列架内组合陈列，也就是说同一个商品可以在不同的货架上重复出现，但这种重复陈列必须是要将有关联的商品组合陈列在一起。目前国内许多超市所使用的中央陈列架有许多是半圆形端头，这样等于白白浪费了黄金的陈列空间。发挥端头的商品陈列优势，可以将这半圆形的端头去掉，放上一个单面货架，就可以进行端头陈列了。在有些超市和便利店中的陈列货架是没有端头的，这往往是由于受其面积与货架条件的限制所造成。然而从销售这一原则出发，我们强调宁可牺牲中央陈列货架的长度，也要为端陈列争取出一定的卖场空间来。

3）岛式陈列法

在超级市场的进口处、中部或者底部不设置中央陈列架，而配置特殊陈列用的展台，这样的陈列方法叫做岛式陈列法。如果说端头陈列架使顾客可以从三个方面观看的话，那么岛式陈列则可以从四个方向观看到，这就意味着，岛式陈列的效果在超市内也是相当好的。岛式陈列的用具一般有冰柜、平台或大型的货柜和网状货筐。要注意的是，用于岛式陈列的用具不能过分高，如太高的话，就会影响整个超市卖场的视野，也会影响顾客从四个方向对岛式陈列的商品的透视度。为了使顾客能够环绕岛式陈列台（架、柜、筐）选购商品，应给予岛式陈列以较大的空间。

相对于岛式陈列要求的较大空间来说，在空间不大的通道中间也可以进行随机的、活动式的岛式陈列。这种岛式陈列的用具是投入台、配上轮子的散装筐等。这种活动式的货架可以在商店内自由活动，以便根据需要而调整，所以能简单方便地配置在各种通道里的任何地方，只要是需要的话。这种岛式陈列的商品量虽然有限，但可被广泛地利用来促进销售。采用活动式的货架作随机型的岛式陈列其促销效果是相当明显的，尤其是在卖场没有竞争商品的时候，效果就显著，它会带动超市整体的销售额上扬，即使撤下了活动货架，其促销的效果还会有一个滞后的效应。

4）落地托盘陈列

托盘陈列是整齐陈列的变化陈列法，它表现的也是商品量感刺激顾客产生购买欲望。托盘式陈列不是将商品从纸箱中取出，而是将纸箱割除 60%至 70%左右，露出商品的品牌，袋装托盘陈列商品必须高于纸箱 10～20 公分。

5）随机陈列法

随机陈列法是将商品随机堆积的方法。与整齐陈列法不同，该陈列法只要在确定的货架上随意地将商品堆积上去就可。随机陈列法所占的陈列作业时间很少，这种方法主要是陈列“特价商品”，它的表现手法是为了给顾客一种“特卖品就是便宜品”的印象。采用随机陈列法所使用的陈列用具，一般是一种圆形或四角形的网状筐（也有的下面有轮子），另外还要带有表示特价销售的牌子。随机陈列的网筐的配置位置基本上与整齐陈列一样，但是也可配置在中间陈列架的过道内，也可以根据需要配置在其需要吸引顾客的地方，其目的是带动这些地方陈列商品的销售。

6）窄缝陈列法

在中央陈列架上撤去几层隔板，只留下底部的隔板形成一个窄长的空间进行特殊陈列，这种陈列就叫窄缝陈列。窄缝陈列的商品只能是 1 个或 2 个单品项商品，它所要表现的是商品的量感，陈列量是平常的 4 到 5 倍。窄缝陈列能打破中央陈列架定位陈列的单调感，以吸引顾客的注意力。窄缝陈列的商品最好是要介绍给顾客的新商品或利润高的商品，这样就能起到较好的促销效果。窄缝陈列可使超市卖场的陈列是活性化，但不宜在整个卖场出现太多的窄缝陈列，这样的话，推荐给顾客的新商品和高利润商品太多，反而会影响该类商品的销售。

7）突出陈列法

是将商品放在篮子、车子、箱子、存物筐或突出延伸板（货架底部可自由抽动的隔板）内，陈列在相关商品的旁边销售。其主要目的是打破单调感，诱导和招揽顾客。突出陈列的位置一般在中央陈列架的前面，将特殊陈列突出安置。

8）悬挂式陈列法

将无立体感扁平或细长型的商品悬挂在固定的或可以转动的装有挂钩的陈列架上，就叫悬挂式陈列。悬挂式陈列能使这些无立体感的商品产生很好的立体感效果，并且能增添其他的特殊陈列方法所没有的变化。目前工厂生产的许多商品都采用悬挂式陈列的有孔型包装，如糖果、肉类、剃须刀、铅笔、玩具、小五金工具、头饰、袜子、电池等。

9）不规则销售陈列法

在现代的超级市场中，中央陈列货架能整齐地配置，这样，商品就可以秩序井然地陈列了。但就是这种整齐的配置和有秩序的陈列，往往使人联想到军人列队式的整齐排列，久而久之这种配置和陈列会使顾客产生单调乏味感。因此，为了打破这种单调乏味感，超市应该使用每层隔板都能够自由调节的陈列货架，通过将中央陈列货架隔板间距灵活地调节变化，使副通道内的各个中央陈列货架的隔板形成错位安排，而事实上各个货架上陈列的商品并没有变化。然而对顾客来说却有一种新鲜感，他们往往会产生一种错觉，认为中央陈列货架内的商品又有了新的变化，从而吸引顾客走入副通道内选购商品。因此这种方法看似简单，却是行之有效的，是每一个超级市场不容忽视的陈列法。

3. 商品陈列促销三原理

商店设计者应将进入商店的顾客看作是消费流，把商店货位布局看作是以出入口连接的消费管道。最佳的商店布局要能科学地组织消费管道，促使消费流合理流动，增加购买频率。

1）出入口驱动原理

该理论认为：在商店设计好的顾客通道中，出入口是驱动消费流的动力泵，好的出入口设计要能合理的推动消费流从入口到出口，有序地浏览全场，不留死角，是商场客流动线的关键。

在选择入口时应根据商店前行人的流动路线，选择行人经过最多、最近的方向与位置作为入口，在布局时应以入口为先，要有明显标志，小型店铺一般只有一个出入口，大型商店有多个出入口。

2）主辅商品诱导理论

该理论认为：以商品分析为基础把商品划分为主要商品类和辅助商品类，划分标准可包括品牌、质量、购买率、利润率和售后服务等，其中、名牌主打项目商品可作为主要商品，其余为辅助商品。

主力商品亦可称为拳头商品或主要商品，它具有强烈的吸引力和竞争力，拥有相当大的潜在市场份额。辅助商品和主要商品有着密切的相关性，在配置辅助商品时，不过于强调它的独特性和竞争性，而着眼于商品的销售力。

在布置商店货位时，可考虑用主要商品包围辅助商品，使浏览主要商品的消费流必然流过辅助商品，从而带动辅助商品的销售。

3）磁石商品的吸引原理

所谓磁石卖场，即是依据对顾客负有魅力的商品配置，使卖场具有自然诱导顾客采购的效果。卖场五个磁石点商品的具体分布如图 9-4 所示。

第一磁石点：主力商品。第一磁石位于主通路的两侧，是消费者必经之地，能引导顾客至内部卖场的商品，也是商品销售的最主要的地方。此处应配置的商品为：消费量多的商品；消费频度高的商品；主力商品。

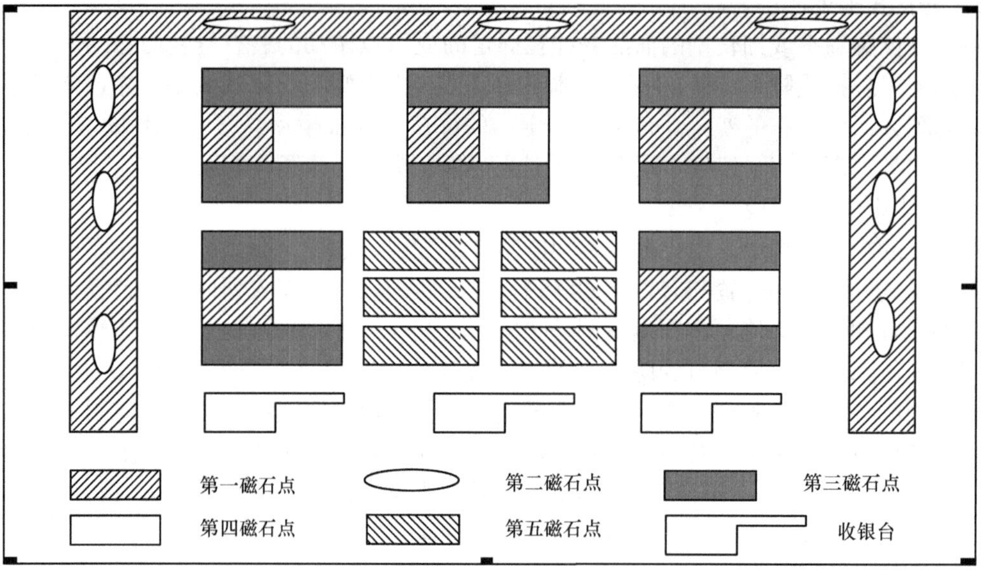

图 9-4　卖场五个磁石点商品分布图

第二磁石点：展示观感强的商品。第二磁石位于通路的末端，通常是在超市的最里面。第二磁石商品负有诱导消费者走到卖场最里面的任务。在此应配置的商品有：最新的商品；具有季节感的商品；明亮、华丽的商品。

第三磁石点：端架商品。第三磁石指的是端架的位置。端架通常面对着出口或主通路货架端头，第三磁石商品，其基本的作用就是要刺激消费者、留住消费者。

通常情况可配置如下的商品：特价品、高利润的商品、季节商品、购买频率较高的商品、促销商品。

端架商品，可视其为临时卖场。端架需经常使之变化（一周最少两次）。变化的速度，可刺激顾客来店采购的次数。

第四磁石点：单项商品。第四磁石指卖场副通道的两侧，主要让消费者在陈列线中间引起注意的位置，这个位置的配置，不能以商品群来规划，而必须以单品的方法，对消费者的表达强烈诉求。包括：热门商品；特意大量陈列商品；广告宣传商品。

第五磁石点：卖场堆头。第五磁石卖场位于结算区（收银区）域前面的中间卖场，可根据各种节日组织大型展销、特卖的非固定性卖场，以堆头为主。

三、橱窗艺术

（一）商店橱窗的设计要求

1. 设计橱窗陈列广告的要求

（1）橱窗陈列要反映出零售商店的经营特色，使媒体受众看后就产生兴趣，并想购买陈列的商品。

（2）季节性商品要按目标市场的消费习惯陈列，相关商品要相互协调，通过排列的顺序、层次、形状、底色以及灯光等来表现特定的诉求主题，营造一种气氛，使整个陈列成为一幅具有较高艺术品位的主体画。

(3) 要有一定的“艺术美”。橱窗实际上是艺术品陈列室，通过对广告产品进行合理搭配，来展示商品美。它是衡量商业经营者的文化品位的一面镜子，是体现商业企业经营环境文化、经营道德文化的一个窗口。它是商店的脸谱，顾客对它的第一印象决定着顾客对商店的态度，进而决定着顾客的进店率。

2. 商店橱窗陈列具有特殊的立体空间时的要求

1) 背景要求

背景是橱窗广告制作的空间，对背景的要求，类似室内布置的四壁。形状上，一般要求大而完整、单纯，避免小而复杂的繁琐装饰。颜色上，尽量用明度高、纯度低的统一色调，即明快的调和色（如粉、绿、天蓝等色）。如果广告宣传商品的色彩淡而一致，也可用深颜色作背景（如黑色）。总之，背景颜色的基本要求是突出商品，而不要喧宾夺主。

2) 道具要求

道具包括布置商品的支架等附加物和商品本身。支架的摆放越隐蔽越好。现在常用有机和无机玻璃材料作支架。如果是服装用道具模特，其裸露部分如头脸、手臂、腿等部位的颜色和形状，也不一定同真人一样，可以是简单的球体、灰白的色彩，或者干脆不用头脸，这样反而比真人似的模特更能突出服装特色更能突出服装本身。

商品的摆放要讲究大小对比和色彩对比，其构图及背景色彩，都可以先在纸上画出平面或立体效果样，以突出广告商品为原则，同时注意形式上的美感。

商品名称、企业名称或简捷的广告用语，可以安排在台架上，亦可悬挂起来或直接粘贴在橱窗玻璃等突出的部位。一个橱窗最好只做某一厂家的某一类产品广告。

3) 灯光要求

光和色是密不可分的，按舞台灯光设计方法，为橱窗配上适当的顶灯和角灯，不但能起到一定的照明作用，而且还能使橱窗原有的色彩产生戏剧性的变化，给人以新鲜感。对灯光的一般要求是光源隐蔽，色彩柔和，避免使用过于鲜艳、复杂的色光。尽可能在反映商品本来面目的基础上，给人以良好的心理印象。例如，食品橱窗广告，用橙黄色的暖色光，更能增强人们对所做广告的食品的食欲。而家用电器橱窗陈列，则用蓝、白等冷色光，能给人一种科学性和贵重的心里感觉。

值得注意的是，现代橱窗陈列的布置更加强调其立体空间感和空间布置的对比。例如，由于商品的摆放多集中于橱窗的中下部分，上部空间往往利用不足，此时便可以利用悬挂装饰物的办法增加其空间感。另外，装饰物、背景和橱窗底面的材料也应充分讲求与广告商品的对比。

还有的橱窗陈列设计、利用滚动、旋转、振动的道具，给静止的橱窗布置增加了动感，或者利用大型彩色胶片制成灯箱，制作一种新颖的画面，等等。总之，现代橱窗广告制作随着科学的发展，设置思想的更新，从形式、内容等方面不断充实，其醒目程度日益提高，但是，如果在设计制作上只注意形式上的变化，忽略了广告宣传目的而造成喧宾夺主的后果，这样的橱窗设计仍然是不会成功的。

（二）橱窗陈列方式

1. 综合式橱窗陈列

综合陈列橱窗是将许多不相关的商品综合陈列在一个橱窗内，以组成一个完整的橱窗广告。这种橱窗陈列由于商品之间差异较大，设计时一定要谨慎，否则就会给人一种“什锦粥”的感觉。综合式陈列方法主要有：

（1）横向橱窗陈列。将商品分组横向陈列，引导顾客从左向右或从右向左顺序观赏。

（2）纵向橱窗陈列。将商品按照橱窗容量大小，纵向分布几个部分，前后错落有致，便于顾客从上而下依次观赏。

（3）单元橱窗陈列。用分格支架将商品分别集中陈列，便于顾客分类观赏，多用于小商品。

2. 系统式橱窗陈列

大中型商店橱窗面积较大，可以按照商品的类别、性能、材料、用途等因素分别组合陈列在一个橱窗内。又可具体分为：

（1）同质同类商品橱窗。同一类型同一质料制成的商品组合陈列，如各种品牌的冰箱、自行车橱窗。

（2）同质不同类商品橱窗。同一质料不同类别的商品组合陈列。如羊皮鞋、羊皮箱包等组合的羊皮制品橱窗。

（3）同类不同质商品橱窗。同一类别不同原料制成的商品组合陈列。如杏仁蜜、珍珠霜、胎盘膏组成的化妆品橱窗。

（4）不同质不同类商品橱窗。把不同类别、不同制品却有相同用途的商品组合陈列橱窗。如网球、乒乓球、排球、棒球组成的运动器材橱窗。

3. 专题式橱窗陈列

专题橱窗陈列是以一个广告专题为中心；围绕某一特定的事情，组织不同零售店或同一零售店不同类型的商品进行陈列，向媒体受众传输一个诉求主题。例如，节日陈列、绿色食品陈列、丝绸之路陈列等。这种陈列方式多以一个特定环境或特定事件为中心，把有关商品组合陈列在一个橱窗。又可分为：

（1）节日陈列。以庆祝某一个节日为主题组成节日橱窗专题。如中秋节以各式月饼、黄酒等组成的橱窗。圣诞节以圣诞礼品、圣诞老人等组合的橱窗，既突出商品，又渲染了节日的气氛。

（2）事件陈列。以社会上某项活动为主题，将关联商品组合的橱窗。如大型运动会期间的体育用品橱窗。

（3）场景陈列。根据商品用途，把有关联性的多种商品在橱窗中设置成特定场景，以诱发顾客的购买行为。如将有关旅游用品设置成一处特定的旅游景点，吸引过往观众的注意力。

4. 特写式橱窗陈列

特写橱窗陈列是运用不同的艺术形式和处理方法，在一个橱窗内集中介绍某一零售店的产品。例如，单一零售店商品特写陈列和商品模型特写陈列等，这类陈列适用于新产品、特色商品的广告宣传。主要有：

（1）单一商品特写陈列。在一个橱窗内只陈列一件商品，以重点推销该商品，如只陈列一台电冰箱或一架钢琴。

（2）商品模型特写陈列。即用商品模型代替实物陈列，多适于体积过大或过小的商品，如汽车模型、香烟模型橱窗，某些易腐商品也适用于模型特写陈列，如水果、海鲜等。

5. 季节性橱窗陈列

根据季节变化把应季商品集中进行陈列，如冬末春初的羊毛、风衣展示，春末夏初的夏装、凉鞋、草帽展示。这种手法满足了顾客应季购买的心理特点，有利于扩大销售。商店的橱窗多采用封闭式，以便充分利用背景装饰，管理陈列商品，方便顾客观赏。橱窗规格应与商店整体建筑和店面相适应。

橱窗底部的高度，一般从离地面 80～130cm，成人眼睛能看见的高度为好，所以大部分商品可从离地面 60cm 的地方进行陈列。小型商品从 100cm 以上的高度陈列。电冰箱、洗衣机、自行车等大件商品可陈列在离地面 5cm 高的部位。

零售策划者可根据零售商店规模大小、橱窗结构、商品的特点、消费需求等因素，选择具体的橱窗陈列广告形式。

第三节 商店氛围

零售企业并不是存在于真空环境中，它受到各种外在因素的影响和制约。因此，卖场设计需要顺应时代的特点，营造宜人的购物氛围。随着人们生活水平、风俗习惯、社会状况及文化环境等因素变迁而不断标新立异，时刻走在时代的前沿，这便是卖场设计应该具有的时代性。

一、商店氛围及其要求

商场并不是单纯陈列商品的场所，而是通过卖场的设置、商品的选择、陈列方法、销售技巧、促销手段等，将经营者以及销售员的思想、态度巧妙地传达给顾客，激发顾客需求、引导顾客消费、最终获得成功销售商品的目的。

那么，如何与顾客有效地沟通呢？展现在顾客眼前的“卖场”是吸引顾客的导入点；卖场中展示的“商品”是引导需求的根本点；你所运用的“促销手段”是提高商品销售额的关键点。

（一）营造方便顾客购物的卖场环境

顾客购物需要付出成本，除了付出资金成本以外，还要付出体力及精力等多种成本。如果卖场不能尽可以地为顾客节省这些非资金成本，顾客在你的卖场购物将会感到是一件非常费劲而麻烦的事；这样必然没有多少顾客光顾你的卖场。

卖场，必须做到停车方便、入口方便、物理方便、心理方便。

（二）营造吸引顾客眼球的店外气氛

店招：店招是卖场的脸面，在吸引顾客方面发挥着巨大的作用。店招最基本的元素要告诉顾客店名和行业。店招的设计不能过于复杂和花哨，以免分散过客的注意力；在图案、字体的选择上要充分考虑到所从事的行业特征和目标消费群体的喜好。其目的一是吸引消费者走进店内，尽可能促成消费；二是让消费者过目不忘，下次光临时可以轻松找到，或在口碑传播过程中容易转述给他的朋友。如果你的卖场在车流量极大的街道或者公路旁，建议你把店招字体大小做到最大，内容尽量单纯，方便开车的顾客在较快的速度下也能看清。

外观：几乎所有的人在第一次进入一家商店时都是凭借店面的外观判断是否光临！因此，顾客是否愿意光顾这家店里，不仅只看招牌更要看外观。店招告知顾客我是做什么的，而外观营造的氛围才是让顾客产生心理上是否接受的主要因素。同时，好的外部氛围对卖场自身也是最好的广告。那么，店外如何营造出最佳氛围呢？首先，要根据目标人群的特点来营造店外风格，如主营儿童产品的卖场，就必须营造出符合儿童心理、喜好和习惯的氛围；其次，要根据所从事的行业和行业热度来确定，热度较低（交易相对不十分频繁）的行业主要是树形象，如给人尊贵、高雅、时尚、前卫等气氛；热度较高（交易十分频繁）的行业一般商品单价都较低，除了布置有助于促销的店外环境，还可以把在店外摆放大量的商品，配合醒目的POP吸引顾客，营造抢购的氛围等。店外环境的营造主要决定于目标消费群体和所从事的行业，同时，也要根据各店外的具体环境因地制宜。

总之，从装修到装饰、从设计到布置，都要容入美学、心理学、广告学等知识，最终营造出让人感觉轻松、亲和力极佳、赏心悦目、前卫时尚的卖场。

二、陈设

陈设是为了给顾客购物时提供一个舒适、优美的环境。陈设具有更大的灵活性、有效性，这是针对布局中服务设备而言。

1. 展示功能的陈设

展示功能的陈设一般安放在比较醒目的及空间接空不足的位置，以起到一种广告及连接弥补空间的作用。应该说其功能相当于橱窗，但其自身的造型上有更随意的选择性。这类陈设设计要注意所选材料的性能、造型使其达到结构、造型、环境的统一。展示功能的陈设应把众多分散的信息点巧妙地编织成为更醒目的一点，提高视觉冲击力。

在实际的商场布局中，模特是主要的陈设。它不仅强化布局的生命力，还可以通过逼真造型直观地唤起人一定的意象和概念。模特作为传递信息的工具，构成了一种形象的信号系统，它可以直接与消费者对话，传达商品的功能意义。模特对整体布局的情调起主导作用。

2. 导向功能的陈设

导向功能的陈设具有引导消费者顺利购买所需商品的功能。它视觉的导向类，它是一种文字语言与视觉形象有机结合物。导向功能的陈设可分为文字导向、图形导向及二者结合的导向三类。导向功能的陈设一般安放在电梯、电话亭、洗手间、服务台、收银台等旁。导向陈设是一种视觉语言。人类感知事物最敏感、准确的就是视觉。因此，符号给视觉以刺激，让人感知事物，导向陈设就属于“符号”的范畴。导向陈设要把复杂的事物用简单的形式表达出来，且给人的印象是瞬间的。因此要特别注意导向陈设的三个特征：一是形象独特而具有别于其他个性化的元素；二是形象构成去繁就简的单纯美；三是短暂的时间内传递出明确的信息。

3. 艺术陈设

有一般元素构成的布局，给人的情感冲击并不强烈。但与艺术陈设相结合，就会产生审美的飞跃。以其形式和内容本身产生的精神力量来强化布局整体环境的主题，给消费者以提示和启发，从而起到一种点缀、向导的烘托气氛的作用。

目前的许多商场里，经营者更多的是注重字画、壁画等平面的艺术陈设，而忽略了占据三维空间的艺术陈设似乎认为应让柜台占满每个角落。其实，在一些适当位置摆放一些艺术品是会起到意想不到的效果。但要注意作为整体布局的一元素，艺术陈设不能脱离环境凭空设置。在某一布局中，艺术陈设可以成为一个较明确的情感交流中心。因其形象的确定，象征的内涵等都与商品形成对比统一，从而强化和丰富了原有的布局，满足了消费者的心理和视觉需求。如在体育用品店安放一座“掷铅球”塑像，就会使消费者萌发出生命的活跃感。在宾馆、饭店等的布局中，则注意强调艺术陈设的不同个性，创造出文化性、民族性、乡土性的氛围。

在现代西方的艺术设计中，甚至将灭火器、消防栓艺术化的陈设，这也是我们策划者极力追求的目标，即达到艺术和使用的和谐。

三、灯光

卖场内的照明非常重要。首先，灯光可突显店内所陈列的商品的形状、色彩、质感，吸引路人注意，引导其进入店内。因此卖场灯光的总亮度要高于周围建筑物，以显示明亮、愉快的购物环境。其次，光线可吸引顾客对商品注意力，因此卖场的灯光布置应着重把光束集中照射商品，使之醒目，应在商品陈列摆放位置的上方布置五颜六色的灯光，刺激消费者的购买欲望照度标准。

（一）光与色

白炽灯光耀眼而显得热烈，荧光灯柔和，一般商店都是两者并用。从商品色彩来看，冷色（青、紫）用荧光灯较好，暖色（橙、红）用白炽灯更能突出商品的鲜艳。服装、化妆品、蔬菜、水果等使用白炽灯、聚光灯则能很好地突出商品的色彩，创造气氛。

（二）光源的位置

不同位置的光源给商品所带来的气氛有很大的差别：

(1) 从斜上方照射的光。这种光线下的商品，像在阳光下一样，表现出极其自然的气氛。

(2) 从正上方照射的光。这种光可制造一种非常特异的神秘气氛，高档、高价产品用此光源较合适。

(3) 从正前方照射的光。此光源不能起到强调商品的作用。

(4) 从正后方照射的光。在此光线照射下，商品的轮廓很鲜明，需要强调商品外形时宜采用此种光源，在离橱窗较远的地方也应采用此光源。

(5) 从正下方照射的光。能造成一种受逼迫的、具有危机感的气氛。

在以上不同位置的光源中，最理想的是“斜上方”和“正上方”的光源。另外，对于旧灯具要常换常新，更换一个壁灯、改变一个吊灯灯罩的色彩都可表现出与过去完全不同的气氛。

（三）照明方式

“一盏放在地板上的灯可以使建筑产生一种幽灵般的气氛，一束照在石头的纹理、天花板和墙壁质地的顶光，把屋舍渲染的富于神奇和肃穆。”空间不但要通过光来表现，而且，空间氛围、空间个性也要靠光来渲染和控制。物体的质地和造型也会由于光影强弱和角度不同而有变化，并影响着空间体型的构成。如明亮的光可以使空间尺度感大于原有尺寸，反之则使空间感小于实际尺寸。所以，光影与色彩一样是创造空间氛围的重要环节，是影响人们的最直接因素。卖场内空间布局的光源有自然采光和人工采光两种、阳光通过窗、门等进入室内，直射式扩散到需要的空间，称为自然采光；自然采光由于自然运行现象和气候关系形成的一种光照，所以它能给空间创造出富于情感氛围的自然的光影。

但自然光虽然光色丰富，但光量不足且不易控制，所以在空间起决定作用的是人工采光，即利用人造光源按功能及审美的要求，布置在一定的空间部位，使空间达到一定的照明要求及美感。

1. 照明方式

在整体照明方式上，要视商场的具体条件配光。

灯光的使用上可采用以下方式：直接照明、间接照明、半间接照明、集束照明、彩色照明。

在均衡分配商场内的照明亮度时，应以全体照明的店内平均亮度为 1，店面橱窗为 2～4 倍，店内正面深处部分为 2～3 倍，商品陈列面为 1.5～2 倍，需加倍亮度的地方只要加上局部照明即可。

现代零售商场的布局空间照明的发展趋势变单光源为多光源，变平面照明为立体照明。所以，以上若干照明方式可以在同一空间里，合理组织，综合运用。但有两点应注意：第一是在处理光照环境时，不仅考虑要有足够丰富的照明，使其光线柔和，均匀，富于变化，还要考虑光的投射方向和角度，设计重点照明，形成视觉中心。第二是不同的光照区域之间，不宜有亮度的突变，而要创造光照柔和的渐变的过渡。

2. 照度均匀

卖场物空间内，因为有许多陈列架，有些货架比较高，因此应注意货架对光线的遮挡，以免空间照度不匀和货架上下部照度不同，空间高度为 4～5 米内超市，中高度在 2 米左右为宜，货架的遮挡影响小，货架的布置受灯具布置的局限小。对于货架较高，通道较窄，层高较低的超市，货架对光线的遮挡影响不能忽略不计，应将灯具布置在货架之间的通道上方，灯具的配光方向应向通道两侧货柜的垂直面斜照，也可依据通道宽度选中配光或窄配光线的灯具，就注意蝙蝠翼型配光曲线的灯具在超市照明中并不是处处适用的。

3. 防止照明对商品的损害

有时候，当顾客拿起商品时才发现商品有些部分已褪色、变色，这样不仅商品失去了销售的机会，同时也使卖场的信誉大打折扣。为防止因照明而引起商品变色、褪色、变质等类似事件的发生，在平时应经常留心以下事项：

（1）商品与聚光性强的灯泡之间的距离不得少于 30 厘米，以免光线的热量、灼烧导致商品褪色、变质。

（2）要经常查看资料和印刷品是否有褪色和卷曲的现象。

（3）由于食品在短时间内容易变色、变质，所以要远离电灯。

（4）对逐渐暗淡的电灯要在其“寿终正寝”之前提前更换。

四、颜色

色彩可以对消费者的心情产生影响。从视觉科学上讲，彩色比黑白色更能刺激视觉神经，因而更能引起消费者的注意。每逢节日，各报报头套红，色彩夺目，使人顿觉眼前明亮，精神为之一振。彩色能把商品的色彩、质感、量感等表现得极近真实，因而也就增强了顾客对销售商品的信任感。在商店内部恰当地运用和组合色彩，调整好店内环境的色彩关系，对形成特定的氛围空间能起到积极的作用。在对店内进行空间色调处理时应把握好色泽的类别、深度和亮度。

1. 色泽的类别

作为色泽的类别，人们按照各种颜色对人们造成的基本不同感受常分为暖色调和冷色调。暖色调主要有红色、黄色和橙色。而冷色调有蓝色、绿色和紫色。总体上暖色调给人一种舒适、随意的感觉，而冷色调给人一种比较严肃、正式的感觉，使人不太容易接近．然而只要应用得当，冷、暖色调均可创造出诱人的商业氛围。对于狭长的店堂来说，把两侧墙壁涂成冷色，里面的墙壁涂成暖色，就能给人以店堂宽敞的印象。相反，对于短宽的店堂来说，把两侧的墙壁涂成暖色，把里面的墙壁涂成冷色，能给人以店堂变大的印象。

红色是一种比较刺激的色彩，在使用过程中必须小心谨慎，它一般只用作强调色而不是基本的背景颜色。作为一种用于着重特定部位的颜色，其效果往往不错。在元旦或春节及其他重要节日红色是一种非常合适的展示色。黄色同红色一样，也非常惹眼并且造成视觉上的逼近感。对一些背景光彩较为暗淡的墙壁、标记等地区可以运用黄色。另外黄色被认为是一种属于儿童的颜色，所以在装饰婴儿或儿童用具部门常用黄色。橙色是一种比较特殊的颜色，主要是因为这种颜色的亮度同其他颜色的不协调性，它常常同于秋季，代表丰收的时节。一提起蓝色，常常用苍凉蔚蓝的天空和平静湛蓝的大海联系在一起。通过蓝色的添加能够创造一种恬静、极为放松的购物环境。蓝色常常被用为一种基本的色调，尤其是在男人用品部；代表一种深沉的力量。绿色则表示清新的春天以及和平安详的大自然。许多人认为它是一种最为大众广泛接受的颜色。另外绿色的空闻感较强，能让较小的地区显得更为宽阔。紫色在商店内景中用得较少，除非为了达到一些特殊效果。如果商店内部运用过多的紫色会挫伤顾客的情绪。

色彩的不同组合，可以表现出不同的情感和气氛。为了表明“和谐美丽”，可以用对比色组合，如红与白、黑与白、蓝与白等。而要表现“优雅与稳重”，则可用同色不同深浅的颜色组合，如紫蓝色与浅蓝色、深花色与浅褐色、绿色与浅白绿色，黄杨色与浅驼色等。另外，色彩的对比与组合不同，商品及广告文字的醒目程度即不同。不同颜色具有的色彩感觉不同，见表 9-2。

表 9-2　不同颜色具有的色彩感觉

颜色名称	具有的感觉色彩
红色	热情，活泼，是进取性和积极的颜色，给人以“高级”的印象。中国认为红色是喜庆和吉祥，通常在节日或喜庆的日子里人们都爱用红色
橙色	活泼，年轻，富贵
黄色	明亮，年轻，在商店内使用，由于有刺激视觉的作用，会使顾客感到疲劳，少量使用，不要用于主色
褐色	保守，消极，容易被信赖。其中，茶色，咖啡色，巧克力色给人以强烈的活动之感，总的说来，素净的严肃颜色用于外观较理想
绿色	新鲜，年轻。是疲劳时希望看到的颜色，同时，使人感到放松、协调、健全、温和，具有家庭气息。其中浅绿色最适合商店内使用
青色	理智，安静，清洁。也有人称之为“服从色”
紫色	优雅，高贵，稳重。有神秘的色彩。直感敏锐，言谈直爽的人多喜欢这种颜色。如将它作为商店的主色，该店将显时髦、漂亮
粉红色	华丽，年轻，明朗，也被称为“愿望色”，是人们在有所要求的时候喜欢的颜色
灰色	沉静，是一种稳重的颜色
黑色	严肃，坚强，认真，刚健
白色	神圣，洁白，清洁。商店内的墙壁，顶棚经常使用，但易给人以苍白感和冷静感

2. 色泽的深度

在色泽的深度上也应该仔细研究。通过各种色彩不同程度的合理运用，能让店内许多实物设施产生崭新的、更加吸引人的视觉效果。一般地讲，比较淡的颜色能产生一种放大的效果。而比较浓的颜色产生的效果则相反。例如应用较浓的暖色调（如棕色）作为窄墙的基本色，而用较淡的冷色调作为宽墙的基本色都能创造较好的视觉效果。比较淡的中等色调（如灰色）常常用作固定设施的颜色，这种色调让人感觉到温暖柔软，并且保证其同商品能较为紧密地结合在一起。而较浓的颜色能够有效地吸引顾客的吸引力。

3. 色泽的亮度

色泽的亮度同深度一样也会在一定程度上让顾客对一些实物的大小形成错觉。明亮的颜色使人感觉到实物的硬度，而暗色则让人感觉较为柔软。作为一个普遍规则，儿童一般喜欢明亮的颜色，因而在儿童用品部经常用这种颜色，而在成人商品部一般用柔色调。

五、音乐

1. 避免各种噪音干扰

这种噪音的来源可能是店内的也可能是店外的，它们都必须得到有效的控制。据有关研究表明，通常人最好工作在声强 50 分贝以下的环境中，超过这程度会影响人的情绪造成疲劳，这样既不利于顾客购物也不利于营业人员提供高质量的服务。例如走在硬地板上的高跟鞋声，空调机的轰鸣声，店外马路上建筑工地的嘈杂声以及隔壁传来的其他杂音都是不良噪声，它们会中断顾客的购买思维，造成顾客的厌烦情绪，迫使顾客提前离店，减少顾客的消费量。对于这些噪音应该采取各种方法合理控制。例如对于高跟鞋声可以采取在地面上铺厚地毯的方法加以解决，对于轰鸣的空调机可以将其安置在比较隔音的地方并进行特殊处理。另外还可以在天坪、地面、墙壁采用吸声表面材料，提高建筑物围护墙及门窗的隔音能力等。

2. 充分利用优秀的背景音乐

各种不同的音响、和声、旋律作为种信号，能刺激大脑的神经细胞，使人随之或兴奋、或抑制、或激昂、或忧伤的特点。例如在购买高峰时，播放些奔放的音乐，以加速消费者流动。在购买低峰时则播放些清逸的轻音乐以留住消费者的脚步。在不同的商品部门播放不同情绪色彩的音乐能更大程度地吸引顾客。如在书刊、文化用品部播放高雅音乐，服装部播放轻松音乐，儿童用品部门播放比较活泼的音乐等。

百货商店在举办各种大型活动时可以采用各种特殊的主题音乐，增强主题宣传效果。有时还可以通过音乐勾起顾客对历史上重要事件的回忆，从而诱发购买欲望。除了音乐之外，各商店还可以用各种模拟声音造成美的意境，如瀑布声、泉水叮咚声、小鸟唱歌声等等。在商店内部运用广播进行适当的直接宣传，其效果也是不错的，宣传内容包括些大型活动的安排、最新商品介绍、商店结构和交通方式等。有的商店甚至利用广播为顾客提供各种服务如找人，点歌等。对于百货商店内部的音响效果设计还应注意节奏和时间的安排，不要造成顾客的反感情绪或是令顾客感到疲劳。值得注意的是，不是所有空间都适合播放音乐，有时候造成的回声效果等同于烦人的噪音。

六、绿化、气味

现代城市中，人工的景观把自然色逐出人的视野，建筑物更使人与自然隔离开来。所以商场布局中出现一些绿色植物，使空间多少带些田园情调，一定会满足人向往与阳光、空气、植物绿化直接接触的需求，带来舒适的美感，给人带来生机勃勃的情趣。商场布局设计，要尽可能突破“四堵墙”，与大自然保持接近，消除内部空间的沉闷，以维持人与大自然的生态系统的平衡。当然，绿化不仅仅是为了生态学意义上的功利，它还可以起到划分、沟通、填充空间的作用。它以自身充满生命活力的形象唤起消费者对美的追求，对精神世界的慰藉。

植物绿化的意义还在于它与布局中其他元素构成两种基本的对比关系：

第一：自然生命美与人工环境的凝固形成对比，由于植物绿化有机的存在使人工环境有了生命，体现了人工环境与自然环境的和谐，增强了空间的感染力。

第二：从视觉上看割据姿态的绿化与规矩的其他形状形成对比，同时也构成一种质地的反差美，冲突美，从而丰富了布局中不同层次的变化。

作为商店内部环境感官效果的构成因素，极易被人所忽视。对于商店内部气味的控制，也应从两方面着手。

(1) 要控制各种恶劣气味的产生，包括潮湿、霉烂的气味，食物变质的气味，空气浑浊，尘土飞扬的气息等等。对于以上问题商家可利用良好的通风设备，高档的除尘设备，维护和保存食物的先进科学的方法来解决。同时要尽量避免使用油漆、塑料壁纸、纤维板等不同程度对人体有害的毒性物质。

(2) 专用各种诱人的香味来吸引顾客，常常能起到出人意料的作用。在出售人造花、工艺品、化妆品、食品等商品的营业空间，气味更能吸引消费者的注意力。当然有些气味对商品非常不利，如化妆品柜台就不可与茶叶柜台相毗邻，经营茶叶的营业员也不宜涂抹香味较浓的化妆品。

七、卖场生动氛围的综合设计

卖场生动氛围综合设计是综合运用天花板、地板、灯光、架构、图案以及灯光照明、色彩、气味、声音与音响通风设备等有目的的创造特定的气氛，使商品充分显示其特性，对顾客产生极大的吸引力，实现企业最终销售的迅速提升。

（一）卖场生动化

1. 卖场生动化是指在零售点，经由厂家、经销商和零售商的共同努力，达成以下方面的销售势态

(1) 以最佳陈列位置、最大陈列空间、最高清洁度、最优化理货管理和终端促销品布置，展示良好的品牌形象，营造出消费者强烈的感官刺激和售卖环境，以及形成完全优于竞争品牌的压迫式的气氛。

(2) 以营业员的直接推荐造就良好口碑。

(3) 以多样化、高实效的售点促销活动营造热烈的销售气氛。

2. 展开卖场生动化行动的目的

强化品牌形象，塑造品牌光环，形成各单独售卖场的局部竞争优势，拉动局部业绩增长，局部增长汇聚就意味着销售的全面增长。

（二）实施卖场生动化的意义

(1) 零售卖场是消费者决定购买的最后一个环节，在最后一分钟内争夺每一个顾客，是各种品牌必争之地。

(2) 零售卖场是展示品牌形象的窗口，是品牌价值最直观的体现。我们必须保证窗口的明净亮丽，否则何以相信物有所值。

(3) 我们已展开强大的广告优势，同时我们必须做到产品看得到、看得清、看着好的售点配合。否则，广告意味着浪费金钱。

(4) 直接争夺 60%的顾客：营销专家指出，60%的消费者是在售卖现场受到感官刺激或营业员的提示、推荐后才决定购买的。

(5) 产品陈列在最佳位置上能促进销售量增长 20%；产品占据最大陈列能促进销量增长 30%；上佳的宣传品配合能促进销量增长 20%；营业员的直接推荐能促进销售增长 60%。

(6) 口碑的传播效应，卖场生动化对业绩的促进力，数倍于直接产生的效应。

（三）卖场生动化设计

1. 超市的生动化

收款台附近的生动化展示，可以在顾客走进收款台付款时，刺激其购买冲动；大厅空地生动化主要用来吸引家庭消费顾客；货架产品陈列是常规生动化展示手段，可以和其他生动化展示手段组合使用。

2. 大型商场的生动化

大型商场是使用生动化展示手段最多的地方，组合方式也多种多样，在大型商场进行生动化展示注意在产品所处楼层的电梯口制作一些指示性标志，引导顾客前往卖点选购商品。

3. 专业店的生动化

专业店大多是以经营单一品牌产品为特点，十分注意整体环境装饰设计，品牌形象突出，所以利用生动化展示手段并不多，内部强调简洁、整齐。专业化主要用粘贴 POP、立地 POP、挂旗及产品陈列做生动化组合。

4. 便利店的生动化

便利店营业面积小，能够用来进行生动化展示的空间也相对较少，决定了生动化展示只能是少而精，且强调对顾客的视觉冲击。货架陈列及产品堆放是便利店最常用和最主要的生动化展示手段。

（四）卖场生动氛围营造注意事项

(1) 应先确定以哪类顾客为目标顾客群。

(2) 了解他们对零售店的气氛有何期望。

(3) 分析哪些气氛能增加顾客对零售店的依赖及引起情绪上的反应。

生动化的商场应该是一个人性化的场所，包括聚会、展示自我、购物、餐饮、参加示范会、聆听讲座、学习健康知识、欣赏时尚、体验品位、猎取新奇的地方。很多商场都举行过类似美容护肤讲座、向顾客免费发放皮鞋皮具，小家电保养的常识小资料，就是想以此为手段带给顾客更加丰富的收获和体验。

生动化、年轻化的卖场设计是一个必然的趋势，从商场的门面开始，以客观的软硬件设施和主观传递的情感信息等综合因素，通过揉捏组合，最后让顾客做出判断——这个商场是否吸引他们去探寻，是否值得信任。生动化也不是孤立的，随着社会的发展，人们对消费行为的感知和需求必将不断推向更高的层次，合理利用设计手法和规律，提高商场的生动化水平，未来才能有不断增长的实现销售的空间。

总之，商场定位最为关键，并且这样的定位需要准确的找到合适的品牌与之相对应。随着国内消费者对于高档品牌消费能力的增强，以及高档品牌不断扩张的需要背景下，选择一个高档的商业形式作为经营目标，这无疑是最大价值地实现了商业的价值，同时也提升了该商业的综合竞争力，切不可误认为商业是一揽子的称谓，只有认识到不同其商业价值才能够与众不同。

◎小结

商店布局要遵循顾客第一、安全便利、高效利用等原则，商店布局类型主要有直线式、岛屿式、自由流动式。商品陈列的主要方法为集中陈列法和特殊陈列法。橱窗要讲求艺术性。要特别注意商店氛围的营造。

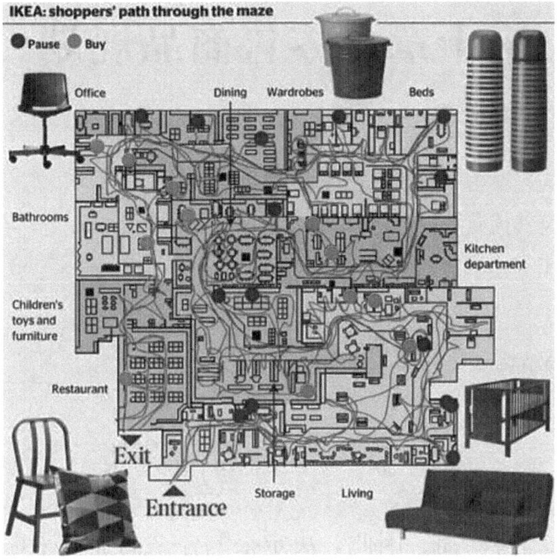

➤案例　宜家“迷宫式”商场布局设计

据英国商店设计专家称，宜家“迷宫式”的商场布局是一种心理武器，在尽可能长时间留住顾客的同时还从心理上迫使消费者进行冲动消费，购买更多的商品。据伦敦大学学院建筑环境学虚拟现实中心主任阿兰·佩恩（AlanPenn）称，宜家的战略同一些郊区购物中心类似，尽可能长时间地留住顾客。虽然，宜家商场内都有快捷通道，但顾客却很难找到出口，只能沿着内部设定好的通道去参观更多的商品。由于“迷宫式”的线路令顾客很难找到走过的路，因此顾客在看到称心的商品时，就会放进购物车里，以免错过后再也找不到了。大量冲动消费也随之而来，如灯泡、煲锅等一些原本不想买的东西。巧妙的“迷宫”设计，加上物美价廉的商品，使得宜家 2010 年在 26 个国家的 283 家分店总共赢利 23 亿英镑（约 241 亿人民币）。

☞讨论题

1. 如何从实际出发进行商场布局设计？
2. 如何从商场实际出发，实现卖场生动化？

思考题

1. 营造一个良好的商场环境应该注意哪些因素？
2. 磁石点理论在现代商场中的运用。
3. 商店布局类型与利弊。
4. 商品陈列的原则和形式。
5. 卖场生动氛围设计要点。

第十章 零售商品规划

本章讨论的主要问题

1. 零售商品分类
2. 零售商品结构的分类及其优化
3. 零售商品组合及其优化

关键术语

零售商品分类 零售商品结构 零售商品组合

第一节 零售商品分类

零售商的主要目标是销售商品。因此，决定采购什么商品和采购多少商品对任何零售商来说都是很重要的。为此，就零售商必须对商品进行分类，设计合理的商品结构，以确定商品经营范围，形成一个与众不同的商品组合。不进行商品分类，就很难规划商品的具体经营范围和品种，采购过程就无法顺利开展。零售商经营的商品范围广泛，种类繁多，可以按不同的标准进行分类。

一、中国式的零售商品分类

（一）根据商品的耐久性和有形性，可分为耐用品、消耗品和服务

耐用品是指在正常情况下，能多次使用的有形物品。例如电冰箱、电视机等。因为耐用品使用周期长，这类商品价格一般较高，所以顾客购买慎重。经营耐用品需要更多的销售服务和销售保证，如维修、运送、保修、保退、保换等。销售耐用品的重点是形成促使顾客购买的气氛，做耐心细致的商品介绍，指导使用方法，还应建立完整的售后服务体系。

消耗品，又称非耐用品，是指在正常情况下，一次或几次使用就被消费掉的有形物品，如洗衣粉、文具等。因为这类商品很快被消费掉，顾客购买频繁，一般说来，这类商品价格较低，商品经营利润较小。经营消耗品必须便利顾客的购买，零售商经营消耗品应将网点接近居民区。

服务是非物质实体商品。服务的核心内容是向顾客提供效用，而非转移所有权。服务与有形商品比较，其特点为：服务基本上是无形的；服务内容不易标准化；提供服务与消费过程是同时进行的，服务的交易必须在适当的时间和地点进行才能有效地满足需要。为顾客提供服务应加强服务质量的管理，提高销售者的信誉与技术以及对顾客的适用性，为不同顾客提供不同的服务。

（二）根据商品的用途，可分为消费品和资本品

消费品是最终用户，为了使用而购买的商品，直接用于最终消费。消费品的购买者不像产业用品的购买者那样是技术的内行，不一定按“性能与价格”进行选择和决定，而更多的带有心理方面的特点。例如，外观设计的精美程度、商品品牌等，常常具有满足顾客需求的

力量。

资本品是指企业为生产商品而购入的商品。资本品与消费品不仅购买目的不同，而且购买数量和方式也有较大差别。资本品的顾客往往是具有专门知识的行家，购买决策多数带有科学性，因此在销售资本品时，必须掌握用户决定意向的审批机构，销售人员应对商品性能、价格等方面具备必要的知识。

（三）根据顾客对商品的选择程度，可以分为便利品、选购品、特殊品和未寻求品

便利品是指顾客经常购买，而且愿意花时间做较多比较选择的商品。便利品又可分为三种：一是日用品，即单位价值较低，经常使用和购买的商品，如肥皂、灯泡、电池等；二是冲动购买品，即顾客事先并无购买计划，因视觉、嗅觉或其他感官直接受到刺激而临时决定购买的商品，如风味食品等；三是应急品，即顾客紧急需要时所购买的商品，如突降大雨时购买的雨具等。

选购品是顾客在购买过程中，愿意花费较多时间观察、询问、比较选择的商品。这类商品的特点是：价格高，使用期长，多数属中高档商品，如家具、组合音响、服装等。选购品的购买者一般愿意到商店集中地区或有声望的大商场去买。

特殊品是具有特定性能、特殊用途、特殊效用和特定品牌的商品。它有专门的消费对象。例如，集邮品等。由于特殊品有特定的消费对象，从而排除了其他商品的竞争，经营特殊品会使经营者获得较大的收益。销售特殊品宜设专门商店或专柜，并适宜集中经营。

未寻求品是指顾客尚不知道，或者知道但尚未有兴趣购买的商品。未寻求品的性质决定了零售商必须加强广告宣传和推销工作。

（四）根据顾客的风俗习惯不同，可分为日用品、日用百货、专用品和流行品

日用品是家庭中经常消费的商品。顾客购买次数较多，购买时要求价格便宜，选择标准一般为方便、坚固与美观，对质量要求不是特别高，顾客一般到附近的商店购买。经营日用杂品，越接近顾客居民区越好。

日用百货是顾客经常使用和购买的价值较低的商品。顾客对日用百货商品的选择标准是质量好、感觉好和种类丰富。日用百货商品的价格以中等偏上较易销售。顾客购买日用百货商品的距离比日用杂品远些。

专用品是指顾客具有特定用途的商品。专用品一般价值较高，如体育用品、绘图仪器等。专用品的购买次数少，顾客购买时相当谨慎。专用品的质量要求必须好，价格高些没有关系。由于购买次数少，顾客可以去较远的地点购买。

流行品是由于某些因素影响，而在短时期内出现大量需求的商品。流行品的消费在一定时期表现为一种时尚。流行品具有较强的时间性，顾客大体购买一次，对流行品的购买非常踊跃，在流行期内，价格高些没有问题，而对质量要求不怎么高，流行品经营的重点是款式漂亮、新颖。

（五）根据商品生命周期销售变化，可分为狂热商品、时尚商品、大众化商品和季节性商品

狂热商品是指在相对较短的时间内，一般是不到一个季节，就能产生很大销售额的商品。狂热商品一般无逻辑可言，也很难预测。经营狂热商品的技巧在于该商品刚刚上市，就

能意识到它会成为狂热商品。经营狂热商品是零售业中风险最大的一种，但一旦把握好了就利润丰厚。

时尚商品一般是一种能持续销售多个季节，而且销售额会随着季节剧烈变化的商品。当某一特定样式的商品或存货单位只销售了一季或更少的时间时，时尚商品与狂热商品就很难区分了。时尚商品的生命周期依赖于这种商品的种类和目标市场。零售商要具备一定的实力与经验。

大众化商品，又称基本商品，是指一些在很长一段时间内都有连续不断的需求的商品。某些名牌基本商品也会走向衰退。

季节性商品是一些销售额随时间的变化而剧烈波动的商品。时尚商品与大众化商品也有季节性。

二、美国式的零售商品分类

美国全国零售联合会（NRF）制定了一份标准的商品分类方案。该方案详细界定了各类商品的范围，以及它们的组合方式。目前，美国的大型百货连锁店、专营连锁店（The Gap）、权力零售商（Toys “R” US）、折扣商店（沃尔玛）都采用这一分类方法。

在 NRF 的商品分类方案中，最大的商品分类等级是商品组（merchandise group）。商品组是指经营商品的大类，也就类似国内的商品大类。负责商品的副总裁又称为商品总经理（GMM），负责管理商品组。这些商品经理一般负责几个部。如负责男装、童装、内衣。

商品分类的第二级是商品部。商品部一般是将某一大类商品按细分的消费市场进行一次再分类。商品部经理负责这些商品部。并且接受副总裁的领导。每位商品部经理负责一个商品部。如商品部经理只负责儿童服装。

商品分类的第三级是商品类别（classification）。这是根据商品用途或细分市场顾客群而进行进一步划分的商品分类。在大型零售商，一般每一类商品由一位采购员负责管理。每位商品部经理负责监管许多采购员，如儿童服装部经理负责监管 6 名采购员，每名采购员负责由供应商提供的某一类商品（一组类似的商品）。当然，有些采购员也会负责采购几类商品。

商品分类的第四级是同类商品（category）。是商品分类中商品类别的下一级。一般说来，同类商品是指顾客认为可以相互替代的一组商品。每名采购员负责采购许多组同类商品。如负责采购 4～6 号女童装的采购员就负责采购几组同类商品，包括运动衣、外衣、游泳衣、风衣。同类商品如游泳衣，可能包括几家制造商生产的产品。

存货单位（stock keeping unit，SKU）是存货控制的最小单位。当指出某个存货单位时，营业员与管理者不会将其与任何其他商品相混淆，它是根据商品的尺寸、颜色、规格、价格、式样等来区分的，称之为单品。如，一条女式石磨蓝 Levi 牌牛仔裤就是一个存货单位。

同类商品组是采购员制定采购计划时使用的单位。在同一个同类商品组中，所有的存货单位（同尺码的商品）相互之间都是完全替代品。因此，在同类商品组这一层次上，采购员能制定出最好的采购战略。其重要任务就是实现存货平衡。美国式的商品分类如图 10-1 所示。

三、日本式的零售商品分类

日本零售业对商品的分类方法有些不同，它是根据商品概念来分类的。如，日本将商品

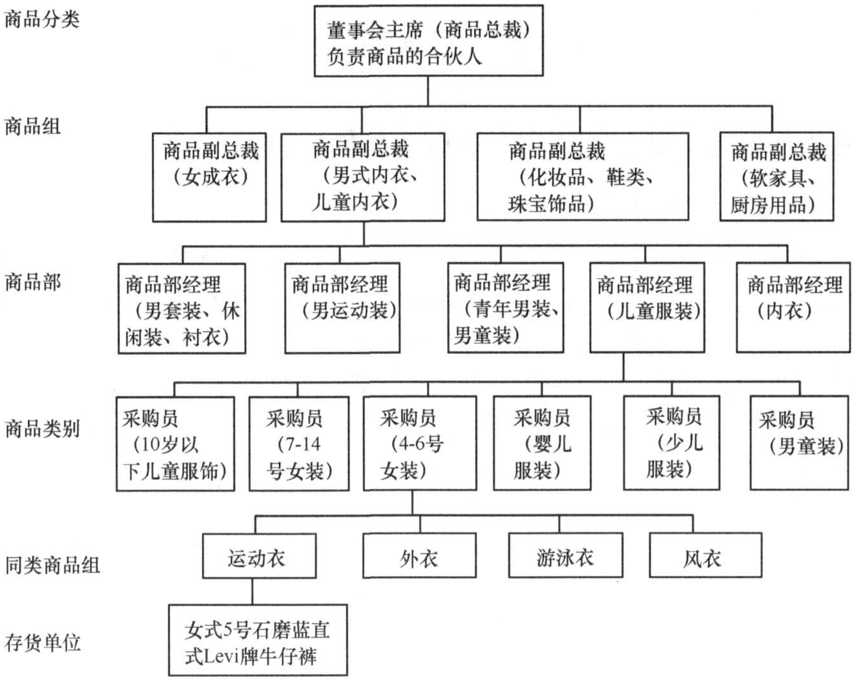

图 10-1　标准商品分类方案和组织结构图

主要分成食相关商品和居住相关商品，食相关商品又分成生鲜食品、加工食品和一般食品，居住相关商品又分成家庭杂货和居住文化品，如图 10-2、图 10-3 所示。

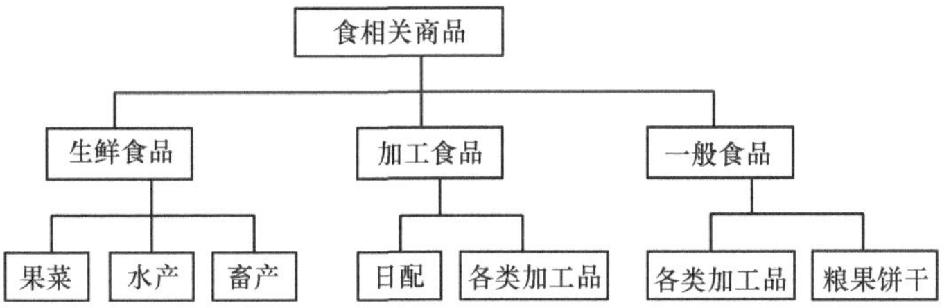

图 10-2　食相关商品体系

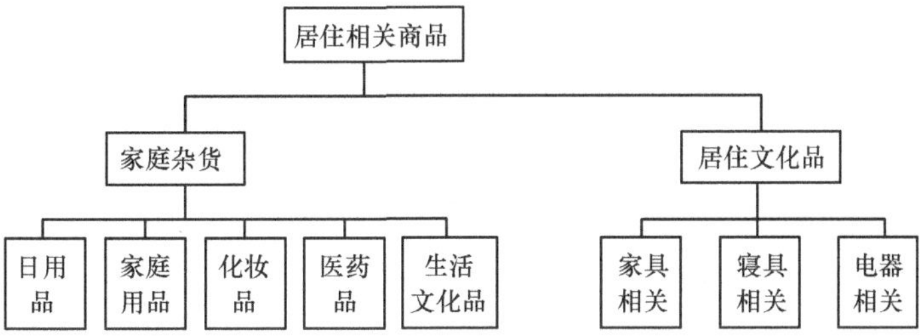

图 10-3　居住相关商品体系

第二节 零售商品结构

一、零售商品结构概念及影响零售商品结构的因素

（一）零售商品结构概念

零售商品结构是零售商在一定经营范围内，按一定的标志将经营的商品划分为若干类别与项目，并确定各类别和项目在商品总构成中的比重。商品结构是由类别与项目组合起来的。商品结构是否合理，对于零售商的发展具有重要意义。

商品经营范围只是规定经营商品的种类界限，在经营范围内，各类商品应当确定什么样的比例关系；哪些商品是主力商品，哪些商品是辅助商品和一般商品；它们之间保持什么样的比例关系；在各类商品中，品种构成应保持什么样的比例关系；主要经营哪些档次等级、花色规格的商品等。这些属于商品结构的问题，必须在零售经营策划中具体确定。

在一定意义上讲，商品结构在零售商经营中居于枢纽位置，经营目标能否圆满完成，经济效益能否顺利实现，关键还不在于经营范围而在于商品结构是否合理，就直接影响经营成果。

（二）确定零售商品结构的基本要求

零售商在确定零售商品结构时，必须符合下列基本要求：

（1）适合顾客对商品的选择；

（2）适应地区特点和经营条件；

（3）保持顾客基本需要的一定比例；

（4）保证顾客对商品配套的需求；

（5）适合商品销售规模和经济效益的要求。

（三）影响零售商品结构的因素

影响零售商品结构变化的因素，主要有：

（1）科技的进步与商品生产的发展；

（2）购买力水平的提高，消费结构与消费习惯的变化；

（3）商品的季节性需求；

（4）竞争者商品结构的变化；

（5）消费者构成的变化；

（6）零售商经营条件的变化；

（7）国家政策与法规。

二、零售商品结构的分类及其配置策略

（一）零售商品结构的分类及商品结构分析

零售商品结构，按不同标志可以分为不同类型，从而形成不同的商品结构策略。按商品自然种类划分，可以分为商品类别、商品品种、商品花色、规格、质量、等级、品牌等；按销售程度划分，可分为畅销商品、平销商品、滞销商品；按商品使用构成划分，可以分为主机商品、配件商品；按价格、质量划分，可分为高、中、低档商品；按经营商品的构成划分，可以分为主力商品、辅助商品和关联商品等。

上述分类是从适应顾客不同需求特点和零售商的经营活动出发，加以研究的。按照上述分类标准来研究商品结构，能够使商品结构更趋于合理。仅就商品构成划分的主力商品、辅助商品和关联商品的内容进行介绍。

1. 主力商品

主力商品是指在零售商经营中，无论是数量还是金额均占主要部分的商品。一个零售商的主力商品体现它的经营方针、经营特点以及企业性质。可以说，主力商品的经营效果决定着零售商经营的成败。因此，零售商首先应将注意力放在主力商品的经营上。

零售商选作主力商品经营的应该是在市场上具有竞争力的商品或名牌、畅销商品。这就要求经营者必须掌握所经营的主力商品发展趋势、增长状况和竞争能力，同时还应注意掌握顾客的需求动向和购买习惯的变化。如果在经营中发现主力商品的某些品种滞销，就必须及时采取措施加以调整，防止由于某些品种的影响而使零售商销售额下降。零售商掌握了主力商品的变化情况，也就掌握了经营的主动权。

2. 辅助商品

辅助商品是对主力商品的补充。零售商经营的商品必须有辅助商品与主力商品相搭配。否则会显得过分单调。辅助商品不要求与主力商品有关联性。只要是企业能够经营，而且又是顾客需要的商品就可以。辅助商品可以陪衬出主力商品的优点，成为顾客选购商品时的比较对象。不但能够刺激顾客的购买欲望，而且可以使商品更加丰满，克服顾客对商品的单调感，增加顾客光顾频率，可以促进主力商品的销售。辅助商品的配备，必须考虑它的季节性和流行性，应随季节变化和流行性变化而调整，做到少进、勤进、快销。

3. 关联商品

关联商品是在用途上与主力商品有密切联系的商品。例如，录音机与磁带、西服与领带等都是关联商品。配备关联商品，可以方便顾客的购买，可以增加主力商品的销售，扩大商品销售量。配备必要关联商品的目的是适应顾客购买中图便利的消费倾向。这也是现代零售商经营中的重要法则。

（二）商品结构的配置策略

商品结构某种意义就是由不同种类形成的商品宽度（广度）与不同花色品种形成的商品深度的综合。商品的宽度就是指经营的商品系列的数量或商品的种类；商品的深度是指商品品种的数量。按照商品种类与商品品种的多少，可以形成四种商品结构的配置策略，见表 10-1。

表 10-1　商品宽度与深度的组合

		商品品种	
		深	浅
商品种类	宽	商品种类多 商品品种多	商品种类多 商品品种少
	窄	商品种类少 商品品种多	商品种类少 商品品种少

1. 宽而深的商品结构配置策略

这种策略的特点是商品种类多、品种多，目标市场广阔，商圈范围大，对消费者有吸引力，能全方位满足不同需求的消费者，能培养顾客的忠诚度。但它的缺点也是十分明显的，如投资大，占用资金、空间、固定设备多，商品结构广而散，管理难度大等。该种策略一般适合大型综合性商场。

2. 宽而浅的商品结构配置策略

这种策略的特点是商品种类多、品种少，目标市场比较广泛，能形成较大的商圈，对消费者有一定吸引力，能较好满足消费者不同的购物要求，可控制资金占用，强调方便顾客。其缺点是：缺乏品种选择机会，容易流失顾客，企业形象一般化等。该策略通常适合于廉价商店、杂货店、折扣店、普通超市等零售商。

3. 窄而浅的商品结构配置策略

这种策略的特点是商品种类少、品种少，投资少、成本低、见效快，经营的商品大多为周转迅速的日常用品，便于顾客就近购买。不足之处在于：种类有限，花色品种少，商圈较小，顾客的一些需要不能满足，容易流失顾客。该种策略主要适合于小型零售商，尤其适合方便店，也适合售货机出售商品和人员上门销售商品的零售商。这种策略成功的关键有两个因素，即时间和地点。在消费者想得到商品的地点与时间内，采取这种策略可以成功。

4. 窄而深的商品结构配置策略

这种策略的特点是商品种类少、品种多，目标市场小而集中，企业形象鲜明，有特色，顾客能买到自己称心如意的商品，进而培养顾客的忠诚度，促进采购、销售和管理专门化。不足之处在于，不能满足顾客的多种需要，市场有限，风险大。该种策略适合于专业店、专卖店。

三、零售商品结构的优化

零售商的经营活动，是围绕如何以其商品和服务来满足消费者的需求这个中心环节来进行的。零售商的生存与发展，关键在于其商品和服务对消费者需求的满足程度。为适应消费者需求变化和市场发展趋势，零售商应及时调整自己的商品策略，优化零售商品结构。

1. 完善主力商品、辅助商品与关联商品结构

一般说来，主力商品要占绝大部分，而辅助商品与关联商品的比重则应少一些。主力商品的数量与销售额，要占商品总量和全部销售额的70%～80%，辅助商品与关联商品约占20%～30%。其中关联商品应确实与主力商品具有很强的关联性。在经营过程中，如果发现商品结构发生变化，则应迅速调整，使之趋于合理。

2. 完善高、中、低商品结构

完善高、中、低商品的配备比例，是由零售商目标市场的消费阶层的需求特点决定的。在高收入顾客占多数的地区，高档商品应占大部分，在低收入顾客占多数的地区，则应以低档商品为主，这样才能满足顾客的需要。

一般说来，以高消费阶层为目标市场的零售商，可以采取以高档商品、中档商品占绝大多数的政策，其经营比重为：高档商品占50%、中档商品占40%、低档商品占10%。主要面向大众顾客的零售商，可以采取以低档商品、中档商品占绝大多数的政策，其经营比重为：高档商品占10%、中档商品占40%、低档商品占50%。如果以低消费阶层为目标市场，也可以按中档商品占30%、低档商品占70%的比例配备。

高、中、低档商品结构的配备，受到顾客的消费结构的制约，当消费结构发生变化时，零售商应相应调整高、中、低档商品的比重。

应当指出，零售商经营商品的品种中，有相当部分由于供求的季节性波动而形成周期性的商品交替，这些商品有明显的季节性，所以零售商要随季节的不断变更，随时调整商品结构。由于商业的季节性比自然季节性来得早些，因此，零售商应在季节到来之前，调整好经

营商品的结构。

3. 新产品的引入

引入新产品，是改善零售商品结构，加强商场竞争的重要内容与手段。新产品是指本商店未曾经营过的产品，而不是市场上新开发出来的产品。有的产品对其他零售商而言可能已经是旧产品，但对本零售商而言就可能是新产品。新产品的引入主要在于如何选择及其引入方式上，零售商需注意以下几点：编制年度新产品引进计划；新产品的选择；新产品试销；通知门店做好准备；新产品的控制。然后才成为零售商正常的经营商品。

4. 滞销商品的淘汰

调整零售商品结构的重要措施是淘汰滞销商品。许多零售商每年通常要淘汰相当数量的滞销产品。如日本连锁便利店每年约更新 1/2～3/4 的品项。零售商在淘汰滞销品时，一定要认真分析滞销的原因，是质量问题、定位问题，还是时机问题、分类问题等等，不要让有销售潜力的商品被淘汰掉。为此，需确定滞销商品淘汰的标准，是以质量为标准，还是以销量为标准。

5. 畅销商品的培养

畅销商品是指市场上销路很好、不会积压滞销的商品。分析商品生命周期，畅销商品应该是处于成长期和成熟期时的商品。零售商应该掌握商品的发展规律，不断挖掘和培养自己的畅销商品。商品畅销市场的原因主要是因为它对消费者有吸引力，能更好地满足消费者的需求。

零售商培养和开发畅销商品与制造商不同，其主要任务是选择畅销商品及其市场促销上。畅销商品的选择，可从以下几方面入手：从畅销的各因素出发选择畅销商品；从过去的销售记录中选择畅销商品；从竞争对手的营销推广中选择畅销商品；从发达地区和流行起源地选择畅销商品。在畅销商品推广中，可从商品陈列、价格策略、保销策略等方面出发。

6. 自有品牌的开发

PB（private brand）商品，也称为自有品牌商品，或中间商品牌商品。即零售商通过收集、整理、分析消费者对某类商品的需求特性的信息，开发出新产品功能、价格、造型等方面的设计要求，自设生产基地或选择合适的生产企业进行加工生产，最终由零售商使用自己的商标对该产品注册并在本企业销售的商品。开发自有品牌商品，也是调整优化零售商品结构的重要方面。

PB 商品开发，在西方发达国家零售业中已成为一种趋势。零售商之所以采用自有品牌战略，是因为其具有开发自有品牌的诸多优势，如信誉优势、价格优势、特色优势、领先优势等。大型零售商自有品牌已成为一种公认的游戏名字：完全可以接受的质量＋很值得买的价格。在美国零售业中，自有品牌在超市占销售量的 20%。国内零售商尤其是大型零售商，在开发自有品牌产品时需注意：第一，选择恰当的商品项目，这是成功的前提。PB 商品的选择必须考虑两个因素：一是被选择商品价格较 NB（national brand）商品价格有可能降低；二是被选择商品有一定吸引力，能影响消费者的品牌忠诚。第二，在价格策略上，一定要采取低价定位，以薄利多销的手法吸引对价格敏感的消费者。第三，在具体的开发方式上，要么委托制造商制造，要么零售商自设生产基地。

四、商品目录

商品目录是零售商根据本企业的销售目标，把应该经营的商品品种，用一定的书面形式，并经过一定的程序固定下来，成为企业制定商品购销计划及组织购销活动的主要依据。它是零售商在商品经营范围内确定商品品种结构的进一步具体化和规范化。商品目录包括经营商品目录和必备商品目录。

经营商品目录。是零售商制定应该经营的全部商品种类目录。它是零售商经营范围和方向的具体落实。

必备商品目录。是零售商制定经常必备的最低限度品种目录。它是零售商经营全部商品中的主要部分。

经营商品目录与必备商品目录，不是两种商品目录，而是商品目录中表现的两种内容。经营商品目录包含着必备商品目录，必备商品目录是经营商品目录中的一个组成部分。经营商品目录包括企业经营的全部商品品种数，必备商品目录是企业必须备有的品种。必备品种，是企业最低的品种定额。商品目录一经确定，要认真执行，经常检查，并应根据市场变化情况及时进行修订。

第三节　零售商品组合

一、零售商品组合概念

零售商品组合就是一个零售商经营的全部商品的结构。它通常包括若干商品大类，即商品系列。每个商品系列又包括数目众多的商品项目（又称商品品目）。

商品大类是指一组密切相关的商品。因为这些商品具有替代性、配套性，能满足人们某一类需要；或者通过同种类型商店销售给相同的顾客群，或者属于同一价格档次。

商品项目是指某种商品大类中，不同型号、规格、款式、颜色的商品。

零售商在经营中，可以专门经营一个商品大类，也可以经营几种不同大类的商品。由于商品组合方式不同，会形成零售商经营的不同特点。因此，认真研究商品组合，对于零售商开展经营活动具有十分重要的作用。

二、零售商品组合的类型

（一）多系列全面型

这种策略着眼于向任何顾客提供他们所需要的一切商品，采取这种策略的条件是零售商有能力照顾整个市场。整个市场的含义可以是广义的，就是不同行业的商品市场的总体；也可以是狭义的，即某个行业的各个市场面的总体。广义的多系列全面型商品组合策略就是尽可能增加商品系列的宽度与深度，不受商品系列之间关联性的约束。

狭义的多系列全面型商品组合策略，是指提供在一个行业内所有必需有的全部商品，也就是商品系列之间具有密切的关联性。

（二）市场专业型

这种策略是向某个专业市场，某类顾客提供所需要的各种商品。如，以建筑业为其商品市场的工程机械公司，其商品组合就应该由推土机、压路机、载重卡车等商品组成。旅游公司其商品组合就应考虑旅游者所需的一切商品或劳务。这种组合方式不考虑各商品系列之间的关联程度。

（三）商品系列专业型

零售商专注于某一类商品的销售，将其商品推销给各类顾客。如，某汽车制造厂的商品都是汽车，但根据不同的市场需要，而设立小轿车、大客车和运营卡车三种商品系列，以适合家庭用户、团体用户及工业用户的需要。

（四）有限商品系列专业型

采取这种商品组合策略的零售商，根据自己的专长，集中经营有限的，甚至单一的商品系列，以适应有限的或单一的市场需要。例如，有的汽车制造厂专门生产作为个人交通工具的小汽车，不生产大客车、运输卡车以及其他用途的汽车。

（五）特殊商品专业型

零售商根据自己的专长生产某些具有优越销路的特殊商品项目，这种策略由于商品的特殊性，所能开拓的市场是有限的，但是竞争的威胁也很小。

（六）特殊专业型

零售商采用这种商品组合策略，是凭借它拥有的特殊销售条件提供能满足某些特殊需要的商品。例如，提供特殊的工程设计、低成本的制造技术，或根据需要可灵活转换的操作条件等。这种商品组合策略由于其商品具有突出的特殊性常能避免威胁。

三、零售商品组合的优化

（一）零售商品组合的最佳状态

商品组合策略只能从原则上提供商品组合的基本形态。由于市场环境和竞争形势的不断变化，商品组合的每一个决定因素也会在变化的形势中不断变化，商品组合的每一个具体商品项目也必然会在变化的市场环境下发生分化，一部分商品获得较快的成长，并持续取得较高的利润，而另一部分商品则可能趋向衰落。

因此，零售商面临一个不断根据形势变化，调整商品配合，在变动的形势中，寻求和保持商品组合最佳化的问题。如果不重视对商品组合的经常调整，不重视新商品开发和过时商品的淘汰，则原有的良好的商品组合必将逐渐地出现不健全和不平衡的现象。因此，每一个零售商都应该经常分析自己商品组合状况和结构，判断各商品项目在市场上的生命力，评价其发展潜力和趋势，不断地对原有的商品组合进行调整。

评价商品优劣的标志很多，归纳起来主要有三个：一是发展性；二是竞争性；三是盈利性。

由于任何一个商品在市场上都要经历生命周期的各个阶段，因此不可能要求所有的商品项目都处于最好状态，即使各个商品都处于最理想的第一号位置，这种情况也不能持久。因此，零售商所追求的最佳商品组合，只能是在一定的市场环境和零售商的自身条件情况下，以及在可以预测的变动范围之内，能使零售商获得最大利益的商品组合。这种商品组合中必然包括：目前虽然不能获利，但是有良好的发展前途的商品，目前已达到高盈利率、高成长率和高占有率的主要商品；目前虽然仍有较高的利润率而销售增长率已趋于降低的维持性商品，已决定逐步收缩其投资，作战略转移的，最终要退出市场的商品。

（二）零售商品组合优化的方法

对于经营商品项目众多的零售商而言，最佳商品组合决策是一个十分复杂的问题。许多零售商在实践中创造了不少有效方法。下面介绍几种实践证明中行之有效的方法。

1. 商品环境分析法

商品环境分析法是把零售商的商品分为六个层次，然后分析研究每一种商品在未来的市场环境中，它们的销路潜力和发展前景，其具体内容有：

（1）目前零售商的主要商品，根据市场环境的分析，是否继续发展；

（2）零售商未来的主要商品，一般是指新商品投入市场后能打开市场销路的商品；

（3）在市场竞争中，能使零售商获得较大利润的商品；

（4）过去是主要商品，而现在销路已日趋萎缩的商品，零售商应决定采取改进，还是缩小或淘汰的决策；

（5）对于尚未完全失去销路的商品，零售商可以采取维持或保留的商品决策；

（6）对于完全失去销路的商品，或者经营失败的新商品，一般应进行淘汰或转产。

2. 商品系列平衡法

商品系列平衡法是国外比较流行的一种商品组合优化的方法。它是把零售商的经营活动作为一个整体，围绕实现零售商目标，从零售商的实力（竞争性）和市场引力（发展性）两个方面，对零售商的商品进行综合平衡，从而做出最佳的商品决策。商品系列平衡法可分为四个步骤进行：

（1）评定商品的市场引力（包括市场容量、利润率、增长率等）；

（2）评定零售商实力（包括综合生产能力、技术能力、销售能力、市场占有率等）；

（3）作商品系列平衡象限图；

（4）分析与决策。

3. 四象限评价法（波士顿矩阵法）

这是一种根据商品市场占有率和销售增长率来对商品进行评价的方法，是由美国波士顿咨询公司提供的一种评价方法。

由市场占有率和销售增长率这两个指标，以及它们的组合，就会有四种组合方式，形成四类商品。用图表示，就构成四象限图。

第一类商品，是市场占有率高，销售增长率高的商品。有发展前途，一般处于生命周期的成长期，它是零售商的名牌或明星商品。对这类商品，零售商要在人、财、物诸方面给予支持和巩固，保证其现有的地位及将来的发展。

第二类商品，是市场占有率高，销售增长率低的商品。能带来很大的利润，是零售商目前的主要收入来源，一般处于生命周期的成熟期，它是零售商的厚利商品。对这类商品应采取努力改造、维持现状和提高盈利的对策。

第三类商品，是市场占有率低，销售增长率高的商品。这类商品在市场上处于成长期阶段，有发展前途，但零售商尚未形成优势，带来一定的风险，是风险商品或疑问商品。对这类商品应该集中力量，消除影响，扩大优势，创立名牌。

第四类商品，是市场占有率和销售增长率都很低，说明商品无利或微利，处于衰退期，它是零售商的衰退或失败商品。应果断地有计划地淘汰，并作战略上的转移。

4. 资金利润率法

这是以商品的资金利润率为标准对商品进行评价的一种方法。

资金利润率是一个表示商品经济效益的综合性指标，它既是一个表示盈利能力的指标，又是一个表示投资回收能力的指标。是零售商生产和经营两方面经济效益的综合反映。

应用这种方法，把商品资金利润率分别与银行贷款利率、行业的资金利润率水平、同行业先进零售商商品的资金利润率、或零售商的经营目标及利润目标相对比，达不到这个目标的，说明盈利能力不高。

还可以把零售商各种商品（或系列商品）的资金利润率资料按零售商经营目标及标准进行分类，结合商品的市场发展情况，预测资金利润率的发展趋势，从而作出商品决策。

◎小结

零售商品分类有不同标准，说明了中国传统式、美国式、日本式三种分类。零售商品结构是零售商在一定经营范围内，按一定的标志将经营的商品划分为若干类别与项目，并确定各类别和项目在商品总构成中的比重。把商品构成划分为主力商品、辅助商品、关联商品，零售商品结构必须进行优化。零售商品组合就是一个零售商经营的全部商品的结构，其类型有多系列全面型等。零售商品组合的优化方法主要有商品环境分析法、商品系列平衡法、四象限评价法、资金利润率法。

➢案例 1　香港华润超市品类管理分析

品类管理是使商品组合更为科学有效的管理手段，通过优化商品的组合，有效利用有限的空间资源，使销售利润达到最大化，并提高毛利，降低库存。品类管理较传统的商品管理更为科学化、规范化。品类管理工作主要通过数据（字）化的管理手法，对商品品种和货架空间进行管理。

为何要引进品类管理？目前，香港华润超市经营的商品有 7000 多种，共分为 300 个小类，对商品管理基本上还是经验化管理为主。一间新超市开业前，先由发展部初步设计商品的摆放位置，开铺组再根据商品销售的整体情况，最后确定商品的陈列位置及陈列面的多少。但是，接下来的商品管理工作主要由超市主管负责，超市主管则根据市场需求及个人经验管理商品。随着时间的变化，超市商品陈列亦随着超市主管的替换而变动，逐渐形成每间超市都有自己的“陈列”特色。货架管理没有一套统一的、规范化的管理方法，将会对经营管理造成影响。因此，提高整体管理水平已经迫在眉睫。

品类管理从何入手？华润超市是通过与极具实力的 AcNielsen 公司合作开展了品类管理工作。主要包括培训、测试及全面实施三个阶段。品类管理对华润超市来说还是一个新概念，负责这项工作的多数同事经验较少，有些甚至对基本概念很模糊，因此，员工的培训工作非常重要。为此，公司与 AcNieLsen 先后合作举办了数次专题培训，为品类管理的实施奠定了基础。香港华润公司实施品类管理的前期准备工作主要包括四个方面：

（1）对所有门店的面积及货架进行测量，合理、有效地分配空间资源；

（2）根据门店坐落的地点和效益状态进行分类；

（3）根据门店商品销售数据，对门店的商品组合重新进行评定；

（4）确定不同的门店销售不同等级的商品。

品类管理中的困难是什么？品类管理是多部门参与的跨部门工作，需要采购、管理、发展及电脑等多部门间的合作与协调，因此，建立部门间良好的沟通机制，以公司利益为共同目标开展工作是十分重要的。这还是一项长期的工作，它的效益体现在落实和执行的过程之中。华润超市在品类管理推广工作中也发现一些超市主管仍没有认识到品类管理工作的重要性，或在具体落实、执行工作中忽略了一些必要的看似细小的工作。如支货不及时，造成超市缺货现象；没有严格按照货架陈列规定摆放商品等问题。品类管理在超市的推广是否成功，直接反映了超市员工的工作态度。做事是否用心，是否认真，是否做到从严细化管理等等，都反映了员工对品类管理的认识，反映了他们按品类管理的要求自觉做好工作的意识。

何谓成功的品类管理？成功的品类管理意味着科学化的货架管理取代经验化管理。按品类管理要求，店内的货架数目确定后，哪一种商品组合达到最大效益，要由品类管理小组确定并统一下发货架陈列图，同时定期进行评估工作。这里，要求超市主管根据货架陈列图进行商品的管理。届时，同类别、同等级的超市，其货架陈列也将统一并标准化。而对现有的、不需额外投资的店铺，开展品类管理，不仅可以增加超市的销售额、降低库存，而且可使其内部管理及实际运作更规范、更科学。

（资料来源：《2002年中国连锁经营年鉴》）

➢案例2　本土零售企业“超市自有品牌”发展现状

根据中国连锁经营协会的统计数据显示：2007年，中国百强连锁经营企业实现销售9000多亿元，销售规模同比增长25%，自有品牌商品销售规模达到43.5亿元，比上年增长52%。但自有品牌仅占整个连锁经营企业销售额的0.51%。超市中自有品牌商品的销售额将以每年8%的速度增长。

超市自有品牌在西方一些国家的市场占有率已经达到30%甚至40%，而在我国市场的发展中还属于成长阶段，经验和管理方面还有很多不成熟的地方。目前，沃尔玛在中国的大卖场中有12个自有品牌。

资料显示，欧美发达国家的零售巨头们，拥有的自有品牌商品动辄上千种，销售额占总比达到30%左右，而在英国这一比例更是高达45%，零售商成为名副其实的“品牌杀手”。英国特易购（TESCO）超市集团推出的“物有所值（value）”牌系列产品，从最初的41种发展到1200个品种，仅在英国，每周就有1000万顾客购买。家乐福已经有1000多种自有品牌产品，占总商品消费比例的5%；沃尔玛高达1800种自有品牌的商品在销售，有望在未来5年内将自有品牌占中国总销售额的比例从目前的2.5%提高到20%；屈臣氏计划将现有的500个自有品牌产品增加到700个。相比沃尔玛、家乐福这些大型零售企业，中国的零售企业创建自有品牌还处于探索和实践阶段。

本土零售企业的自有品牌商品的市场表现，现阶段主要呈现以下特征：品类主要集中在食品，粮油，日常生活用品等消费频率较高的领域；均实施低价策略，比同类商品便宜10%～20%；商品的包装设计走简易化路线；商品质量是最大的问题—品质保障体系，品质监控流程有待进一步完善；消费者对于“超市自有品牌”认知度有待提高，商家需要加强营销 From EMKT. com. cn 推广 的力度，并提升营销策划方面的功力；从消费心理和购买行为来看，有相当一部分顾客因为“物美价廉”而购买，而绝大部分消费者认为“品质普通，档次不够”而选择同类别的知名品牌；从品类销售贡献来看，本土超市自有品牌商品在同类别商品中一般不超过5%。

☞讨论题

1. 如何根据零售企业实际，进行零售品类管理？
2. 制约我国零售企业发展自有品牌的因素是什么？如何发展我国零售企业自有品牌？

思考题

1. 如何对零售商品进行分类？
2. 零售商品结构及其影响因素？
3. 如何优化零售商品结构？
4. 如何实现零售商品组合的优化？

第十一章　零售定价

本章讨论的主要问题

1. 影响零售定价决策的因素
2. 零售定价的目标、定价的基本方法
3. 各类零售定价策略及其运用
4. 价格调整的重要性及具体运用

关键术语

零售定价　定价目标　定价方法　定价策略

第一节　影响零售定价的因素

在零售商店中，价格决策和其他决策是相互影响的。具体说，一个商店的价格决策要受到该商店的店址决策、商品决策、促销决策、信用决策，顾客服务决策、商店形象决策的影响。

一、店址决策的影响

零售商店的店址对商品的价格有重要影响。一个商店与同类竞争者距离越近，它的价格的灵活性就越小，价格的制订就越要考虑竞争者的价格。商店与顾客的距离远近也是很重要的。一般来说，如果零售商店想吸引远距离的顾客，就必须将价格订得低一些，因为距离较远的顾客来此购物的交通成本较高。较高的交通成本使这些顾客能够和愿意前来该商店购物的数量减少，从而迫使商店为了吸引他们必须降低价格。

二、商品决策的影响

零售商店的商品与其他商店的相同或相似商品相比有什么特点？这些特点对消费者来说有没有意义？有多大意义？例如，商店需要分析一下，本商店的衬衫在规格、色彩、质地、款式、商标、做工等方面有什么特点？消费者是如何看待这些特点的？我们所销售的品牌是不是就比“雅戈尔”、“KK”、“虎豹”更能吸引顾客？讲究的做工究竟有多大价值？进口面料是不是就比国产面料更受欢迎？这些问题的答案不是统一的，而是根据商店所服务的市场而定。织物是不是纯棉在有的地方人们很看重，而在另一个地方几乎可能没任何意义；商标在城市里的价值很大，而在偏僻的乡村里可能并不看重。

三、促销决策的影响

促销能产生需求，定价合理也能产生需求，但最好不要让这二者独立发挥作用。如果商店大力促销，而且制订了具有竞争力的价格，那么消费者对于商店的商品需求增量，将高于促销策略和低价格策略二者单独作用所产生的需求之和。设想一下，如果商店为一种商品制订低价格但不大力促销，或者大力促销但不减价，会有什么结果。显然，二者都能创造出一些需求，但肯定不如二者结合起来运用所能产生的需求大。

四、信用决策的影响

如果一个商品的价格一定，那么以提供信用的方式出售商品的商店一般会比不提供信用的商店所能获得的需求大。反过来说，提供信用的商店制订的价格即使稍高于不提供信用的商店，也能获得与不提供信用的商店同样多的需求。在实际经营中，提供信用的商店一般价格都较高。比如，有的商店给予一次性付现款的顾客一定的价格折扣，而对分期付款的顾客没有价格折扣。

五、顾客服务决策的影响

提供服务项目（如提供送货、安装、调试等）多的商店，一般其提供的商品价格较高，因为每种服务都需要一定的成本，商店不得不提高价格水平。因此，在制定价格决策时必须连同顾客服务决策一同考虑。

六、商店形象决策的影响

价格使顾客自觉或不自觉地在心目中产生出一定的商店形象。如果一家一直经营高档时装的商店现在开始大打折扣销售，在消费者心目中，它就不再是原来的商店了。假如商店的价格战略发生了变化，即使商品、装潢、职工保持不变，商店的形象还是会大大发生变化的。因此，定价原则和价格策略是与商店形象决策紧密相连的。

第二节　零售定价目标和基本定价方法

零售企业的定价决策是一项复杂的活动，它需要开展多方面的工作，在此主要讨论定价目标确定和定价方法的选择等。

一、零售定价目标

（一）以企业生存为定价目标

零售定价的基本目标首先应该是保证企业的生存。当企业经营的商品不为消费者所了解、接受，或当商品供大于求在市场上严重滞销时，企业将被迫以生存为定价目标。此时，只要出售商品的收入还能弥补日常开支（进货和支付工资），企业就能暂时生存下来。当然，这只是一种权宜之计。从长期来看，取得利润是企业生存和发展的必然要求。

（二）以利润最大化为定价目标

追求利润最大化，即追求一定时期内可以获得的最高利润。利润最大化并非意味着价格的最高。在此目标下，零售商在制定价格时就要以考虑何种价格销售商品可以使利润最大化。当企业与商品在市场享有较高声誉，在竞争中处于有利地位或处于绝对垄断地位时，追求利润最大化是可行的。但由于市场变化万千，产品日新月异，科技飞速发展，任何企业不可能永远保持领先和垄断地位。在更多情况下，企业把追求利润最大化作为一个长期定价目标，同时选择一个适应特定环境的短期目标来制定价格。

（三）以市场占有率最大化为定价目标

价格竞争是市场竞争的重要方面。因此，处在激烈市场竞争环境中的零售商经常采用适应价格方面的竞争作为定价目标。实力雄厚的大型零售企业常利用价格竞争排挤竞争者，借以提高其市场占有率。如沃尔玛总是以极低的价格来阻止竞争者的进入。经济实力弱小的零售企业则追随竞争者价格或以此为基础作出抉择。在低价冲击下，一些企业被迫退避三舍，另辟蹊径开拓市场。

以市场占有率最大化为企业的定价目标意味着企业将以低价作为向市场渗透的工具。这些企业大多是希望提高市场占有率后能造成薄利多销的局面；但是也有少数企业希望通过提高自己的市场占有率迫使竞争对手退出市场，最后使自己成为市场的垄断者。但是，即使是后一种情况，企业也必须使自己获得一部分的利润，否则，企业将不能长久经营。

（四）以商品质量最优化为定价目标

一般采用这种定价目标的企业，都是在消费者中已经享有一定声誉的企业。为了维护和提高企业商品的质量和信誉，企业经营的商品必须有一个比较高的价格。这一方面是因为高价格能带来高利润，使企业有足够的资金来保持商品的质量最优化；另一方面，因为高价格本身就是商品质量信誉的一种表现。

二、零售定价方法

零售企业常用的定价方法主要有成本导向定价法、需求导向定价法和竞争导向定价法等。

（一）需求导向定价法

需求导向定价法是依据消费者对商品价值的理解和需求差别来制定价格的方法。就是说，相同的商品因消费者需求和认识的差别，也可以采取不同的价格。在商品供过于求时，企业运用需求导向法定价，效果会更好。

1. 理解价值定价法

理解价值定价法也称觉察价值定价法，是以消费者对商品价值的感受及理解程度作为定价的基本依据。把买方的价值判断与卖方的成本费用相比较，定价时更应侧重考虑前者。因为消费者购买商品时总会在同类商品之间进行比较，选购那些既能满足其消费需要，又符合其支付标准的商品。消费者对商品价值的理解不同，会形成不同的价格限度。这个限度就是消费者宁愿付货款而不愿失去这次购买机会的价格。如果价格刚好定在这一限度内，消费者就会顺利购买。

理解价值定价法较多地考虑了需求情况，根据消费者对商品价值的理解，即商品在消费者心目中的价值观念所决定，而不是卖主的成本定价。

2. 需求差异定价法

需求差异定价法是以不同时间、地点、商品及不同消费者的消费需求强度差异为定价的基本依据，针对各种差异决定其在基础价格上是增减。需求差异定价法主要有以下几种形式：①因地点而异。如国内机场的商店、餐厅向乘客提供的商品价格普遍要远高于市内的商店和餐厅。②因时间而异。一年内消费旺季与淡季、消费高峰期与低谷期的价格有变化。例如国庆、春节等节假日也是购物黄金假期，商品价格较平时略微上涨。③因商品而异。名牌商品、包装精美的商品要比同类一般商品的价格高，有时一件国际名牌商品的价格可能是同类普通商品价格的几倍甚至上百倍。④因顾客而异。因顾客的年龄、职业等差异，零售商在定价时给予相应的优惠或提高价格，可获得良好的促销效果。

但实行差异定价法需要具备以下条件：市场能够根据需求强度的不同进行细分；细分后

的市场在一定时期内相对独立，互不干扰；高价市场中不能有低价竞争者；价格差异适度，不会引起消费者的反感。

3. 反向定价法

反向定价法是指在商品设计以前就先测定消费者能接受的价格，进而确定商品的市场零售价格，然后逆向推出商品的进货成本的定价方法。因其定价程序和成本加成法相反，故称其为反向定价法。这种定价不仅以市场需求、购买力情况、消费者愿意支付的价格为依据，而且能满足在价格上与现有类似商品竞争的需求，引进在价格方面具备竞争力的商品。

（二）成本导向定价法

成本导向定价是以商品成本为定价基础依据，主要包括成本加成定价法、损益平衡定价法和目标贡献定价法等具体方法。

1. 成本加成定价法

成本加成定价法是指零售商将单位商品成本、零售运营费用及期望利润加总定出的价格，其特点是按照单位成本加上一定百分比的加成来确实商品销售价格。在这里加成的含义就是一定比率的利润，而加成率可有两种不同的计算方法：一种是以进货成本为基础的，另一种是以销售价格为基础的，计算方法不同，结果也不同。

以进货成本为基础的成本加成定价法的计算公式为：

商品售价＝单位完全成本×（1＋成本加成率）

其中，成本加成率＝售价－进价/进货成本×100％

而以售价为基础的成本加成定价法的计算公式为：

商品售价＝进货价格/1－加成率

其中，加成率＝售价－进价/售价×100％

目前国外零售商主要采用这种以售价为基础计算零售价格的方法，因为它有以下优点：一般零售费用、降价及利润都 以其占销售额的百分比描述，若加价也以销售百分比的形式表示，易于统一；生产者向零售商提供的进货价格及折扣也是以零售价格百分比的形式报价的；零售价格比成本数据更易收集；以零售价格为基础的利润统计数据比以成本为基础的数据显得小，这在应付政府、雇员和顾客时显然较有利；而且在相同加成率情况下，以售价为基础计算出来的价格往往比以成本为基础计算的高，有利于企业取得较高的利润。

不管哪一种成本加成定价法，都具有计算简单、简便易行的优点，在正常情况下，按此方法定价可使企业获取预期盈利。缺点是忽视市场竞争和供求状况的影响，缺乏灵活性，难以适应市场竞争的变化形势。特别是加成率的确定仅从公司角度考虑，因而难以准确得知对应该价格水平上的市场销售量，使固定成本费用的分摊难保其合理性。因此，主要用于那些一次性采购、事先难以确定成本的商品。

2. 损益平衡定价法

损益平衡定价法是在既定的固定成本、单位变动成本和价格条件下，确保能够保证公司收支平衡的产（销）量。收支平衡点也称损益平衡点（或盈亏分界点），如图 11-1 所示。其中，E 为盈亏分界点，Q 为保本销售量（称损益平衡时的销售量）。

根据上图，我们得出 Q 的计算公式：

损益平衡点销售量＝固定成本/价格—单位变动成本

在此价格下实现的销售量，使零售商刚好保本，因此，该价格实际是保本价格。即：保本价格＝固定成本/损益平衡点销售量＋单位变动成本。

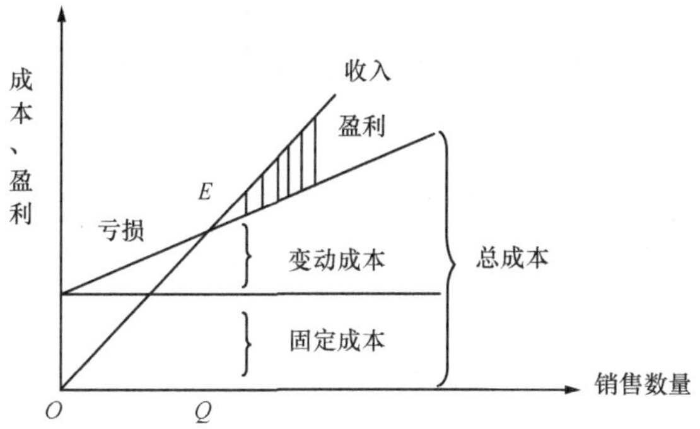

图 11-1 收支平衡点

损益平衡定价法侧重于总成本费用的补偿，这一点对于经营多条商品线和多种商品项目的零售极为重要。因为一种商品盈利伴随其他商品亏损的现象时有发生，经销某种商品时所获取的高盈利与企业利润的增加并无必然联系，因此，定价从保本入手而不是单纯考虑某种商品的盈利状况无疑是必要的。在某种商品预期销售量难以实现时，可相应提高其他商品价格，逐步在整体上实现企业商品结构及销量的优化组合。

3. 目标贡献定价法

目标贡献定价法又称为可变成本定价法，即以单位变动成本为定价基本依据，加入单位商品贡献，形成商品售价。即：

商品销售价格＝单位商品可变成本＋单位商品贡献额

单位商品贡献额＝销售价格－单位商品可变成本

在这里，商品售价超出可变成本的部分被视为贡献。贡献的意义在于，单位商品的销售收入在补偿其变动成本之后，首先用来补偿固定成本费用。在盈亏分界点之前，所有商品的累积贡献均体现为对固定成本费用的补偿，零售企业无盈利可言。到达盈亏分界点之后，商品销售收入中的累积贡献才是现实的盈利。由于补偿全部固定成本费用是零售企业获取盈利的前提，因此，所有商品销售收入中扣除其变动成本后的余额，不论能否真正成为零售企业盈利，都是对零售企业的贡献。在实践中，由于以可变成本为基础的低价有可能刺激商品销量大幅度提高，因此，贡献额有可能弥补固定成本甚至带来盈利。

目标贡献定价法有以下优点：(1) 易于在各种商品之间合理分摊固定成本费用。限制因素占用多，其价格中所包含的贡献量就大，表明该种商品固定成本分摊额较多。(2) 有利于零售企业选择和接受市场价格。在竞争作用下，市场价格可能接近甚至低于零售企业的平均成本，但只要这一价格高于平均变动成本，公司就可接受，从而大大提高零售企业的竞争能力。(3) 根据各种商品贡献的多少安排零售企业的商品线，易于实现最佳商品组合。

（三）竞争导向定价

竞争导向定价以市场上相互竞争的同类商品价格为定价基本依据，以随竞争状况的变化确定和调整价格水平为特征，主要有通行价格定价、密封投标定价、竞争价格定价等方法。

1. 通行价格定价法

通行价格定价法是竞争导向定价方法中广为流行的一种。定价是使零售企业商品的价格与竞争者商品的平均价格保持一致。这种定价法的目的是：(1) 平均价格水平在人们观念中常被认为是“合理价格”，易为消费者接受。(2) 试图与竞争者和平相处，避免激烈竞争产生的风险。(3) 一般能为零售企业带来合理、适度的盈利。这种定价适用于竞争激烈的均质商品，如大米、面粉、食油以及某些日常用品的价格确定；这种定价方法常在难以衡量成本的零售服务业运用。

2. 主动竞争定价法

与通行价格定价法相反，它不是追随竞争者的价格，而是根据零售企业商品的实际情况及与竞争对手的商品差异状况来确定价格。一般为富于进取心的零售商所采用。定价时首先将市场上竞争商品价格与零售企业估算价格进行比较，分为高、一致及低三个价格层次。其次，将零售企业商品的性能、质量、成本、式样、产量等与竞争零售企业进行比较，分析造成价格差异的原因。再次，根据以上综合指标确定零售企业商品的特色、优势及市场定位，在此基础上，按定价所要达到的目标，确定商品价格。最后，跟踪竞争商品的价格变化，及时分析原因，相应调整零售企业商品价格。

3. 密封投标定价法

该方法主要用于投标交易方式。投标价格是零售企业根据对竞争者的报价估计确定的，而不是按零售企业自己的成本费用或市场需求来制定的。零售企业参加投标的目的是希望中标，所以它的报价应低于竞争对手的报价。一般说，报价高、利润大，但中标机会小，如果因价高而招致败标，则利润为零；反之，报价低，虽中标机会大，但利润低，其机会成本可能大于其他投资方向。因此，报价时，既要考虑实现零售企业目标利润，也要结合竞争状况考虑中标概率。最佳报价应是使预期利润达到最高水平的价格。此外，预期利润是指零售企业目标利润与中标概率的乘积，显然，最佳报价即为目标利润与中标概率两者之间的最佳组合。

(四) 各种定价方法的组合运用

因为价格竞争是一种十分重要的营销手段，而定价方法不是一成不变的，每一种定价方法都有其优点和不足，从实际操作上来说，零售企业应该根据具体情况对各种定价方法进行灵活的组合运用，使价格与营销组合中的其他因素更好地结合，促进和扩大销售，提高企业的整体效益。通常，在制定一个商品价格之前，商家必须搞清楚以下问题：①给定的价格水平会使我获得预期的毛利吗？(按成本定价)。②假如我降低价格，销售额会大增吗？(按需求定价)。③应当根据同顾客的议价、季节性等情况，对一种商品定出不同的价格吗？(按需求定价)。④竞争者制定的价格水平怎样？(按竞争商品定价)。⑤根据我的声誉和形象，我能制定比竞争者更高的价格吗？(按竞争商品定价)。⑥在采购、销售、送货上需要特殊费用的商品应该制定怎样的价格水平？(按竞争商品定价)

第三节 零售定价扩展策略

与第二节讨论的定价方法不同，本节讨论的零售定价策略更注重定价技巧的灵活运用。一般来说，定价方法是具体确定商品的价格，而定价技巧则是提供一种定价思路或谋略。

一、心理定价策略

心理定价策略是利用消费者的心理因素，根据不同类型消费者购买商品时的不同心理特点来制定商品价格的一种定价策略。通常对于同样的商品，不同的消费者因其需求水平、购买动机和需求偏好不同，会有不同的价格要求和价格反应，因此，实施心理价格策略，制定迎合消费者心理的价格，往往能起到意想不到的效果。常用的心理定价策略主要有以下几种：

（一）非整数定价策略

也称尾数定价策略，采用这种定价策略就是给商品制定一个带零头的价格，而不是取整数。带小数点的价格，容易使消费者产生价格便宜、经过了精确计算的感觉，由此对卖者产生信任，从而刺激顾客购买。对于普通日用品，消费者乐于接受有零头的价格，例如，如果将某件商品价格定为9.90元，顾客会觉得比10元便宜，而且定价较精准。尾数定价用以满足消费者求实消费心理，使之感到商品物美价廉。对于需求价格弹性较强的商品，尾数定价策略往往会带来需求量大幅度的增加。据美国一些商业心理学家调查，在非整数定价策略的具体应用中，奇数比偶数更显得便宜。商业心理学家的研究还表明：单价5元以下的商品，末位是“9”的最受欢迎；单价5元以上的，末位数是“5”的，销售情况最好。在我国，尾数是“8”、“6”的价格也较多见，因为“8”与“发”谐音，比较吉利。“6”则意寓“顺”。所以，在我国除了“奇数”尾数价格外，以“8”、“6”为尾数的吉数价格也很受欢迎。

（二）“不二价”与弹性定价策略

“不二价”，是指商家对于本商店出售的商品都只订一个固定价格，不允许讨价还价。“不二价”政策让人产生信赖感，是常用的策略，因为不少顾客对可以讨价还价的商品总会理解为价格“有水分”；有时也会满足消费者的某种自尊心理，这些顾客不愿意让别人感觉到自己是斤斤计较和贪图便宜的人，“不二价”能使顾客感到消费这种商品与其地位、身份、家庭等方面协调一致，从而迅速做出购买决定。弹性定价即允许顾客对售价还价。这种定价策略是针对喜欢讲价的顾客的心理的，这类顾客认为商场总是标虚价黑着心赚钱的。而讨论还价后，自己买到的商品比定价低一些，就会有一种成就感和满足感。一般说，商店制定弹性价格政策需要高额的初始价格并配备合格的销售人员。

（三）错觉定价策略

这种定价策略通常是基于消费者对商品计量的敏感度要远低于对价格的敏感度的错觉心理，在给不同包装和计量的同一种商品定价时，充分利用消费者的这一心理特点，制定相应的价格。如500克装的某品牌奶粉标价为19.30元，后推出的450克装的同样的奶粉标价为18.5元，后者的销量明显比前者要好。其实算一下就会发现，二者单位定价相差无几，且后者还略高一点，但后者更容易吸引消费者注意。

（四）声望定价策略

这种定价策略主要是针对消费者“价高质必优”的心理，对在消费者心目中享有声望、具有信誉的商品制定较高价格。价格高低经常被顾客当作商品质量好坏的最直观的反映，特别是消费者在识别名优商品时，这种心理尤为强烈。因此，高价与性能优良、独具特色的名牌商品配合，更能显示商品特色，增强商品吸引力，从而产生扩大销路的积极效果。

（五）习惯定价策略

这是一种按照消费者习惯进行定价的价格策略。通常用于日常消费品或成熟期商品的定价，因为此时在消费者心目中已形成一种习惯性标准，符合其标准的价格被顺利接受，偏离其标准的价格则易引起疑虑。高于习惯价格常被认为是不合理的涨价；若低于习惯价格又使消费者怀疑是否货真价实。因此，这类商品价格要力求稳定，避免价格波动带来不必要的损失。在必须变价时，应同时采取改换包装或品牌等措施，避开习惯价格对新价格的抵触心理，引导消费者逐步形成新的习惯价格。

二、价格调整策略

市场环境和竞争形势是不断变化的，商品价格也不是一成不变的。为了适应市场环境的变化，零售企业需要及时作出反应，适时进行价格调整，这种价格调整有时是主动的，有时则是被动的；有时是提价，有时则是降价，其目的都是为了保证企业的生存和发展。总体上，零售企业的价格调整主要是提价和降价两种方式。

（一）提价

提价是指零售商在制定的初始价格基础上调高价格的行为。提价往往会遭到消费者的反对，对企业的经营造成风险，但是由于一些客观原因企业必须提价时，企业应该考虑各方面的因素，慎重提价。

1. 零售企业提价的原因

（1）成本上升。由于原材料等生产要素的价格上涨，造成生产企业的成本提高，导致零售企业的商品进价上升，因此零售商不得不提高商品价格，否则就会造成经营亏损。

（2）需求上涨。由于市场需求大幅度上涨，造成商品供不应求，无法满足所有顾客的需要。在这种情况下，零售企业可采取提价策略，一方面抑制需求，另一方面取得更大收益。零售商的提价方式包括：取消价格折扣，在商品大类中增加价格较高的项目，或者开始提价。

（3）定价目标调整。当零售企业进入市场初期，为了在市场上立足，刚开始可能以生存为定价目标，商品价格较低，其经营状况是微利或略亏。当企业在市场上站稳了脚跟，则要考虑获得更高的回报，并且前期的低价是一种计划中的策略时，企业可能考虑提价。

以上三种提价原因中，第一种是被动的提价；后两种属于主动提价。无论是被动提价，还是主动提价，都存在风险，必须慎重决策。

2. 零售企业提价的风险

零售商提价的风险是显而易见的，它可能使商品的销售量减少，进而影响企业的利润。而且提价会抑制需求，如果需求被过度抑制，也有可能导致企业利润的下降。同时，高价格、高利润也会导致竞争者不断涌入市场，使竞争日益加剧。因此，为了减少顾客不满，企业提价时应当向顾客说明提价原因，并帮助顾客寻找节约途径。而且，如果有可能，当市场供不应求时，企业应当积极组织货源，增加商品的供应量，牢固地占领和扩大市场。

3. 零售企业提价策略

由于顾客对于价格往往较为敏感，直接提价可能导致顾客反感，零售企业可通过以下提价策略，既提高实际价格，又不会对销售产生大的负面影响。

（1）在价格不变的情况下减少成本。具体来说：①零售企业可通过减少数量折扣或提高数量折扣的累计金额，从而实现实际价格的提高；②零售企业可通过减少促销活动和促销人员，通过减少促销成本开支，来实现不提价而实际价格上升；③零售企业还可通过减少部分服务项目，或对某些服务项目收费等措施，在不提价的前提下，使实际价格提高。

（2）与供应商协商，改变商品而价格不变。零售商可与制造商进行协商，通过制造商压缩商品分量、使用相对便宜的原材料、使用大包装、改变商品特点，从而使成本降低，这样，可在最后的零售标价不变的基础上使实际价格提高。

（3）分类商品提价。一般来讲，提价只适用于需求价格弹性小、顾客对价格不敏感的商品；而对于需求弹性较大、顾客对价格较为敏感的商品不宜提价或只小幅提价，从而使总体价格上升。

（4）提高价格和商品的认知价值。在只有提价一条路可走时，零售企业可能通过提高顾客对商品的认知价值来实现提价。零售商可通过加强促销人员的介绍、说服、服务等来促使顾客对商品价值有更好的理解。

4. 零售企业提价时应该注意的问题

顾客通常有一种“买涨不买落”的心理，有时适当的提价可能使顾客产生商品质量过硬、可能价格还要上升等想法，因此，合适的提价可能并不一定就面临风险。

在零售定价提高前，企业必须充分了解政府部门对提价的态度、市场上顾客和竞争者对提价的反应。在零售企业提价的具体操作过程中还应注意提价的时机、提价的方式和提价的幅度。

总之合理采取提价策略既能适当的增加利润，又能提升商品和商店形象。

（二）降价

降价是指零售企业调低初始零售价格的行为。

1. 零售企业降价的原因

在现代市场经济条件下，企业降价的原因主要有：

（1）需求因素，需求减少或销售萎缩。由于商品的需求不足，为了刺激购买，扩大销售，零售企业必须实行降价。

（2）竞争因素，主要是竞争者降价。在强大的竞争者的压力之下，企业的市场占有率下降，企业只有通过降价来扩大自己的市场份额。

（3）成本因素，主要是商品成本下降。由于生产企业和经营规模扩大、成本下降，零售商为了让利顾客、扩大销售，而实行降价。

（4）商品因素，主要是商品过时、或商品处于销售淡季、商品质量有瑕疵等原因，企业对商品进行削价处理。

2. 零售企业降价的风险

人们总是认为，零售企业的降价要比提价更易操作。因为零售企业的降价可使顾客得到实惠，不会引起顾客的抵触。事实上零售企业的降价也是存在着巨大风险的。一是顾客可能会因价格下降而怀疑商品质量；二是降价可能使企业的利润直接减少；三是降价可能引起供应商的不满；四是降价可能引起竞争者的报复，从而陷入价格大战中。

3. 零售企业的降价策略运用

（1）明确降价目的。零售企业必须明确降价的目的是为了应付竞争，还是让利顾客，或者是商品的削价处理，因为不同的降价目的，其采取的降价策略也应有所区别。

（2）选择合适降价时机和合理的持续时间。零售企业应根据以往的销售记录和市场的需求变化，选择适当的降价时机。同时降价持续时间的长短不仅关系到降价的效果，而且会影响企业的经营成本。根据国外的经营经验，一般来说降价持续时间一周较为合适，当然具体可根据降价目的进行调整。

（3）确定合适的降价幅度。零售企业的降价幅度应根据具体情况而定，一般来说应与其降价目标相适应，同时考虑相关因素。例如商品库存处理，则可能降价幅度较大；而商品进价上涨，则可能要根据进货成本上涨幅度以及竞争者的降价幅度来设定。

4. 降价应该注意的事项

企业应认识到降价不是竞争的唯一出路，如果因为竞争者降价而降价，应小心出现恶性竞争、两败俱伤的局面。企业可通过加强售后服务等非价格手段来提高竞争力。企业在降价的时候还应该做好计划和具体的安排，尽量减少降价次数，同时注意降价不能降质量，以免给消费者造成企业经营不善等不良印象，得不偿失。

三、价格带与价格线策略

为了反映商场的特色，组织好商品群或商品系列的供应至关重要。而对于商品群的定价，重要的一点就是合理确定价格带与价格线。价格带是由商品群的上限价格和下限价格形成的。它是为了使顾客对商品群的选择有一个明确的目标，以吸引具有类似价格偏好的某个细分市场。商品的价格线是由商品价格带中的高、中、低价格点集合而成的。价格线一般由商场所确定的目标顾客收入来决定。一般来说，由于不同商场目标顾客不同，商品群定价也就不同。

商品价格带与价格线的合理确定，一方面可以使商场商品的定位清晰，目标明确；另一方面可以使顾客对商场商品的选择立场分明。另外，它可以使商场在毛利率与毛利额的掌握上，由于事先进行过划分，使商场获得整体的利润较高。

运用价格带与价格线可以使消费者在选购时无所适从的情况减到最低限度，例如，如果商场领带的价格幅度（价格带）是 100～500 元，而价格点（价格线）是 100 元、300 元、500 元，顾客就知道商品档次和质量差异有明显不同。如果商场所列的价格是 100 元、120 元、150 元、180 元、200 元、260 元、300 元，顾客通常就弄不清产品的档次差异了，会感到无所适从。

对商家来说，采用价格带与价格线在采购过程中很有好处：第一，采购员只需找到提供价格合适产品的供应厂商；第二，可以用最后销售价作出发点同供货商讲价；第三，自然而然地不去注意那些不在价格线范围内的商品，从而减少存货投资。

运用价格带与价格线也有缺点：第一，价格带与价格线方法是依赖所选定的特定价格点的，但有可能在两档价格之间出现被顾客认为过大的缺口；第二，减价或特廉销售会打破价格线内的平衡，除非价格线内的所有商品都按比例降价。

在这种定价策略中，各个价格点的间距确定是关键。不能太小也不能过大，价格间距太小让消费者感觉不到品质档次的差别，价格间距过大也会让消费者产生疑惑。

四、品种别定价策略

所谓商品的品种别就是把商场中的商品分成性质完全不同的两大类型，一类是为商场带来主要利润的商品；另一类是适应顾客“一次性完成购买”条件的形象商品。商品品种别定价方法就是将商场形象产品按较低的毛利率加成出售，对其中一些消费者使用量大、购买频率高、最受欢迎的商品按进价，甚至低于进价出售，这些商品称之为“拳头商品”。而对于一些为商场带来主要利润的商品则加以比商场形象商品高的利润定价出售。在陈列上，以“拳头商品”为核心，在它周围大量陈列能带来利润的商品，使“拳头商品”引来顾客，集中顾客，同时顾客在购买“拳头商品”时，也带来其他商品的销售。

有“超市之父”之称的迈克尔·珈仑曾经被人们称之为“价格的最大破坏者”，他创造出一种特别的差异毛利定价策略，其做法是：25%左右的商品按进货价格出售，20%的商品在进价基础上加 5%的毛利出售，25%的商品加 15%的毛利率出售，剩下的 30%的商品加 20%的毛利率出售，所有商品的平均毛利率为 10.75%。目前大多数超市都是运用类似的策略进行定价的。百货商场也可以采取这种策略来对全部商品进行定价。

商品品种别定价策略是一种典型的招徕定价与贵贱组合定价的集合方法。实施商品品种别定价策略，关键是要事先进行深入的调研工作，经过精确计算，确定出无利、低利、高利的商品范畴，哪些是能起到带动作用的商品，哪些是无利商品，那些是低盈利和高盈利商品，并长期保持10%左右的敏感商品完全让利给消费者，以小带大来推动整体销售。这些商品要有合理的组合陈列，不断改变、精心设计卖场形象布局来强化这种“高价值策略”的效果。要有相应的促销计划配合，否则，就不会取得好的销售效果。而且，对于能够起到带动作用的商品，要实行极其严格的采购控制流程，以最大可能的减低采购中间成本。

商品品种别定价策略尤其包括那些敏感性较高、周转率较高的商品，可采用低于竞争对手的价格。因为这些商品的利润并不体现在单个商品的价格优势上，而是体现在销售的数量上，销售得越多，现金流量的贡献率就越大。商店可利用这些敏感商品、低价商品吸引更多的人流，从而带动其他商品的销售；另外，商品的周转率提高，就会增加对供货商的进货次数与进货批量，增强商场对供货商的议价能力，获得更多的价格折扣（一般表现为累计订货批量折扣、销售奖励折扣和年终退佣）

五、高周转商品的定价策略

高周转商品是指那些使用寿命短，消费者购买频率高，商店周转销售快的商品。一般对于消费者每天都要购买或使用的生活日用品、生活必需品，大都属于高周转商品，超市中的生鲜商品、日用品最典型。由于消费者购买频率高，因而往往对价格非常敏感。因此，对于周转率较高的商品可以采用低于竞争对手的价格。因为这些商品的利润并不体现在单个商品的价格优势上，而是体现在销售的数量上，销售得越多，现金流量的贡献率就越大。

六、折扣定价策略

折扣定价是在正式价格的基础上给予一定的折扣和让价。采取这种定价策略是为了鼓励消费者购买。常用的折扣定价策略有：

（一）一次性折扣价格策略

在一定的时间里对所有的商品规定一定下浮比例的折扣就成为一次性折扣定价。采用一次性折扣定价比较多的时间是，如店庆、节庆、季节拍卖、商品展销等。随着生活水准的提高及中外文化的交流和渗透的增加，节庆日在增加，而且节庆日往往成为消费者购物的高潮，商场如抓住这种市场旺季，适时地推出全面的一次性折扣价，定会取得很好的促销效果。一次性折扣价格策略是阶段性地把商场的销售推向高潮的价格制定策略，每年搞几次，在什么时间搞，都要事先制定好计划。

（二）累计折扣价格策略

与一次性的价格策略相反，累计性的折扣价格策略是商场可常年持续推出的价格策略。采用累计的定价策略就可稳住顾客，达成顾客在该商场连续跟踪性的购买，它对稳定商场的顾客群作用甚大。实施累计折扣价格策略的做法可有以下两种。

1. 发票累计折扣策略

在收银时都有金额小票，商场根据顾客的购买金额，确定出购买金额达到多少金额时，给顾客多少折扣。这种累计金额折扣率在新年伊始时就要张榜公布，使顾客都知晓明了，为的是给顾客指出购买额的数量指标，这一做法对完成商场的销售计划作用不小。累计数量折扣定价策略一般可采用以购物券换回顾客累计发票的办法，因为用现金换回顾客的累计小票，这一部分现金是有可能投向其他商场购买的。用购物券换累计小票，购物券的购买仍在本商场实现，而它的购物小票又会进入下一轮的折扣累计中，这对顾客也是十分有利的。但使用POS系统和信用卡结算就不需要用购物券来换回累计小票了，电脑会自动结算折扣率，并将折扣金额转入顾客的信用卡账户。

2. 优惠卡（会员卡）折扣策略

消费者只需缴纳少量费用，或达到一定的购买量，即可持有会员卡，成为商场的会员。会员一般享有多种优惠：如价格，会员在购物时可以享受比非会员更大的折扣；服务，会员在购物时可享受保险及送货上门等服务；赊销，会员持卡购买大宗昂贵物品时，可享受分期付款的优惠；年底分红或返还，视会员在商场内的消费总额和商场的盈利情况，年底给予一定的分红或返还；定期的联谊活动，会员每两周或一周有机会参加商场组织的联谊活动，可以彼此沟通信息，并获得商场的一份礼物；优惠日活动，对会员半月或一月中有一天优惠购物日；获得商场的信息，会员每两周或一周即可获得一份印刷精美的商场最新商品信息，并享受电话订货和送货上门服务。另外，目前许多商场都向顾客发放优惠卡，而在出售时就按顾客的购买金额给予一定的折扣率。对组织（企业）会员和个人会员可以采取不同的折扣率。这种优惠卡折扣策略对增大商场的目标顾客宽度作用很大，但要对购买不同数量商品的顾客给予不同的折扣率。

（三）季节折扣定价策略

商场有许多商品都有一个季节性的消费高潮，如夏季的清凉饮料等，为推进这些商品的消费高潮，也可采取折扣价，进一步刺激这些商品的高销售。另外，对一些进入销售淡季的商品，采用季节折扣价也会促进销售。采取季节折扣定价策略时要特别注意两点：第一，在消费高潮时的季节折扣必须与竞争对手的同类商品价格拉开距离，必须具有明显的价格优势。第二，在销售淡季时的季节折扣要反映两种要求：一是反季节促销；二是季节性清货。前一种是为了扩大销售，后一种是为了清库存。

（四）限时折扣定价策略

通过在特定的营业时段提供优惠商品，来刺激消费者的购买欲望。例如限定下午13：00～15：00时，某些商品五折优惠。此种策略要通过宣传单预告或利用卖场尖峰时段，以广播方式刺激消费者购买特定优惠商品，而且价格优惠要比较大（限时折扣定价策略的运用在时间选择上十分重要，一般不宜选择在顾客流量高峰期）。限时折扣定价策略可作为商场的一大特色经营内容来展开，目的是增强卖场内的人气，活跃气氛，由此调动顾客的购买欲望。

另外，商场中有许多商品都有一个保质期，为了促使这些商品在保质期到来之前全部销售完，可采用限时折扣的定价方法。但其运用，必须保证给顾客留下一段使用的期限，否则顾客投入使用时就已经过了保质期，这就不利于保护消费者的利益。

（五）数量折扣定价策略

数量折扣定价策略是商场在顾客大量购买时给予一定比例折扣的一种策略。采用数量折扣定价有两个理由：第一，商场想使顾客增加对一个品种的购买量；第二，数量折扣定价使商场能加快出清滞销货和季尾商品。

七、促销商品定价策略

（一）特殊事件定价策略

有些零售商喜欢利用一些特殊的时间和事件，把全部或部分商品临时降价以吸引顾客前来光顾。特殊节日包括公共性节日，如春节、元旦、中秋节等，这是一种明显的“炒节”现象；另外一种特殊节日是商家的开业、店庆或装修后重新开张等，这些特殊节日的利用是一种“造节”行为。此外商店还可利用各种特殊事件，例如对国内外影响重大的事件，实行折扣价格策略以吸引顾客关注和光顾，这是一种“借势”经营行为。无论是哪一种特殊事件定价策略，其主要目的都是通过这些特殊事件来引起顾客的注意，以实现宣传本店、扩大销售的目的。由于特殊事件定价只是临时性的降价不会导致其与竞争对手之间的价格战，也不会在顾客心目中产生价格定势，因此不失为一种良好的促销手段。

（二）提供赠品定价策略

这种定价策略是向顾客免费赠送礼品或是当顾客的购买金额达到一定幅度时向其赠送礼品。具体有三种方式：一是免费赠送，只要进店即可免费获得一件礼品；二是先买后送，即顾客购物满一定金额才能获得礼品；三是随商品附赠礼品，像买咖啡送咖啡杯、买生鲜食品送保鲜膜等等。对某些新商品或利润较高的商品，也可以采用销售赠品的定价方法来刺激这类商品的销售。临近保质期的商品，在与供货商协商以非实际退货方式退货后，也可将其作为附赠品向消费者附带赠送。此外，还可将新商品以小包装方式作为赠品附送。这样，一方面可以促使顾客尝试购买新商品，另一方面也用实物反映价格优惠，有利于扩大销售。

（三）特卖商品定价策略

特卖商品是指该商品跌价幅度特别大，它对顾客具有很强的吸引力，可以说特卖商品也是商场的形象商品，它是价格促销的重要方法和策略。一般特卖商品要比平时或竞争店的价格低20%以上，否则不可能造成对顾客的特价商品印象，也不能造成销售的强刺激。而且最好每周都能推出一批，或每天推出一种商品，不过商场推出的特价商品必须有一个数量的控制。因为特卖商品定价法推出的主要目的是吸引集中顾客，以此来带动商场整体商品的销售，如果特卖商品售出的亏本额超出了由此带动的销售所产生的盈利额，那么特卖商品定价法就会失效。为了保证商场一定的盈利率水平，商场的特卖商品一般是组织供货商来供货参与的。在举行展销活动时，也可对一些商品采用特价法，以此渲染展销活动的气氛。

（四）商品组合定价策略

当两种商品是互补性商品的时候，企业可以对商品实行组合定价，发挥商品内在的关联效应，从而使整个商品组合取得整体的最大利润。例如，购买电脑的顾客可加付少量货款获得一台打印机，就是运用这一价格策略。在具体采用这一价格策略时，首先确定某种商品的最低价格，以吸引消费者购买商品线中的其他商品，如上例中的打印机；其次，确定商品线中某种商品的最高价格，它在商品线中充当品牌质量和收回投资的角色，如上例中的电脑；再者，商品线中的其他商品分别依据在商品线中的角色不同而制定不同的价格。

八、自有品牌商品定价策略

推出自有品牌商品是零售企业推进连锁经营、迅速实现规模扩张的重要途径之一，也是发挥其品牌效应的必由之路，因为连锁零售商店通过自有的销售渠道，无需支付巨额的市场推广费和通道费。

自有品牌的商品必须比同类商品具有30%以上的价格优势。需要特别说明的是，30%的价格优势是最低限度，没有这个限度消费者不会对超市的自有品牌商品发生兴趣，因为同类品牌厂商会使用各种市场方法影响消费者购买其产品。当然，自有商品的定价也不能太低，否则影响商场的声誉。目前，国内本土零售企业中，自有品牌商品存在着这样两种较普遍的现象：第一，没有足够的价格优势，也就是说与同类产品相比的价格优势没有超过30%；第二，自有品牌产品与同类产品相比，质量不够高，在纸制品和保鲜膜产品中尤为突出，这需要高度重视。如果我们把加工订货价格压得很低，但质量控制手段跟不上，最终还是砸自有品牌产品的牌子。

自有品牌商品的定价要兼顾到同类商品的价格线的合理性，即对本商场已开发推出的自有品牌的同类产品，一般只向少数厂商进小批量的货，这种做法的目的有两个方面：第一，在同类商品的比较中显示出自有品牌商品的价格优势；第二，限制自有品牌之外的同类商品进货数量，是为了使销售额向自有品牌商品集中，并且也给予消费者对同类商品有两个以上品牌商品的选择余地。

◎小结

价格是影响零售企业经营目标实现的重要因素，零售企业价格决策和其他决策是相互影响的，要受到该商店的店址决策、商品决策、促销决策、信用决策、顾客服务决策、商店形象决策的影响。因此，其定价决策必须综合考虑商店选址、商品、促销、服务、商店形象等因素，在此基础上明确定价目标，选择合适的定价方法，通过价格策略的灵活运用，使零售定价更具市场吸引力和竞争力。

➢案例　永辉超市必杀技　怪才肆意抢地盘——永辉超市的价格策略

在福建、重庆、北京，家庭主妇们都不约而同地发出这样的声音：去永辉买菜，便宜！这是为什么？

清晨菜贩们的对话

2009年10月的某一天早晨6时3刻，重庆加州农贸市场里，人头攒动。菜案上的菜蔬瓜果，裹挟着淡淡的泥土气息和雨后的水汽，待人挑选。两个菜贩借着闲暇时刻，摆起“龙门阵”来。

老魏：“张孃孃，我看你今天多早就来了哈。”

老张：“是噻，赶个早场，等永辉开门就不好卖喽。”

老魏：“不至于嘞？”

老张：“是噻，我南瓜一块五，永辉才七八毛！”

老魏：“不是哦。”

老张：“就是那么便宜！”

老魏：“不是！不是！！我昨天才逛了永辉，新鲜南瓜降到四毛九！”

让重庆菜贩们如此胆寒的，正是永辉超市，一家来自福建，把生鲜当主业的“农改超”超市。永辉超市加州店与加州农贸市场毗邻而立，却“冰火两重天”，其价格足以让第一次进入永辉超市的家庭主妇们惊得目瞪口呆。下表是重庆某区域生鲜品价格对比：

2009年9月24日生鲜品价格对比表（重庆） 单位：元/500克

	番茄	卷心白	黄瓜	南瓜	大白菜	茄子	猪肉	苦瓜	土鸡	草鱼
农贸市场	2.00	1.50	2.50	1.50	2.50	2.50	9.50	3.50	15.00	10.00
永辉超市	1.78	1.18	1.58	0.49	1.58	1.68	8.90	2.98	14.80	7.80
永辉价格优势（%）	11.00	21.33	36.80	67.33	36.80	32.80	6.32	14.86	1.33	22.00

可从上表中计算出10种生鲜品的平均“永辉价格优势”，永辉足足比农贸市场便宜了二成五。如果再与重庆其他超市进行对比，“永辉价格优势”将扩大到三成，甚至是四成以上。同样的情况，也发生在永辉的“大本营”福建，以及永辉在北京的两家门店。

更让人心动的是，相比“脏乱差”的农贸市场，永辉超市环境整洁，明码标价，没有缺斤少两的勾当，更没有蔫菜新鲜卖的伎俩。

很明显，永辉超市是在将生鲜以超市手法进行经营，却在走比农贸市场更便宜的价格路线。这不得不让人心生疑惑——如此超市谈何盈利？

需知，在超市零售业，虽然奉行“生鲜活、超市活”的不二法则，生鲜生意实际上却是哀鸿遍野，业内平均毛利润仅为6%，甚至为负毛利，赔本赚吆喝。

而永辉呢？店内生鲜经营面积超过33%，毛利润在16%以上，2008年全年营业额高达70亿元，全国门店数量至2009年9月已达到107家，2009年底永辉在重庆就已开店45家，签约门店数量达到70家之多，着实让本土零售巨头重庆商社集团感觉到了从未有过的竞争压力。到底是什么“必杀技”，让永辉超市犹如一个“怪才”，在榕渝京商家必争之地肆意扩充地盘？

颠覆“农改超”

在业内，永辉超市董事长张轩松的成名绝技，便是“农改超”。但“农改超”经历短暂辉煌后陷入绝境。面对激烈的市场竞争，张轩松意识到，超市要真正活下来，就要在价格上大做文章。

张轩松发现，“农改超”仅仅停留在“卖不同品种”的层次上，在渠道上却与其他超市、农贸市场大致相同，走“产地—采购商—批发商—超市采购员”的传统路线，超市里的生鲜，实际上经过了三道，甚至是四道批发环节，价格自然偏高。

如果是奉行“产地—超市采购员”的扁平化二元渠道，搞自营直采呢？这样便能产生复合的三层效益：首先，永辉大规模的进货量远非单一的菜贩、批发商所能比拟，便能获得更优惠的价格，成本一降；其次，自营直采省略了大量渠道环节，整个采购价格水平下降了好几个档次，成本二降；最后，从产地到超市，减少了生鲜的运输时间，转存环节，物流损耗率降低，成本三降。

可见，自营直采抓住了生鲜经营“短平快”的特点，“农改超”变成了“必杀技”。于是，张轩松着手建立了一只采购员队伍，直接与生鲜产地对接。

很快，在六凤洲蔬菜基地、建新蔬菜基地、北峰无公害蔬菜基地，闽侯、长乐、平潭、古田等地的蔬菜、水果、菌产品、海鲜品集散市场，出现了大批“永辉人”。他们分成两拨，一拨与农民兄弟打成一片，走街蹿户，甚至出海与渔民一起打鱼；一拨身揣现金，只要前一拨人马谈妥，立即支付货款绝不托账；同时，每一个生鲜单品均由数人协管，以防商业贿赂。

这样一来，永辉价格优势已经超越了所有竞争对手。在2003年，福建大白菜产地采购价约为0.22元/公斤，到第一层批发商升至0.36元/公斤，再到市内采购点，已升至0.45元/公斤……而永辉呢？定位于“微利”的大白菜，售价只有0.26元/公斤！

不过，永辉的“价格革命”远未结束。初尝甜头，张轩松开始尝试自营直产。2003年7月，永辉逐步建立自己的食品中心加工厂，同时建立永辉的蔬菜、养殖基地、粮制品加工厂。自营直产可谓“革了供应商的命”，一是旁敲侧击，对供应商提供伪劣商品的“贼心”起到威慑作用；二是无形施压，致使供应商主动提供数量折扣以继续合作关系——成本已是第六层下降！

那么，永辉的成本水平到底多低呢？永辉总经理张轩宁在一次接受媒体采访时曾透露，成本只占百分之十几，毛利控制非常自由。

☞讨论题

1. 从本案例中分析永辉超市采用了哪些定价策略？
2. 永辉超市价格策略的依据和保障是什么？
3. 永辉的成功给我们带来了哪些启示？

思考题

1. 影响零售定价的因素主要有哪些？
2. 零售商的定价目标和定价方法与影响定价的因素有何关系？
3. 零售商的心理价格策略主要有哪些？应如何灵活运用？
4. 零售商的价格策略如何与促销活动结合起来运用？
5. 降价对于零售企业而言有何利弊？企业应如何运用降价策略应取得经营成功。
6. 一家服装店采购一批服装的成本为每件80元，现希望按售价的30%的加成率出售，则其售价应定为多少？若是按进价的30%加成率出售，则其售价应定为多少？

第十二章　零售采购与配送

本章讨论的主要问题

1. 商品采购的原则、方式与策略
2. 零售采购过程
3. 零售配送

关键术语

零售采购　零售配送

第一节　商品采购的原则、方式与策略

一、商品采购的原则

商品采购是零售商在对市场进行调查研究的基础上，为适应消费者需要，选择商品和办理商品购买手段，取得商品所有权的一种经营活动。零售在组织商品采购中应当遵循下面三个基本原则。

（一）以需定进原则

以需定进就是根据市场需求情况来决定进货，保证购进的商品适合消费者需要，能够尽快地销售出去。坚持以需定进，能够避免盲目的采购，促进商品的销售。但并不是说零售商的购销活动就是完全被动的，购销活动与市场需求之间的平衡，应当是动态的积极的。这就需要零售商在购销过程中，结合本企业的实际和各种商品的不同特点，认真研究市场需求态势，分别采取不同的购销策略，以求得购销与市场需求的动态平衡。

（二）质量第一的原则

商品质量的好坏，直接影响到消费者利益，也关系到企业的效益与信誉。零售商品采购坚持质量第一的原则，就是要在进货中加强商品质量检验，对不符合商品质量标准要求的商品，要严格把关，拒绝购进，避免因商品质量低劣而造成企业经济上和信誉上的损失。零售商既要不经营假冒伪劣商品，也要学会识别真伪商品，抵制假冒伪劣商品流入企业，进入市场。其主要方法：看进货渠道是否可靠；看商品包装；看商品质量；看销售者；掌握伪劣商品的特点，如送货上门，一手钱一手货，现金交易，不转账信汇，一次一利索，价格低于平均水平，回扣率大，不开正式发票单据等。

（三）经济核算原则

经济核算的目的就是以尽可能少的劳动占用，实现尽可能多的劳动成果，取得好的经济效益。零售商在组织商品采购时，涉及资金的合理运用，物质技术设备的充分利用，合理的商品储存、运输、人员安排等事项。这些可能通过勤进快销的定性、定量分析来加以控制。勤进快销可以加速资金周转，避免商品积压，以勤进促快销，快销保勤进。同时，还可能根据不同商品的特点、市场销量情况确定相应的经济合理的数量界限，也就是在一定时期内，

采购次数要适当多一些，批量要适当，进货间隔期要适当缩短。总之，要在采购适销对路的商品前提下，选择能使采购费用和保管费用最省的采购批量，以及选择能使库存量保证适销需要的采购时间，以保证获得最大的经济效益和社会效益。

二、商品采购的方式

（一）按商品采购形式来分

1. 市场选购

市场选购是零售商在经营活动中根据销售需要，直接通过市场，充分自主地向生产商或其他供货商协商定价，自由选购商品。它一般适用于花色品种复杂，规格不一，市场需求变化快，易于更新的商品采购。这种采购方式利于零售商按照市场需求组织货源，避免积压或脱销。

2. 合同定购

合同定购是零售商为了掌握某些商品的货源，通过与生产企业协商签订合同，预先向生产企业订购一定数量的商品，生产企业按照合同规定的品种、规格、数量、质量进行生产并按期交货，企业按合同规定接收商品和交付货款。这种方式一般适合于生产周期或商品市场生命周期较长的大批量商品期货交易。

3. 预购

预购是零售商在商品生产前同生产单位协商，签订预购合同，并预付一定数量的订金。一般多用于农副产品的采购。

（二）按货物交换形式来分

1. 现货采购

现货采购，也称现货交易，是指商品采购时供货方有现成的商品，零售商可以直接或在极短的期限内提货的采购形式。这种采购交易方式成立后，双方立即进行商品与货款的相互交换。

2. 期货采购

期货采购是指采购时供货单位尚没有现成商品，交易成立后，双方约定一定期限，实行商品与货款相互接受的一种买卖活动。

3. 先售货后付款

先售货后付款，即代销采购方式，是经购销双方协商一致后，在合同契约的基础上，零售商先进货，待商品售出之后再结算的方式。

（三）按企业内部进货管理层次来分

1. 集中采购

集中采购又称中央采购，是指采购权限高度集中于商店总部或连锁总部，由零售商设置专门的采购机构和人员统一采购商店的商品，商品分部或分店则专门负责销售，与采购脱钩。这是种采营分离的采购制度，其优点有：

（1）可以提高零售商在与供应商采购谈判中的议价能力。由于集中采购进货量大，零售商在谈判中处于优势，可以获得优厚的合同条款，享受较高的价格优惠，这是许多连锁商店竞争力的主要来源之一。

（2）可以降低采购费用。

（3）可以由公司统一规划、实施促销活动，有助于保持企业统一形象，使企业整体营销活动易于策划和控制。

（4）利于采购人员全面熟悉货源情况和对外建立固定联系，有利于保证采购商品的质量和数量，提高采购效率；各店铺致力于销售工作，提高了店铺的运营效率。

（5）配送体系的建立，降低了连锁店的仓储、收货费用。

（6）可以规范采购行为，避免商业贿赂。商业贿赂是指供应商给零售商的采购员提供金钱或有价值的物品以影响其采购决策。

其缺点有：

（1）购销容易脱节。集中采购在分享专业化分工效率的同时，也增加了专业化分工协调的困难。容易出现商品供销发生脱节。

（2）采购人员与销售人员合作困难，销售人员的积极性难以充分发挥，维持销售组织的活力也比较困难。

（3）责任容易模糊，不利于考核。

2. 分散采购

分散采购是指采购权分散到各个部门或各个分店，由零售商各部门或分店自行组织采购。这些部门或分店不仅负责本身的商品采购，还直接负责商品的销售，其特征是采购与销售合一。

其优点有：

（1）能适应不同地区市场环境变化，商品采购具有相当的弹性。

（2）对市场反应灵敏，补货及时，购销迅速。

（3）由于分部有采购权，可以提高一线部门的积极性，提高其士气。

（4）分部有较大权力，便于分部考核，要求其对整个经营业绩负责。

其缺点有：

（1）部门各自为政，容易出现交叉采购，人员费用较大。

（2）由于采购权力下放，使采购控制较难，采购过程中容易出现商业贿赂现象。

（3）计划不连贯，形象不统一，难以实施统一促销活动，商店整体利益控制较难。

（4）由于各部门或分店的采购数量有限，难以获得大量采购的价格优惠。

3. 集中采购与分散采购相结合

集中采购与分散采购相结合是将一部分商品的采购权集中，由专门的采购部门或人员负责，另一部分商品的采购权交由各经营部门自己负责。

优点：吸取了两者之优点，灵活性强，商店可以根据所处地区和自己的实际情况，有针对性地采购部分商品。

缺点：如管理不当，也容易形成各自为政现象。

（四）按企业外部联合采购形式来分

1. 采购中心集中采购

采购中心集中采购，然后向中心所属成员分配。这种方式通常在连锁商店采购商品时运用。

2. 联购分销

联购分销，也称联合采购，即有若干个零售企业联合组织进货，按事先协商的比例分配，各自销售。这种采购方式可以有两种方法：一是由若干零售店成立固定的联购分销机构；二是由某些较大型的商店负责组织，向其他联购成员收取一定手续费。这种采购方式的优点：能发挥协作精神，节省人力，能先凑零为整，后拆零分销，增加花色品种，有利于降低商品价格，降低进货费用等。缺点：组织工作比较复杂。

三、商品采购的策略

商品采购策略是实现零售商经营计划的重要手段，是为实现零售商经营战略目标服务的。这就要求零售商必须根据商品的特点、自身的条件和面临的市场环境因素，选择适当的采购和销售策略，以保证零售商采购任务的顺利完成和促进商品销售。

（一）商品生命周期不同阶段的采购策略

商品生命周期一般分为投入期、成长期、成熟期、衰退期四个阶段。零售商根据商品所处的生命周期不同阶段的特点，可以选择不同的商品采购策略。

1. 投入期

投入期，又称介绍期、试销期。指商品刚刚投放市场后的一段时间，在这段时间内，商品未被消费者认识和接受，商品销售量增长缓慢，且不稳定。零售商经营这种商品应慎重进货，数量要少些，可以采取为制造商代销的方式。

2. 成长期

成长期，又称为发展期、畅销期。商品的销路已经打开，销售量增长迅速。在此阶段，零售商应积极组织货源，扩大商品购进，促进商品销售。

3. 成熟期

又称饱和期。在这一时期，商品竞争趋于激烈，零售商购进商品应当适当控制进货数量，不宜过多储备，以避免造成商品积压。

4. 衰退期

零售商应当清理库存，卖完存货，转营其他商品。

上述是从理想化的典型的商品生命周期不同阶段的特点出发，阐述了零售商采购商品相应的策略。但是由于商品本身的特点和受特殊市场环境的影响，商品生命周期曲线常以变异的形式出现。①重复性消费的名优商品生命周期。名优商品的供给量往往不足，零售商应积极组织进货。②名优厂牌或商标商品的生命周期。制造商往往利用名牌优势，不断地更新换代商品，创造一系列的名优品牌或商标商品。为此，零售商应当注意这类商品更新换代的时间，把握最佳进货时期。③短期畅销商品的生命周期。是指某些商品在特殊市场条件下，一时畅销，畅销态势可保持一个短暂的时期。如特种纪念品。零售商经营这类商品必须认真研究，了解其发展趋势和潜在的需求量，适量订货；同时，十分注意这类商品的订货期限。④早期夭折的商品的生命周期。某些商品由于特殊原因，刚入市场即过早夭折。在这种情况下，零售商应审慎地进行进货决策。

（二）买方市场与卖方市场条件下的采购策略

1. 买方市场条件下的采购策略

在买方市场条件下，零售商在采购商品数量、价格、付款方式及货源选择等方面享有主动权，而竞争的焦点集中在企业的销售环节，即如何把商品卖出去。因此，零售商在采购商品时，必须以需定进、勤进快销、多销多进、少销少进。

2. 卖方市场条件下的采购策略

在卖方市场条件下，卖者处于有利地位。在这种情况下，供应者享有商品供给量、品种、规格、价格等交易条件的主动权，竞争的焦点集中在商品的采购环节。零售商必须依据市场需要，积极开辟进货来源，随时了解进货情况，随供随进，争取多进多销。零售商可选择的进货策略有：

（1）货源保证策略。零售商可以通过与制造商建立互惠互利的购销关系，以保证货源。

（2）扶持策略。零售商可以通过为制造商提供各种帮助，帮助制造商扩大供不应求商品的生产，从而保证零售商进货计划的落实。

（3）吸引式策略。零售商可以利用制造商提供多种优惠条件，如运费津贴优惠、免费广告、上门提货等，以吸收制造商签约，获得充足货源。

（三）采购品种策略

当零售商确定了商品经营范围后，也就确定了商品采购范围。为操作方便，零售商还必须将各商品品种详细地列出，形成商品采购目录。商品采购目录是零售商经营范围的具体化，也是零售商进行采购的依据，是商品采购管理的一项重要内容。

商品采购目录包括全部商品目录和必备商品目录两种。全部商品目录是商店制定的应该经营的全部商品种类目录；必备商品目录是商店制定的应该经营必备的最低限度商品品种目录。必备目录不包括商店经营的全部商品种类，而只包括其中的主要部分。

必备商品目录是按照商品大类、中类、小类顺序排列的。每一类商品都必须明确标出商品的品名和具体特征。

必备商品目录确定后，再根据顾客的特殊需要和临时需要加以补充与完善，便成了商店全部的商品目录。商品采购目录制定后，应随着环境的变化定期进行调整，以适应消费者需要。一般说来，季节性商品需分季节调整，非季节性商品按年度调整。

在商店采购管理中，必须坚持重点商品管理原则。目前零售商流行的做法是将商品分为A、B、C 三类，分别采取不同的管理方式。这种方法称为 ABC 分类管理法。ABC 分类管理法的操作步骤是将各项商品按金额大小顺序排列，计算出各类商品的金额比重和品种比重，再将商品划分为 ABC 三种类别。A 类商品是指获利高或占销售额比重大，而品种少的商品，一般金额比重为 70％～80％，品种比重为 5％～10％；C 类商品是指获利低占销售额比重小，而品种多的商品，一般金额比重为 5％～10％，品种比重为 70％～80％；B 类商品是处于 A、C 之间的商品，其金额比重为 10％～20％。将商品划为 ABC 三类后，再根据分类结果实施分类管理。A 类商品是重点商品，应进行重点控制；BC 类商品一般可以采取定期检查存量的方法进行控制。

（四）采购预算策略

采购预算一般以销售额为基础加以确定。其公式为：

销售成本预算＝销售预算×（1－平均利润率）。

例：某零售商店某月的销售额达到 200 万元，假定商店的平均利润率为 15％，那么商店的采购目标就是：200×（1－15％）＝170（万元）。

按同样道理可推算出商品的年采购目标。采购预算要加上或减去希望库存增加或削减的因素，其计算公式为：

采购预算＝销售成本预算＋期末库存计划额－期初库存额。

例：某零售商店一年的目标是 2000 万元，平均利润率为 15％，期末库存计划额为 200 万元，期初库存额为 180 万元，其全年的采购预算为：

2000×（1－15％）＋200－180＝1720（万元）

该商店一年的采购预算为1720万元。平均分到每月，就是每月的采购预算。

采购预算在执行过程中，可根据实际情况变化作适当修订。

（五）采购数量策略

商品采购数量的多少，关系到零售商的商品投资的控制和零售商的经济效益。采购批量过大，就会增加资金的占用和利息的支出，增加仓储费用；反之，采购批量过小，会增加采购次数，增加采购费用，甚至会影响市场供应。因此对采购数量的多少，零售商应认真分析研究，控制在一个合理的限度内。通常零售商会采取经济批量法、费用平衡法、单位费用法来综合考虑，以控制商品的采购数量。确定商店的采购数量，决定于商店的采购方式是大量采购还是适量采购。

（六）采购时间策略

确定了采购商品的品种与数量后，还要确定什么时间采购，以保证无缺货现象。这里的商品采购时间是指再定购商品的时间。零售商应权衡利害，选择合理的采购时间。具体而言有两种策略可供选择：

1. 定时采购

定时采购就是每隔一个固定时间，采购一批商品，此时采购商品的数量不一定是经济批量，而是以这段时间已销售的商品数量为依据计算。

定时采购的特点：采购周期固定，采购批量不固定。

采购周期是根据零售商采购该种商品的备运时间、平均日销量及零售商储备条件、供货商的供货特点等因素而定，一般由零售商预先固定，或10天，或者15天，或更长时间不等。采购批量则不固定，每次采购前，必须通过盘点了解商店的实际存量，再出采购批量。其计算公式：

采购批量＝平均日销量×采购周期＋保险储备量－实际库存量

式中，保险储备量是防止由消费需要发生变化和延期交货引起脱销的额外库存量。

定时采购的优缺点：采购时间固定，因而可以做周密的采购计划，便于采购管理，并能得到多种商品合并采购的好处；但是，由于这种采购方法不能随时掌握库存动态，易出现缺货现象，盘点工作较复杂。

2. 不定时采购

不定时采购是指每次采购的数量相同，而每次采购的时间则根据库存量降到一定点来确定。也称为采购点法。

不定时采购的特点：采购批量固定，采购时间不固定。

不定时采购的采购批量可以参考经济采购批量的计算方法。这种采购的关键实际上是确定采购点的库存量。

采购点的计算公式：采购点＝平均日销售量·平均备运时间＋保险储备量。

例：某商品平均日销量为60件，备运时间为20天，保险储备额为200件。则：采购点＝60·20＋200＝1400（件）。

因此，当商品库存量超过1400件时，商店无须考虑采购，当库存量降到1400件时，商店就应及时按预定的采购数量或经济采购批量进行采购。

不定时采购优缺点：能随时掌握商品变动情况，采购及时，不易出现缺货现象。但是，由于各种商品的采购时间不一致，难以制定周密的采购计划，不便于采购管理，也不能享受集中采购的价格优惠。

第二节　零售采购过程

采购过程是零售商从建立采购组织到有规律的再评估的一系列整合而系统的步骤。在商品经营中每个步骤都是很关键的。

一、建立一个采购组织

商品采购过程的第一步，就是建立一个采购组织。根据采购组织的特征范围，零售商的采购组织可进行以下划分，零售商可以从中进行选择。如图 12-1 所示显示了采购组织的特征范围。

（一）从采购组织的正式水平出发，可划分为正式的采购组织和非正式的采购组织

正式的采购组织是零售商建立的专门采购机构，负责整个企业或整个连锁商店的采购任务。大企业往往采用正式组织的形式，并拥有专门的采购人员。对于一个正式采购组织，商品经营被看作是一项明确的零售业务，所有或大部分涉及获得商品并使其易于销售的职能（第 2 步到第 10 步）都处于该部门的控制之中。

非正式的采购组织不是一个独立的专门的部门，它是由一群兼职采购人员负责。在一个非正式的采购组织中，商品经营不被看作是明确的业务，同一组织员工既进行商品经营，又处理其他零售业务，责任和授权往往不分明。非正式的采购组织一般常见于小零售企业。

上述两种采购组织均是将采购业务放在企业内部，由内部员工组织完成。

正式的采购组织的优缺点：主要优点在于明确的责任和授权，以及使用全职、专门的采购人员；主要缺点是独立部门的运营成本高。

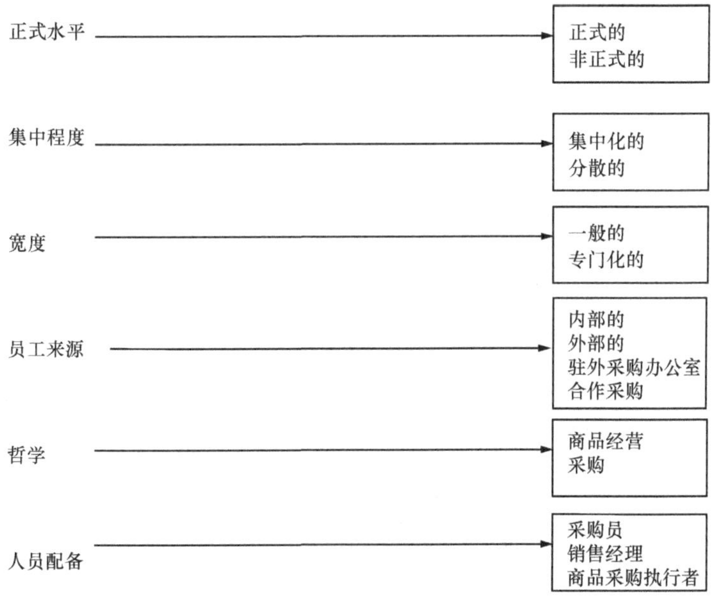

图 12-1　采购组织的特征

非正式的采购组织的优缺点：主要优点是成本低，具有弹性；主要缺点是责任和授权不明确，而且对商品计划重视不够。

两种结构都大量存在。对一家零售商而言，是否采用正式组织并不重要，重要的是，认识到销售计划的重要性，并确保责任、活动、权威和经营的内部关系得到恰当的定义和规定。

（二）从采购组织的集中程度出发，可划分为集中化的采购组织和分散化的采购组织

是选择集中化的采购组织还是分散化的采购组织，对于从事连锁经营的零售商而言，是十分重要的。所谓集中化的采购组织是指所有的购买决策都来自一个办公室。分散化的采购组织是指购买决策是地方性的或区域性的。

集中化的采购组织的优缺点：主要优点是力量集中，控制严格，形象一致，接近高层管理，人员支持及大批量购买的高折扣。可能存在的缺点是缺乏弹性，时间拖延，地方分店士气低下及过度的一致性。

分散化的采购组织的优缺点：主要优点是适应地方市场环境，订购过程迅速且由于分部拥有自治权，还可以提高士气。潜在的缺点是计划不连贯、形象不统一、管理控制有限、人员支持少、没有数量折扣。

事实上，许多连锁店在建立集中化采购组织的同时，给予地区或地方分店的经理修改订单的权力，或者让他们自己下订单，以综合两种组织形式的优点。

（三）从采购组织的宽度出发，可划分为通用的（一般的）的采购组织和专门化的采购组织

在通用的采购组织中，一个或几个人采购公司所有的商品。例如，小五金店的业主可能为自己的商店采购所有的商品。在专门化的采购组织中，每个采购员负责一类商品的采购。如百货商店通常拥有独立的采购员负责儿童、少女和妇女的服装采购。

如果零售商的规模很小，或者只经营少数品种/服务，最好采用通用组织方法。如果零售店规模很大，或者经营的品种较多，最好采用专门化的方法。通用专门化，知识得到提高，责任得到了界定。但是，专门化的成本较高，而且需要额外的人员。

（四）从采购组织的员工来源出发，可划分为内部的采购组织和外部的采购组织，以及驻外采购办公室和合作采购组织

内部的采购组织的人员由零售商自己的员工构成，商品决策由零售企业的全职雇员作出。外部的采购组织的人员通常由零售商支付一笔费用雇用外部的公司或人员。大部分零售商只采用其中一种采购组织，但也有一些零售商同时采用两种零售组织。外部组织通常被小型或中等规模的零售商或离供货源较远的零售商所采用。在这种情况下，对零售商而言，雇用外部采购员要比使用公司的员工更有效率。外部组织在对付供应商方面具有优势（因为购买量大）。外部采购组织的费用可能由对其服务表示满意的零售商支付，或者由给定任务的卖主支付。有时，如果单个零售商认为其外部采购组织也为直接竞争者提供了服务，或者发现自己从事的商品采购业务更有效率，就会决定建立自己的内部采购组织。

驻外采购办公室可以是内部的，也可以是外部的采购组织。当零售商希望密切追踪关键的市场动向，但又无法通过其总部的采购人员这么做时，就会采用这种办法。这种办公室通常位于重要的商业中心（供货源），并提供有价值的数据和联络。在美国，少数大公司经营

外部的驻外采购办公室，服务于数千家零售商。

合作采购组织是指一组独立的零售商汇聚在一起向供应商大批量购买，并从中获取数量折扣的采购组织。目前，为了与大型连锁店竞争，小型的、独立的零售商开始尝试比原来更深层次的合作采购，并形成了合作采购组织。这在食品、五金零售商中十分普遍。在一些情况下，零售商进行合作；在另一些情况下，批发商或制造商为了尝试削减经营成本也可能进行合作。

（五）从采购组织的经营理念出发，可划分为负责商品经营的采购组织和负责采购的采购组织

零售商必须作出的决策是决定由采购组织负责商品经营还是仅负责采购。商品经营包括一系列范围广泛的商品/服务的采购与销售活动，如购买、定价、储存、陈列。而采购仅包括商品的购买，不包括销售。许多零售商将商品经营活动看作他们成功的基础，采购员（或商品经理）从事采购和销售两项业务。但是，一些零售商认为采购员是熟练程度较高的专业人员，他们不应该由其他熟练的专业人员来完成。

商品销售理念的优点在于具有畅通而一体化的系列指令；采购员的专业知识也能应用于销售；责任和授权明确（采购员不会责备销售人员不努力和缺少经验）；采购员保证商品陈列正确；削减成本；采购员通过从事销售工作接近消费者。

采购和销售职能相互独立的优点是两项业务不需要类似的技能；店内人员获得更多的授权会提高士气；不把销售工作看做次要的职能；销售人员比采购员更接近消费者；每个领域都有专业人员。而且采购员可能并不是适合的监管人，因为他们离开商店的时间长；同时，采购员和销售人员管理也存在差别。

（六）从采购组织的人员配备出发，采购组织可划分为采购员、销售经理、商品采购执行者等职位

采购组织应设置哪些职位，配备有何种资格的人员？信奉商品经营理念的零售商倾向于雇用优秀的采购员，而赞同采购和销售分开观点的零售商更喜欢同时雇用采购员和销售经理。

采购员必须适应市场，必须擅长与供应商讨价还价，必须广泛地使用采购计划，还必须到主要的市场地区出差。优秀采购员的关键素质是接触消费者和合理预测未来需求的能力。销售经理必须是一位优秀的组织者、监督人和鼓动家。商品经营采购员则必须同时具备以上各项特征。

二、制定商品计划

商品计划集中于四项基本决策：储存何种商品，储存多少商品，何时储存和储存在哪里？在制定决策的过程中，零售商必须确信其商品组合具有独特性，与竞争者有所不同，并与自己的零售定位相一致。

（一）储存何种商品

首先，零售商必须决定经营何种质量的商品。是经营高档昂贵的商品、中档中等价位的商品、低档廉价的商品、高中档结合的多种质量商品，还是经营保销性商品（低价抛售的商品，或用于增加商店客流量的特价商品）。

零售商确定商品质量必须考虑的因素有：理想的目标市场、竞争、零售商形象、商店位

置、库存流转、盈利性、制造商品牌或自有品牌、消费者服务、人员、可感知的产品/服务价值和约束性决策，见表 12-1。

表 12-1　制定商品品质计划考虑的因素

因素	计划参考
理想的目标市场	商品品质必须满足理想的目标市场的期望
竞争	零售商可以销售相似品质（跟随竞争者）或不同品质（吸引不同目标市场）的商品
零售商形象	商品品质与消费者对零售商的印象有直接关系
商店位置	店址影响零售商的形象和竞争者的数量，而且与商品质量相关
库存流转	优质优价商品的库存周转速度通常比低质量廉价商品低
盈利性	优质商品带来的单位利润一般比低质商品高；但库存周转量可能会使低质量商品的总利润更高
制造商品牌或自有品牌	对许多消费者来说，制造商（全国性）品牌意味着比自有（经销商）品牌更高的质量
消费者服务	高质量商品要求人员推销、选择性、送货等。低质量商品可能没有这样的要求
人员	优质商品要求熟练、有知识的人员。低质量商品只要求一般人员（自我服务）
可感知的产品/服务价值	低质量商品吸引只要求功能性产品价值（如保温）的消费者。优质商品吸引要求附加产品价值（如身份、服务、风格）的消费者
约束性决策	（1）特许经销商或连锁店的经营者对产品品质只有有限的或者没有控制权。他们或者直接从特许人（连锁店）进货，或者必须遵守质量标准 （2）向少数大批发商进货的独立零售商可选择的商品质量仅限于批发商提供的商品

资料来源：巴里·伯曼等《零售管理》，中国人民大学出版社，2002 年

其次，零售商必须决定经营何种商品以及商品的创新程度。应考虑的因素有：目标市场、产品/服务增加潜力、流行趋势及理论、零售商形象、竞争、顾客细分、顾客反应、投资成本、盈利性、风险、约束性决策和衰退期商品/服务的撤出，见表 12-2。

表 12-2　制定商品创新计划考虑的因素

因素	计划参考
目标市场	评估目标市场是保守的还是进步的
产品/服务增加潜力	根据每一种新供应商品的最初销售速度、一定时期的最大销量和销售周期的长度进行考虑
流行趋势及理论	如果销售流行商品，应理解垂直和水平趋势
零售商形象	零售商经营商品/服务的种类受其形象的影响。创新水平应与其形象一致
竞争	在选择的新产品/服务市场上是领导还是跟随竞争
顾客细分	通过将商品分成老产品和新产品陈列，可以细分顾客群
顾客反应	当目标市场有要求时，应经营新产品
投资成本	每种新产品/服务可能有各种类型的投资：产品成本、新设备和额外人员（或进一步培训现有人员）
盈利性	每种新供应的商品都应估计潜在利润（对于特殊商品，还应估计零售商的整体利润）
风险	主要的风险是可能损坏零售商的形象、投资资本和机会成本
约束性决策	特许经销商和连锁店经营者可采购的新产品/服务可能受到限制
衰退期商品/服务的撤出	如果销售额和/或利润太低，应从老产品/服务中撤出

资料来源：巴里·伯曼等《零售管理》，中国人民大学出版社，2002 年

创新的零售商是那些经营新产品和服务并为即将到来的趋势制订计划的零售商。他们面临巨大的机会和巨大的风险。通过权衡表 12-2 中的各种因素，制定一份完整的采购新产品和服务的计划。零售商应利用机会，降低风险。

零售商应该评估所经营的各种新产品或服务的增长潜力。三个有特殊意义的增长变量是：最初的销售速度、每段时期内的最大销售潜力和销售周期的长度。即一种新产品或服务销售的速度有多快？一个季度或一年内能够达到的最大销售额/销量是多少？产品或服务持续销售的时间有多长？

在制定零售战略计划的时候，评估增长潜力的一个有用工具是产品生命周期。它可能显示一种产品或服务在其生命过程中的预期行为。

零售商在制定更新计划的时候，增加新产品与撤销现有产品/服务是同样重要的决策。由于资源和货架空间有限，当增加一些新产品的时候，不得不需要撤销另一产品。零售商应采用结构性准则，而不是凭直觉撤换现有产品。

（二）储存多少商品

零售商一旦确定了经营何种商品，接着就必须决定存储多少商品。因此，存储商品的宽度与深度是下一步的计划。品种宽度（width of assortment）指零售商经营的不同商品/服务大类的数量。品种深度（depth of assortment）指零售商经营的任何一大类商品/服务的多角化程度。产品品种的范围从宽到深（百货商店）到窄到浅（售货亭）不等。每种品种组合战略各有优缺点，见表 12-3。

表 12-3　零售品种战略

战略种类	优点	缺点
宽—深	产品/服务的种类繁多，每一大类的品种众多。广阔的市场；全面的存货；高客流量；顾客忠诚；一站式购物；没有失望的顾客	高存货投资；大众形象；许多品种流转速度低；有一些过时商品
宽—浅	产品/服务的种类繁多，每一大类的品种有限。广阔的市场；大客流量；强调方便顾客；成本比宽—深的低；一站式购物	产品线的多样性差；有一些失望的顾客；较差的形象；许多商品流转慢；较低的顾客忠诚
窄—深	产品/服务的种类较少，每一大类的品种众多。专家形象；同一类商品中顾客选择性强；专业的员工；顾客忠诚；没有失望的顾客；成本比宽—深的低	过分强调某一大类；不能一站式购物；对趋势/周期更敏感；需要更加努力扩大商圈的规模；很少（没有）经营相关（或是互补）的商品
窄—浅	产品/服务的种类较少，每一大类的品种有限。目标在于方便顾客；成本最低；很大的商品流转量	很小的宽度与深度；不能一站式购物；形象较差；有限的顾客忠诚；很小的商圈；很少（没有）经营相关的商品

在制订经营品种的宽度与深度计划时，零售商应考虑多种因素。销售额和利润是必须估测的。如果增加产品/服务的种类，总销售额会上升吗？总利润呢？零售商应该看到多角化引起的投资成本。

空间要求也必须重视。每一品种的产品或服务需要多少空间？有多少空间可利用？由于销售空间的有限性，应将其分配给那些能产生最大客流量和销售额的产品和服务。流转率也是分配货架空间时应考虑的因素。

制订计划时，还必须区分延伸品、互补品（服务）和替代品（服务）。零售商增加与原有商品不相关的延伸品是为了产生更大的客流量，扩大利润空间；经营互补产品/服务，零售商一方面可销售基本产品，另一方面又可销售相关产品。经营延伸品和互补品的目的都是为了提高零售商的总销售额。但经营众多的替代品只是简单地使销售额从一个品牌转移到另一个品牌，而零售商的总销售额却几乎不受影响。

对于一些企业而言，尤其是超市，替代品的激增已经引起了一个难题：对同一种类商品，如何既为消费者提供足够的选择机会，又不至于浪费太多的投资和营业空间。如果一家超市的商品组合是合理的，太多的重复只会增加主要品种的销售困难。

随着零售商的强大，零售商为了将货架分配给不同的品牌并控制商品陈列位置而同制造商展开竞争，这称为品牌战（battle of the brands）。

为此零售商必须决定所经营的制造商品牌、自有品牌和非注册品牌商品的适当组合。制造商（全国性）品牌由制造商所有和控制。它们往往更有名、享受制造商的广告支持、有一些已预售给顾客、对零售商的投资要求有限，而且消费者常常认为其产品质量最好。这些品牌统治着许多种产品大类的销售。最著名的制造商品牌有可口可乐、百事可乐、柯达等。

自有（经销商）品牌（private brands）即由批发商或零售商设计拥有的品牌。它们对于零售商更有利可图，也更便于零售商控制，会形成消费者对零售商的忠诚。但是，对于大多数自有品牌的产品，零售商必须自己选择供应商、安排实体分销和仓储、发起广告、设置店内陈列，并承担积压商品的损失。在美国零售业中，自有品牌在超市占单位销量的20%，在药品杂货店占单位销量的12%，在大型零售店占单位销量的11%。在药品杂货店内，1/4的文具和学生用品销售额来自自有品牌，而维生素更是自有品牌销售额比例最高的商品。零售商必须谨慎从事，决定将多大力量放在它们的自有品牌上。许多消费者忠诚于制造商品牌，如果商店里没有这类品牌，他们会到别处去购物。

非注册品牌（generic brands）的特点是将商品的署名当做品牌；这类商品不带任何多余的装饰，常被摆放在次要的货架位置上，很少或者没有促销支持，整体质量有时比其他品牌差。品种有限而且包装朴素。非注册品牌由零售商控制，定价也比其他品牌低得多。在美国，超级市场经营的这类商品，销售额稳定在不足1%。但是，在处方药行业，制造商品牌和非注册品牌的商品质量差不多，非注册品牌占单位销量的1/3。

如果零售商倾向于采取宽且深的商品战略，以下因素也是十分重要的：

（1）风险、商品投资、损耗和过时商品急剧增多。

（2）人员可能过于分散，有时必须经营不熟悉的产品和服务。

（3）延伸商品可能产生积极和消极两方面的影响。

（4）存货控制程序可能太困难；库存总流转可能下降。

（三）何时储存商品

零售商应确定每一种商品在什么时候储存。对新产品和服务，零售商必须决定什么时候第一次陈列和销售。对已有产品和服务，零售商必须计划一年内的商品流转规律。

为恰如其分地订购商品，零售商必须预测一年内的商品销量及其他各种因素：高峰季节、订货和送货时间、例行订货和特殊订货、库存流转率、折扣和存货处理的效率。

一些商品和服务在一年内存在高峰季节。对这些商品，零售商在高峰期内应备有大量存货，过季时则应减少存货。由于有一些人喜欢在非季节购物，零售商在季后不应完全撤掉这些商品。

零售商应根据订货和送货时间计划采购。企业处理一份订单要花多长时间？订单发给供应商之后，多长时间才能收到送货？将两段时间加起来，零售商才能更好地确定再次充实货架的提前时间。如果零售商处理一份订单要花 7 天，供应商送货要花 14 天，零售商至少应在存货卖完之前的 21 天即开始新的订货程序。

例行订货和特殊订货的计划不同。例行订货只涉及库存常用品和其他规则销售的商品，货物按周或月有规律地收到。因此计划和问题要少得多。特殊订货涉及不规则销售的商品。这种订货要求大量的计划工作及零售商与供应商之间的密切合作。特殊送货的日期常常是特意安排的，定做的家具就是一种要求特殊订货的产品。

库存流转率（商品出售的快慢程度）对订货频率的影响极大。像牛奶和面包这类便利品，因极易腐坏，流转率很高，因此必须经常再订购。像冰箱、彩电之类选购品的流转率较低，因此不必经常再订购。

在决定商品采购的时间和频率时，零售商应考虑到数量折扣，大批采购可能意味着较低的单位成本。采用高效率的存货处理方法，如电子数据交换和快速反应计划程序，也能降低成本和订货时间，同时提高商品管理的生产率。

（四）在何地储存商品

最后一个基本的商品计划决策是在什么地方储存商品。单一企业常常必须选择将多少商品存放在销售现场，多少存放在库房，以及是否利用仓库。连锁店也必须在各分店之间分配商品。

一些零售商几乎将仓库当作中心地或地区的分销中心。产品从供应商处运到这些仓库，经过编配后送往各家分店。另一些零售商，包括许多超市连锁店，并不过分依靠中心或地区仓库。相反，它们至少有一部分产品直接由供应商运送到各分店。这被称为直接向商店配送（direct store distribution ，DSD）；它与电子数据交换系统（EDI）配合起来使用效果会更好。DSD“是将周转快、大体积、易腐烂的特殊商品直接由制造商处送达零售货架的通道。”在行业范围内。超级市场有 27%的销售额来自 DSD。

中心仓库的优缺点：主要优点包括运输与储存的高效率、商品处理的机械化、安全性高、商品标记的高效率、易于退货、平稳而协调的商品流。主要缺点是过度的集中化控制、需另外处置易腐品、小零售商运行成本过高。另外，由于增加了额外的配送阶段，集中化仓库可能降低快速反应的能力。

在给各家分店配送商品时，零售商应考虑到目标市场。只有当商品能满足服务顾客的品位和需求时，各分店才应经营这些商品。各分店的地理位置越分散，准确地辨别各分店所需商品品种的差别就越重要。在各分店间分配商品时，研究分店规模也很重要。当分店的目标市场相似时，应根据销售额分配商品。

三、收集有关顾客需求的信息

制定了整体采购计划以后，有关目标市场的信息就成为必需。在采购或再采购任何商品之前，零售商应收集有关顾客需求的数据。良好的商品管理离不开零售商对销售额进行精确预测的能力。毕竟，对零售商而言，最重要的商品管理职能就是预测和满足顾客需求。

在收集商品管理决策所需数据的时候，零售商有几个可能的信息源。一是消费者，最有价值的是消费者，通过研究目标市场的人口统计数据、生活方式和潜在购物计划，零售商就可以直接研究消费需求；二是供应商，三是零售销售和展示人员，四是采购人员，五是竞争者，六是政府，七是新闻单位等。

信息应该从多个渠道收集，单一类型数据可能是不充分的。不管获得信息的数量有多少，零售商应能感觉到它们用于制定尽可能精确的决策是足够充分的。

四、确定供应商与货源

零售商从中进货的公司就称为供应商。有人从使用商标角度把供应商分为四类：使用制造商商标的供应商、使用专用品牌商标的供应商、使用许可商标的供应商、无商标商品的供应商，见表 12-4。有人把供应商分为六种：制造商、当地批发商、外地批发商、代理商和经纪人、批发交易场所、附属加工企业。巴里·伯曼等认为供应商的基本类型有三：公司自有、外部固定供应商、外部新供应商。据此，零售商商品采购就形成了三个主要的货源：(1) 公司自有。大零售商拥有自己的制造/批发机构。公司自有供应商经营全部或部分零售需要的商品。(2) 外部固定供应商。这类供应商不是零售商自有的。但需要零售商同它们有固定的关系。通过亲身经历，零售商了解其产品/服务的质量以及供应商的可靠性。(3) 外部新供应商。这类供应商也不是零售商自有的，而且零售商过去没有向其采购过商品。零售商可能并不熟悉其商品的质量和该供应商的可靠性。

表 12-4　外部供应商的基本类型及特点

货源	特点
制造商	有形商品，可提供运输和信用服务
全面服务批发商	向制造商采购商品，为零售商提供许多服务（运输、储存、信用、信息等）；经营很宽的产品组合；经营很深的产品组合；提供和设立自己的展台，通常在超市和其他商店经营非食品类产品，可以赊销，对于商店来说很方便
有限服务批发商	与全面服务批发商相同，只是为零售商提供的服务较少，成本较低；通过电话采购和销售（不接触实体产品）；主要任务是连接买主和卖主；利用商品目录向小零售商供货；小零售商到那儿购买，然后自己运回
代理商和经纪人	没有产品所有权（所有权仍然归制造商）；为获得一笔费用或佣金而提供多角化的服务；包括拍卖公司、推销员、销售代理

资料来源：巴里·伯曼等《零售管理》，中国人民大学出版社，2002 年

选择供应商是一项十分复杂的工作。美国西尔斯公司仅在美国就向数千家主要的供应商采购商品，其全部供应商超过 10000 家。这意味着西尔斯公司必须不断评估现有的卖主的表现和潜在的卖主。

因此，零售商需建立一个供应商准入制度，建立一个选择供应商的标准，以便对供应商进行资格审查。选择供应商可考虑准则有：

(1) 可靠性。供应商能始终如一地履行所有书面承诺。

(2) 价格—质量。供应商能以最低的价格提供最好的商品。

(3) 订单处理时间。能及时送货。

(4) 独占权。供应商能否给予独家经销权。

(5) 提供的服务。如果说需要，供应商能提供运输、储存和其他服务，并能保证服务质量。

(6) 信息。供应商能提供一些重要的产品/服务数据。

(7) 道德。供应商能履行所有的口头承诺。

（8）保证。供应商能对自己的产品/服务提供担保。

（9）信用。供应商能提供或长或短的商业信用。

（10）长期关系。能保持诚实、信用的长期合作关系。

（11）记录。供应商能很快地填写好记录。

（12）毛利。有足够的毛利（差价）。

（13）创新。供应商的产品/服务是否创新。

（14）地方广告。供应商能否在当地做广告。

（15）投资。供应商的总投资成本情况。

（16）风险。与供应商交往有无风险，风险有多大。

总之，零售商与供应商之间有合作、有冲突。零售商与供应商之间的关系营销的利益是无价的，值得零售商为保持与供应商的合作关系而付出努力。美国西尔斯公司，每年都要表彰150名最好的供应商，因为是它们的坚持不懈的支持，才有西尔斯的成功。

五、评估商品

无论选择什么样的货源，零售商在考虑采购的时候，都需要有一套评估商品的程序。有三种可能的评估方式：检查、抽查和描述。具体选择何种方式，取决于商品的成本、特征和购买规律。（1）检查。当采购珠宝和艺术品这样昂贵的购买相对特殊的商品，零售商必须认真检查每一件商品。检查即在购买之前和送货之后检测每一个商品单位。（2）抽查。当零售商按规律采购大量易碎、易腐败或昂贵商品时，可采用抽查的方式。（3）描述。当零售商采购标准化的、不易腐烂的商品时，就采用描述的方法。即通过口头、书面、图片描述的方式大量订购这类商品。如文具店订购的回形针、便笺簿、打印纸等。

六、谈判与签约

当货源已确定，购买前评估也已完成，零售商开始就购买及其条款进行谈判。一次新的或特定的订货通常要求签一份经过谈判的合同。在这种情况下，零售商和供应商将认真研究讨论购买过程的所有方面。同时，一次例行的订货或再订货通常只涉及签订一份格式化的合同。在这种情况下，条款是标准化的，或者已经为双方所接受，订货过程按例行方式处理。

对于新供应商，其商品第一次进场销售，往往先签一个商品试销协议，期限不等，一般为三个月或更短。试销期满，零售商视销售情况再决定是否签订正式采购协议。试销成绩合格的商品，零售商可以与供应商签订正式的采购协议，建立长期的供销关系。

（一）谈判

与供应商谈判，需要就购买条款具体磋商。在谈判中，需要十分清晰陈述清楚下列内容：送货日期、采购数量、商品品质、商品价格、付款方式（现金还是信用）、许诺的折扣、送货方式（水运、空运、陆运等）、交货地点、缺货问题、运输费用、所有权转移（所有权什么时间由供应商转移给购买方）等。双方认真遵守，若一方违反规定，给予相应的处罚。比如，关于缺货问题，在谈判中要制定一个双方认可的比例，明确供应商缺货时应负的责任，以约束供应商准时供货。这个比例可允许供应商的欠品率为3%，超过3%，每月要付1万罚金。

零售商或其采购员在与供应商谈判时，为确保谈判成功，需遵循的策略方针有：就事论事、坚持客观标准、为双赢创造选择方案、让对方说话、了解该走多远、不要截断退路、不要假设。

（二）采购合同

采购合同是买卖双方实现一定经济目的而依法订立的明确双方有关权利义务的一种书面协议。它对双方当事人都具有法律约束力。合同一旦签订，任何一方不得强迫对方接受不平等条件，也不能单方面撕毁合同，否则将受到法律制裁。任何一个经济合同都包含基本条款和普通条款。采购合同的主要内容构成包括：①商品的名称；②商品的数量、质量；③交货时间、地点和发送方式；④商品价格与结算方式；⑤商品的验收方法；⑥违约责任及违约金；⑦合同的变更与解除的条件；⑧其他事项。

七、决定购买

大中型零售商，购买决策是自动完成的。这些大中型零售商使用计算机完成订单处理，每一次购买都被输入计算机数据库。而小零售商则通常是人工完成购买决策，利用员工填写和处理订单，每一次购买都以同样的方式记入商店的存货手册。但是，随着计算机订单处理软件的快速发展，使小零售商有时也能采用电子订货，特别是如果大批发商支持它们使用电子数据交换和快速反应系统的话。

零售商决定购买，与供应商的所有权转换必须仔细规定。其选择的方案有：

（1）零售商在购买后立即拥有所有权。

（2）零售商在商品装上运输工具后即拥有所有权。

（3）零售商在接收送货后拥有所有权。

（4）零售商在直到支付给供应商货款，一次财务周期结束之后才拥有所有权。

（5）零售商在以委托的方式接收商品而不拥有商品所有权，直到商品出售之后才向供应商支付货款。

对于零售商而言，理解这些选择方案之间的差别十分重要，因为每一种方案的责任和权利各不相同。

如果卖主处于较弱地位，希望劝说零售商经营其产品，可能会采取委托或备忘录的形式。在委托购买（consignment purchase）中，零售商没有风险。在备忘录购买（memorandum purchase）中，风险也很低，但零售商在送货之后便拥有所有权并承担损失。在这种方式中，零售商都是在售出商品之后支付货款，并且可以退货。

八、处置商品

在这个阶段，零售商从实体上处置商品，这涉及接收商品（包括卸货、检验、收货记录等）、储存商品、打价签和存货标识、补货上架、陈列、清点现场商品数量和品种、完成顾客交易、安排送货或中途搭送、处理退货和损坏的商品、监视偷窃及商品交易过程的控制。这个阶段，无论是由零售配送中心还是直接向商店送货，配送管理都是最关键的。根据研究，在美国大约4/5的零售商至少拥有一个配送中心，与之相对应，1/4的零售商至少有一部分商品是由卖主直接送达零售店的（从专业店的10%到大型店的80%）。

九、再订购商品

对于那些零售商不止一次采购的商品，再订购的计划是必需的。制定这种计划时，四个关键因素必须加以考虑：

（一）订货和送货时间

对于零售商，处理一份订单需要花多长时间？对于供应商，履行订单并将货物送达需要花多长时间？有可能送货时间太长，以至于零售商的上一批存货还完全未动就必须再订货；另一方面，有些商品也可能第二天就能收到送货。因此，零售商需要掌握好处理订单的时间，避免导致商品脱销或商品积压。

（二）存货流转率

存货流转率是零售商制定再订购计划要考虑的一个重要指标。存货流转率表示特定时期（通常为一年）现有存货平均销售的次数。其计算公式：

存货流转率＝净销售额/平均销售的存货量

存货流转率＝售出商品成本/平均的存货成本

零售商可以通过多种不同的策略来提高存货流转率。如减少经营商品品种，对滞销商品不经营或只保留最低存货水平并延长订货时间，高效及时地采购热销商品，采用反应迅速的存货计划及利用可靠的分销商。零售商应努力保持存货流转率的平衡，过高过低都可能带来损失。

（三）财务支出

不同采购方案下的财务支出是不同的。大订单可以获得数量折扣，但可能要求大量的现金支付；小订单的单位商品价格高，没有什么优惠，但占用资金少，总成本可能较低。零售商在再订购时，需权衡两方面的利益。

（四）存货/订货成本

订货次数少而订货量大，其优点是：顾客满意，购买时的数量折扣、较低的单位运输支出及易于控制和处置；其潜在缺点是：投资成本高，过时、变质、损坏的可能性较大，高储存成本，高保险成本、高机会成本。

订货次数多而订货量小，其优点是：投资成本低，储存成本低，保险成本低、机会成本低，以及商品损坏和过时的可能性也低；其潜在缺点是：缺货时的顾客失望，单位成本高，延迟履行订单的影响，需要零担运输，额外的服务支出，控制和处置过程更为复杂。

一般说来，零售商总是设法权衡这种成本，一方面保持充足的存货满足顾客的需求，另一方面避免存货过多。快速反应存货计划通过强化零售商与供应商关系，可以同时降低存货成本和订货成本。

十、定期的再评估

即使商品采购和处置战略达到了完美的整合，零售商仍不应仅满足于实施其计划，而应对该战略定期进行再评估。管理人员评估采购组织，采购组织评估采购和处理过程。整个过程如同处理单个商品和服务一样，应加以控制。

上述商品采购过程，有人归纳为七大流程：即建立采购组织、制定采购计划、确定供应商及货源、谈判及签约、商品导入作业、再订购商品、定期评估与改进。

第三节　零 售 配 送

一、商品配送中心的功能与分类

配送中心的设立主要是为了实现物流中的配送行为，因此配送中心是专门从事货物配送活动的经营组织或经营实体。商品配送中心的核心任务就是将货物准确及时地送到需要的地点。围绕这一核心，配送中心除了配送外还必须进行一系列的收集信息、订货、储存等项活动。

（一）配送中心的主要功能

1. 集中

配送中心的集中功能如图 12-2 所示，原来供应商 A、B、C 分别将商品送至目标门店，现在通过配送中心接收供应商送到某一特定门店的商品，然后把它们整合成单一的一次运输，其好处就是能减少运输费，同时减少门店收货时拥挤的现象。

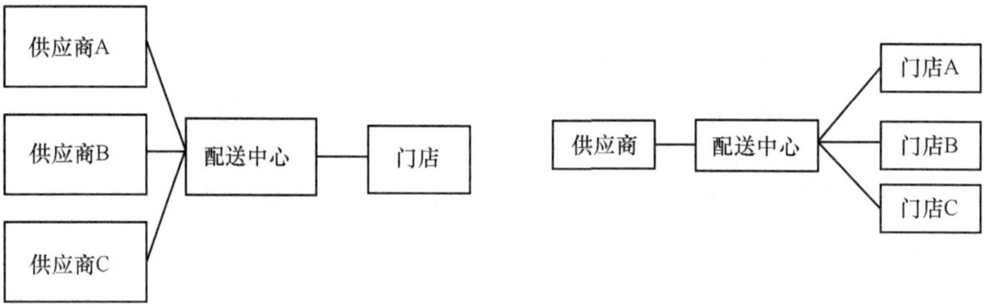

图 12-2 配送中心的集中、整理功能

2. 整理分类

配送中心将商品分类整理成个别的订货，并负责运送至门店，如图 12-2 所示。流通型的配送中心整理分类功能体现得尤其充分。目前，许多零售连锁店广泛地采用交叉站台作业来快速补充快速转移商店存货。在这种情况下，配送中心先接受多个供应商整车运来的货物，然后按门店地点进行分配，接着商品被放在去特定门店的托盘上，最后通过配载达到了车辆的合理容积，这些商品就运送到门店去。整个过程中，商品交叉穿行过配送中心。于是，配送中心的经济利益体现在从供应商到配送中心的满载运输，以及配送中心到门店及客户的满载运输。对于流通型的配送中心，由于商品不需要储存，还降低了商品在配送中心的搬运与储存成本。

3. 运输

配送中心首先应该负责为客户选择满足客户需要的运输方式，然后具体组织网络内部的运输作业，在规定的时间内将客户的商品运抵目的地，包括市内配送都应由配送中心负责组织。

4. 储存

配送中心需要仓储设施，通过仓储环节保证市场分销活动的开展，同时尽可能降低库存占压的资金，减少储存成本，因此配送中心需要配备高效率的分拣、传送、储存、拣选设备。

5. 装卸搬运

配送中心以其专业化的装载、卸载、提升、运送、码垛等装卸搬运机械，加快商品在配送中心的流通速度，减少商品损毁。

6. 包装

配送中心的包装目的不是改变商品的销售包装，而在于通过对销售包装进行组合、拼配、加固，形成适于物流和配送的组合包装单元。

7. 流通加工

配送中心与固定的制造商、分销商进行长期合作，为制造商或分销商完成一定的加工作业。配送中心必须具备的基本加工职能粘贴标签、制作并粘贴条形码。

8. 物流信息处理

对物流信息对进行实时的采集、分析、传递，并向货主提供各种作业明细信息及咨询信息。

功能是靠设计而来的，每个配送中心集合不会完全相同，有的配送中心可能只提供基本功能中的部分功能。提供增值性服务是现代配送中心赢得竞争优势的必要条件。

（二）配送中心的分类

配送中心有多种方法，根据建立配送中心的主体，其配送中心类型主要有：

第一种类型，由制造商成立的配送中心 M. D. C. 。

第二种类型，由批发商或代理商成立的配送中心 W. D. C. 。

第三种类型，由货运公司成立的配送中心 T. D. C. 。

第四种类型，由零售商向上整合成立的配送中心 Re. D. C. 。

第五种类型，由区域性的配送中心，负责特定区域的配送中心的业务 R. D. C. 。

第六种类型，货品暂时存放的转运站，或为大车车辆转换成小车的中继站 F. D. C. 。

二、零售配送模式

（一）按供应主体分

1. 供应商（企业）直接配送模式

即供应商直接向零售商或连锁企业送货的方式。

2. 超市（企业内）自营配送模式

这是目前连锁企业广泛采用的一种配送模式。企业通过独立组建配送中心，实现对内部各门店的物品供应配送。这种配送中心的各种物流设施和设备归一家超市企业所拥有，作为一种物流组织，配送中心是超市企业的一个有机组成部分。它的优点：具有灵活性；与其他模式相比，还可以提供给连锁企业更多的控制权利，这种控制能使企业把配送活动与企业内部的其他物流过程结合在一起；使连锁企业拥有一定的无形利益，尤其是在市场形象方面。但是，这种隶属于某超市企业的配送中心，只服务于该超市企业的各门店，通常，它是不对外提供服务的。但是就目前而言，在满足超市门店供应方面发挥了重要作用。因此，许多超市公司都通过组建自己的配送中心，来完成对内部各门店的统一采购、统一配送和统一结算。美国的沃尔玛所属的配送中心就是公司独资建立、专门为本公司所属的连锁门店提供商品配送服务的自用型配送中心。

3. 社会化配送模式

社会化配送是指连锁企业的物流活动由第三方的专业公司来承担，即所谓第三方物流。连锁企业可以将全部或部分物流活动委托第三方物流公司来承担。其优势在于：专业公司更能够通过规模性规范性操作，带来经济利益。

4. 共同配送

这是一种配送经营企业之间为实现整体配送合理化、以互惠互利为原则、互相提供便利的配送服务的协作型配送模式。共同配送是中小型连锁企业实现物流合理化的良策。在实际中，主要有两种共同配送的方法：一是由两种以上不同业种的企业联合起来完成共同配送。

二是具备一定的先进设备，能被各企业共同利用，并提供多功能服务的物流企业与几个中小型的连锁公司合作。共同配送之优点：提高运输服务质量和降低运输成本；增强企业的应变能力；利于企业有限资源的合理互用；扩大企业运营规模；增强企业的物流能力。

共同配送与社会配送之区别：共同配送是企业间的长期合作，且合作方限制在一定范围之内，彼此之间靠合同约束，共同承担风险，通过合作与大的连锁公司进行竞争。而社会化配送是面向所有企业的，物流公司与企业之间的合作可以是短期的，也可以是长期，风险主要由物流公司来承担。

共同配送与社会化配送两种配送模式，是我国连锁企业配送中心发展的未来趋势。

（二）按配送时间及配送数量分

1. 定时配送

按规定时间间隔进行配送，如数天或数小时一次等，每次配送的品种及数量可按计划执行，也可在配送之前以商定的联络方式通知配送品种及数量。这种方式优点：时间固定，易于安排工作计划，易于计划使用车辆，对用户而言，也易于安排接货力量。缺点：由于配送物品种类变化，配货、装饰难度较大，在要求配送数量变化较大时，也会使配送运力安排出现困难。

在连锁经营中主要采用日配的定时配送形式。日配是定时配送中施行较广泛的方式，尤其在城市内的配送，日配占了绝大多数。

日配的时间要求大体上是：上午的配送订货下午可送达，下午的配送订货第二天早上送达，送达时间在订货的 24 小时之内。或者是用户下午的需要保证上午送到，上午的需要保证前一天下午送到，在实际投入使用前 24 小时之间送达。

日配方式的开展，可使用户基本上不需要保持库存，不以传统库存为销售经营的保证，而以配送的日配方式实现这一保证。

下列情况特别适合日配方式：

（1）消费者追求新鲜的各种食品，如水果、点心、肉类、蛋类、菜蔬等。

（2）用户是多个小型商店，追求周转快，随进随售，因而需要采取日配形式快速周转。

（3）用户条件限制，不可能保持较长时期的库存，如已采用零库存方式的生产企业，“黄金宝地”位置的商店以及缺乏储存设施的用户。

（4）临时出现的需求。

2. 定量配送

按规定的批量在一个指定的时间范围中进行配送。这种方式优点是：数量是固定，备货工作较为简单，可以按托盘、集装箱及车辆的装载能力规定配送的定量，能有效地利用托盘、集装箱等集装方式，也可做到整车配送，配送效率高。

3. 定时定量配送

按照规定配送时间规定配送数量进行配送。这种方式兼有定时、定量两种方式之优点。但特殊性强，计划难度大，适合采用的对象不多，不是一种普通的方式。

4. 定时、定路线配送

在规定的运行路线上制定到达时间表，按运行时间表进行配送，用户可按规定路线站及规定时间接货及提出配送要求。这种方式利于安排车辆及驾驶人员。

5. 即时配送

完全按用户突然提出的配送要求的时间和数量随即进行配送的方式。具有很高的灵活性的一种应急方式，即用即时配送代替保险储备。

三、零售配送中心的设施与业务流程

（一）配送中心的设施

配送中心的设施分为内部设施和外部设施。配送中心的内部设施一般是由信息中心与仓库构成。信息中心起着汇集信息并对配送中心进行管理的作用。仓库根据各部分不同的功能又可分为不同的作业区。配送中心的外部设施主要有停车场和配送中心内道路等。

1. 信息中心

信息中心指挥和管理着整个配送中心，它是配送中心的中枢神经。它的功能是：对外负责收集和汇总各种信息，对内负责协调、组织各种活动，指挥调度各部门人员，共同完成配送任务。信息中心一般和办公室结合在一起。

2. 收货区

接货区面积相对而言不算太大。它的主要设施有：验货用之电脑、验货区场和卸物工具。

3. 储存区（保管区）

储存区一般分为暂时储存区和常规储存区。储存区所占面积较大。一般都建有专用仓库，配置各种设备，如货架、叉车、起堆机等。从位置上看，有的储存区与接货区连在一起，有的与接货区分开。

4. 理货区

理货区是配送中心人员进行拣货和配货作业的场所。其面积大小因超市的类型不同而异。一般说来，拣货和配货工作量大的配送中心，其理货区面积较大。理货区配置有许多专用设备与设施，如货架、升降机等。

5. 配装区

有些分拣出来并配备好的货物若不能立即发送，即需要集中在某一场所等待统一发货，这种放置和处理待发货物的场所就是配装区。在配装区内，工作人员要根据每个门店的位置、货物数量进行分放、配车和选择以单独装运还是混载同运。在配装区内货物停留时间不长，所以货位所占面积不大，配装区的面积比存储区小得多。有一些配送中心之配装区与发货区合在一起，称为分类区。配装作业主要是分放货物、组配货物和安排车辆等。

6. 发货区

发货区是工作人员将组配好的货物装车外运的作业区域。

7. 加工区

在这个区域内，对收进的生鲜食品进行加工。如对蔬菜去除老叶、清洗等，鱼类食品进行抛腹去鳞等。如果超市以经营生鲜食品为主，则配送中心的加工区域所占面积较大。

（二）配送中心的作业流程

配送中心的作业流程是规划配送中心的基础。虽然配送中心类型不同，但其基本作业是相同的。这些基本作业有：进货、搬运、储存、盘点、订单处理、拣货、补货、出货、配送、会计、营运管理及绩效管理等。其作业流程如图 12-3 所示。

通常，向上游供应商发出订单以后，供应商会根据订单的要求很快组织供货，配送中心接到通知后，就会组织有关人员接货。供应货车到达码头开始，经“进货”确认进货品后，便将货品“储存”入库，为确保在库货品受到良好的保护管理，要定期或不定期的“盘点”

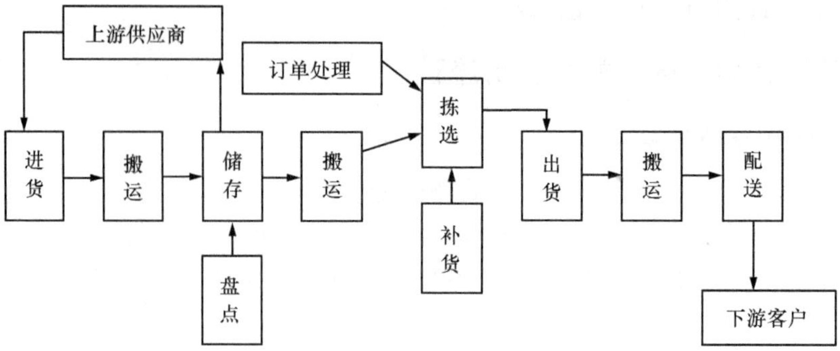

图 12-3 配送中心作业流程

检查。当配送中心收到和汇总门店的订货单后，首先要确定配送货物的种类和数量，然后要查询配送中心现有库存是否有所需要的现货，这就是“订单处理”。如果有现货，则转入“拣货”；如果拣货区现货数量低于标准，则必须由储存区来“补货”。如果整个储存区的存量也低于标准，则要及时通知总部采购部门，由采购部门向供应商发出订单进行订货。从配送中心拣出的货品经整理后即可准备“出货”，等到一切出货动作就绪，司机便可将出货品装上配送车，“配送”到各个客户点交货。另外，在所有作业的进行中，都涉及“搬运”作业。

◎小结

商品采购应遵循以需定进、质量第一、经济核算原则；采购方式有不同的划分；商品采购有品种、预算、数量、时间等策略。零售采购过程包括建立一个采购组织、制定商品计划、收集有关需求信息、确定供应商与货源、评估商品、谈判与签约、决定购买、处置商品、再定购商品、定期的再评估。建立配送中心是重要的。

➤案例 1 家乐福选择供货商的条件和协议

家乐福是欧洲第一大零售商，世界第二大国际化零售连锁集团。现拥有 11 000 多家营运零售单位。成为家乐福的供应商确实不易，那么就让我们看看他们选择供应商的条件吧。

一、供应商分类

家乐福将供应商分为四大类：工作、代理、批发、贸易

二、贸易条件

(1) 供应商在保证他所提供的商品品质的同时，提供市场上最优惠的价格。

(2) 供应商送货时应按家乐福要求提供相应版权证明。

(3) 在合同中必须记录下供应商的交货天数、库存天数和生产或进口天数。供应商应遵守合同规定的运货期。

(4) 家乐福将按合同规定同供应商结款。如果不能按期结款，“家乐福”愿意支付每天货款总额的 0.5%的罚金。

(5) 协商的进货价将是固定的，对于新价格，应在家乐福同意后一个月生效。

(6) 每次到货都必须附有发票，否则拒绝收货。发票必须详细注明进价（不含税）、增值税以及进价（含税）。

(7) 英文翻译将作为双方对于合同有所争议时的参考。

(8) 每月货款总额的3%扣作佣金。

三、商品细则

(1) 供应商在报价及商品陈述势必需列明所供应的货物可否退换，最小订货量、运费是否包括在内，并列明报价是否含税。

(2) 供应商在商品介绍时必须说明附带的服务，如是否带衣架（服装）、打标签、维修/安装、特别包装等。

四、付款条件

(1) 到货XX天

(2) 月结60天

五、进场费用

1. 进场费

新品上架费2000元/品牌，新进供货商费（另定）。

2. 促销费

(1) 促销活动费："家乐福"与供应商共同举办的促销活动：次数/每年（另议次数），每年20天，由供应商提供一定的折扣、提供免费商品、提供一定价值的赠品。

(2) 促销费：700元/促销排面，400元/排面赞助金，海报赞助金另议。

3. 赞助费

(1) 家乐福在特别年节（元旦、春节、劳动节、国庆）收供应商各1000元赞助费。

(2) 开业赞助费：1万元现金或实物。

(3) 店庆费：每年店庆赞助金。

➤案例2　苏宁物流建设现状

苏宁电器2001年完成江苏省内的布局之后，开始全国范围内的大规模扩建。进入2009年，在华东覆盖了中国最繁华的江浙沪地区的每一个地级市，在华南，全面升级了广州、深圳的连锁网络，在华北进入了北京、天津，在西部进驻西安成都、重庆。在沈阳、济南等8个城市开店，8家标志着山东市场的启动。近几年的迅猛发展，与其物流体系的建设不无干系。

苏宁目前已经建成北京、杭州、江苏三大成熟物流基地外。2010年上半年苏宁在济南、青岛、杭州（二期）、盐城等地获得物流基地建设用地；已有4家进入（试）运营；6家进入施工阶段（北京、南京、天津、沈阳、四川、苏南），另外签约储备项目达到12个，着力完善构建第三代物流仓储运输中心。

据了解，苏宁电器第三代物流中心将承担物流中心所在城市周边地区连锁门店300公里范围内的长途调拨、150公里范围内的门店配送、零售配送，以及所在城市市场的管线配送、支架配送等。

目前苏宁第三代物流中心以江苏物流为代表，实现"以专业化的分工、模块化的结构、层级化的管理"的目标。在南京建立了辐射150公里的城市配送中心，仓库面积4.6万平方米，存储能力300万台，日作业量3万台，能够支撑销售额300亿元。同时，TMS系统（运输管理系统）在南京物流基地一期上线，通过整合运输区域，细化承运商日常管理项目，加大对运输资源的掌控，以期实现以顾客满意度为核心的准时化精细管理配送模式。

从苏宁的物流体系可以看出，要想实现高质量的门店销售，离不开物流的强力支持，企业越是谋求发展，其后期的物流角色越是重要。然而，物流配送并不等于送货上门，为消费者提供安装和使用指导也是其服务内容，才能实现标准化、专业化、系统化的配送服务。

苏宁电器的物流体系构建原则有两个。第一，作为供应保障单位，服务于连锁店，确保所有销售的产品安全、快速、低成本配送到店。第二，作为自身系统的服务性质单位，完成零售配送到消费者的职能，最终为消费者提供增值服务，树立良好的服务形象。从这两个原则可以看出，苏宁自建的物流体系不仅涵盖了传统物流仓储、送货职能，同时增加了现代物流所提供的“增值服务”项。

因为三级物流配送运作要实现一级配送到市、二级配送到店、三级配送到户，而每天配送的产品都在变化，配送目的地也在变化，12 小时送货上门的承诺需要物流配载、排线、监管作业等程序紧密配合，实现及时、安全高效的送货到位，并且需要极高的管理水平。物流体系不仅仅承担送货功能，全面综合的体现物流业的服务职能，摆脱传统单一的货运功能或是单纯的仓储作用，转向更灵活、更人性化的服务，为消费者提供延续化的服务，衍生出除物流送货以外很多的附加价值。

目前，已建成的苏宁北京物流基地占地面积 4.7 万平方米，旁边的 10 万平方米的备用土地也已经进入动工阶段，总投入在 3 亿元。未来 3 年，苏宁的物流体系建设目标为：建成包括 15 个物流基地在内的“3515”计划，按照一个区域物流基地的投入平均在 2 亿到 3 亿之间计算，苏宁整体投资将超过 120 亿元。预计到 2015 年，完成全国 60 个物流基地的布局。

2008 年，苏宁电器营业总收入 498.97 亿元，在物流成本上投入占销售额的 0.5%左右，未来有可能在销售额中占比降低至 0.3%，将节省 40%的物流成本。按照 0.3%的物流成本计算，将实现节省 1 亿元，保证连锁门店的持续性发展。

☞ 讨论题

1. 不同的零售商如何选择供货商？

2. 苏宁物流模式在业内是比较典型的采用自有物流策略，目前正在追加投资进一步强化配送中心辐射能力。讨论：自有物流策略的利弊？零售连锁企业实施自有物流的难点？零售连锁企业自有物流体系未来的延伸空间？零售连锁企业如何建立配送体系是最有效的？

思考题

1. 商品采购应遵循何种原则？
2. 如何划分商品采购的方式？
3. 商品采购策略？
4. 略论商品采购过程。
5. 配送中心的主要功能？
6. 配送中心模式？配送中心的作业流程？

第十三章　零售促销

本章讨论的主要问题

1. 零售促销的内涵、目标及零售促销活动类型
2. 零售促销组合
3. 零售促销策略

关键术语

零售促销　零售促销组合　零售促销策略

第一节　零售促销及其组合要素

一、零售促销定义

零售促销（retail promotion）一般被定义为零售商为告知、劝说及提醒目标市场关注有关企业任何方面的信息而进行的一切沟通联系。从市场营销的角度看，零售促销时零售商通过人员和非人员的方式，沟通零售企业与消费者之间的信息，向消费者告知零售企业提供的商品和服务，引发、刺激消费者的消费欲望和兴趣，使其产生购买行为的活动。从这个概念不难看出，零售促销具有以下几层含义。

1. 零售促销工作的核心是沟通信息

零售商与消费者之间达成交易的基本条件是信息沟通。如果企业未将自己经营的商品或劳务的有关信息实时有效地传递给消费者，那么消费者对此一无所知，自然不会购买。尤其是新商品或新服务进店，充分准确的信息沟通是首要的。

2. 零售促销的目的是引发、刺激消费者产生购买欲望，进而产生购买行为

在消费者可支配收入既定的条件下，消费者是否产生购买行为，主要取决于消费者的购买欲望，而消费者的购买欲望与外界的刺激、诱导分不开。零售促销就是针对这一点，通过传播方式把商品或劳务的相关信息有效地传递给消费者，以刺激其购买欲望，使其产生购买行为。

3. 零售促销的方式是人员促销和非人员促销两类

人员促销，亦称直接促销或人员推销，使零售商或生产商运用商品促销员向消费者传递信息的一种方式，它主要适合于新商品（服务）或用途比较特殊的商品（服务），或者一些大幅度降价销售的商品。非人员促销，是零售商通过店内的墙壁广告、通道广告、店内堆头广告、店门口的一些广告贴等进行传递信息。主要适合于新上架商品或者新的服务等。零售商一般是运用人员促销和非人员促销两种方式有机结合进行促销的。

二、零售促销目标

企业运用促销一般要根据目标市场的需求、企业的营销计划来确定，它具有针对性和灵活性的特点，不仅要明确促销的对象，而且要有明确的促销目标，借此才能有效地运用具体

的战术。一般来说，零售促销目标分为长期目标和短期目标。

（一）短期目标

零售促销的短期目标是提升销售额，即鼓励消费者更多的使用商品和大批量购买，从而在短期内提高销售额。销售额＝来客数×客单价，因此增加来客数和客单价均能实现短期目标。

1. 增加来客数

提高惠顾商店的顾客数量，从而增加顾客交易次数，需要同时注意吸引两类顾客。一是增加现有顾客对企业的惠顾。老顾客的长期重复购买是企业稳定的收入来源。一个老顾客比一个新顾客可为零售企业多带来20％～85％的利润，并且留住一个老顾客所花的成本只是争取一位新顾客的1/6，而失去一位老顾客的损失，只有争取10位新顾客才能弥补回来。二是吸引新顾客。吸引新顾客与保持老顾客是同样重要的事情。新的顾客有两种：现有商圈内的新顾客和现有商圈之外的新顾客。对于第一种类型，即现有商圈内，总是会有一些顾客，由于种种原因，没有光顾该零售企业购买商品。他们可能在靠近工作单位的零售商店购买商品，可能在商圈内其他零售商店购买，也可能他们认为这家零售企业没有吸引力。对于这类顾客，可以采取折扣销售、优惠券、赠品、免费试用等销售促进工具刺激消费者前来购买。这种方法主要吸引那些商店转换者，商店转换者主要追求低廉的价格、良好的质量或奖励，这些顾客只要能获得交易优惠就会转换商店，尤其在商店相似性很高的市场。因而可以利用刺激性的促销方式吸引商店转换者，提高偶然性用户的重复购买率，从而将偶然性用户转换为自己的顾客。对于第二种类型，即现有商圈之外的新顾客，可以通过不同的促销策略，形成影响集客力的因素，力求扩大商圈。现有商圈以外的顾客通常须在商店提供其突出利益时(如促销、降价、赠送等活动)，才会来店消费。而当这些利益停止时，这些顾客也不会再上门了。因此这些顾客属于流动性顾客，通过促销手段提供利益，能短期内提高他们的来店数量和频率。

2. 提高客单价

客单价是指零售商店每一个顾客平均购买商品的金额，也即是平均交易金额。很显然，顾客购买的商品数量越多，客单价越高；顾客购买的商品平均单价越高，那么客单价也越高。那么，通过促销活动促成顾客购买本不想买的东西、或者想买的东西多买，就能够起到提升客单价的作用。

（二）长期目标

零售促销的长期目标是建立零售企业良好的形象和地位，建立品牌忠诚，从而提高长期经营效果。主要通过提升零售企业的知名度和美誉度实现。

1. 提升知名度

提高零售企业的知名度，应随时提醒公众注意零售企业的各类信息，并留下难以磨灭的印象，最关键的一点是制造差异，做到与众不同。当然，这需要企业的经营人员将各类促销手段进行长期不懈的组合运用。由于各促销手段具有不同的特点，对于不同性质的产品和不同业态的零售商店，促销手段起作用的程度各不相同。对于消费品市场而言，提升企业的知名度，广告的作用最大，销售促进的作用次之，然后是人员推销和公共关系。例如，某百货商场利用周年庆活动来扩大知名度，首先需要通过某些媒介投放广告，通知、提醒消费者商场促销内容，刺激消费者关注与前来购买；同时将折价、赠送、抽奖等销售促进与人员推销结合，并开展某些公共关系活动强化社会影响。不同促销手段在提升零售企业知名度中的作用程度不同，如图 13-1 所示。

2. 提升美誉度

建立与提升零售企业的美誉度，是直接使顾客感觉到该零售企业是社会上的好“公民”，这是一个长期的过程。对于这一目标，零售企业更多的使用公共关系，资助公共事业来实现。比如开展社区服务、赞助体育比赛、为公益事业捐款、投标购买电视台的公益广告等。沃尔玛每年均在公益事业上大笔投入。在“沃尔玛中国”网站，我们可以真正地领略到什么是零售经营中的人文关怀和公益行为。比如长期的社区公益建设：帮助邻居在社区建设中发挥重要的作用，帮助儿童开展一系列以儿童为中心的社区公益计划，鼓励员工当义工，节假日与孤儿院的孩子、老人院的老人联欢并进行慈善捐赠，以鼓励商店和员工在当地的社区建设中发挥重要作用等，这些使沃尔玛建立了良好的公众形象，这就是公益活动本身所具有的传播威力。建立良好美誉度，流通业强调“在地经营”、“社区关系”，尤其是社区型的商店，顾客以附近的住家或上班族为主，因此经营社区关系是商店的重要课题。

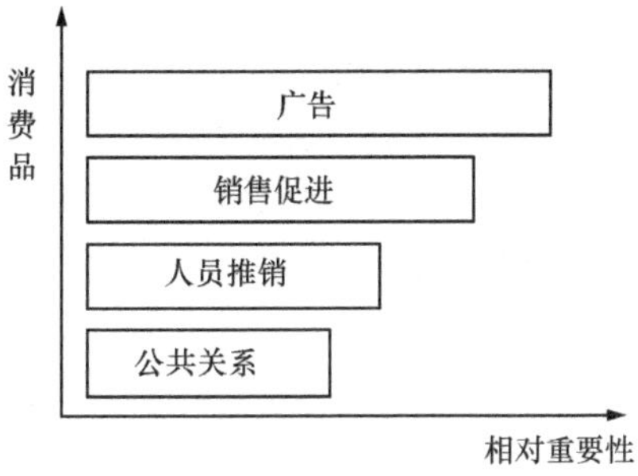

图 13-1 不同促销手段在提升零售企业知名度中的作用程度

实际工作中，促销的长期目标和短期目标是相互依赖。促销的目标既可以是提高长远的经营效果，又可以是提高短期的经营效果，在达到一个目标的同时，对另一个目标也是有好处的。图 13-2 为零售促销目标，短期目标与长期目标是用虚线联结在一起的。

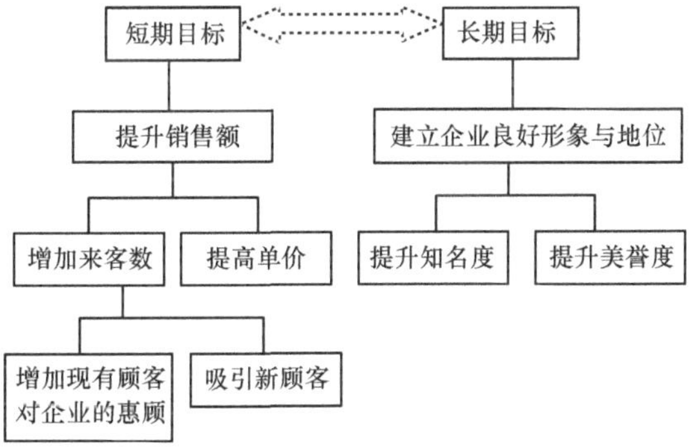

图 13-2 零售促销目标

三、零售促销活动的类型

零售业是开架率最高的行业，很多商品都开架经营，在经营过程中，零售商很重视采用一些行之有效的促销活动，想方设法地保持老顾客和积极主动地开发新客源，以确保它们在市场上的竞争优势，常见的促销活动有以下几种。

（一）会员制

主要目的是为了保持老顾客。消费者向零售商店缴纳一定数额的会费或年费取得会员资格，享受一定的价格优惠或折扣。会员制在我国广东零售业中大力推广。

1. 公司会员制

消费者不以个人名义而以公司名义入会，商店向入会公司收取一定数额的年费。这种会员卡适宜于入会内部雇员使用。

2. 终身会员制

消费者一次性向商店缴纳一定数额的会员费，便成为该店的终身会员，可长期享受一定的购物价格优惠，并且可以常年获得店方提供的精美商品广告，还可以享受一些免费项目，如电话免费订货、免费送货上门等。

3. 普通会员制

消费者无需向店方缴纳会费或年费，只需在商店一次性购买足额商品便可申请到会员卡，此后便享受该店5%～10%的价格优惠和一些免费服务项目。

4. 内部信用卡会员制

适合于大型高档商店。消费者申请某店信用卡成为会员后，购物时只需出示信用卡，便可享受分期付款或购物后15～30天内现金免息付款的优惠，有时还可以进一步享受店方一定的价款折扣。

（二）折扣优惠制

主要目的是为了开拓新顾客。商店在经营时，往往对顾客实行一定程度的价格优惠或货款折扣来招徕生意，主要包括下面几种。

1. 供应商折扣

供应商在一些指定的零售商店或超级市场上出售的商品包装上贴上特殊的优惠或折扣标志，顾客在购物时只需将其取下寄送到指定地点，一段时间后便会收到供应商寄来的可兑的相当于优惠额或折扣额的支票。这种折扣方式在国内尚未开始推行，在美国是一种很重要的促销方式。

2. 优惠券

零售商在商店入口处放置或在报纸杂志上刊登购物优惠券，顾客只需持券购物，就可享受一定价格优惠。有的零售商为了扩大销售，甚至将优惠券送到顾客的家门口或投入其信箱内。

3. 附赠商品

常见于食品超级市场。商店根据顾客当天或一段时间内的购物全额积点，分送不同等级的礼物。这种附赠价格一般不高，但很实用。对一些购买贵重商品或购买金额较大的顾客，零售商便相应地赠送一些价值较高的商品。

4. 联合折扣

零售商和其他行业如餐饮业、娱乐业、洗车业等联合开展的一种促销活动。顾客购物时，会得到商店赠送的小票，凭小票就可以在该零售商与其他行业结成的联合体内享受购物折扣或接受优惠服务。

（三）卖场促销

超级市场作为零售业的一个很重要的组成部分，其促销主要是卖场的促销，包括店头促销、现场促销和展示促销三种。

“店头”是卖场形象的“指示器”，主要指超级市场卖场中的堆头和端头。堆头是指在展示区、过道和其他区域作落地陈列的商品。端头是指卖场中货架的两端，多为有头有尾货架末端陈列，与消费者接触率高，容易使其产生购买行动。店头促销是超级市场业态的形象促销活动，主要表现形式有三种：特别展示区，货架两端（端头）和堆头陈列。这三者都是消费者反复通过的、视觉最直接接触的地方，而且陈列在这里的商品通常属于特别推荐产品、特价商品和新商品等。

现场促销活动是指超级市场在一定期间内，针对多数预期顾客，以扩大销售为目的所进行的促销活动。现场促销通常会结合人员促销，并通过这种特殊形式，直接达到扩大销售额的目的。顾客在促销现场，面对琳琅满目的商品，不但可以任意浏览、尽情触摸，而且还有专人说明、真人示范，因此，促使顾客购买现场促销商品的可能性会大幅度提高。

展示促销，美国商场有句名言："样品展示是新产品销售的开始。"以美国人的观点，展示销售并非仅仅是宣扬新产品，更要发掘新产品的预期顾客、促其购买。通过商品展示，使消费者直接、充分地了解新产品的特性、优点，这种推广活动，就是展示促销。通常，展示促销只针对新产品，是人员促销的一部分。通过陈列新产品样品，促销新产品，使新产品信息广泛传播，大量招徕商品买主，兼具促销与广告作用。

第二节 零售促销组合

促销的四个组成部分分别是广告、销售促进、人员销售和公共关系。一个好的销售计划一般是要在零售商整体战略的基础上，将这些要素加以综合。比如，一家电影院更多地注重广告和销售促进，而一家高档的独立专业商店则强调人员推销。零售商在促销上花费了大量费用。例如，百货公司一般将销售额的3%用于广告，8%～10%用于人员推销或服务支持。而更多许多连锁百货超级市场在销售促进上投资很大，并雇用内部或外部公共关系人员进行积极的公众宣传，与媒体做好信息沟通。

一、零售广告

（一）零售广告（advertising）的概念

零售广告是指零售商以付费的方式，通过一定形式的媒体，公开而广泛地向公众传递商店、商品、服务、观念等信息，以影响消费者对商店的态度和偏好，直接或间接地促进经营绩效的沟通宣传方式。这一定义需要从三个方面理解。

（1）付费的方式。这一点是广告和公众宣传（公共关系的要素之一）的区别，在公众宣传中，零售商不会为传递信息而占有的时间和空间付费。而广告中零售商将承担费用。

（2）非个人的展示。广告中的标准信息是传达给整个受众群的，不能因个别顾客偏好而调整。

（3）通过特定媒体。包括报纸、电台、电视、网络及其他大众沟通渠道，也包括POP、DM这些店内沟通广告，而非个人接触。

（二）零售广告的目标

零售广告的目标包括：短期销售额增长；店内更大的客流量；发展并加强零售形象；告知顾客商品、服务或公司的特性；使销售人员工作更轻松；大力发展对自有品牌的需求等。零售商应该在诸多目标中选择一个、两个或多个，并以此为基础进行广告设计和宣传。

（三）零售商和制造商广告的区别

（1）零售商一般比制造商有在地理上更集中的目标市场。这意味着他们比制造商更应关注当地市场的需求、习惯及偏好。因而零售商一般不会像制造商那样选择利用全国性传媒。只有店铺网络遍布全国的大型零售连锁店及特许经营店才可能采用全国性电视媒体做广告。

（2）零售广告更注重即时性。各种商品上市，在短期内就登出广告，力求顾客即时前来购买。而制造厂商所关心的往往是培养对本公司或对一种产品的好感，而不是仅仅关心短期销售额的增加。

（3）零售广告往往把价格作为宣传重点，而制造商往往强调产品的若干特性和优点。此外，零售商经常在一份广告中展示许多不同的产品，而制造厂商则将一份广告中提到的产品种类减少到最低限度。

（4）零售商场所用宣传工具的费用往往低于制造厂商。加之许多制造商希望将商品广泛分销，因而愿意对零售商提供广告补贴或"合作广告"，这也使得零售商的广告支出低于制造商。

（四）零售广告媒体的选择

广告媒体按其表现形式进行分类，可分为印刷媒体、电子媒体及其他媒体等。印刷媒体包括报纸、杂志、传单、挂历、商品说明书等。电子媒体包括电视、广播、电子广告牌、互联网、手机短信等。其他媒体包括站台广告、车厢广告、店内广告、商店橱窗等。表13-1列出了零售广告媒体的具体类型。

表 13-1　零售广告媒体分类表

种类	包括项目
印刷媒体	报纸、杂志、传单、挂历、商品说明书、商品价目表、商品目录、包装、广告牌、DM广告、电话号码薄等
电子媒体	电视、广播、电子广告牌、剧场广告、互联网、手机短信等
其他媒体	站台广告、交通工具广告、店内广告、商店橱窗等

1. 报纸广告

报纸是受零售企业欢迎的宣传工具。它的优点是发行频率高、覆盖面大、发行量大、信息传递快，因此报纸广告可及时广泛发布。报纸广告以文字和图画为主要视觉刺激，不像其他广告媒介，如电视、广告等受到时间的限制。而且报纸可以反复阅读，便于保存。报纸广告的缺点是有效时间短，阅读注意度低，印刷不够精致，当无彩色印刷时，不如电视吸引人。

2. 电视广告

电视广告是信息高度集中、高度浓缩的节目，兼有报纸、广播和电影的视听特色，以声、像、色兼备，听、视、读并举，生动活泼的特点成为最现代化也最引人注目的广告形式。电视广告的优点是视听兼备、普及率高，能够更直接、更具有强制性的再现商品，并且易与收视者建立亲密感情。缺点是制作繁琐，费用高，并且时间短暂，一般在15～30秒，不适合做详细说明的广告。因为电视广告成本太高，且无法展示、宣传零售商多种不同商品，因而零售商很少采用电视广告，有些只是在地方性电视台做些广告，或者在电视上做些品牌形象广告。

3. 广播广告

广播是零售商场广泛利用的工具。其主要优点是：准备时间短；接受方便，乘车和驾驶汽车的人也可听到；目标市场、目标受众明确；影响范围辽阔。主要缺点是：没有直观效果，必须简短，因需要重复广播，有点浪费。

4. 杂志广告

其重要性日益增长，其原因是全国性的零售商场增多，地区刊物增加，以及邮购零售商场多用杂志做广告。杂志广告的优点是适合于特定的市场，可与时评配合，单一信息影响久远，色彩鲜艳。主要缺点是准备时间长，成本高，有浪费现象。

5. 公共交通工具的广告

这经常为具有密集的公共交通系统的市区的零售商场所采用。广告就做在公共汽车、地铁车辆和出租汽车上。这种广告的优点是吸引观众、市场大、广告复现率高，而且市场的地理范围明确。其缺点是不适用于小城市，局限于交通路线，以及涂污车壁。零售商场还经常在他们的送货卡车上做广告。

6. 户外广告牌

这也是零售商场所经常使用的。他们把广告画和招牌展示在公共场所，高楼大厦和公路沿线。这些广告醒目，经济，信息传递效果好。缺点是：宣传内容有限，更换麻烦，影响观瞻，坐在高速车辆上看不清。

7. 包装

包装是另一类重要的印刷产品，它能够使用多种不同的材料印刷，如纸张、卡纸、塑料、金属和玻璃等。包装首先是用来保护包裹在内部的实际商品，但它也作为吸引消费者的外表装饰，同时包装还包含有包装物内容的信息。

8. 小传单

是一种重要的广告工具，尤其适合于街道区的小型零售商场使用。单页广告可在各停车场里散发或挨家挨户分发。其优点是成本低，针对性强，告知作用明显，并且派发简单易行。缺点是废弃率高，纸张质量差，不适合于大零售商场使用。

9. 电话号码簿

电话号码簿属于传统的广告宣传工具。电话号码簿一般分为白页、黄页两部分。在白页中，零售商场可免费按字母顺序列入名字和电话号码，与所有其他的电话用户（包括商界和非商界的）排列在一起。白页和黄页相比，白页的主要优点是熟悉该零售商场名字的顾客不会因看到其他店名而分散注意力。但其主要缺点是按字母排列，不如黄页按商业类型排列好。不熟悉本地零售业状况的顾客通常会在黄页类目上选择。

零售商场可以花钱在黄页的商业类内按字母列入店名和电话号码。如果愿意，也可以登较大的印刷醒目的广告。绝大多数零售商场都在黄页上登广告，黄页广告的优点是可以供广泛的顾客使用，而且寿命长（一年或一年以上）。缺点是缺乏灵活性，广告更新的时间太长。

10. 互联网广告

随着全球互联网使用者的逐步增加，互联网广告媒体正在从一个小的、新锐的、小众媒体向大的、成熟的、大众媒体的方向发展。据预测，在未来几年内，互联网广告营收将超越报纸，成为继电视之后的第二大广告媒体。

互联网广告的优点是成本较低，投放简单，受众明确，覆盖面更广，交互性强，反馈结果更加真实客观，因而效果较之传统广告更加明显。而且，互联网广告即可以方便企业进行即时促销，又可以进行长期的品牌树立规划。

但是，互联网广告这一新的广告方式发展的还不很充分。很多强制性广告反而引起受众反感，另外信服程度远不如其他媒介，尤其是现在的网站种类繁多，难辨真假。如何在尊重用户的前提下，更好地传播广告所展示的创意以吸引用户，从而转化为购买行动，最终使企业受益，这是广告制作者也是企业的一个重要课题。

11. POP 广告（售卖场所广告）

POP 广告，是英文 Point of Purchase Advertising 的缩写，又称为售卖场所广告，简称“售点广告”。具体讲，POP 广告是在有利的时间和有效的空间位置上，为宣传商品，吸引顾客、引导顾客了解商品内容或商业性事件，从而诱导顾客产生参与动机及购买欲望的商业广告。它是一切购物场所内外所做的现场广告的总称，如：商店的牌匾、店面的装潢和橱窗，店外悬挂的充气广告、条幅，商店内部的装饰、陈设、招贴广告、服务指示，店内发放的广告刊物，进行的广告表演，以及广播、录像电子广告牌广告等。POP 广告是在一般广告形式的基础上发展起来的一种新型的商业广告形式。与一般的广告相比，其特点主要体现在广告展示和陈列的方式、地点和时间等方面。

POP 广告具有新产品告知、吸引顾客进店、吸引顾客驻足、促使最终购买、取代售货员、营造销售气氛、提升企业形象、假日促销等多种功能。有效的 POP 广告，能激发顾客的随机购买（或称冲动购买），也能有效地促使计划性购买的顾客果断决策，实现即时即地的购买。POP 广告对消费者、零售商、厂家都有重要的促销作用。

12. DM 广告（直接邮寄广告）

DM 是英文 Direct Mail advertising 的省略表述，直译为“直接邮寄广告”，即通过邮寄、赠送等形式，将宣传品送到消费者手中、家里或公司所在地。DM 广告除了用邮寄投递以外，还可以借助于其他媒介，如传真、杂志、电视、电话、电子邮件及直销网络、柜台散发、专人送达、来函索取、随商品包装发出等。DM 与其他媒介的最大区别在于：DM 可以直接将广告信息传送给真正的受众，而其他广告媒体形式只能将广告信息笼统地传递给所有受众，而不管受众是否是广告信息的真正受众。其优点是：有针对性地选择目标对象，一对一地直接发送，使广告效果达到最大化；可以自主选择广告时间、区域，灵活性大，更加适应善变的市场；内容自由，形式不拘，有利于第一时间抓住消费者的眼球；广告效果客观可测，广告主可根据这个效果重新调配广告费和调整广告计划。因此，超市、专卖店、百货商场等零售业态均将 DM 广告作为非常重要的广告媒体大量使用。

DM 要发挥最佳效果，需有三个条件的大力支持。第一，必须有优秀的商品来支持 DM，商品与 DM 所传递的信息一致。第二，选择好的广告对象，吸引消费者的眼球。第三，巧妙的广告诉求会使 DM 有事半功倍的效果。

（五）广告媒体选择的方法

下面介绍三种比较常用的方法。

1. 水平支出法

采用这种方法选择媒体广告，每次广告活动所花媒体费用都差不多。其广告传播信息的特点是只起“提醒、注意”的作用。这类产品广告大都属于人们经常要购买的生活必需品广告，还有一部分产品是偶尔才要购买的（如头痛药、消暑药、电视机、洗衣机）。运用媒体做广告的方法是：人们可能在何时、何地付诸购买，就在何时和某特定范围利用媒体发布广告信息。用水平支出法选用媒体作广告，大都采用橱窗、路牌、招贴、报纸和广播等广告媒体。

2. 先多后少法

这种选择运用媒体的方法，正如字面意思那样，先投入较多的广告媒体费用，租用或选定刊载广告的场地或牌面，一个时期内大张旗鼓地开展广告攻势。当产品在市场上享有一定知名度以后，逐步减少这方面的支出。这种方法主要用于新产品或服务投入市场。先多后少法选用媒体。务必在实施广告费用预算之前，事先做好广告策划工作，切忌滥用媒体盲目做广告。

3. 滚雪球式渐次知强法

采用这种方法选择媒体做广告，一开始是试探性的，先在某一小的市场范围内运用几种易接近购买顾客的媒体，将产品的特点逐一渐次进行广告诉求认知。在摸清市场不同层次的消费需要对象及其特点后，逐渐扩大广告媒体的影响范围，采用的媒体逐渐增多。这种方法应用范围广，用这种方法选择媒体，对于那些对市场需求状况和发展趋势把握性不大的商场或广告人来说，还有利于随机应变、稳扎稳打地开展广告活动。

上述三种方法是商业广告中经常采用的选择媒体的方法，究竟选择哪一种为宜，还要根据产品特点、市场需求情况、经营能力等具体情况而定，绝不要以为有所谓固定的现成模式。

二、零售促销中的公共关系

（一）公共关系的含义

公共关系又叫公众关系，更准确地说是“与公众的关系”，称公关。国内外学者对公共关系的定义非常多，下面给出一种定义：公共关系是组织以尊重公众利益为前提，实现组织与公众的相互理解，从而树立起良好的组织形象的有目标、有计划、连续的管理活动。

（二）零售商公共关系的目标

零售商公关关系承担了为零售商在公众中（顾客、投资者、政府、渠道成员、雇员及一般大众）塑造良好形象的一切沟通联系活动。它可以是针对大众的或针对个人的，付费或免费的以及出资者可控制的或不可控制的。公众宣传（publicity）是公共关系中的大众沟通形式，它由大众媒体来传递信息，媒体所提供的时间或空间是不付费的，没有明确的商业赞助商。

零售商的公共宣传力求达到一个或几个目的：①维护或改善商场形象；②宣扬零售商场对提高消费者生活水平的贡献；③展示新产品；④介绍公众还不熟悉的信息；⑤促进顾客对商场及其商品和服务项目的了解；⑥尽量降低推销宣传的总费用。

（三）零售公共关系的内容

1. 消费者关系

消费者关系是零售商公共关系中最主要的外部关系，如果零售企业不能建立起与消费者的密切的友善关系，不能广泛争取消费者对零售企业的充分信任和热情支持，就不可能生存和发展，所以零售商必须采取一些行之有效的方法搞好消费者关系。

（1）营业现场的日常联系。顾客接待室、值班经理制度、顾客服务台等都是比较普遍采用且行之有效的零售商与消费者联系的方式。它们能及时收集消费者的意见和建议，及时处理问题。顾客意见簿也是营业现场日常联系的一种形式。这种形式比较简单，但由于反馈总有一些时差，往往容易形成单向沟通而流于形式，因而零售商要特别注意尽可能缩短查看意见簿的时间。

（2）营业现场的定期或不定期联系。如设置顾客评议台，向来店顾客调查征询意见；发放调查问卷，了解顾客的情况及意见；组织顾客现场评选优秀营业员，增强顾客的参与感。

这些形式不仅可以加深零售企业与顾客之间的理解和信任，而且还能吸引顾客的注意的兴趣，达到促销的目的。

(3) 非营业现场的联系。如召开消费者座谈会或消费者代表会议，处理顾客来信，登门访问，举办文娱联谊活动，发放纪念品和宣传印刷品。

2. 社区关系

零售企业是地域性的服务企业，与所在地区的关系是鱼水关系。零售企业的社区关系涉及很广，包括与当地机关团体、企事业、学校、部队、交通、街道居委会等关系，其中有些关系还非常密切。开展社区关系活动的方式很多，如向当地社会福利事业、文化、体育活动提供赞助；参加当地组织的公共建设、公共事务管理、宣传咨询、文明共建活动，履行社会责任等。

3. 新闻界关系

零售商的信誉和形象除了靠自己“做”以外，还要靠“说”，也即对外宣传。在这方面，大众媒体能够起很大的作用。零售商要通过报纸、杂志、电台、电视等新闻媒介及时地将本企业的经营方针、经营策略以及取得的经验和其他信息向各界传播，使公众经常了解零售商的活动，提高零售商的知名度和美誉度，强化零售商的市场地位。为了做到这一点，零售商必须经常保持与新闻界的密切联系，如：为新闻单位撰写新闻稿件，制作反映商场情况的影片和录像片，并及时将这些具有新闻价值的文字和图片资料向新闻界提供；接受记者采访，举办记者招待会。

4. 政府机构关系

零售商与政府机构的关系，主要是与政府主管部门及其他诸如财政、税务、物价、计量、工商行政管理、公安、卫生等政府职能部门的关系。零售商应正确执行和遵守国家政策法令，加强与政府部门的沟通，及时主动汇报情况，积极配合行动，争取政府机构的支持和指导。

5. 供货商关系

零售商与供应商之间的关系决定了零售商能否按照自己的愿望取得货源，而这点对于零售企业的成功与否是十分重要的。因此零售商要重视零供关系。零售商要通过良好的传播沟通，使供货商了解并认识到本零售商是可靠的合作伙伴，有经销其产品所必需的设备、知识、经验和技术，有必要的服务能力，讲究信誉，付款准时，积极热心经营其产品；另一方面，积极收集市场信息，准确及时地向供货商反馈，在自己的职责范围内协助供货商妥善处理与消费者的矛盾。再一方面，要在可能的情况下多为生产商着想，只要从长远来看对本企业有利，就可以牺牲一时的利益，比如在可进也可不进货的情况下尽可能进货；在供货商推出新产品时，尽可能地帮助推介，从而实现长期稳定发展的目的。

6. 其他关系

除上述关系外，如银行关系、运输商关系、同行关系等，也是需要零售商认真处理。

三、零售促销中的人员推销

人员推销指为达成销售而与一位或多位顾客进行的口头沟通。零售商利用人员推销的程度依赖于其传递的形象、所售产品的类型、自我服务的水平及其对维持长期顾客关系的兴趣和对顾客的期望。

（一）零售人员促销的目标

零售人员促销的目标：劝说顾客购买，促进与顾客购买商品相关的冲动型商品的销售，完成与顾客的交易，通过上门推销和电话营销，在顾客心目中形成对所营销商品的印象，向公司决策制定者反馈信息，向顾客提供充分的服务，增进并保持顾客满意度等。

（二）人员推销的优点和缺点

人员推销的特点在于销售人员直接与顾客相接触，因此其主要的优点有：销售人员可根据个别顾客的需要来调整信息；销售人员可灵活采用不同方式满足顾客需求；顾客的注意力集中度比面对广告时要高；对店铺零售商来说，浪费很少或没有浪费；大多数走进商店的人都是潜在的顾客；人员推销比广告更容易引起顾客回应；可提供立即的反馈。

但人员推销还是存在很多缺点，如在一定的时间内接触的顾客有限；与每位顾客相互沟通的成本较高；顾客最初并不是由于人员推销而被引入商店的；不鼓励自我服务；一些顾客认为销售人员帮不上忙，对商品不内行，而且过于主动等。

四、零售促销中的销售促进

零售销售促进包括了广告、公共关系和人员推销以外的所有付费沟通活动。销售促进也称营业推广，指的是以创造一种即时的销售为主要目的，对消费者或分销商提供一种额外价值或奖励的一种激励，其目的是促进顾客购买及增强商家的销售效率。包括展示、竞赛、抽奖、赠券、会员顾客的优惠计划等。

（一）销售促进的目标

零售销售促进的目标是复合的，如利用堆头展示和赠券提高短期销售量；通过会员顾客的优惠计划和礼品赠送维持顾客的忠诚度；突出商品的新颖性等。具体包括以下两种。

1. 吸引顾客

吸引顾客可以通过销售促进达到，比如跑车的零售商可以在车头挂上一个运动员的头像以吸引顾客，连锁店的店主可以用某一商品的低价吸引顾客到店，顺便购买其他正常价格的商品。经营汽车和家庭器具的商店里某商品的促销可导致顾客进店享受其他高价的维修服务，以便零售店获利。吸引顾客是为了打开商店买卖的大门，不局限于让顾客购买促销的商品，这是与制造商策划不同的地方，也意味着零售商策划更复杂。

2. 清除存货

零售商经常会发现他们的存货已经越积越多，需要通过销售促进来降低库存，为了减少库存通常会进行计划外的销售促进。降价清仓可清除过多的库存，但有时也有必要策划除降价之外的清仓销售促进活动。

除此之外还零售销售促进还有助于增强店面形象，建立实惠的价格形象等目的。

（二）销售促进的优点和缺点

零售销售促进的主要优点表现为，通常能吸引顾客注意；可围绕特别的主题，适用特别的方式；顾客可得到一些有价值的东西，如赠券或赠品；有助于吸引顾客光顾并维持对零售商的忠诚；促进冲动型购物的上升；顾客会感到有趣，特别是在由竞赛活动和产品演示时。

销售促进的缺点：某种促销活动的结束可能会引起顾客的不良反应；用老套的方式促销可能会有损零售商的形象；有时促销要点并没有放在零售商的产品类型、价格、顾客服务等因素上，而是强调 一些没有什么意义的东西；许多销售促进只能达到短期效果；只能作为其他促销方式的补充手段适用。

（三）零售销售促进的主要类型

1. 商品打折促销

打折促销是一种较为直接的降价促销，是零售商店最常采用的一种促销工具。

1）折扣券

它采用邮寄、附于商品或广告中赠送的方式，向潜在顾客发送小面额优待券，持券人可凭券在购买某种商品时享受优惠。例如，凭券到某超市购买某品牌花生油，原价 1 桶 98 元，只需支付 78 元即可购买。

2）折扣优惠

就是调低商品售价，即降低利润以优惠顾客，此种促销方式最能吸引消费者前来购买，并与竞争者的价格相抗衡，因而受到大多数零售企业的喜爱和广泛应用。折扣优惠的方式很多，比如减价标签、直接打折、连接式包装、买一送一等。

3）限时抢购

就是在特定的营业时间提供优惠力度很大的商品，以刺激消费者购买。这类活动以价格促销的着眼点，利用消费者求实惠的心理，刺激其在特定时间段内采购特定优惠商品。例如，限定上午 10：00～10：30，某种商品 5 折优惠。应用这种促销方式时尤其注意宣传方式，要通过宣传单预告或在卖场高峰时间以广播的方式告知，以刺激消费者购买特定优惠商品。

4）自助获赠

又称为自偿赠品或付费赠送，是指顾客将购买某种商品的证明附上少量的现金换取赠品的形式。通常附上的现金金额低于赠品的零售价。例如：顾客在某商场购买小家电金额达 300 元，凭购买凭据并付款 50 元即可获赠紫砂锅一个。

5）退款优惠

指在消费者提供了购买商品的某种证明后，就退还购买该商品的全部或部分价款。在我国，针对普通消费者的退款促销还不普遍，但已有一些厂商或商家进行了成功的尝试。最常用的方式有五种：现金退款、折价券退款、现金加折价券退款、现金加赠品退款、全额退款。

2. 赠品促销

赠品促销是指消费者免费获得赠给的某种特定的物品或利益。赠品促销也是现实中最常用的促销工具之一。

1）免费赠送

这种方式是指消费者无需付出什么条件即可获得赠品。免费赠送时，一定要选择好赠送对象，才能达到事半功倍的效果。例如，某商店周年庆，对凡光临商店的会员顾客免费赠送保鲜盒、水杯、小枕头等小物品，刺激老顾客光临并产生购买。又如，一些新品牌化妆品上柜时，会对路过专柜的女士赠送化妆品小样，通过这些潜在顾客的试用促进现实购买。

2）付费赠送

是指商店为吸引消费者而采用的只要消费者购买某种特定商品或购买金额达到一定数额时，就可免费获得赠品。例如买一赠一、买大包装商品送小包装、批量购买赠送、随货中奖赠品等。这些不同类型的付费赠送只有一个目的，就是让消费者觉得超值，刺激他们购买。消费心理学表明，顾客在购物时，心理上容易接受和希望接受超值的感觉，赠品往往能带给他们一份惊喜。

3. 现场演示、体验型促销

它向顾客提供的是体验价值，顾客为获得此价值只需要付出时间、精神及体力成本，而不需付出货币成本，因此受到消费者较高的评价。通常在进行销售演示或体验时商家都会同时提供咨询服务，以更大程度上方便顾客对企业及企业的商品的了解。这种促销方式常常可以归结到心理促销上。在这种促销方式中，现场促销人员的推销技巧能起到很大的作用，对于不同的顾客，现场推销人员采用不同的对待办法往往可以收到很好的效果。

1）产品展示、体验

是指企业、制造商、经营者为推广或销售某种商品而进行的各种说明、示范、试用活动，旨在向顾客宣传商品、近距离接触体验商品，从而让消费者接受，并达成交易。例如，目前在销售小家电、高档厨房用品中广泛用到的产品使用展示、体验活动，能够让消费者更加了解商品的功能、特征及具体使用方法，刺激消费者购买。又如在超市普遍存在的免费品尝、免费试用活动，因为顾客亲身参与，即兴购买的增多，其效果很明显。

2）竞赛型销售促进

它基于利用人们的好胜、竞赛、侥幸和追求刺激等心理，通过举办竞赛、抽奖等富有趣味和游戏色彩的促销活动，吸引消费者的参与兴趣，推动和增加销售。

第三节　设计零售促销策略

为了成功地与顾客进行沟通，零售商要认真设计其整体促销策略。具体包括五个步骤。

一、确定促销目标

零售促销的第一步就是确定促销目标。促销的一般目的是通过向市场和消费者传播信息，以促进销售、提高业绩，如扩大营业额、提高毛利额、稳定老顾客、增加新顾客、提高客单价、提高公司知名度等。然而零售商在每一时期会有促销活动的具体目的，必须在促销设计中确定以上目标中哪些是本次促销最重要的。根据促销目的的不同，促销方式也不尽相同：为获得广泛的传播效果，宜采取广告促销方式；为获得长期效应，宜采取公共关系促销；为在短时间内击败竞争对手，宜采取销售促进方式。

促销目标必须尽可能准确地阐述。如，销售额在某一时间内增加多少个百分点，店铺的利润率在某个时间内提高多少个百分点；如销售额在第二年内增加100个百分点，店铺利润率在第二年内提高50个百分点，这样的目标才是指导性的、定量的、可测定的。只有确立了这样的日标，企业才能设计出精确的促销计划并评估其计划和目标的完成情况。

二、制定总体促销预算

制定总体促销预算可以有很多种方式，主要包括下面五种。

1. 剩余定额法

指零售商先为零售战略组合中的其他部分划拨资金，剩余部分，不管多少，都作为促销预算，这是最保守的预算方法。其缺点是：将促销看做零售战略组合中一个不重要的变量；支出与目标没有关系；若剩余资金很少或没有，促销预算就远远不足或根本没有。小型的、保守的零售商主要使用这种方法。

2. 增量法

指根据从前的预算来分配资金。某年预算是由在上年度预算基础上加上或减去一个百分点来决定的。这种方法对小零售商很有用。增减多少有一个参考的点数。预算的调整是基于企业对过去成绩及未来趋势的感觉。这种方法很好用，但也存在比较大的缺点：预算很少能与特定目标相联系，依靠直觉或“感觉”难以评估促销效果。

3. 竞争基准法

指零售商根据竞争者的行动来增加或减少预算。这就是说，若某一区域内的领先企业将其促销预算增加10%，在该区域内的竞争者将做出相应的调整。这种方法对大、小零售商都适用。它使用了比较基准，以市场为导向，比较谨慎。但是由于很难获得竞争者的有关数据，该方法假设相互竞争的企业是相似的（关于从业年数、企业规模、目标市场、位置、商品、价格等方面），因此也存在很多缺点和不足之处，使用时应该取长补短。

4. 销售百分比法

即零售商将其促销预算与销售收入联系起来。首先，企业设立一个促销费用对销售额的比率。在连续的年份中，虽然促销费用和销售额会发生变化，但该比率保持不变。例如，某企业可将销售费用设为销售额的10%。若这一年销售额预计为14万元，则促销预算就应为1.4万元，这种方法是以销售额为基础的，可以调整并且将促销与销售额联系起来。但这种方法与促销的目标没有什么联系，促销被动地受销售额的影响。在销售低迷时，相应地促销下降，而此时正确的做法是增加促销。这种方式在高销售额时期提供了过多的促销资金，而此时低销售额时期促销增加过少。

5. 目标任务法

指零售商清晰地定义其促销目标，然后为实现目标准备预算。例如，某零售商确定的目标是经过一个月的促销行动，将它在自己商圈内的知名度由现在的50%增加到70%。为实现该目标，商家针对所需要完成的任务和需要制定预算。目标任务法是最好的总体预算方法。其具备目标描述清楚、支出与目标相联系、业绩易于评估的优点。主要缺点是：目标与任务的设置比较复杂，尤其对小型零售商来说更是如此。

在决定如何制定促销预算时，零售商应根据增加的需求及条件限制来衡量各种方法的长处与不足，选择一种或几种方法的组合。

三、执行促销策划

执行促销策划包括一系列具体促销工作的落实。这些工作包括：确定促销时间、促销主题、促销商品、宣传媒体、促销人员管理等。

1. 确定促销时间

(1) 促销活动的实施期限。一般延续时间在1个月以上的促销活动称为长期促销活动，其目的是希望塑造超市的差异优势，增强顾客对卖场的向心力，以确保顾客长期来店购物。另一类是短期促销活动，通常是3～7天，其目的是希望在有限的时间内通过特定的主题活动来提高来客数及客单价，以达成预期的营业目标。长期性促销活动应持之以恒，从开始到结束应始终如一以树立稳定的良好形象；而短期性促销活动则不宜将时间拉得太长，否则会使顾客缺乏新鲜感而影响促销效果。

根据促销活动的实施期限不同，促销活动可以分为以下几种类型：①年度促销活动。一般是根据生产厂家的计划，以一年为期，决定每一季、每一月份的促销政策。②季节性促销活动。按照春、夏、秋、冬或岁末初等，在2～3个月的期限内集中实施某促销活动。③月间促销活动。按照特定的月份，利用纪念性大廉价或当月有效的大优惠等，按月出售的促销活动。④旬月促销活动。在一个月的上旬、中旬、下旬，选择10天左右开展促销活动。⑤周间促销活动。当周有效或几个星期内有效等，以周为单位。⑥特定日的促销活动。决定每个特定日子，作一天大拍卖的方法。⑦特定时间的促销活动。选择一天中的某个时段到某个时段开展促销活动。⑧联合大拍卖。有的零售商会选择在年底做一次联合大拍卖或会员优待活动。

（2）开展促销活动的重要时机。一般在以下时机情况下，零售商会选择开展某些促销活动，以达到短期或长期促销目标：①新店开张、店庆、节假日等重大节日；②认为购买商品的新顾客人数不够多时；③新产品或季节性产品上市；④消费者购买频率或购买量较低落时；⑤某一地区或某一特定时期，市场竞争特别激烈时；⑥零售商欲加强广告宣传力度或改变提升企业形象时；⑦消费者在购买商品之前，要求说明或建议时；⑧欲获得更多消费者等方面的情报时；⑨某类（种）商品出现滞销货不销售等存货情况时；⑩竞争对手积极举办促销活动时。

2. 确定促销主题

一个良好的促销主题往往会产生较大的震撼效果，所以应针对整个促销内容拟订具有吸引力的促销主题，零售促销活动的年度主题如表 13-2 所示。促销主题的选择应把握两个字：一是"新"，即促销内容、促销方式、促销口号要富有新意，吸引消费者；二是"实"，即简单明确，顾客能简单明了的知道并获取更多利益。按促销主题来划分，促销活动可分为以下四种：

（1）开业促销活动。开业促销活动是促销活动中最重要的一种，因为它只有一次，而且与潜在顾客是第一次接触，顾客对零售商的商品、价格、服务、气氛等印象，将会影响其日后是否再度光临的意愿。所以经营者对开业促销活动都十分重视，希望能通过促销活动给顾客留下一个好的印象。通常开业当日的业绩可达平日业绩的 5 倍左右。

（2）年庆促销活动。年庆促销活动的重要性仅次于开业促销，因为每年只有一次。对此供应商一般都会给予较优惠的条件，以配合零售商的促销活动。其促销业绩可达平日业绩的 1.5％～2 倍。

（3）例行性促销活动。例行性促销通常是为了配合国定节日、民俗节日及地方习俗等而举办的促销活动。一般而言，百货商场等每年会举办 5～8 次例行性促销活动，超市每月均会举办 2～3 次例行性活动，以吸引新顾客光临并提高老顾客的购买品项及金额。促销期间的业绩可比非促销期间提高 2～3 成。

（4）竞争性促销活动。竞争性促销活动往往发生在竞争店数量密集的地区。当竞争店采取特价促销活动或年庆促销活动时通常均会推出竞争性促销活动以免营业额衰退。

表 13-2 零售促销活动的年度主题

月份	主题
1 月	新年大拍卖、节日优惠，冬季清仓大甩卖等
2 月	节日促销、春季拍卖、春季流行商品展销、春季商品展示会等
3 月	妇女节、春季时装大拍卖等
4 月	郊游时装发表会，体育用品展销等
5 月	劳动节、母亲节、儿童用品展销、旅游用品展销等
6 月	儿童节、端午节、夏季流行服饰、雨季用品展销等
7 月	节日促销、夏季商品大减价、海滨用品展销等
8 月	夏季清仓折价，学生用品展销等
9 月	教师节酬谢顾客优惠、秋季商品发布会等
10 月	节日庆典促销、冬季新产品展销、冬季服装发表会等
11 月	御寒用品、保暖器具展销、年终大拍卖、年货促销等
12 月	圣诞促销、年货展销、新春时装清仓折价等

3. 选择促销商品

促销商品的品项、价格是否具有吸引力将直接影响促销活动的成败。一般来说促销商品有以下四种选择：

（1）节令性商品。所谓节令，系节气时令而言。一年之内有二十四气令，后来又派生、衍化出许多新的年节节日，如春节、元宵、端午、中元、中秋、重阳、腊八等以娱乐、祭祀、聚亲为内容的节日。在不同节令，我国具有某些特定的习俗、时尚与文化活动。比如中秋节吃月饼，端午节吃粽子，清明节祭祖等。所谓节令性商品，就是符合中国传统节令习俗、民族文化的在某个特定时间大量购买与消费的商品。比如：月饼、汤圆、粽子、饺子等都是中国传统的节令性食品；名烟、名酒、年货商品等都是我国春节的节令性商品。在特定节令选择应季性节令商品开展促销活动，能有效吸引消费者大量购买，显著提升销售。

（2）敏感性商品。敏感性商品一般属必需品，老百姓对这类商品的价格敏感度大，如鸡蛋、大米、食用油、禽肉等。选择这类商品作为促销商品，在定价上不妨稍低于市面价格，就能很有效地吸引更多的顾客。

（3）众知性商品。众知性商品一般是指品牌知名度高、市面上随处可见、容易取代的商品，选择此类商品作为促销商品往往可获得供应商的大力支持，门店的促销活动与大众传播媒介的广泛宣传相结合，如化妆品、保健品、饮料、啤酒、儿童食品等。

（4）特殊性商品。主要是指零售商自行开发、使用自有品牌、市面上无可比较的商品。这类商品的促销活动主要应体现商品的特殊性，价格不宜订得太低但应注意价格与品质的一致性。

4. 选择宣传媒介

特定媒体的选择取决于许多因素，包括总费用、效率（接触目标市场的费用）、前置时间及广告内容。总费用十分重要，因为若要执行一个均衡的促销组合，不能过多使用昂贵的媒体。另外，企业可能没有能力在一个昂贵的媒体上重复发布信息，而广告只登一次是没有什么效果的。

一种媒体的效率与为接触到特定数目的目标顾客所花的费用有关。媒体效率一般用于每千位读者、观众或听众身上所花的费用来表示。

不同媒体需要不同的前置时间。例如，报纸广告可在发行前很短的时间内安排，而有时杂志广告必须提前数月安排。另外，零售商还必须决定将其广告放在何种版面内容的附近（如体育报道、连环漫画、个人健康专栏或特别报道）。

5. 做好促销准备工作

宣传单及其他相关媒体制作完成后，应于促销前三天送达零售门店，便于门店营业人员进行下列准备工作：①宣传单于促销前一天，应分发给商圈内用户及门店顾客；②将宣传单分发给门店各部门主管，提醒预估促销品种销售数量并及时订货，以免缺货被顾客指责；③促销品种须于实施前完成，电脑商品标价手续及出售场所商品标价手续，以免标价不实。在活动正式开始前一天晚上，应检查促销活动各项准备工作。④配合促销品陈列区布置 POP。

6. 组织分工

任何一项零售促销活动都需要零售企业各个部门的参与与有力配合。

（1）企划部促销组负责拟定促销计划、促销宣传、卖场布置及促销活动的评估。

（2）采购部负责提供或确认促销活动中所需的供应商名单及供应商支持。同时组织促销活动中的商品，进行促销商品特价谈判，并确保促销商品按时足量送到。

(3) 策划部美工负责促销活动中宣传品、促销品的设计及制作。

(4) 门店经理负责促销活动在门店的具体实施，包括促销商品特殊陈列、量贩销售以及现场促销活动等。

(5) 策划部促销组负责对各商场促销活动的实施情况进行指挥、指导、监督、检查、控制。防损部负责整个促销活动的安全及防盗。

(6) 电脑部负责促销商品的变价。

(7) 人力资源部负责促销员的考核和派驻。

(8) 客服部负责促销商品扫描、卖场广播以及赠品的派发。

(9) 工程部负责确保促销期间所有设备正常运转。

(10) 有关部门负责对促销活动中的商品价格及质量进行控制、监督和检查。

(11) 配送中心负责对促销商品优先收货、配货。

(12) 营运管理部负责每期促销活动完成后的评估用资料的收集，并进行检查和督导。

(13) 策划部负责策划促销活动的评估总结。

7. 现场实施与控制

为使促销活动有序进行，必须对促销活动现场实施进行管理与控制。

(1) 大型活动务必做好现场掌控工作，安全放在第一位，避免疯狂抢购引起的场面失控。

(2) 确保促销商品有足够的数量，保证促销活动顺利开展。在促销商品数量不多的情况下，可以在海报上注明限量发售。另外，促销活动开展之初，销售主管应根据第一天销售情况及时下订单。

(3) 收银员提前熟悉促销商品及价格，实现快速收银。

(4) 赠品应有足够数量。

(5) 促销商品价格应与海报统一。

四、促销活动评估

零售商的促销目的，除了希望在特定期间内提高来店顾客数、客单价等以增加营业额之外，更重要的是促使顾客日后继续光临。因此，需要通过检查来确保促销活动实施的品质，以便为顾客提供最好的服务，达成促销效果。此外，促销活动作为提升经营业绩的工作要长期不断地进行下去，就必须有促销活动的总结。通过评估每次促销活动的效果，总结促销活动成功或失败的原因，积累促销经验，对于做好促销工作、促进日后的发展、不断取得更好的业绩是必不可少的。所以，促销活动结束后的评估活动，不仅不可或缺，而且事关重大。

促销活动评估的内容主要分为业绩评估、促销效果评估、供应商配合状况评估以及零售商自身运行状况评估四个部分。

(一) 业绩评估

业绩评估要包括两项工作：一是制定业绩评估的标准与方法，二是运用这些标准与方法对促销活动进行检查，查找和分析促销业绩好或不好的原因。

1. 业绩评估的标准与方法

(1) 促销活动检查表，即对促销前、促销中和促销后的各项工作进行检查，见表 13-3。

表 13-3 促销活动检查表

	检查项目
促销前	促销宣传单、海报、POP 是否发放及准备妥当 出售场所人员是否均知道促销活动即将实施 促销商品是否已经订货或进货 促销商品是否已通知电脑部作变价手续
促销中	促销商品是否齐全、数量是否足够 促销商品是否变价 促销商品陈列表现是否有吸引力 促销商品是否张贴 POP 促销商品品质是否良好 出售场所人员是否均了解促销期限及做法 出售场所气氛是否具有活性化 服务台人员是否定时广播促销做法
促销后	过期海报、POP、宣传单是否均已拆下 商品是否恢复原价 商品陈列是否调整恢复原状

（2）前后比较法。即选取开展促销活动之前、进行中与促销后的销售量进行比较。一般会出现十分成功、得不偿失、适得其反等几种情况。

（3）消费者调查法。零售商可以组织有关人员抽取合适的消费者样本进行调查，向其了解促销活动的效果。

（4）观察法。这种方法简便易行，十分直观。主要是通过观察消费者对零售商促销活动的反应。

2. 查找和分析原因

运用一种或几种评估方法对零售商的促销业绩进行评估之后，查找和分析促销业绩好或不好的原因。只有找出根源，才能对症下药、吸取教训，进一步发挥本企业的特长。

（二）促销效果评估

促销效果评估主要包括促销主题配合度，创意与目标销售额之间的差距，以及促销商品选择的正确与否三个方面的内容。

（1）促销主题配合度。促销主题是否针对整个促销活动的内容；促销内容、方式、宣传口号是否富有新意、吸引人，是否简单明确；促销主题是否抓住了顾客的需求和市场的卖点。

（2）创意与目标销售额之间的差距。促销创意是否偏离预期目标销售额；创意虽然很好，然而是否符合促销活动的主题和整个内容；创意是否过于沉闷、正统、陈旧，缺乏创造力、想象力和吸引力。

（3）促销商品选择的正确与否。促销商品能否反映零售商的经营特色；是否选择了消费者真正需要的商品；能否给消费者增添实际利益；能否帮助零售商或供应商处理积压商品；促销商品的销售额与毛利额是否与预期目标相一致。

（三）供应商的配合状况评估

这一项主要评估：供应商对零售商促销活动的配合是否恰当、及时；能否主动参与，积极支持，并为零售商分担部分促销费用和降价损失；在促销期间，当零售商请供应商直接将促销商品送到门店时，供应商能否及时供货，数量是否充足；在商品采购合同中，供应商，尤其是大供应商、大品牌商、主力商品供应商，是否做出促销承诺，而且切实落实促销期间供应商的义务及配合等相关事宜。

（四）连锁超市公司自身运行状况评估

1. 从总部到门店，各个环节的配合状况

（1）总部运行状况评估：零售商自身系统中，总部促销计划的准确性和差异性；促销活动进行期间总部对各门店促销活动的协调、控制及配合程度；是否正确确定促销活动的次数，安排促销时间，选择促销活动的主题内容，选定、维护与落实促销活动的供应商和商品，组织与落实促销活动的进场时间。

（2）配送中心运行状况评估：配送中心是否有问题，送货是否及时；在由零售商配送中心实行配送的过程中，是否注意预留库位，合理组织运力、分配各门店促销商品的数量等几项工作的正确实施情况如何。

（3）门店运行状况评估：门店对总部促销计划的执行程度，是否按照总部促销计划操作；促销商品在各门店中的陈列方式及数量是否符合各门店的实际情况。

2. 促销人员评估

评估可以帮助促销员全面并迅速地提高自己的促销水平，督促其在日常工作流程中严格遵守规范，保持工作的高度热情，并在促销员之间起到相互带动促销的作用。

促销人员的具体评估项目如下：促销活动是否连续；是否达到公司目标；是否有销售的闯劲；是否在时间上具有弹性；能否与其他人一起良好地工作；是否愿意接受被安排的工作；文书工作是否干净、整齐；他们的准备和结束的时间是否符合规定；促销桌面是否整齐、干净；是否与顾客保持密切关系；是否让顾客感到受欢迎。

◎小结

零售促销（retail promotion）一般被定义为零售商为告知、劝说及提醒目标市场关注有关企业任何方面的信息而进行的一切沟通联系。零售促销类型有会员制、折扣优惠制、卖场促销等。零售商通过运用零售广告、公共关系、人员推销和销售促进，向顾客传播信息，这些促销手段必须相互协调，这样顾客才会对零售商有一个清晰、独特的印象。零售促销策略主要包括确定促销目标、制定总体促销预算、执行促销策划和评估促销效果四个步骤。

➢案例 1　国美电器的促销策略

国美电器集团是我国一家以经营电器及消费电子产品零售为主的大型家电零售连锁企业，成立于 1987 年，目前在全国拥有 1255 家连锁门店。超低价格和优质服务历来被国美看作成功的不二法宝。国美通过丰富的促销策略，将国美的服务概念与低价策略做了最生动的阐释。其促销策略主要有以下特点。

1. 报纸上强势宣传。早在 1991 年，黄光裕第一个想到利用《北京晚报》中缝打起“买电器，到国美”的标语，每周刊登电器的价格。由此开创了报纸“中缝广告”的先河，黄光裕因此被人称为“中缝大王”。当前，中国家电连锁可以说是风光无限，尽夺国人之耳目。在这场渠道革命中，国美为了始终保持自己的强势姿态，更是在报纸上不惜笔墨，大幅广告宣传“购物狂欢节”、“疯狂降价”、“节假大派送”等一系列促销活动。在每次活动期间，国美现场总是人山人海，热火朝天，在很大程度上激发了市场的活力，更挑起了消费者的购买欲望，唤起了消费者因为价格问题而无法实现的购买需求以及潜在需求。国美在此基础上实现了丰厚利润。

2. 低价促销。国美是1999年开始向全国扩张，并确定了“坚持零售、薄利多销”的经营策略。这一策略延续至今，成为国美立业之本，也为国美在家电行业树立了其强势地位。此后，以规模做低成本的“价格战”，而从头至尾只专注做家电的“集中化”。比如近期的成都国美“特价促销大汇演”再次把中高端家电推向降价前沿，特价活动继续保持强大的力度，一举端出6000万元的特价大餐，降幅最高达50%。同时还推出促销力度惊人的“特价阵营”：即在特价商品中，有30%是超级特价，50%是常规特价商品，还有20%是高端特价商品。通过将家电的实际价位突破到消费者的心理价位以下，国美不仅从其他商家那里夺走了大量的顾客资源，而且也将原来因为价格原因而没有购买欲望的消费者拉了进来。国美每进入一个城市，都能将当地家电市场的平均价格拉低10%～15%。当国美进入后，当地家电市场的销售总量往往也有所增加。在国美的刺激下，整个市场蛋糕增大了。国美的低价优势，很大程度上是国美与厂家的博弈结果。随着国美作为渠道力量的强大，随着它的规模效应的增加，国美拥有了更多博弈的筹码。

3. 推陈出新。国美的营销手段推陈出新，不满足只用简单的打折促销吸引消费者眼球。每年的暑期促销市场都是各个家电连锁白热化竞争的时候，国美电器北京分公司，为了争夺暑期市场，国美电器曾买断《七剑》首映门票，推出购物将送《七剑》电影票的促销活动。消费者在国美各门市购买手机、数码产品满2000元、平板电视产品满3000元、电脑产品满5000元的顾客，就有机会获赠《七剑》首映式电影门票，提高了消费者的购买积极性，实现了获利。国美电器的“新年购物狂欢节”活动，同样是把平板电视、冰洗、数码、通讯、厨卫、小家电等十多个热门家电类别的主打商品全都加入到各具特色的促销活动之中，同时对新婚家庭、会员顾客等提供更多的优惠方式和更大的促销力度，从而体现更有特色的促销策略。2005年12月《传奇》首映礼当天，国美联合全球近百家知名电器制造企业，送给消费者多达数千万元的礼品。32家门店全面联动，全场电器买电器送电器，宏大的场面将让顾客惊喜到极点。《传奇》上映10天总让利金额高达8000万，价格平均降幅达30%以上，一举引爆全国家电卖场价格炸药包。

4. 促销大汇演。国美在促销期间，配合强势的降价活动，经常举行促销大汇演，包括返现、赠礼、套餐抽奖、生日购物更实惠、感恩老顾客等活动：九级豪礼疯狂送，购物皆有礼，消费者可以根据购买金额领取到精美礼品，洗涤液、暖手宝、取暖器、电饭煲、电磁炉、MP3、组合音响等赠品；国美六周年大庆返现力度也十分强大，彩电、冰箱、空调、通讯等多个品类可以获得50～2500元的现金返回，商品单件价值越高，国美的返现金额越大。此举极大地刺激了消费者的购买欲望，销售额再攀高峰。

☞讨论题

1. 国美如何实施零售促销组合的？
2. 采取了哪些具体的促销方式？

➢案例2　某超市促销活动的效果评估

某超市进行了为期一周的可乐促销特卖活动，促销方式为将听装可乐的售价由2.50元降至2.00元，下面是相关数据：促销前三周的平均销量为1000听，单价2.50元；促销期间（一周）销量为2300听，单价2.00元；促销后一周的销量为900听，单价2.50元；促销广告的成本为300元，由超市承担；可乐的成本价为每听1.50元，广告津贴由供应商提供，每听0.05元。

☞讨论题

请评价此次促销活动的业绩效果。

思考题

1. 广告、公共关系、人员推销和销售促进如何在整合营销传播计划中互为补充，从而达到最佳效果？
2. 制造商和零售商合作进行广告宣传，他们各自的目标差别在哪里？共同的目标在哪里？
3. 零售商的买赠促销活动的优点和缺点是什么？
4. 促销预算制定方法有哪几种？各有什么优点和不足？
5. 如何确定促销计划是否达到目标？
6. 一家零售商计划在一所大学附近新开一家店，主要经营T恤、男生/女生服装配饰品、羊毛衫等大学生服饰用品。这家新店应选择什么样的广告媒体来占领大学市场？
7. 一家大型社区超市将举办“啤酒狂欢夜”活动，通过对夏季旺销商品酒的促销，带动人气，活跃社区文化生活，掀起淡季促销的高潮。请你对这一活动进行策划并写出详细的促销计划。

第十四章　零 售 服 务

本章讨论的主要问题

1. 服务的特点、作用、类型及常见的顾客服务项目
2. 零售顾客服务质量的评估与改进
3. 顾客投诉类型以及投诉处理的程序、技巧
4. 顾客关系管理

关键术语

顾客服务　服务质量　顾客投诉处理　顾客关系管理

第一节　顾客服务概述

一、顾客服务及其特性

Zeithaml 和 Bitner 认为“简单来讲，服务是需求、过程和表现”（重点在原创性）。零售商为顾客提供的除了商品实体外，还包括相关的服务。也就是说，顾客服务也是零售商的一项基本活动。更广义地说，零售本身就是一种服务活动，零售商不生产商品，而是将制造商生产出来的商品集中起来供顾客选购，零售经营组合的所有要素都是增加商品价值的服务，包括店铺的位置、店内的布置和商品的分类等都为顾客购物增加了便利。

有关顾客服务的定义，可以说是解释颇多。经济学对顾客服务的定义是：“顾客服务是一种可供销售的活动，是以等价交换的形式为满足企业、公共团体或其他社会公众的需要而提供的劳务活动或物质产品。”

菲利普·科特勒在其《市场营销管理》一书中给顾客服务所下的定义是：“顾客服务是一方能够向另一方提供的基本上是无形的任何行为或绩效，并且不导致任何所有权的产生。它的产生可能与某种物质产品相联系，也可能毫无联系。”

巴里·伯曼和乔尔·R·埃文斯合著的《零售管理》一书中，对顾客服务的定义，“顾客服务是指零售商承担的与其销售的基本商品和服务相连、可识别、有时是无形的活动。”

由于零售服务是与商品紧密联系在一起的服务，零售商所提供的一切服务都紧紧围绕销售商品这个核心，顾客服务不仅帮助企业实现商品销售，而且也有推动扩大销售的作用，甚至创造新的需求。

因此，在这里，我们对顾客服务定义为：顾客服务是零售商为顾客提供的、与其基本商品相连的、旨在增加顾客购物价值并从中获益的一系列无形的活动。

与提供的商品相比，零售商为顾客提供的服务具有以下特点：

（一）无形性

指顾客在享受到服务之前它不能被看见或评估。因而顾客服务水平经常是不确定的，并且利益是未知的。

大多数服务是无形的，服务在被提供之前，顾客看不见也摸不着。衣服可以拿在手里并且检查它们，但是商店营业员提供的服务却是无形的。无形性使人难以了解顾客究竟需要什么样的服务以及他们怎样评价零售商的服务。例如，顾客在商店选购商品，是提供自助服务还是提供人员帮助，不同顾客的要求是不一样的。顾客在购买商品之前，可以借鉴一些有形的要素评价商品的价值，如颜色、质地、款式等，最后确定是否符合自己的要求。但顾客在接受服务之前，却没有上述这些有形的要素来评价服务，顾客只能在接受服务之后评价其是否满足自己的需要。正是这种无形性使服务变得十分复杂，难以考核。

（二）不可分割性

指顾客服务中服务产品和消费不可分离。消费者不可避免地卷入，这会对服务结果产生影响（对供应者而言是正常的）。

通常服务的提供和消费是同时进行，这与实物商品的情况不同。实物商品被制造出来后，先储存，通过多重中间环节的分销，然后才是消费。而服务则是生产与消费同步进行。如果服务是由人提供的，那么这个人就是服务的一部分。服务生产时顾客是在现场的，而且会观察甚至参加到生产过程中，提供者和顾客相互作用并都对服务的结果有影响。由于服务的提供与消费的不可分割性，服务质量和顾客满意度将在很大程度上依赖于“真实瞬间”发生的情况，包括员工的行为，员工与顾客之间的相互作用。一些零售商鼓励员工将其个人感情投入到工作中，这将有助于发展一种顾客和服务提供者之间的和睦关系，即人与人的关系，从而增进与顾客的感情。

（三）可变性

指顾客服务是容易变质的，它们存在时效性。我们很难同时供应或是需求它，结果导致需求较高时，顾客感到很窘迫，而在需求较低时又有浪费资源的现象。

由于服务基本上是由人表现出来的一系列行为，那么就没有两种服务完全一致。员工所提供的服务通常是顾客眼中的服务，而且人们的行为可能每天，甚至每小时都会有区别。另外，由于没有两个顾客会完全一样，每位顾客都会有独特的需求，或者以一个独特的方式来体验服务，因此，这就造成了顾客眼中的服务是经常变化的。正是由于零售商在提供稳定不变的优质服务时会遇到很大的困难，因而能够做到这一点的零售商具有创造持续竞争优势的机会。

（四）易消失性

指服务的传递是可变的，不能用一样的服务水平来对待不同的顾客。

服务不能够储存、转售或退回，这与商品可以库存或在另一天再出售，或者由于顾客不满意而退货的情况正好形成对比。服务的易消失性使之不能集中生产来获得显著的规模效益，服务出现差错将会造成难以挽回的损失即顾客流失。因此，零售商在服务提供之前就必须设立一套服务标准和控制方法尽力防止服务出现差错，同时还必须制定有力的补救措施，以减少差错造成的损失。

二、顾客服务的作用

顾客服务的重要性来自于零售业本身的特点，因为零售业是一个与顾客“高接触”的行业，以顾客为导向的经营观念决定了顾客服务是零售经营活动的基本职能。顾客选择一家零售商店，一是为了购买称心如意的商品，二是为了享受商店优美舒适的环境和周到的服务。

在今天信息产业高度发达、经营商品大同小异的情况下，服务方面的差异日益突出。在现代营销中，服务已成为强有力的竞争手段，对提高市场占有率影响很大。服务水平高，尽管价格贵些，但用户也乐于接受，因为一系列卓有成效的服务已使整体产品具有更大的效益。

1. 有利于零售商招徕顾客，增加经营机会

向顾客提供优质、周到的服务，是零售商吸引顾客的一个非常重要的手段。例如，随着生活节奏的加快，更多的人倾向于把购物和就餐结合在一起。为了适应这种需求，很多商场都开设了快餐厅、小吃部等，为顾客提供饮食服务。如果管理得当，商场的饮食服务是可以直接获利的。然而，有些商场提供的饮食服务，是本着不赔不赚，损益两平的要求来安排的。他们这样做的目的，正是以为顾客提供物美价廉的食物作为服务手段，吸引更多的顾客来商场购物，并延长顾客在商场驻足的时间，以便多买走一些物品。因此，为顾客提供优质的服务，对吸引和保持顾客，扩大零售商销售，有非常重要的作用。

2. 有助于促使交易成功，实现顾客购买

吸引顾客光顾商场，并不意味着肯定能达成交易，卖出货品，要促使交易成功，离不开工作人员在接待顾客时所提供的热情、有效的服务。随着科学技术的高速发展，商品内所包含的科技含量越来越高，商品越来越复杂，有些商品，如果缺乏别人的指导，甚至某些训练，一般非专业化人士是很难使用的。零售商在销售这些商品时，必须提供有效的服务指导，帮助顾客了解产品的性能，掌握操作方法，之后才可能达成交易。另外，零售商为顾客提供的服务，对顾客的消费需求是有影响的。本来打算到零售店购物的顾客，如果发现零售店的服务水平很差很可能会打消在此购物的念头，而是转向其他服务水平较高的门店。还有一些潜在的顾客，他们本来并没有明确的购物目标，只是以逛逛作为一种休闲活动，如果发现零售商能提供一种远超过其预期水平的服务，他们很可能会临时决定购买一些物品。

3. 有助于良好形象的建立，增加顾客对零售商的信任

一般说来，顾客对零售商的喜好程度是由零售商对待他们的方式来决定的。口头传播是顾客普遍接受和使用的信息收集手段，由于服务具有较高的不可感知性和经验性等特点，顾客在购买服务时，相关信息更多地依赖人际渠道获得。如果零售商能给顾客留下美好的印象，会造就出一批忠诚的老顾客，并通过老顾客带来大量的新顾客。反之，很可能会因此失去一批老顾客。美国一项调查表明，对零售商服务不满的顾客会向 10 到 20 位朋友和熟人抱怨，而满意的顾客向别人述说的可能，却只有上一数字的三分之一。

4. 有利于提高零售商的竞争力，建立战略优势

零售商之间的竞争，不仅表现在商品质量、花色品种、价格、购物环境等方面的竞争，而且表现在服务质量方面的竞争。在其他条件，尤其是商品品种、质量、价格相近的情况下，哪一家零售商的服务水平高，服务内容多，就越能吸引更多的顾客，从而扩大市场占有率，提高零售商在同行业中的销售份额。麦当劳、亚马逊、沃尔玛等零售商通过提供优质的顾客服务，使他们的零售供给形成差异，建立顾客忠诚度，从而形成持续的竞争优势。

三、顾客服务类型

（一）按售货过程的阶段划分

（1）售前服务。指顾客购买商品之前，企业向潜在顾客提供的服务。售前服务是一种超前的、积极的顾客服务活动，它的关键是树立良好的第一印象，目的是尽可能地将商店信息迅速、准确、有效地传递给消费者，沟通双方感情，同时也了解顾客潜在的、尚未满足的需

求，并在企业能力范围内尽量通过调整经营策略去满足这种需求。主要方式有：免费培训，产品特色设计，请顾客参加设计，导购咨询，免费试用，赠送宣传资料，商品展示，商品质量鉴定展示，调查顾客需要情况和使用条件等。

（2）售中服务。指零售商向进入销售现场或已经进入选购过程的顾客提供服务。这类服务主要是为了进一步使顾客了解商品特点和使用方法，目的是通过服务，表现对顾客的热情、尊重、关心、帮助、情感和向顾客提供额外利益，以帮助顾客做出购买决策。售中服务的主要形式有：提供舒适的购物现场（如冷暖空调、休息室、洗手间、自动扶梯等）、现场导购、现场宣传、现场演示、现场试用（如试穿、品尝、试看、试听等）、照看婴儿、现场培训、礼貌待客、热情回答、协助选择、帮助调试租包装、信用卡付款等。

（3）售后服务。指企业向已购买商品的消费者所提供的服务，它是商品质量的延伸，也是对消费者感情的延伸。这种服务的目的是为了增加商品实体的附加价值，解决顾客由于使用本企业商品而带来的一切问题和麻烦，方便和放心使用，增加顾客购买后的满足感或减少顾客购买后的不满情绪，使老顾客成为“回头客”，或者乐意向他人介绍推荐本商店商品。售后服务的主要方式有：免费送货、安装调试、包退包换、以旧换新、用户免费热线电话、技术培训、产品保证、备品和配件的供应、维修服务网点、巡回检修、特种服务、组织用户现场交流、顾客投诉处理、顾客联谊活动、向用户赠送自办刊物和小礼品等。

（二）按投入的资源划分

（1）物质性服务。即通过提供一定的物资设备、设施为顾客服务。如零售商向顾客提供的信息室、电梯、试衣室、试鞋椅、寄存处、购物车、停车场等，使顾客使用这些物资设备感到方便。

（2）人员性服务。即售货人员、送货人员、导购人员，咨询人员等提供的服务。他们提供的服务主要是劳务和信息的服务。零售业的服务人员要与顾客进行面对面接触，他们的形象和素质往往对零售企业的形象有最直接的影响，也是消费者评价零售商服务质量的一个重要标准。

（3）信息服务。即向消费者传递零售商与所提供的商品等方面的信息，使顾客了解商家、商品，帮助顾客作出购买决策。零售商提供的信息主要有 POP 广告、媒体广告、新闻宣传、商品目录、商品货位、人员介绍等。

（4）资金信用服务。即提供消费者信贷，如提供赊销商品、分期付款、信用卡付款等。在提供信贷服务时，零售商应考虑自身的承受能力及消费者的偿还能力，但同时也应避免审查手续过于复杂。

四、常见的顾客服务项目

1. 咨询服务

咨询服务是指企业向顾客提供有关商品信息或各种资料，以便顾客进行决策参考和掌握某种商品的有关知识。有些企业就是靠提供咨询服务打开了市场大门，如化妆品营业员常向顾客介绍有关美容知识，计算机软件工程师必须向顾客介绍软件的操作方法及应用范围等。很多零售企业设咨询处，耐心解答顾客提出的各种问题。顾客在选购商品时，也需要营业员提供商品性能、特点、使用之介绍，如衣服配料、面料选择等问题，以帮助其做出决策。很多商家甚至还邀请专家进行咨询，如美容咨询、衣着咨询、烹饪咨询、儿童心理咨询、营养咨询等，很受消费者的欢迎。某些零售商还专门向顾客发放一些小册子，为顾客提供一些有用的信息。在这方面，美国西尔斯公司做得很好，为顾客提供信息的小册子包括《如何选择和应用赊购》、《楼面复面层：他们的选择和顾虑》、《厨房设计基础》、《如何选择家具》、《如何选择手工工具和电动工具》以及《建筑物养护手册》，在顾客中很受欢迎。

2. 导购服务

许多百货商店设有导购小姐，她们仪表端庄，谈吐得体，每当顾客上门，总是先亲切地问候一句“您好!”然后为顾客指引货位，介绍商品，解答问题，帮助顾客包装，甚至还帮顾客叫出租车。导购服务既可以创造一种亲切和谐的气氛，又可及时反馈顾客的需求信息。

3. 金融方面的服务

为了方便消费者购物及大金额的交易，零售商普遍提供如下金融服务：①银行卡付款结算，省去携带大量现金的麻烦和不安全感。②分期付款服务，可以使顾客对某种消费品的需要提前满足，也可以使商店积累大量有关顾客的信息，这些信息对于改进经营管理很有帮助。③赊销，允许顾客先把商品买回家，晚些时候再付款。如果处理得当，可以为零售商增加收入，当然，如果赊销政策过于宽松，也可能使零售商利润减少。

4. 送货服务

送货是一项极重要的零售服务，尤其对于体积大、较笨重的商品如家具、厨房用具、电视、冰箱等。许多老年顾客购货时也需要送货，一些顾客为避免交通不便和运输费用的花销，通过网络、电话购货时会要求送货。

5. 处理顾客意见

顾客可能经常会有一些投诉：商品质量欠佳、销售服务不好、开错账单、与商店员工有矛盾或送货延误等。为了保持顾客对商店的好感，零售商必须设置专人或部门负责听取和处理顾客意见。一些零售商建立了规范的顾客投诉处理程序，并对顾客的投诉进行分析，查明原因，进行整改，防止类似现象发生，保持商店的信誉。

6. 培训服务

培训服务是对购买者进行培训，让他们能正确有效地使用生产商的设备。对于一些技术复杂的新产品来说，培训服务显得尤为重要。

7. 安装维修服务

对于技术性较强的高档耐用品，如空调、录像机、计算机及一些重型设备，上门免费提供安装调试，可以省去顾客许多麻烦。维修服务是指公司向产品购买者提供的修理项目，为了使消费者购买时放心，企业常给予一定时期内免费维修的保证。维修服务也是消费者比较注意的敏感问题，国产家电产品之所以在市场上占上风，很多在于企业能提供更为优良的售后服务，尤其是维修服务。

8. 退换服务

这是当消费者买到不称心、不适用的商品时，为他们提供的一种服务。通过退货、换货服务可以使消费者最终购买到满意的商品，消除他们心中的不愉快。处理商品的退换，是顾客比较敏感的服务之一。各个零售商的退换政策是不一样的，可以不退、不换，也可以实行顾客总是对的，有求必应的政策。作为一个零售商，需要决定是采取极端的政策，或者是实行比较适中的政策。目前国内越来越多百货商场，实行“无理由退换”制度，这样做虽然会带来一些费用，但可以树立良好的商业信誉。

9. 包装服务

为顾客购买的商品予以妥善的包装，也是为顾客提供的一种重要的服务。这种服务可以很简单，只要将商品放在纸袋或塑料袋中就可以了；也可能比较复杂，像精致的玻璃器皿，需要放在专门防破碎的盒子中。包装服务是零售商普遍提供的服务，尤其是礼品包装，不少商店设有礼品包装柜台，配有包装能手。节日期间如情人节、中秋节、春节、父亲节、母亲节、圣诞节等，这些服务显得非常重要。礼品包装的收费视所费材料和包装设计的复杂性而定。

10. 服装修改、干洗、定做服务

有些服装可能某些部位不适合顾客要求，因而出售服装的商店常常安排专人为顾客免费修改这些服装，如长裤需要改长或改短，肩可能要垫高等。还有些商店也提供为顾客定做服装或干洗服务。

11. 休息室

当顾客花费许多时间在商店选购商品时，常常希望能坐下来休息一下。为了方便顾客休息，许多大型商店都会设置休息室，里面通常备有报纸、茶水和电话，以供顾客打电话回家或叫计程车。有些商店虽然没有专门的休息室，也会在商店各处设置一些休息凳，方便顾客暂时休息。

12. 购物车

在许多超级市场或仓储式商店，都会放置一些购物车，以方便顾客购物之用。一些专门设计的购物车，不仅可以放置物品，还有专门的小孩乘坐的位置，这给带幼儿出来逛商店的父母以极大的方便。有些商店为节省投资，遂用购物篮取代购物车。

13. 以旧换新

有些耐用品使用寿命很长，而款式花色却在不断更新，对于消费者来说，虽希望购买流行款式的新商品，但对旧物弃置又觉不舍。若零售商提供以旧折价换购新商品服务，则对他们的吸引力是相当大的，一些零售商便因此提供这一服务。

14. 代管小孩

对于有小孩的父母来说，逛商店购物是项大工程，因为他们必须首先解决如何处置孩子的问题。一些百货公司或购物中心，为让年轻夫妇安心逛商店，纷纷设置幼儿游乐室，帮助顾客暂时照顾小孩。有些商店引进连锁性质的儿童游乐场，既照顾了孩子，又增加了商店的吸引力，还因此提高了商店的经营效益。

15. 其他服务

零售企业常设立的服务项目还有：物品存放、购物袋、婴儿车、免费停车场、茶点室、餐厅、付费电话、自动取款机，邮购、租赁、为顾客购买的服装免费熨烫等。事实上，零售商可以提供的服务项目的数量是无限的，企业可以创造出许多新奇的服务特色来。

第二节 顾客服务质量的评估与改进

一、客户的期望

当客户评价零售商的服务时，他们把接受服务的感觉与自己的期望加以对比。当他们得到的服务能够或者超出其期望时，他们就会感到满意。当他们觉得服务低于其期望标准时，就会产生不满。因此，了解顾客对服务的实际期望是服务设计的起点和关键。

1. 理想服务和适当服务

顾客对于零售服务有两种不同的期望：理想服务和适当服务。

理想服务是顾客期望零售商能够提供的服务项目和质量水平。当然，由于现实条件的限制，或是由于竞争不充分而顾客没有选择余地时，顾客往往不得不承认自己的理想服务期望也许是不现实的。例如当一个拥有3000户居民的大型社区，周围5公里内只有一家超市时，该零售商就没有必要提供太高档的服务，例如客单价达到多少元可免费送货等。这时，顾客对可接受服务的门槛有另一个低水平的服务期望，这个低水平的服务期望被称作适当服务。适当服务是顾客可接受的最低或最起码的服务水平，反映了顾客相信其在服务体验的基础上可得到的服务水平。例如，垄断型的卖场至少可以帮助创造高客单价的老人送货，这非常有助于培养社区口碑（老人是天然的消息传播者），以便在将来有竞争店时留住一部分忠诚顾客。

2. 容忍区域

在理想服务与适当服务之间，存在一个差异范围，这一差异范围被称作容忍区域。如果零售商提供的服务水平低于容忍区域的下限，即降到顾客可接受的适当服务水平之下，顾客将感受到挫折并对商店的满意度降低。例如，当顾客在超市排队付款时，大多数顾客对排队时间可接受的范围大约在5分钟至10分钟之间，假设排队付款能在这段时间内完成，顾客也许就不会对等候有意见。如果顾客在一家超市排队付款时间总是在2分钟之内，他可能注意到这项服务并判断其为优秀的服务；如果该顾客在另一家超市排队付款的时间超过了10分钟，他（以及大多数排队的其他顾客）开始抱怨并不停地看表，有些顾客甚至会弃商品离去。一些注重服务质量的商店会时刻关注顾客排队的时间及顾客丢弃商品的购物篮，从而判断收银员的收款业务是否达到顾客期望的水准。

零售商在设计服务时，不仅需要弄清楚顾客的服务期望，还需要弄清楚顾客对服务的容忍区域。适当服务是零售商必须提供的，如果适当服务缺乏将会导致顾客流失；理想服务对于一般的零售商而言不必强求，但以服务作为竞争优势主要来源的零售商则需要提供优质的理想服务，这样有助于强化顾客忠诚，提升企业形象。

需要注意的是，有些服务对某些零售商或许是适当服务，但对另一些零售商则可能是理想服务。例如，送货对家电专业店而言是必须提供的，而对于普通的超级市场则可能是理想服务。不同业态和不同竞争战略的零售商店，顾客对其服务期望也是不同的，这就是为什么从顾客角度看，货仓式商店雇佣为数不多的雇员就能使顾客感到满意，而在中高档百货商店里，许多穿着礼服、彬彬有礼的服务员也不一定能使顾客满意的原因。

此外，不同的顾客具有不同的容忍区域，一些顾客的容忍区域较窄，对零售商提供的服务水平会比较挑剔；而一些顾客的容忍区域较宽，对零售商偶然出现的服务差错也能接受。一般说来，知识水平高的顾客更关注态度等虚的服务，而知识水平低的顾客关注带来实惠的服务。当然，零售商在设计服务时，不仅要考虑顾客的服务期望，而且还要考虑顾客的经济承受水平。目标顾客的收入水平不同，顾客愿意支付的价格也不同，零售商可以提供的服务也不同。如果零售商由于提供服务而导致商品出售价格较高，目标顾客宁愿放弃需要的服务，接受较低的商品价格，在这种情况下，该项服务就不是顾客的需要。

二、顾客服务质量的改进

顾客服务质量差距模型能显示零售商需要做什么以提供高质量的顾客服务。为了提供优质的顾客服务，零售商可以通过影响服务质量的四个因素入手，减少服务差距——顾客的期望与顾客对服务感觉之间的差别——来改善顾客对他们服务的满意程度，如图14-1所示。

对于零售商来说，应该集中精力改善服务质量，需要做到：①了解顾客希望的服务水平；②制定顾客服务的标准；③执行符合标准的传递服务程序；④采取沟通行动，告知顾客有零售商提供的服务内容。

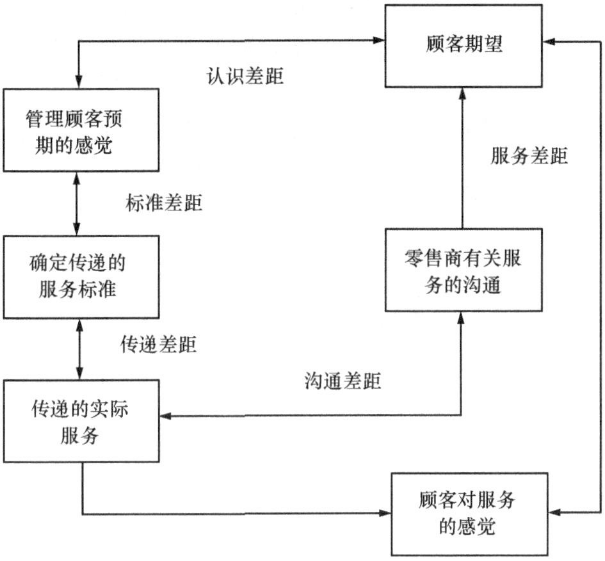

图 14-1　影响服务质量的因素

1. 认识差距

提供好的服务的最关键的一步就是知道顾客想要什么。认识差距就是顾客期望与零售商对顾客期望的认识之间的差别。零售管理者有时不能正确地感知顾客的需求。例如，超市管理者可能认为顾客需要更贴身的人员服务，但顾客需要的是更自由自在地选购商品。如果超市给予顾客更加轻松宽松的购物环境，并在顾客出现困惑时能够立刻得到营业员的帮助，超市的服务质量就会提高。因此，要提高服务质量，管理层首先必须获得正确的顾客期望信息。

如何了解顾客期望，可以通过一系列方法：向顾客发放调查问卷，询问顾客对本零售商提供商品和服务的满意程度；用个人购物记录测量满意程度；选择指定顾客进行座谈，听取意见和建议；通过投诉获取有关服务和产品的详细信息；来自商店员工的调查和反馈；等等。为了获取顾客服务更多的信息，零售商需要鼓励顾客和员工进行信息反馈。

2. 标准差距

零售商收集到有关顾客对服务期望和感受的信息之后，下一步就是用这些信息来制定标准并设计出高质量的服务。标准差距便是零售商对顾客期望的认识与他制定的顾客服务标准之间的差距。管理部门可能正确感知了顾客的服务需求，但没有建立正确的服务标准。例如管理者可能要求商店收银员实行快速服务，但没有具体量化的标准，收银员的速度可能达不到要求。

服务质量的好坏受到服务标准的影响，标准可向服务人员显示，什么是管理中最为重要的准则，以及哪些行为真正有意义。当服务标准不具体或采用的标准不能反映顾客期望时，顾客感受到的服务就很可能非常糟糕；当标准准确反映出顾客期望时，顾客得到的服务质量就可能加强。

3. 传递差距

这是零售商的服务标准与提供给顾客的服务之间的差距。大量事实表明，即使建立了如何提供良好服务和正确接待顾客的标准，高质量的服务也未必能水到渠成。为了减少传递差距并提供高标准的服务，零售商必须为服务人员提供必要的知识和技能，给予设备支持和情感支持，加强内部的沟通，减少冲突并授权员工以顾客和公司的最佳利益行为。

许多原因导致商店员工不能按标准为顾客提供服务，例如员工不能清楚理解公司的宗旨，员工感到在顾客和管理层之间左右为难，缺少授权和团队合作，评价和奖惩不当，员工缺乏训练或劳累过度，以及无能力或不愿意按标准行事，或者员工面对着相互矛盾的标准，如花时间倾听顾客的意见和快速服务等。管理人员必须尽力消除这些原因，以便缩短服务差距。

4. 沟通差距

这是零售商提供给顾客的实际服务与零售商对外沟通中承诺的服务之间的差别。零售商通过广告媒介、营业人员和其他沟通途径所作的服务承诺可能会提高顾客对服务的期望。例如，一家零售商大肆宣传自己商店中的商品品种如何齐全，价格如何低廉，但顾客到达后会发现商店中的一些畅销商品缺货，价格也不便宜，那么这种外部沟通就扭曲了顾客的期望。

造成沟通差距的原因有许多，如无效的营销沟通、广告和人员推销中的过度承诺，经营中各部门的不协调，权力分散导致各分店的服务政策与程序不一致等。零售商要缩小沟通差距，除了不能做过度承诺和表达失误外，还必须管理顾客，培养顾客的现实态度和对服务的期望。

第三节　顾客投诉处理

一、顾客投诉的类型

顾客投诉，简单地说就是顾客对商品或服务的不满或责难。从顾客投诉产生的原因来看其类型包括以下两大类。

1. 因商品本身引发的顾客投诉

因商品本身引起的顾客投诉，可归结为制造者责任、中间商（零售商）责任及顾客的使用责任三个方面。具体来讲，因商品本身引发的顾客投诉类型有下列几类：商品质量问题、缺乏应有的有关信息、制造厂家的问题、污损等。

2. 由服务方式引发的顾客投诉

接待顾客的服务方式，可以看作是有形的物质商品的延伸，并且是商品所必不可少的一部分，尽管它是无形的，但很多顾客投诉的产生都与商品这一无形部分有关。具体来看，由服务方式引发的顾客投诉有以下几类：①应对不得体，如态度方面、言语方面、销售方式方面等；②给顾客付款造成不便；③运输服务没有到位；④未能守约；⑤商品说明不符实；⑥包装不当等。

二、处理顾客投诉的程序

能否化解顾客的投诉最重要取决于零售企业的工作人员现场的表现。对零售企业而言，要确保成功地化解顾客投诉，必须掌握“程序化”的投诉处理过程。也就是说，实际的投诉处理过程要按如下程序进行。

1. 做好投诉处理组织工作

要使投诉处理在有组织、有计划的条件下进行，首先要做好一定的组织工作。主要包括人员配备与任命，统辖训练及设定指挥系统。

2. 让所有相关人员都熟悉顾客投诉电话的号码

设置投诉电话是顾客投诉处理的一般要求，但是，要注意努力提高设置这一电话的效率。常用的方法就是要广泛地在企业内通告这一电话号码，特别要让相关部门的人员熟知这一电话号码。

3. 在铃响三次以内接听电话

设置了投诉电话固然是件好事，但是如果顾客在拨打这个电话时需要等候很长时间才能接通，则可能会使顾客的不满更为高涨。

4. 熟悉投诉处理手册的规定

各零售企业都应该编制处理投诉的手册，分发给现场的工作人员。这种手册还可用作实施培训的教材。但要注意的是手册不能只作为一种摆设或对外宣传工具，而应尽量使工作人员熟练掌握手册的内容，并在执行中彻底贯彻实施。这样才可能使同一投诉的处理过程不至于因顾客的不同或公司内实际处理业务人员的不同而有所区别。

为了便于业务人员掌握，手册的编制应能适应本企业的特点，并力求准确、实际、贴近现实。

5. 备好投诉处理卡

在处理投诉时，要事前准备好投诉处理卡。其内容包括：提出投诉顾客的住址、姓名、电话号码、投诉内容、购买地点、工作人员姓名、购买时间、受理投诉的时间、编号、处理过程、处理结果等。特别要注意详细记下顾客的联络方法，不仅是在顾客工作时间，而且在其业余时间也要能够立刻就取得联系。最后还要概略出此次投诉处理的经验与教训，以及今后处理此类投诉的努力方向。

6. 设定追踪图表

在有些情况下，投诉处理工作并不是仅由现场工作人员或者经在现场就能完成的，而是需要其他部门付诸工作，并在一定期限内才能完成。这是为了不至于在企业的往来沟通中遗忘或未按既定方针妥善处理已受理的顾客投诉，应设定追踪表，把投诉处理的全过程、中间应有怎样的手续详细地记入，并按照追踪图表及时对投诉处理进行检核。

7. 给顾客以解决投诉的时限保证

对于不能在现场立即解决的顾客投诉情况，应该把处理的时限告诉顾客，以表示企业对这一事件的重视与诚意。一般而言，零售企业应该把这一时限定于48～72小时之间。当然，对于少数例外的情况，因众多的不确定因素，难以给顾客以准确的时限保证，也最好能划定一个大致的时间范围，在进行处理期间，要定期不断地以电话或信函，把中途经过一级处理情况，向对方告知，以表明企业正在努力处理这件事。

8. 投诉处理最好有专人进行

处理顾客投诉，有受过一定训练的专门人员来处理是最佳选择。因为他们的经验和技巧可能会使处理结果优于一般的工作人员。

9. 投诉处理结束时通知顾客

投诉处理的结果要以最快的速度及时通知顾客知晓。如果有善后事项，要在通知中向顾客详细说明。这是顾客投诉处理中非常重要的一个环节。有许多企业虽然也努力处理顾客投诉，但由于未能及时就处理的结果与顾客沟通，使顾客产生“石沉大海”的感觉，从而更为不满，最终成为一个“沉默的离去者”。

10. 对投诉处理的评估

对零售企业而言，达成处理结果并不是投诉处理的终结。为使此类事件不再发生，并使此次事件中的经验和教训能为其他工作人员在工作中所用，从而提高工作人员的应对能力，必须对投诉处理过程予以客观的评价。

评估投诉处理的依据是投诉处理过程的纪录，同时还要具备一定的评估基准。但很多企业不重视这项工作，据调查，约达60%的企业“并没有特别设定评估的基准”。这使评估工作难以进行。

三、化解顾客投诉的技巧

1. 商品质量问题处理技巧

如果顾客买到的商品在质量上存在问题，表明制造企业在质量管理上不够严格规范或零售企业未能尽到商品管理的责任。遇到这种情况时，基本的处理办法是真诚地向顾客道歉，并换以质量完好的新的商品。

如果顾客因该商品质量问题而承受了额外的损失，如耽误了某事的进程、造成了身体伤害等时，企业应主动承担起这方面的责任，对顾客的各种（包括精神损失）给予适当的赔偿与安慰。

2. 商品使用不当问题的处理技巧

由于顾客使用不当而引起商品破损，其原因可能不仅仅在于顾客本身。如果企业业务人员在销售商品时未能明确说明商品的使用方法等项内容，或者卖出了不符合顾客使用需要的商品（如弄错了灯泡的瓦数），而造成商品使用中的破损，企业方面应当承担起相应的责任。

处理的方式是首先向顾客诚恳道歉。在查证主要责任确实在企业方面的情况下，要以新的商品换回旧的商品。对顾客的其他损失，也应酌情加以补偿。

3. 对企业商品误解问题的处理技巧

因顾客误解而向企业投诉的情况下，业务人员决不可因企业“有理”而趾高气扬。一定要仔细、平静地把原委告诉顾客，请顾客理解和谅解。

4. 服务问题的处理技巧

由于服务是无形的，发生问题时只能依靠听取双方的叙述，在取证上较为困难。而且，在责任的判断上缺乏明确的标准。因此对于这类投诉，企业处理时应切实体现“顾客就是上帝”这一箴言。首先向顾客道歉，具体可采取如下方式：

（1）上司仔细听取顾客的不满，向顾客保证今后一定加强员工教育，不让类似情形再度发生。同时把发生的记录下来，作为今后在教育员工时基本的素材。

（2）上司与有关业务人员一起向顾客道歉，以获取顾客的谅解。

5. 当场无法解决问题时的处理技巧

对于顾客投诉，有些能够有业务人员在现场就能予以解决，但也有一些问题时在现场无法解决的，这种问题通常涉及金额较大、影响面较广或取证复杂。这类问题，恰当的处理方式首先展开详细的调查，明确双方的责任，然后客观地把公司所能做到的补偿方法一一告诉顾客，供顾客选择其最满意的解决方法。例如，可以提出调换新品、修理旧品或折换现金的方式令顾客选择，表示出对顾客的尊重，不要使顾客有“别无选择”的感觉。

第四节 顾客关系管理

对零售商而言，顾客是零售商最重要的一项资产，同时也是决定零售商生产或淘汰的关键因素，加上市场的全球化、电子商务和新技术的蓬勃发展，如何先获得顾客的青睐、与顾客建立良好的互动关系及增加企业的利润，皆有赖于顾客关系分析与顾客关系管理的推行运用。有人说，零售经营的目的在于追求利润，管理学大师彼得德鲁克六十年前便指出：“经营的目的应当是开发顾客，而且应当把利润看作维持稳定运作的费用”。如此看来零售商的成败关键便在于顾客开发和留住顾客的能力，即在于顾客关系管理。

一、顾客关系管理的内涵

顾客关系管理的概念最早于 1980 年源于美国，当时称为“接触管理”（Contact Management），主要收集有关顾客与企业间互动的相关咨询。而顾客关系管理一词最早是由全球著名的 IT 分析调查提供专家 Gartner Group 提出，最初应用于金融业、电信业及保险业，后来扩散至零售业、制造业等各行各业。顾客关系管理（CRM）系统的目的，不是要来取代业务人员对顾客的照顾，而是希望帮助业务人员，让他们的日常工作变得更为有效。

顾客关系管理（Customer Relationship Management，简称 CRM），是指企业为了赢取新顾客，巩固保有既有顾客，以及增进顾客利润贡献度，而不断地沟通，以了解并影响顾客行为的方法。顾客关系管理的核心思想：①重视顾客的个性化特征，实现一对一营销；②不断提高顾客满意度和顾客忠诚度；③顾客关系贯穿于市场营销的全过程。广告可以帮助企业提供产品和品牌的知名度，并吸引第一次的顾客；而顾客关系管理则着眼于与顾客培养一种长期的良好关系，提高顾客对企业的满意度和忠诚度，使之成为最能带来利润的顾客群体。

顾客关系管理（CRM）包括以下三个层次的含义：

（1）顾客关系管理首先是一种管理思想和企业经营战略。顾客关系管理将各种客户资源作为企业最重要的资源之一，因为只有客户的忠诚才能促进企业销售的增长，创造企业的利润。顾客关系管理的核心是顾客价值管理（Customer Value Management，CVM），通过增加提供给顾客的价值，使顾客感到自己的所得超过了他们的期望，从而提供顾客的满意度。这种角度来理解 CRM 是零售商实施 CRM 的基础，它在理念的层面建立起了导向和原则，要求零售商摒弃原先以销售和利润为直接目的的做法，将销售和利润作为客户高度忠诚的自然结果。

（2）顾客关系管理是一种旨在改善企业与顾客之间关系的新型管理机制。这种管理机制主要集中在市场营销、销售实现、客户服务和决策分析等企业与顾客发生关系的业务领域。它一方面通过企业对业务流程的全面管理来优化资源配置，降低企业成本，缩短销售周期；另一方面通过提供更快捷、周到和优质的服务来吸引和保持更多的顾客，增加企业的市场竞争力和市场份额。

（3）CRM 系统是一套人机交互系统，需要一个有效顾客关系管理解决方案的支撑。企业通过技术投资，建立能搜集、跟踪和分析顾客信息的系统；或增加顾客联系渠道、顾客互动以及对顾客渠道和后台整合的功能模块。一个整合的顾客关系管理应用系统或产品，必然包含有 Web 在内的所有客户接触点的管理，同时应当集销售、客户服务、技术支持、信息库、电话中心和客户智能分析等智能模块为一体。

二、顾客关系管理的架构与功能

在过去，零售商通过单一的渠道接近客户，即店铺、销售队伍或电话，但是随着信息技术的发展，零售商增加了营销渠道，包括网站、自动售货机、自动柜员机、会员中心、呼叫中心等。要获得客户的忠诚，就是长时期的保留客户，必须将这些渠道综合起来，使企业对不同渠道的客户有全面的了解。顾客关系旨在实现这一综合功能。

图 14-2 是顾客关系管理（CRM）的系统功能图。CRM 的功能可以归纳为三个方面：第一，对销售、营销和客户服务三部分业务流程的信息化；第二，与客户进行沟通所需要的手段（如电话、传真、网络、Email 等）的集成和自动化处理；第三，对上面两部分功能所积累下的信息进行的加工处理，产生客户智能，为企业的战略技术的决策支持。

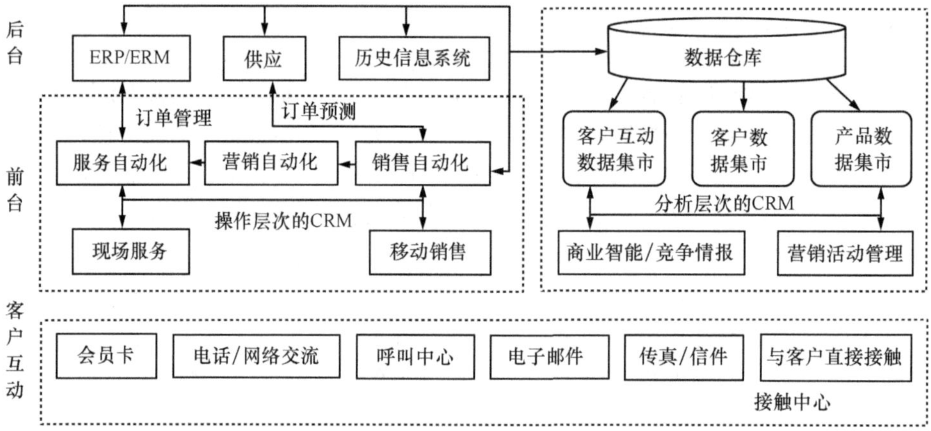

图 14-2　CRM 系统功能图

零售商实施顾客关系管理，大都是从原来的会员管理中发展而来，零售顾客关系管理的重点应该是三部分：顾客服务、顾客营销和决策分析。对于中小零售商而言，顾客关系管理一直是一个难题，因为中小零售商面临的是数量庞大而不确定的顾客，且自己的信息技术力量薄弱，难以采集丰富的顾客信息及相关数据，使得顾客关系管理的重点体现形式“一对一营销”不能有效开展。

三、零售顾客关系管理的会员卡制度

1. 零售商实施会员卡制度的意义

会员卡制度起源于 19 世纪初的俱乐部会员身份识别，它是为了维系与客户的长期交易关系而发展出来的一种较为成功的顾客关系管理模式。实施会员卡制度的零售商有一个共同特征，就是以会员卡为载体。各商店会员卡类别不同，有的只有一种，有的则有两种或多至三四种，形成不同层次的阶梯式系列。较高级别的会员卡较之普通型会员卡能享受到更大的折扣率和更多的增值服务，但申领的条件则相应提高。总的原则就是：积累的购物记录越多、购物金额越高，持有的会员卡级别越高，享受到的优惠和增值服务就越多。会员制的结果导向是通过会员服务提供顾客的忠诚度和满意度，从而提高消费量。

实施会员卡制度是零售商为了适应市场竞争环境，拓展顾客资源，强化顾客的忠诚度，提升竞争优势从而达到销售增长的营销策略，同时也是树立零售商品牌的重要举措。会员制营销有三个理论前提：一是留住一个老客户的成本要大大低于赢得一个新客户的成本；二是对零售商而言，老客户比新客户更容易开展营销活动；三是企业 80%的利润来源于 20%的客户。这三个理论前提的核心内容都是顾客忠诚度，即谁赢得顾客忠诚度，谁就在未来的市场竞争中获胜。

零售业推行会员制对吸引和培育稳定的顾客群体、提升为顾客服务和科学管理水平都凸显出独特的作用。首先是收集到大量会员基本情况和消费信息。通过会员卡申请表和消费记录掌握了顾客的姓名、性别、年龄、出生日期、身份证号码、学历、个人收入、通讯地址、邮编、电话、移动电话、电子邮箱等可靠信息资源以及顾客消费情况，有利于超市对顾客进行分析。其次是扩大了商品销售。零售商加强与会员的信息沟通和情感沟通，增强了会员的归属感。调整和完善符合目标会员消费需求的商品结构和特色服务，不断提高会员卡的含金量和附加值。零售商要培养顾客的忠诚度，提升顾客回头率，首要推行的就是会员卡制度。

2. 通过会员卡制度做好零售顾客关系管理

零售商如何通过会员卡制度做好零售顾客关系管理呢？

(1) 从一开始就让消费品供应商参与。零售商有价值的信息能被消费品供应商利用以了解顾客，保证从消费品供应商那里来的商品及服务是符合顾客需要的。当然这些信息的提供可以是有代价的，双方共同分担方案成本。

(2) 制定科学的会员体系。消费者因一时被打动而加入会员组织后，把会员卡往钱夹里一塞就了事绝对是会员制的失败。会员加入仅仅是开始，能否让会员投入进来、主动参与关心才是根本。这就要求零售商具有全面科学、量体裁衣、定位准确的会员体系和增值服务。因此，要将会员卡制度纳入零售商整体营销战略，无论在会员招募、会员管理，还是在促销宣传、会员馈赠等方面，每一项活动之初零售商都应做充分的预算和规划，设计一套完全全面的营销方案。

(3) 把顾客关系管理变为顾客的双向渠道。顾客向零售商提供了他们的信息，他们慢慢的会加入和使用这个方案。他们在会员制中能得到什么呢？有可能是更低廉的价格。如果介入新商品开发会怎么样呢？可能是他们所更喜欢的，例如现有服务的延伸、顾客喜欢的新颜色的短衫、或者在喜欢的果汁加了特定维生素等。要想成功，不仅仅光靠从顾客那里获取更多信息和推出更多的商品，更重要的是与顾客建立一种牢固的关系，为顾客提供他们所想要的商品及服务。

(4) 降低经营成本，为会员提供优惠的商品价格。会员制在发达国家获得成功，主要原因是能够让会员得到价格实惠，如果零售商在其他方面没有特色，又不能在商品价格上让会员感受到好处，甚至有些商品价格比其他地方还要贵，那就很难吸引会员来消费。因此，零售商应尽可能通过多种途径，加强内部管理，扩大商品销售，降低商品成本和经营费用，使得会员在本商店购买的商品价格低于其他同类零售商店。同时，超市应加强商品的价格管理，使得会员比非会员享受到更优惠的价格，充分发挥会员卡的作用。

(5) 为会员提供增值服务和个性化服务。注重对会员的开发与维护，必须通过提供增值服务来吸引顾客，更好地满足会员需要。目前，很多零售商已意识到这一点，比如定期为会员提供最新商品信息和促销信息，推出免息分期付款购物、购物免费停车、贵宾导购等多种服务项目。另一方面，要建立顾客忠诚，还必须针对不同消费者的不同需求为其提供个性化服务，建立个性化的顾客关系管理，实现“一对一”的营销，这也正是发展会员制的核心所在。

（6）建立消费激励机制，刺激会员持续购买。实施会员卡制度应制定相应的消费奖励机制，给予会员一定的消费返还，增加会员的实际利益。同时，通过奖励措施，零售商可以吸引更多的会员消费更多的商品，争取会员的多次反复购买和大量购买。对会员消费的奖励可采取多种途径。如有的零售商实行消费积分制度，针对不同累计积分给予积分奖励，有的零售商根据顾客的消费金额，实行会员分级并发放不同级别的会员卡，对于高级别的会员，提供更多的商品折扣优惠和服务内容。

（7）建立基于现代信息技术的顾客信息资料库，加强会员管理。国内零售商实施会员卡制度的最大失误之处在于没有充分利用公司信息化资源收集会员的消费信息，故而无法很好的开展会员关系管理与维护。零售商必须做好信息化基础建设工作，建立基于现代信息技术的顾客信息资料库，及时收集顾客的消费数据，并根据所搜集的销售数据和会员资料作进一步的开发利用，通过对顾客信息的分析、整理、挖掘，对消费结构进行分析，向会员提供全方位服务，对会员实施个性化、人性化的顾客关系管理，最大限度地满足会员需求。

总之，零售商十分重视通过会员卡制度培植稳定、忠诚的消费者队伍并取得广大顾客的认同。但是只停留在会员制的现状是不够的，会员制仅是顾客关系管理的初级阶段，要实施营销、管理创新，就要在推行会员制取得成效的基础上，吸取现代前沿的经营理念和技术，进一步全方位地实施顾客关系管理（CRM）。

◎小结

零售商为顾客提供的服务具有无形性、不可分割性、可变性、易消失性等特点。零售商提供的服务一般可以分为售前服务、售中服务和售后服务三种类型。顾客服务项目有咨询服务、导购服务、信贷服务、送货服务、处理顾客意见。可以用服务质量差距模型评估零售服务的优劣，零售商可以通过影响服务质量的认识差距、标准差距、传递差距、沟通差距等因素入手，减少服务差距，改善顾客对他们服务的满意程度。顾客投诉就是顾客对商品或服务的不满或责难。企业处理顾客投诉时，以信函处理、电话处理及面谈处理三种方式为主。零售顾客关系管理是零售商为了赢取新顾客，巩固保有既有顾客，以及增进顾客利润贡献度的经营战略和前沿方法。实施会员卡制度是零售商实施顾客关系管理的初级阶段。

➢案例 1　某商场不同员工的顾客处理方式

2009 年 8 月某一天，位于重庆璧山县的某商场因片区停电，商场各部门都在大门口开展花车特卖活动。有一位中年妇女和她的女儿来到商场门口，说想找找一楼亚天迪女鞋的营业员问点事情，话音未落，站在门口的商场保安就说：“今天停电，明天再来！”顾客说自己家离璧山县城较远，今天专门坐车过来拿一个星期前为她女儿购买的皮鞋。由于购买时没有合适的型号，营业员说调货可能两三天时间就到，现在都一个星期了，也没有接到营业员的电话。这时，员工 A 走过来对顾客说“今天问不到，明天来吧！”正在这时，另一个皮鞋专柜“载军舟”的员工 B 看见了此事，向顾客问明原因，立即打电话给亚天迪女鞋的营业员 C，结果员工 C 说不清楚此事，于是员工 B 又打电话给亚天迪女鞋的营业员 D，终于得知该鞋已经到货。由于员工 D 当时不在现场，员工 B 又为顾客将鞋找到，送到手上，顾客非常感激，说如果这个商场的员工都这样就好了！

☞讨论题

请评价该案例中商场每一位员工的处理方式。针对这一事件事后商场应采取什么样的措施？

➢案例2　屈臣氏会员卡的精妙营销

屈臣氏是目前亚洲最具规模的个人护理连锁店品牌，在10个区域拥有超过980家分店及680间药房，而中国屈臣氏是中国目前规模最大的保健及美容产品零售连锁商店。“个人护理专家”是屈臣氏的市场定位，围绕“健康、美态、快乐”三大理念，通过为消费者提供别出心裁的产品、优雅的购物环境和专业的资讯等服务来传达积极美好的生活理念。屈臣氏不仅在产品和服务上柜给消费者以高质量的保证，同时还在价格、营销技巧以及消费者情感上下大工夫，把顾客吸引进来，再把顾客留住，再让顾客爱上屈臣氏，赢得了高度的顾客忠诚。

一、背景

面对中国市场激烈的竞争，屈臣氏巧妙避开了价格大战的漩涡，根据其对亚洲市场多年的观察和了解，发现近年来亚洲各国经济增长迅速，人们对于生活品质的要求日益提高，传统的销售模式只会使消费者停留在纯粹的日常用品的购买行为上。在成熟的市场机制下，消费行为的最高境界在于通过理解与欣赏企业及品牌文化而产生对品牌的忠诚度。屈臣氏从中看到顾客关系管理的重要性，从而推出“顾客忠诚计划”，通过精准的定位挑选出对个人护理产品最具消费力的群体，再通过细心的消费行为分析去了解顾客的消费习惯和喜好，最后从产品组合、促销支持以及全方位的跨品牌合作去满足会员个性化的需求，使得每一位屈臣氏会员都能够感受到宾至如归的购物体验。通过顾客忠诚度计划，屈臣氏与顾客建立起一条双向沟通的纽带，从而牢牢的留住顾客的心。

二、推出会员卡

2009年1月，屈臣氏个人用品商店在全国范围大规模的推出会员卡，将其会员锁定为18～45岁的白领阶层。屈臣氏会员卡全新登场，一度出现顾客在店铺排队办理，会员卡网站页面因登录人员太多而难以打开的壮观场面，在屈臣氏品牌光环下，对于零售行业来说再普通不过的会员卡操作，一下子成为商业界的亮点。相对“第一代”会员卡小规模试水，屈臣氏推出的“第二代”会员卡明显体现更充裕的准备以及自信，新会员卡鲜明提出“我的购物另一半”的概念，让消费者也体会到了人性化的消费服务。

对会员，屈臣氏推出5大优惠政策：①每消费10元＝1积分；②20积分＝1元；③生日购物双倍积分；④每三周尊贵产品推广；⑤最新热销，网络速递。对于会员，最具吸引力应该是每三周为一期推出的大量会员尊属商品，然后就是会员购物积分政策。

三、会员卡制度推出结果

1. 消费数据带来的意义

屈臣氏在全国的店铺超过400家，会员数已超过400万，每日有超过200万名顾客进入屈臣氏。覆盖大江南北的屈臣氏会员为顾客整体消费习惯的研究提供了有力的样本支持，也对一个零售企业的未来战略具有重大意义。屈臣氏在推出会员卡后，除了给会员提供个性化的消费习惯跟踪，对于会员的消费记录，利用后台功能强大的IT系统，进行数据分析后获得市场资料，对今后的经营战略可谓意义重大。

2. 服务更个性，赢取顾客的法宝

屈臣氏通过调研发现，目标消费群体绝大部分是上班族，工作很忙，不可能每天都从茫茫资讯中找寻自己感兴趣的购物信息，他们更希望获得个性化的服务和资讯平台。屈臣氏通过信息平台，有针对性的把与顾客兴趣相关的资讯和产品信息整理分类并发送给她们。顾客不用把所有市场的资讯在一段时间内同时吸收消化，她们只会看到自己最想看到的这部分信息，使得顾客对屈臣氏保持新鲜感和信赖，从而形成一个有效的优惠信息沟通平台。

3. 与第三方合作双赢战略

屈臣氏会员卡还提供很多第三方商家的优惠信息，通过跨品牌合作，实现顾客共享，达到共赢。屈臣氏卡不单是在屈臣氏购物得到很多会员专享的优惠，也可以享受到其他零售商的优惠，如：大快活、肯德基、现代美容、岭南佳园零售店、香港海洋公园、佐丹奴等。屈臣氏也会根据相应的季节和节假日，不定时推出如出行旅游、节日礼赠、居家休闲等方面的优惠信息，使得屈臣氏会员卡更像一个与生活各方面息息相关的优惠信息互惠平台。

☞讨论题

请分析屈臣氏实施会员卡的成功之处以及为屈臣氏带来的价值。

思考题

1. 顾客服务内涵是什么？在哪些方面与所出售的商品具有不同的特性？
2. 零售商提供的顾客服务有哪些类型？何种服务更利于培养顾客忠诚？
3. 当你作为一位顾客时，你对一个超级市场和一个折扣店或便利店的服务期望与容忍区域是否一致？
4. 零售商在提高顾客服务水平方面需要考虑哪些因素？
5. 要想成功地化解顾客投诉，需要掌握哪些投诉处理过程？
6. 一位顾客投诉在商场购买的桑蚕丝男装用“蓝月亮”专用洗衣液洗后衣服色泽变浅。顾客提出，由于衣服和洗衣液都是在该商场购买的，不是衣服有质量问题就是洗衣液有质量问题，要求索赔，并让商场给出合理解释。商场接到投诉后非常重视，认真听取顾客的投诉，并仔细分析每一个环节。分析后发现两件商品都是合格商品，从未出现过类似情况，是顾客的操作有误：顾客将衣服浸泡40分钟，浸泡时间过长，未按洗衣液使用说明进行。请问商场应如何处理该顾客的投诉？
7. 某顾客到超市购买某品牌的电饭煲，柜台员工过分夸大其商品的使用功效，顾客拿回家使用后，发现该商品的使用效果与员工介绍的出入很大，故而到超市进行投诉。请问应如何解决该投诉。如果有顾客投诉某一位员工的服务态度不好，你将如何分析这个问题并采取什么样的解决措施？
8. 试以周围的某一家超市或百货商店为例，分析如何通过会员卡制度实施顾客关系管理。

第十五章　现代零售技术

本章讨论的主要问题

1. 商业现代技术
2. 商业标准化技术
3. 现代销售技术
4. 现代仓储运输技术
5. 商业管理信息系统

关键术语

标准化技术　销售技术　仓储运输技术　管理信息系统

第一节　商业现代技术概述

一、商业技术

商业技术，它是指在商品流通过程中为保存和增加商品使用价值、增进商品流通速度、提高商品流通效率而采用的各种手段和方法的总称。包括物流配送技术（含仓储、发货、流通）、信息通讯技术、会计技术、金融财务技术、保险技术、营销采购技术、贸易技术等。

（一）按照商业技术适用范围的不同，可以划分为通用技术和专用技术

商业通用技术，是指在商品流通中普遍应用的技术，如商品的检验技术、商品养护技术、商品条形码技术以及信息交换技术等。商业专用技术，则是指专门用于商品流通某一环节的技术，如销售技术、包装技术、仓储技术和运输技术，这一类技术有着很强的针对性，是专门为流通过程的某一环节或职能而发明的技术，以提高该环节或职能的劳动生产率和经营的效益。

（二）按照商业技术的功能划分，可以分为商流技术、物流技术、货币流技术和信息流技术

商流技术是指用于商品流技术价值与使用价值转换过程的技术，主要是商品的采购和销售；物流技术是指服务于商品实体空间与时间转移过程的技术，主要有仓储、运输、包装、流通加工、配送等技术。货币流技术是指应用于货币流通的技术，如资金的结算、划拨及收款、付款等方面的技术；信息流技术指用于商品流通过程中信息的收集、传递以及处理方面的技术，包括通讯技术、计算机网络技术等。

（三）按照商业技术的技术特性划分，可以分为标准化技术、自动化技术

目前，商业标准化技术主要有商品标准编码技术、商业设施与设备的标准技术、条形码技术等。自动化技术则是应用机械设备与自动控制技术来代替手工劳动和人工操作，从而大大减轻商业劳动的强度，提高劳动效率和人工操作效率。自动化技术包括的范围很广，既有商流过程的自动售货，也有物流过程的自动仓储、分拣、输送技术等。

二、商业技术演化的历史阶段

（一）古代商业技术

早在原始社会的末期，氏族部落之间就开始有了商品交换，但这种交换还仅仅是一种互通有无的交换，其发生的频率和交换的数量很小。到了奴隶社会，原始公有制瓦解，出现了家庭和私有制，人们之间的商品交换开始大量的增加。于是，就出现了专门进行交换的场所——市场。据我国《周易·系辞下》以“日中为市”，让周围的人聚集在一起进行交换。这种以物易物的市场，是我国商业发展的起源和基础。随着分工的深入和生产力的提高，交换的规模进一步扩大，这时人们已经不满足于在某一个固定地的交换，需要把有些商品贩运到另一地，当货物到达目的地后，需要将货物暂时存放。于是在客栈里设有售出去之前专门供商旅们存放货物，这也就是最早的商品储存。客栈出现了最早的商品储存技术，在我国古代将这种进行长途贩运的人称之为“商”，而将固定在某一地开设店铺的人称之为“贾”。商贾之间形成了一定的分工，这也就是批发和零售分工的开始。专门进行零售的店铺为销售商品，设置了门面、柜台，对商品进行一定加工、分装，然后再进行销售，于是出现了最早的销售技术。

当然，由于历史条件的限制，古代的商业技术还十分简陋，主要是依靠人力畜力，通过手工劳动来完成商品流通过程。商业技术的落后在很大程度上限制了商品流通的发展，如我国古代就有“千里不运草，百里不运粮”的说法，这说明过高的流通费用已超出了商品本身的价值。

（二）近代商业技术

工业革命的兴起，极大地推动了生产力的发展，形成了大规模的商品生产，要求商品流通的规模也要随之扩大。于是，一些最新发明的技术用于商品流通，以机械为动力的轮船代替了原来的帆船，汽车、火车代替了骡马，各种搬运机械代替人力。另外，随着电报、电话的发明，新的通讯技术随即被商人们用于传递商品信息，从而大大降低了因信息缺乏而带来的商业风险。由于商业技术的前所未有的突破，商品流通也出现了前所未有的发展，为工业化和城市化发展奠定了基础。

商业技术的进步也推动了流通组织的变革，应城市化和大规模销售的要求，在法国出现了世界上第一家新型零售组织——百货商店。之后，百货商店逐渐代替了传统的杂货店，为商品零售的主要形式。在百货商店内部，各种商业机械设施和技术被广泛应用。由此可见，商业技术的发展为现代流通组织的产生和发展提供了必要的技术支撑和条件。

（三）现代商业技术

20 世纪是人类历史上科学技术发展最为辉煌的时期，无论在数量还是在质量上，都大大超过了 19 世纪取得的成就，也远远超过过去几千年的总和。科学技术的发展，也带来了流通领域的技术革命。在原来机械化的基础上，借助于最新的科技成果，商品流通的效率得到进一步的提高，如自动售货机的应用、自动化立体仓库的出现等。特别是在 20 世纪 60 年代之后计算机技术的应用，将流通各种与信息化有关的商业技术带入一个信息化的时代，各种与信息化有关的商业技术应运而生，如条形码技术、射频技术、数据库营销技术、网络售技术等。流通产业进入信息化、网络化的时代。技术革命引发了新的流通革命。

第二节　商业标准化技术

一、商业标准化

商业标准化，是以商业经营管理和服务为对象，运用标准化原理和方法，使经营管理和服务实现标准化、程序化、规范化，为社会和消费者提供最佳服务，满足人民物质文化生活的需要。

（一）商业标准化对象

（1）按商业标准化涉及的标准级别（层次）可分为：国际商业标准化、国家商业标准化、行业商业标准化、地方商业标准化、企业商业标准化。

（2）按商业标准化涉及的主要工作内容可分为：商品标准化、工作标准化、服务标准化、管理标准化、方法和程序标准化、环境设施标准化、用语标准化、安全标准化。

（二）商业标准化工作特点

1. 科学性

商业标准化工作重点是服务，其经营管理是有规律的，它是把经营管理经验与现代科学管理方法，经过综合归纳整理，使其条理化、规范化、指标化，通过标准的形式在经营管理中固定下来，并贯彻到经营管理的各个环节中去；使商业整个经营活动指标化、规范化、科学化；促进商业经营管理更具有科学性。

2. 经济性

商业经营管理本身就是讲效益的，而商业标准化则促其取得更好、更大的经济效益。

3. 法规性

《标准化法》规定，强制性标准必须执行。不符合强制性标准的产品，禁止生产、销售和进口。这充分说明我国的标准有很强的法规性。商业标准化也具有这一属性。

4. 普及性

商业标准化工作的主要对象是基层公司、商店的职工，这就决定了商业标准化的又一个特点，就是普及性。

5. 特殊性

商业系统行业比较多，有饮食、旅游、商店、服务等，各行业制定的标准要有行业特点，不能搞一种模式，而要在统一标准的指导下，根据不同对象，制定不同标准，允许有一定的灵活性、特殊性。

6. 协调性

商业是联接生产和消费的桥梁与纽带，而商业标准化则能更好地促进生产和消费的统一。

7. 综合性

商业标准化的对象不仅是商品标准，还有检验方法标准、管理标准、工作标准、服务标准、环境设施与安全标准等。

（三）商业标准化的作用

能够确保商业企业为社会提供合格的商品。通过开展商业标准化工作，能使商业企业的领导和职工了解掌握产（商）品标准、产品质量等级标准、产品质量检验规则和试验方法等一系列标准。根据这些标准要求，结合企业经营管理的实际，制订商品质量管理办法，并认真实施，这就把住了商品质量关。

能帮助建立商业科学管理秩序。运用商业标准化的手段，对经营管理过程中的计划管理、财务管理、质量管理、劳动管理、服务管理、作业管理等各个对象，制定成比较科学完整的标准，可以使商业企业的经营管理指标化、规范化、程序化，从而建立起科学的商业管理秩序。

有利于加速商品流通。商业部门根据产品标准检验规则和试验方法等，提出改进措施，反映消费者需求新动向，企业据此调整生产计划、修订产品标准，并组织生产，再将生产出更多更好的产品送到商业部门卖给消费者。

有利于为社会和消费者提供最佳服务。通过开展商业标准化，使商业企业服务工作程序化、规范化，有利于为社会和消费者提供最佳服务，进而促使商业企业的服务质量、环境质量更能满足社会日益增长的物质文化生活的需要。

二、商品标准化

商品标准化即是指商品在生产、流通和消费各环节中推行商品标准的活动，它是商品标准制定、发布、贯彻实施和修订的整个动态实践过程。

（1）标准化不是一个孤立的概念，而是一个活动过程。这个过程包括制定、贯彻、修订标准，循环往复，不断提高。

（2）标准化是一个相对的概念，“化”是在程度上没有止境，是在一定的条件下的最佳程度。无论是对一项标准或是整个标准系统而言，都在向更深的层次发展，不断提高，不断完善。

（3）标准化概念的相对性还包括标准与非标准的相互转化。

（4）实施标准是标准化活动的核心环节。即标准化的效果只有当标准在社会实践中实施以后才能表现出来。

（5）制定、修订、贯彻标准是标准化活动的主要任务。

（6）标准化领域可以在一切有人类智慧活动的地方开展。

三、商业管理体系标准化

标准化，特别是ISO9000的管理体系标准，是国际标准化组织发布实施的针对质量管理的一项管理性标准，是集全世界最先进的管理理念、最成功的管理经验，最有效的控制方法，被实践证实是最先进的管理模式，被世界各国所认可。

它的重要作用主要表现在：它是规范组织行为、提高组织效益的重要手段，从根本上提高管理水平、保证产品质量、改善环境质量、建立信誉、增强竞争力；是转变政府部门职能，提高行政效率，树立良好形象的重要途径，是规范市场行为和市场经济秩序，优化资源配置，维护公众利益的重要措施。就机关工作推行的标准化管理而言，它有着更为重要的意义。

企业管理标准体系：企业的规范化管理需要建立健全七个模块，即：发展战略、核心流程、组织结构、工作流程、岗位描述、绩效管理、激励机制。另外，企业管理体系还包括岗位评估、薪酬福利设计、人力资源开发、管理流程设计、管理标准设计、管理表单设计、管理信息化系统设计、目标管理等。

企业标准体制：是与实现某一特定的标准化目的有关的标准，按其内在联系，根据一些要求所形成的科学有机整体。它是有关标准分级和标准属性的总体，反映了标准之间相互连接、相互依存、相互制约的内在联系。

四、商品检验标准化

（一）商品检验标准化的作用

商品检验，是评定商品质量的一项技术性工作。同一种商品，检验方法不同，会得到不同的检验结果，而引起供需双方之间的经济纠纷；若把某些质量差的商品误认为是合格品，必然造成各种损失，甚至重大事故。在客观上需要制订和实施统一商品检验标准。商品检验标准化，可以使商品检验有统一的技术依据，准确评定各种商品的质量，杜绝劣质商品进入流通领域，保护广大消费的利益。

商品检验标准化，得到的各种数据具有可比性，能客观地反映出不同商品的质量。商品检验标准化，是商业部门搞好商品质量管理，商办工业企业推行全面质量管理，以及各个企业之间相互监督检查的重要基础。

（二）商品检验标准的内容

商品检验标准，有的包含在比较完整的商品标准中，有的商品检验标准单独制订，如QB511-84《合成洗衣粉试验方法》。商品检验标准，一方面，包括试验项目以及进行该项试验的方法、条件和原理，试验所用的设备、仪器、工具、材料、试剂及样品等；另一方面，包括试验结果的计算、分析和评定，试验记录和试验报告等内容。

商品检验标准所规定的试验项目，一般都与商品质量标准所规定的商品质量指标的项目相一致。如日用陶瓷商品，在GB2629-81《搪瓷面盆》标准的理化指标中规定有耐碱、耐热骤变、耐冲击、密着力、光泽度和白度，外观疵点规定有爆点、裂纹等十九种。在GB2633-81《日用搪瓷制品检验方法》中就规定有外观检验项目和光泽度、白度、耐碱、耐热骤变、耐冲击、密着力等理化检验项目。

（三）商品检验方法

商品检验方法，包含感官检验和理化检验两类。感官检验，是凭借人的视觉、嗅觉、味觉、听觉和触觉等感觉器官感觉检验商品的一类方法。

理化检验，是凭借各种试剂、仪器和器械获得的物理数据，是检验商品的一类方法。理化检验不仅能探明商品内部的疵点，还可探明商品的成分、结构和性质。这种方法，检验结果客观、精确，又可用具体数值表示。

第三节　现代销售技术

一、电子数据交换

电子数据交换（Electronic data interchange，缩写EDI）是指按照同一规定的一套通用标准格式，将标准的经济信息，通过通信网络传输，在贸易伙伴的电子计算机系统之间进行数据交换和自动处理。由于使用EDI能有效地减少直到最终消除贸易过程中的纸面单证，因而EDI也被俗称为“无纸交易”。它是一种利用计算机进行商务处理的新方法。EDI是将贸易、运输、保险、银行和海关等行业的信息，用一种国际公认的标准格式，通过计算机通信网络，使各有关部门、公司与企业之间进行数据交换与处理，并完成以贸易为中心的全部业务过程。

（一）电子数据交换使用的必要性

在国内、国际贸易活动中EDI业务，取消了传统的纸面贸易文件（如订单、发货单、发票等）代之以电子资料交换，双方使用统一的国际标准格式编制文件资料，利用电子方式将贸易资料由一方传送到另一方，处理迅速准确，是发达国家已经普遍采用的“无纸贸易”手段。

（二）电子数据交换的技术特点

电子数据交换是格式化的标准文件，并具有格式检验的功能。

电子数据交换是计算机之间的自动传输和自动处理，文件用户是计算机系统。

电子数据交换对于传输的文件具有自动跟踪、确认防篡改、防冒领、电子签名等一系列安全化措施。

（三）电子数据交换要素

通讯协议：包括 AS2、OFTP（2）、FTP（s）、WebServices、RNIF 等。

标准格式：包括 ANSI X. 12、EDIFACT、RosettaNet、ebXML、CSV/TXT、XML 等。

传输内容：包括订单、预测、订单变更、订单确认、发货通知、对账单、发票等。

不同地区与行业出现了一些不同的 EDI 标准。EDI 常用标准包括：

（1）ANSI X. 12：美国各行业的通用标准——ANSIX. 12 标准。分别针对不同行业和功能，制订相应的贸易文件格式和标准。该标准在北美得到推广，美国沿用至今。

（2）EDIFACT：适用于行政、商业和运输业公认的 EDI 国际标准，目前支持这一标准的国家和地区越来越多，主要是欧洲国家。联合国基于此标准建立了 UN/EDIFACT 标准。

（3）RosettaNet：1998 年 2 月，IBM、HP、Microsoft、Intel 等大型电子及高科技企业发起成立 RosettaNet（RN），开始运营这一非营利的、独立运作的标准化组织。1999 年 6 月和 2000 年 10 月这一组织分别扩展至电子产品产业和半导体制造产业各相关领域，欧美百余家企业和组织也相继加入此团体。日本和中国也建立了分支机构。

（四）电子数据交换的优点

1. 迅速准确

在国际、国内贸易活动中使用 EDI 业务，以电子文件交换取代了传统的纸面贸易文件（如订单、发票）双方使用统一的国际标准格式编制文件资料，利用电子方式将贸易资料准确迅速地由一方传递到另一方，是发达国家普遍采用的“无纸贸易手段”，也是世贸组织成员国将来必须使用和推广的标准贸易方式。

2. 方便高效

采用 EDI 业务可以将原材料采购与生产制造、订货与库存、市场需求与销售，以及金融、保险、运输、海关等业务有机地结合起来，集先进技术与科学管理为一体，极大地提高了工作效率，为实现“金关”工程奠定了基础。安全可靠在 EDI 系统中每个环节都建立了责任的概念，每个环节上信息的出入都有明确的签收、证实的要求，以便于为责任的审计、跟踪、检测提供可靠的保证。在 EDI 的安全保密系统中广泛应用了密码加密技术，以提供防假冒、防否认等安全服务。

减少了许多重复劳动，提高了工作效率。如果没有 EDI 系统，即使是高度计算机化的公司，也需要经常将外来的资料重新输入本公司的电脑。调查表明，从一部电脑输出的资料有多达 70%的数据需要再输入其他的电脑，既费时又容易出错。EDI 使贸易双方能够以更迅速有效的方式进行贸易，大大简化了订货或存货的过程，使双方能及时地充分利用各自的人力和物力资源。美国 DEC 公司应用了 EDI 后，使存货期由 5 天缩短为 3 天。通过 EDI 可以改善贸易双方的关系，厂商可以准确地估计日后商品的寻求量，货运代理商可以简化大量的出口文书工作，商户可以提高存货的效率，大大提高他们的竞争能力。

3. 降低成本

EDI系统规范了信息处理程序，信息传递过程中无须人工干预，在提高了信息可靠性的同时，大大降低成本。香港对EDI的效益做过统计，使用EDI可提高商业文件传送速度81%，降低文件成本44%，减少错漏造成的商业损失41%，降低文件处理成本38%。

降低了纸张的消费。根据联合国组织的一次调查，进行一次进出口贸易，双方签约需交换近200份文件和表格，其纸张、行文、打印及差错可能引起的总开销等大约为货物价格的7%。据统计，美国通用汽车公司采用EDI后，每生产一辆汽车可节约成本250美元，按每年生成500万辆计算，可以产生12.5亿美元的经济效益。

（五）电子数据交换提供的作用

（1）EDI标准保证了计算机网络自动传送和计算机自动处理文件及数据得以实现。

（2）EDI标准保证了网络传输全程实现审计跟踪，这样大大提高了商业文件传送的透明度和可靠性。

所谓的审计跟踪，就是报文在交换过程中，系统自动对报文的接收时间、报文大小、收件人、投递时间和收件人读取时间等均作详细的记录和存档，以便该报文发生差错或丢失时，可应要求重构和重发，在发生纠纷时提供举证服务。

（3）标准化EDI格式转换保证了不同国家、不同地区、不同企业的各种商业文件（如单证、回执、载货清单、验收通知、出口许可证、原产地证等）得以无障碍电子化交换，促进了国际贸易的发展。

（六）电子数据交换网的收费标准

开户费	100元
信箱使用费	40元/月
平台信息传送费	国内0.20元/千字 国际0.80元/千字
通信费	按现行电话网或数据网收取
存储费	30天以内（含30天）免收存储费 30天以上0.20元/千字节/天
查证认证费	20元/次/凭证

二、POS系统

（一）POS系统定义

POS系统即销售时点信息系统，是指通过自动读取设备（如收银机）在销售商品时直接读取商品销售信息（如商品名、单价、销售数量、销售时间、销售店铺、购买顾客等），并通过通讯网络和计算机系统传送至有关部门进行分析加工以提高经营效率的系统。POS系统最早应用于零售业，以后逐渐扩展至其他如金融、旅馆等服务行业，利用POS系统的范围也从企业内部扩展到整个供应链。

（二）POS的主要类型

POS（Point of sale）“销售点”——供应链管理的定义为：对于某个销售点某一时间的销售数据的计算和存货的支出，通常用条形码或磁介质设备。POS主要有以下两种类型：

1. 消费 POS

消费 POS 具有消费、预授权、查询支付名单等功能，主要用于特约商户受理银行卡消费。

国内消费 POS 的手续费如下：

（1）航空售票、加油、大型超市一般扣率为消费金额的 0.5%。

（2）药店、小超市、批发部、专卖店、诊所等 POS 刷卡消费额不高的商户，一般扣率为消费金额的 1%。

（3）宾馆、餐饮、娱乐、珠宝首饰、工艺美术类店铺一般扣率为消费金额的 2%。

（4）房地产、汽车销售类商户一般扣率为固定手续费，按照 POS 消费刷卡笔数扣收，每笔按规定不超过 40 元。

2. 转账 POS

转账 POS 具有财务转账和卡转账等功能，主要用于单位财务部门。

（三）POS 的结算步骤

通过 POS 系统结算时应通过下列步骤：

（1）地方易货代理或特约客户的易货出纳系统，将买方会员的购买或消费金额输入到 POS 终端；

（2）读卡器（POS 机）读取广告易货卡上磁条的认证数据、买方会员号码（密码）；

（3）结算系统将所输入的数据送往中心的监管账户；

（4）广告易货出纳系统对处理的结算数据确认后，由买方会员签字。买卖会员及易货代理或特约商户各留一份收据存根，易货代理或特约商户将其收据存根邮寄到易货公司；

（5）易货公司确认买方已收到商品或媒体服务后，结算中心划拨易换额度。完成结算过程。

（四）POS 系统的网络功能

ECR（Efficient Consumer Response）即“快速客户反应”，它是在商业、物流管理系统中，经销商和供应商为降低甚至消除系统中不必要的成本和费用，给客户带来更大效益，而利用信息传输系统或互联网进行密切合作的一种战略。

实施“快速客户反应”这一战略思想，需要我们将条码自动识别技术、POS 系统和 EDI 集成起来，在供应链（由生产线直至付款柜台）之间建立一个无纸的信息传输系统，以确保产品能不间断地由供应商流向最终客户，同时，信息流能够在开放的供应链中循环流动。既满足客户对产品和信息的需求，即给客户提供最优质的产品和适时准确的信息，又满足生产者和经销者对消费者消费倾向等市场信息的需求。从而更有效地将生产者、经销者和消费者紧密地联系起来，降低成本，提高效益，造福社会。

要实施 ECR 战略，目前只有中高档次的机型（即二类收款机）具备联网功能，由于 ECR 的硬件环境不具备开放性，而且软件数据量比较小，因此 ECR 一般采用专用网络形式，即通过收款机本身的 RS232/RS422/RS485 接口、多用户卡实现与收款机之间或与一台上位机（微机）的连接，完成收款机与收款机之间、收款机与上位机之间的数据传输。

（五）POS 系统实现后的价值

节约了原来用于手写、保管各种单据的人工成本和时间成本；简化了操作流程，提高基层员工的工作效率和积极性；提高了工作人员的正确性，省略了手工核对的工作量；各级主管从繁重的传统式经营管理中解脱出来，并且有更多的时间从事于管理工作，工作重心逐渐转到管理上来，进一步提高了工作效率；采购人员利用查询和报表，更直接、有效地获得商品情况，了解到商品是否畅销和滞销；销售人员根据商品的销售情况进行分析，以进行下一次的销售计划；财务人员能更加清楚地了解库存情况、账款余额、毛利贡献等财务数据，通过更好地控制成本和费用，提高资金周转率；管理者把握住商品的进销存动态，对企业各种资源的流转进行更好的控制和发展。

三、自动售货机

（一）自动售货机定义

自动售货机是能根据投入的钱币自动付货的机器。自动售货机是商业自动化的常用设备，它不受时间、地点的限制，能节省人力、方便交易。是一种全新的商业零售形式，又被称为 24 小时营业的微型超市。能分为三种：饮料自动售货机、食品自动售货机、综合自动售货机。

（二）自动售货机特点

（1）全天候营业，没有时间限制；

（2）购买过程简单迅速；

（3）选购过程完全自主，不必忍受推销之苦；

（4）买卖记录完全保密，不必担心隐私泄露。

（三）自动售货机系统

根据售货机自动控制系统的流程可以知道自动售货机的主要系统包括：计币系统、比较系统、选择系统、饮料供应系统、退币系统和报警系统。

1. 计币系统

当有顾客购买饮料时，投入的钱币经过感应器，感应器记忆投币的个数且传送到检测系统（即电子天平）和计币系统。只有当电子天平测量的重量少于误差值时，允许计币系统进行叠加钱币，叠加的钱币数据存放在数据寄存器 D2 中。如果不正确时，认为是假币，即退出投币，退出系统，等待新顾客。

2. 比较系统

投入完毕后，系统会把 D2 内钱币数据和可以购买饮料的价格进行区间比较，当投入的钱币小于 2 元时，指示灯 Y0 亮，显示投入的钱币不足。此时可以再投币或选择退币。当投稿的钱币在 2～3 元时，汽水选择指示灯长亮。当大于 3 元时，汽水和咖啡的指示灯同时长亮。此时可以选择饮料或选择退币。

3. 选择系统

比较电路完成后选择电路指示灯是长亮的，当按下汽水或咖啡选择时，相应的选择指示灯由长亮转为以 1 秒为周期闪烁。当饮料供应完毕时，闪烁同时停止。

4. 饮料供应系统

当按下选择按钮时，相应的电磁阀（Y4 或 Y6）和电机（Y3 或 Y5）同时启动。在饮料输出的同时，减去相应的购买钱币数。当饮料输出达到 8 秒时，电磁阀首先关断，小电机继续工作 0.5 秒后停机。此小电机的作用是：在输出饮料时，加快输出。在电磁阀关断时，给电磁阀加压作用，加速电磁阀的关断。

5. 退币系统

当顾客购完饮料后，多余的钱币只要按下退币按钮。系统就会把数据寄存器 D2 内的钱币数首先除以 10 得到整数部分，是 1 元钱需要退回的数量，存放在 D10 里。余数存放在 D11 里。再用 D11 除以 5 得到的整数部分是 5 角钱需要退回的数量，存放在 D12 里。余数存放在 D13 里。最后 D13 里面的数值，就是 1 角钱需要退回的数量。在选择退币的同时启动 3 个退币电机。3 个感应器开始计数，当感应器记录的个数等于数据寄存器退回的币数时，退币电机停止运转。

6. 报警系统

报警系统如果是非故障报警，只要通过网络通知送液车或者送币车即可。但是如果是故障报警则需要通知维修人员到现场进行维修。同时停止服务，避免造成顾客的损失。

第四节 现代仓储运输技术

一、仓储自动化技术

自动化仓储系统是光、机、电和信息技术一体化的系统工程，它主要包括自动搬运系统、自动输送系统、自动消防系统、计算机管理和实时监控系统、自动识别系统、系统集成管理和逻辑控制等系统，涉及人工智能、图像识别、计算机仿真、无线电通信、红外光通信、激光定位、人机工程学等领域。

（一）自动化技术在我国仓储领域中发展阶段

1. 人工仓储阶段

在人工仓储阶段，物资的输送、存储、管理和控制主要靠人工实现，实时性和直观性是明显的优点。人工仓储技术在初期设备投资的经济指标也具有优越性。

2. 机械化仓储阶段

在机械化仓储阶段，物料可以通过各种各样的传带、工业输送车、机械手、吊车、堆垛机和升降机来移动和搬运，用货架托盘和可以移动的货架存储物料，通过人工操作机械存取设备，用限位开关、螺旋机械制动和机械监视器等控制设备的运行。机械化满足了人们速度、精度、高度、重量、重复存取和搬运等要求。

3. 自动化仓储阶段

在自动化仓储技术阶段，自动化技术对仓储技术发展起了重要的促进作用。20 世纪 50 年代末和 20 世纪 60 年代，相继研制和采用了自动导引小车（AVG）、自动货架、自动存取机器人、自动识别和自动分拣等系统。20 世纪 70 年代和 20 世纪 80 年代，旋转体式货架、移动式货架、巷道式堆垛机和其他搬运设备都加入了自动控制的行列，但这时只是各个设备的局部自动化并各自独立应用。被称为自动化孤岛。随着计算机技术的发展，工作重点转向物资的控制和管理，要求实时、协调和一体化，计算机之间、数据采集点之间、机械设备的控制器之间以及它们与主计算机之间的通信可以及时地汇总信息，仓库计算机及时地记录订货和到货时间，显示库存量，计划人员可以方便地做出供货决策，他们知道正在生产什么、订什么货、什么时间发什么货，管理人员随时掌握货源及需求。信息技术的应用已成为仓储技术的重要支柱。

（二）我国物流中心的仓储自动化的发展现状

我国先后建起了一批现代化程度较高的物流中心。这些物流中心的仓储作业基本上实现了机械化，过去的那种主要靠人工作业的现象已经基本改变。物流中心的仓储系统一般包括收货、存货、取货、配货、发货等环节。在收货环节，配备了可以使铁路车厢和货运汽车停靠卸货的站台和场地，以及升降平台，配备了托盘搬运车和叉车，以及各种吊车，用于完成卸车作业。在收货处设有计算机终端，用来输入收货信息，并打印出标签或条码，贴在货物或托盘上，以便在随后的储运过程中进行识别和跟踪。在存货环节，除在露天货场建立正规适用的货位外，在库房内建起了各种货架，例如高层货架、旋转货架等，存货作业通常由叉车或巷道堆垛机来完成。在取货环节，一般是根据客户的订单，由计算机拟定配货方案，拣货员根据配货方案进行拣货、配货。在发货、配货环节，物流中心根据服务对象的不同，向单一用户或多个用户发货。一般来说，用户需要多品种货物，因此在发货之前需要配货和包装。在自动化程度较高的仓库里，拣出的货品通过运输机械运到发货区。识别装置阅读贴在货品上的条形代码，把所判别货品的户主信息送入计算机，计算机控制分选运输机上的分岔机构把货品拨到相应的包装线上，包装人员按照装箱单核查货品的品种和数量后装箱封口，然后装车发运。

（三）物流技术从无到有

我国物流技术与产品从无到有，发展迅速，涉及输送机系统、货架系统、堆垛机系统、穿梭车系统、AGV 系统、工业机器人作业系统、空中悬挂链系统、自动分拣系统、工业控制系统、图像识别系统、条码技术和 RFID 技术、计算机信息系统等，在国内都有成功应用的案例。物流产品与技术的发展呈现欣欣向荣的景象，自动化仓储系统的发展日趋成熟。主要表现在：

（1）仓储物流标准化技术的发展。仓储物流标准化是指物品在仓库中的包装尺寸和集装单元的尺寸要符合一定的标准。标准的建立可以大大提高仓储作业的效率，也可以提高整个物流系统的运作效率。标准化的重点就是：货物的集装单元与物流过程中的固定设施、移动设备、专用工具的统一性和配合性，其中包括标准托盘、标准集装箱、标准货架的应用等。

（2）自动化仓库的类型将向多品种发展。目前，我国设计、建造的自动化仓库绝大部分都是分离式自动化仓库和托盘单元式自动化仓库，而国外为降低成本，大型、高层的自动化仓库往往采用整体式结构。此外，适用于家电、医药、电子等行业的箱盒单元自动仓库有广阔的应用前景。

（3）入出库系统。主要有链式和辊道输送机组合模式、高速轨道式穿梭车（含直线穿梭车和环行穿梭车）及其系统模式、自动导引车系统（AGV）、空中悬挂系统模式等高效、柔性的入出库输送设备及其系统。

（4）条码等自动识别技术的综合应用取得了显著的成绩。我国自动化仓储系统中有虚拟条码技术、条码技术和 RFID 技术等物料信息化技术应用的多种模式，促成了仓库设备及其系统的信息化、自动化、高速化。

（5）自动化计算机集成软件的发展。仓库管理系统、运输管理系统、车辆管理 GPS/GIS 软件、物料采购软件等都将有较大的需求、进步和发展。

（6）电控系统的发展。各种先进的总线技术的引入，使自动化物流集成方便而快捷，并且使物流系统的规模越来越庞大。

（7）随着供应链管理等先进理论的导入以及网络技术的成熟发展，我国自动化仓储系统技术发展视野被有效地拓展开了，不但要做好某座单体仓库的建设，更重要的是基于系统和整个供应链做好仓储系统规划。

（四）几个仓储自动化技术

1. 堆垛机

堆垛机是整个自动化立体仓库的核心设备，通过手动操作、半自动操作或全自动操作实现把货物从一处搬运到另一处。它由机架（上横梁、下横梁、立柱）、水平行走机构、提升机构、载货台、货叉及电气控制系统构成。

(1) 堆垛机形式的确定：堆垛机形式多种多样，包括单轨巷道式堆垛机、双轨巷道式堆垛机、转巷道式堆株机、单立柱型堆垛机、双立柱型堆垛机等。

(2) 堆垛机速度的确定：根据仓库的流量要求，计算出堆垛机的水平速度、提升速度及货叉速度。

(3) 其他参数及配置：据仓库现场情况及用户的要求选定堆垛机的定位方式、通讯方式等。堆垛机的配置可高可低，视具体情况而定。

2. 自动化立体仓库

自动化立体仓库（AS/RS）是由立体货架、有轨巷道堆垛机、出入库托盘输送机系统、尺寸检测条码阅读系统、通讯系统、自动控制系统、计算机监控系统、计算机管理系统以及其他如电线电缆、托盘、调节平台、钢结构平台等辅助设备组成的复杂的自动化系统。运用一流的集成化物流理念，采用先进的控制、总线、通讯和信息技术，通过以上设备的协调动作，按照用户的需要完成指定货物的自动有序、快速准确、高效的入库出库作业。

自动化立体仓库是现代物流系统中迅速发展的一个重要组成部分，它具有节约用地、减轻劳动强度、消除差错、提高仓储自动化水平及管理水平、提高管理和操作人员素质、降低储运损耗、有效地减少流动资金的积压、提高物流效率等诸多优点。与厂级计算机管理信息系统联网以及与生产线紧密相连的自动化立体仓库更是当今 CIMS（计算机集成制造系统）及 FMS（柔性制造系统）必不可少的关键环节。

自动化所围绕自动化仓储系统开发了多种自动化系统硬件设备及软件产品，如：不同类型的库存管理软件、系统仿真软件、图形监控及调度软件、堆垛机输送机控制软件、条形码识别跟踪系统、搬运机器人、码垛机械手、自动运行小车、货物分选系统、堆垛机认址检测系统、堆垛机控制系统、货位探测器、高度检测器、输送系统、码垛系统、自动输送小车等产品。

3. 计算机集成制造系统

计算机集成制造系统（Computer Integrated Manufacturing System，CIMS）是随着计算机辅助设计与制造的发展而产生的。它是在信息技术自动化技术与制造的基础上，通过计算机技术把分散在产品设计制造过程中各种孤立的自动化子系统有机地集成起来，形成适用于多品种、小批量生产，实现整体效益的集成化和智能化制造系统。

当前，我国的 CIMS 已经改变为“现代集成制造（Contemporary Integrated Manufacturing）与现代集成制造系统（Contemporary Integrated Manufacturing System)”。它已在广度与深度上拓展了原 CIM/CIMS 的内涵。其中，“现代”的含义是计算机化、信息化、智能化。“集成”有更广泛的内容，它包括信息集成、过程集成及企业间集成等三个阶段的集成优化；企业活动中三要素及三流的集成优化；CIMS 有关技术的集成优化及各类人员的集成优化等。CIMS 不仅仅把技术系统和经营生产系统集成在一起，而且把人（人的思想、理念及智能小型计算机集成制造系统）也集成在一起，使整个企业的工作流程、物流和信息流都保持通畅和相互有机联系，所以，CIMS 是人、经营和技术三者集成的产物。

4. 柔性制造系统

柔性制造系统（FMS）是一组数控机床和其他自动化的工艺设备，由计算机信息控制系统和物料自动储运系统有机结合的整体。柔性制造系统由加工、物流、信息流三个子系统组成。柔性制造系统是由统一的信息控制系统、物料储运系统和一组数字控制加工设备组成，能适应加工对象变换的自动化机械制造系统（Flexible Manufacturing System），英文缩写为 FMS。

FMS的工艺基础是成组技术，它按照成组的加工对象确定工艺过程，选择相适应的数控加工设备和工件、工具等物料的储运系统，并由计算机进行控制，故能自动调整并实现一定范围内多种工件的成批高效生产（即具有“柔性”），并能及时地改变产品以满足市场需求。

FMS兼有加工制造和部分生产管理两种功能，因此能综合地提高生产效益。FMS的工艺范围正在不断扩大，可以包括毛坯制造、机械加工、装配和质量检验等。FMS的工艺基础是成组技术，它按照成组的加工对象确定工艺过程，选择相适应的数控机床或工件、工具等物料储运系统。柔性制造系统以计算机为核心进行系统管理，用无人搬运车进行工件传送，用数控技术实现自动化加工，用机器人进行自动装卸，并具有监视切削状态和精度、诊断和复原等功能，还能在一定范围内完成一种零件加工到另一种零件加工的自动转换。

5. 自动分拣系统

自动分拣系统一般由控制装置、分类装置、输送装置及分拣道口组成。以上四部分通过计算机网络联结在一起，配合人工控制及相应的人工处理环节构成一个完整的自动分系统。

控制装置的作用是识别、接收和处理分拣信号，根据分拣信号的要求指示分类装置按商品品种、按商品送达地点或按货主的类别对商品进行自动分类。这些分拣需求可以通过不同方式，如可通过条形码扫描、色码扫描、键盘输入、重量检测、语音识别、高度检测形状识别等方式，输入到分拣控制系统中去，根据对这些分拣信号判断，来决定某一种商品该进入哪一个分拣道口。

分类装置的作用是根据控制装置发出的分拣指示，当具有相同分拣信号的商品经该装置时，该装置动作，使其改变在输送装置上的运行方向进入其他输送机或进入分拣口。分类装置的种类很多，一般有推出式、浮出式、倾斜式和分支式几种。

输送装置的主要组成部分是传送带或输送机，其主要作用是使待分拣商品鱼贯通过控制装置、分类装置，并且输送装置的两侧一般要连接若干分拣道口，使分好类的商品滑下主输送机（或主传送带）以便进行后续作业。

分拣道口是已分拣商品脱离主输送机（或主传送带）进入集货区域的通道，一般由钢带、皮带、滚筒等组成滑道，使商品从主输送装置滑向集货站台，在那里由工作人员将该道口的所有商品集中后或是入库储存，或是组配装车并进行配送作业。

二、运输自动化技术

1. 无人搬运车

无人搬运车（Automated Guided Vehicle，AGV）指装备有电磁或光学等自动导引装置，能够沿规定的导引路径行驶，具有安全保护以及各种移载功能的运输车，一般可透过电脑来控制其行进路线以及行为，或利用电磁轨道（electromagnetic path-following system）来设立其行进路线，电磁轨道粘贴于地板上，无人搬运车则依循电磁轨道所带来的讯息进行移动与动作。

AGV以轮式移动为特征，较之步行、爬行或其他非轮式的移动机器人具有行动快捷、工作效率高、结构简单、可控性强、安全性好等优势。与物料输送中常用的其他设备相比，AGV的活动区域无需铺设轨道、支座架等固定装置，不受场地、道路和空间的限制。因此，在自动化物流系统中，最能充分地体现其自动性和柔性，实现高效、经济、灵活的无人化生产。

AGV系统的控制是通过物流上位调度系统、AGV地面控制系统及AGV车载控制系统三者之间的相互协作完成的，对该系统的理解，有一个非常恰当而通俗易懂的例子：假设某市有一家出租车公司，该公司管理先进，每辆出租车都装全球定位系统（GPS），这样在公司的监控中心就可以清楚地知道每辆车的位置及行驶路线，司机可通过无线通信随时向公司汇报此时车辆的载客情况。当有客户需要乘坐出租车时，客户可以打电话到出租车公司的客户中心，说明他当前所在的位置，以及要到达的目的地，这里，我们可将客户的电话理解为来自物流调度系统的需求，出租车公司的客户中心理解为 AGV 的地面控制系统，即 AGV 系统的上位。客户中心收到客户的电话后，可以通过无线电话与出租车司机联系，选择离客户最近，又正好空闲的车辆 A 前往接客，就像 AGV 的地面控制系统进行的车辆和任务分配；在车辆 A 前往接客的途中，客户中心可能又接到报告，有空闲车辆 B 离客户更近，那么客户中心将及时通知车辆 B 去接客户，取消车辆 A 的任务，这就是 AGV 地面控制系统的动态车辆调度。客户中心对出租车将要行驶道路的交通状况也了如指掌，能够及时通知各个司机选择最便捷的道路行驶，该道路所需时间最短，但不一定是路程最短，因为，最近路程的道路上可能发生了交通阻塞，这就是 AGV 地面系统中所完成的路径搜索和路径分配的工作。AGV 系统的控制过程就类似这样一家管理先进的出租车公司，物流上位调度系统、AGV 地面控制系统和 AGV 车载控制系统分别相当于客户、客户中心和出租车司机，AGV 地面控制系统和各台 AGV 之间通过无线通信来交换信息，调度 AGV 的作业，并为其选择路径（线），确保交通通畅。AGV 是以电池为动力的，当电量不足时，会向地面控制系统发出充电请求，在得到允许后，前往充电站自动充电，在充电期间，AGV 地面控制系统不会向此 AGV 分配任何任务，就与出租车进了加油站不再载客一样。

2. 全球卫星定位系统

全球卫星定位系统（Globe Positioning System，GPS）是一种结合卫星及通讯发展的技术，利用导航卫星进行测时和测距。

GPS 对运输自动化的功能是车辆导航、车辆调度、监控系统。GPS 的六大特点：①全天候，不受任何天气的影响；②全球覆盖（高达 98%）；③七维定点定速定时高精度；④快速、省时、高效率；⑤应用广泛、多功能；⑥可移动定位。

货运物流实用手册指出仓储自动化建设是一项系统工程，储运作业自动化是其重要内容。实现仓库物资储运自动化，仓储机械设备、设施及管理、信息、人才系统配套、协调发展是重要的趋势。

（1）物资储运集装化。建立运输工具、储存和装卸设备的标准化体系，加强集装箱、托盘、集装袋等在物资储运中的推广应用，争取有 90%以上的物资实现集装化、单元化储运和运输。通过物资集装化，实现门对门直达运输的要求，减少运输环节，加快物资周转，提高储运质量和效率，降低物流成本。

（2）自动化库房。目前，人工智能技术的发展正推动自动化库房向智能自动化方向发展。射频数据通信、条形码技术、扫描技术和数据采集技术将更多地应用于仓库堆垛机、自动导引车和传送带等运输设备上，仓储中的物流必须伴随着并行的信息流；仓储物资的控制和管理实时、协调和一体化，信息技术成为仓储自动化技术的核心；移动式机器人也将作为柔性物流工具在仓储中发挥日益重要的作用；自动化库房建设更多注重实用性和安全性，在满足仓储要求的条件下，将更多要求规模小、反应速度快、用途广的自动化库房。

（3）仓储装卸搬运机械高效化。通过引入计算机、自动控制技术和人工智能等高新技术对仓储机械的技术改造，仓储机械的技术性能将大幅度提高。载重量大、机动性强、操作方便、可维修性好的叉车、无人叉车、牵引车、托盘搬运车、码垛机、管道输送机、带状输送机、自动拣选机等先进的装卸搬运机械设备将广泛应用于仓储系统。在 21 世纪，人工智能技术在仓储中的进一步开发应用，将出现各种智能化仓储机械，如在自动导向车中应用专家系统确定行走路线和运行方案；在物料存取过程中，应用专家系统指挥机器人进行入架和出架操作；将多媒体技术和专家系统，应用于仓储机械人员培训、操作指导、远程现场监视、异地故障分析和诊断等。随着时间的推移，智能化仓储设备将更多、更加趋于完善，仓储机械更安全、更可靠。

(4) 机器人活跃于仓储领域。目前，全世界已有各种类型、各种用途的机器人达百万台。随着人工智能技术和机器人技术的飞速发展，机器人将在仓储领域得到广泛应用。例如，用于仓库作业，从事搬运和各种危险作业。

(5) 条形码技术的推广使用。条形码技术作为一种成熟的信息处理技术，由于具有信息采集速度快、信息量大、可靠性高等优点，已广泛应用于自动控制、质量跟踪、交通运输、图书文献等领域。条形码技术是实现电子数据交换 EDI 的基础，作为仓储信息网络化的重要保障，仓储物资快速准确保障的重要手段，条形码技术在仓储中的应用有待进一步的开发。仓储系统应尽量采用国家或国际条形码标准，建立一整套物流条形码体系，大力推进物流条形码的应用和发展。

第五节　商业管理信息系统

随着信息时代的到来，在商业领域中对计算机管理信息系统的要求越来越高，计算机作为一种先进的技术手段，用以辅助商业的现代化管理，已经成为目前我国商业管理变革的具体反映。商业管理信息系统的开发建设是一项系统工程，涉及数据库技术、计算机网络通信技术、应用软件等诸多方面的因素，而强有力的组织管理是系统成功的关键因素。

一、商业管理信息系统概述

管理信息系统（MIS）一词最早出现在 1970 年，瓦尔特肯尼万（Walter Kennevan）给出了一个定义："以书面或口头的形式，在适合的时间向经理、职员以及外界人员提供过去的、现在的、预测未来的有关企业内部及其环境的信息，以帮助他们进行决策。"这是最早对管理信息系统的描述，从管理角度强调了用信息支持决策，但没有强调计算机的作用。

1985 年，管理信息系统的创始人，高登戴维斯的定义："它是一个利用计算机硬件和软件，手工作业，分析、计划、控制和决策模型，以及数据库的用户—机器系统。它能提供信息，支持企业或组织的运营、管理和决策功能。"这个定义说明了管理信息系统的目标、功能和组成，而且反映了管理信息系统当时已达到的水平。

管理信息系统有广义与狭义两种含义：广义的管理信息系统包含以各种形态、各种模式的用于经济、管理领域的计算机信息系统。由于 MIS 的应用越来越广，现在人们已经普遍用信息系统（Information Systems，IS）一词来指这意义上的管理信息系统；另一种则是狭义的管理信息系统，即主要指对企业各级管理人员提供信息的系统，它通常是一个用于数据处理、事务活动处理、信息报告等企业内部信息处理、加工和传送的集成化计算机信息系统。

管理信息系统对组织的影响是广泛的。这些影响包括扁平化组织、重新组织工作流程、工作位置的分散化、提高组织的灵活性、重新定义组织的边界等，如图 15-1。

二、商业管理信息系统开发与设计

（一）商业管理信息系统开发的原则

(1) 系统开发应具有整体性（集成性）；

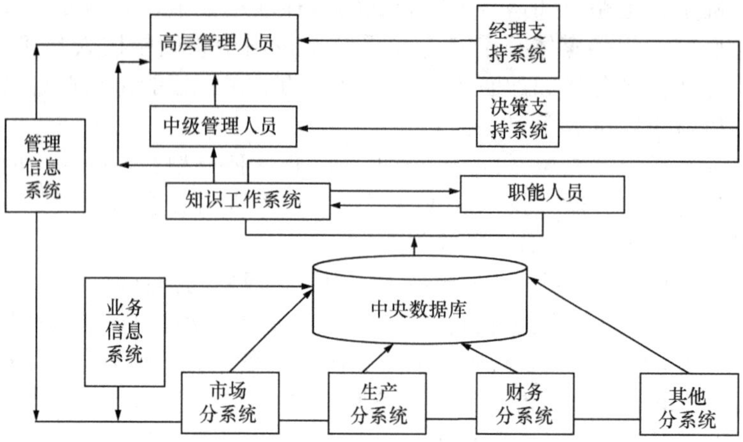

图 15-1　管理信息系统对组织的影响

(2) 系统开发具有较强的综合性（技术综合运用）；

(3) 系统要适应改革需要（升级）；

(4) 要适应企业的投资能力和管理基础（软硬件设施）；

(5) 系统开发要具有适用性（流程设计合理）。

（二）商业管理信息系统开发的目标

商业管理信息系统开发的最终目标是建立一个可覆盖全公司的业务管理、进货管理、存储管理、财务管理、销售管理等各个主要管理业务，人机协调的、实用的、综合性的计算机商业管理信息系统。

（三）商业管理信息系统的开发流程

1. 总体需求分析

需求分析的任务是通过详细调查现实世界要处理的对象，充分了解原系统概况，明确用户需求，然后在此基础上确定新系统的功能。新系统必须充分考虑今后可能的扩充和改变。

一般系统的需求分析需要许多人的参与，例如计算机系统人员、业务人员等。他们在一起讨论系统究竟需要实现什么功能。实践表明，一个项目是否成功80%取决于系统的需求分析是否充分。

2. 系统概要设计

1) 架构概念

架构是系统组成和行为的抽象表达；是架构设计师作用的自然结果。架构不包含实现的细节，将架构的组成要素作为一个功能模块，不考虑其实现；它常常用图形表达，便于讨论和验证，其中线表示控制流程和数据流程，而方框表示系统内部抽象表示的功能实体。

2) 架构设计师的作用

架构师专门设计系统的架构，具体工作是可视化系统的行为，创建系统的蓝图；定义系统要素之间协同工作的方式，他要负责将非系统性需求集成到系统中。

3) 架构作用

架构注重非功能需求，但是也可以通过架构分析查看功能性需求是否运行良好，如果不做架构分析也可以做好一个系统，只能说明该系统简单，如同盖一个大厦，要设计图纸，大家讨论，将如何布线，下水道如何布置，楼道以及房间的隔离，消防等进行设计，目的就是达到便利，安全，有效利用空间等，如果盖一个民房无须做架构设计，因为系统结构简单。

3. 模块的概要设计

也就是需要明确其功能，设计模块之间的接口，概要设计的任务就是制定规范、代码系统、接口规约和命名规则。

4. 详细设计

详细设计是在概要设计的基础上，具体选取一门高级语言进行具体的描述。它要和概要设计的主要区别就是对模块的实现更加具体，基本描述了每一个功能，每一个实现的方法和细节。

5. 编码

该过程就是根据详细设计的说明书，使用选用的高级语言彻底的实现，编制成软件。

6. 测试

系统开发出来以后能否正确的运行必须通过测试来检验和纠正错误。

7. 运行和维护

系统测试通过，如果要正常运行，则必须经常的维护。

（四）商业管理信息系统的组织设计

1. 局域网的组网技术

1）硬件系统

局域网的硬件从逻辑上看，由网络服务器、网络客户机或工作站、网卡、网络传输介质和网络互联设备等五个部分组成。

网络服务器（Server）：是局域网中的网络控制和服务中心。局域网内至少配置一台网络服务器，也可以设置多台网络服务器。

网络工作站（Workstation）：连接到网络上的各种用户计算机，都可以称为网络工作站，它是网络的前端，用户（客户）通过它们来使用各种网络服务和网络共享资源。

网络适配器（网卡）：是通信子网的主要部件，起到通信处理机的作用。

网络传输介质（媒体）：是网络通信的物质基础。

网络连接与互联设备：用来实现网络之间的扩展与连接。这些连接与互联设备被网络上的多个节点共享，因此也叫做网络共享部件（设备）。

2）组网规则

局域网根据不同的组网方法主要有网桥，中继器，千兆以太网组网方法，快速以太网组网方法，双绞线，同轴电缆等组网方式，根据不同的组网方法具有相应的不同规则的组网方法和配置。

3）软件系统

局域网的软件系统主要包括：网卡驱动程序、网络操作系统、网络应用软件和网络管理软件等 4 类软件。

2. 信息系统的网络设计

IP 协议是网络发展的一个重要推动力，它已经有很长的历史，是与 Internet 同步成长起来的网络协议。在过去，IP 协议并非主导的网络协议。但是进入 20 世纪八十年代末和九十年代，特别是进入九十年代，随着 Internet 的爆炸性增长，IP 协议得到了广泛的应用。越来越多的应用程序，例如万维网技术，电子邮件，文件传输，等等。所以，IP 协议成为主导协议已经不可能逆转，这是市场的选择，也是用户的选择。以 IP 技术为核心的电子政务信息网络，将为基于数据、语音、视频业务的广泛应用提供坚实的基础。

在网络设计构建中，应始终坚持以下建网原则：高可靠性与安全性——网络系统的稳定可靠是应用系统正常运行的关键保证，在网络设计中选用高可靠性网络产品，合理设计网络架构，制订可靠的网络备份策略，保证网络具有故障自愈的能力，最大限度地支持网络各业务系统的正常运行。

1）安全性

通过 VPN 网络、内外网物理隔离、加密、防火墙等技术，并制订统一的骨干网安全策略，整体考虑网络平台的安全性。

2）技术先进性和实用性

保证满足商业应用系统业务的同时，又要体现出网络系统的先进性。在网络设计中要把先进的技术与现有的成熟技术和标准结合起来，充分考虑到商业网络应用的现状和未来发展趋势。

3）高性能

骨干网络性能是整个网络良好运行的基础，设计中必须保障网络及设备的高吞吐能力，保证各种信息（数据、语音、图像）的高质量传输，才能使网络不成为商业网络业务开展的瓶颈。

4）标准开放性

支持国际上通用标准的网络协议、国际标准的大型的动态路由协议等开放协议，有利于保证与其他网络（如公共数据网、金融网络）之间的平滑连接互通，以及将来网络的扩展。

5）灵活性及可扩展性

根据未来业务的增长和变化，网络可以平滑地扩容和升级，并在扩容和升级过程中最大程度的减少对网络架构和现有设备的调整。

6）可管理性

对网络实行集中监测、分权管理，并统一分配带宽资源。选用先进的网络管理平台，具有对设备、端口等的管理、流量统计分析，及可提供故障自动报警。

7）经济性

采用先进、合理、实用的技术方案，配置性能价格比最佳的设备，并利用现有的资源，保护已有投资。

3. 应用软件的选择

（1）人机界面友好。

（2）具有高度的综合能力，有清楚的层次结构。

（3）灵活性、可扩充性与通用性好。

（4）信息高度共享性和安全保密性。

（5）信息处理局部最大化。

（6）系统环境的开放性。

（7）系统升级。

三、商业管理信息系统模型构造

（一）商业管理信息系统集成

（二）商业管理信息系统的物理结构模型

完整的商业管理信息系统的物理结构模型由企业内部局域网和 Internet 广域网及远程访

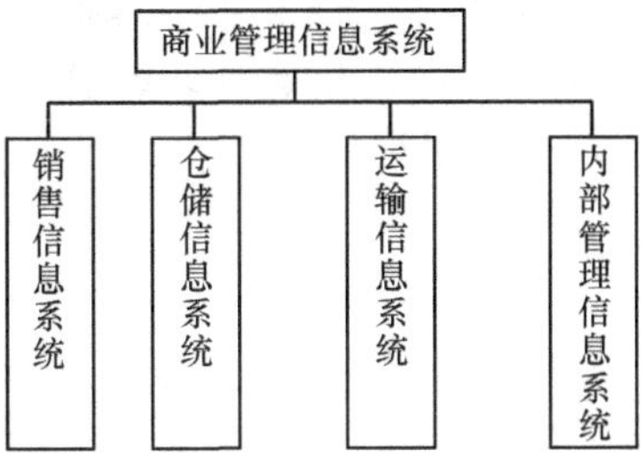

问工作站构成。三者共同构成企业的信息网络。企业局域网内部采用C/S模式，远程访问工作站访问工作站访问企业局域网资源。

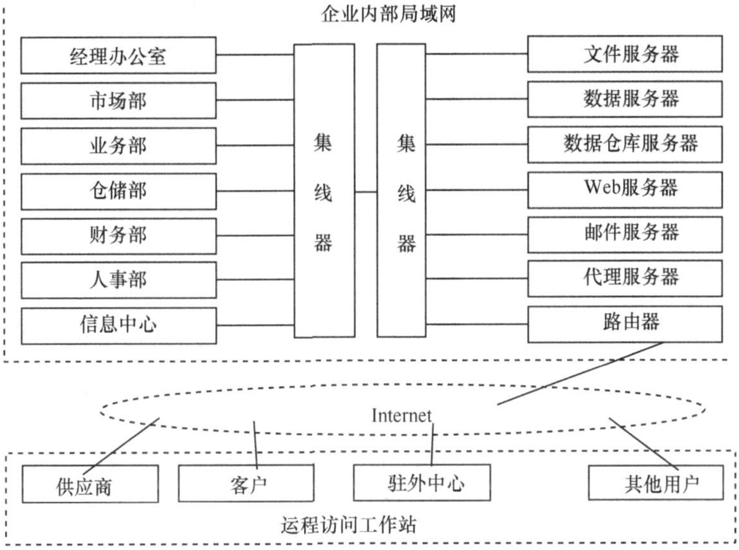

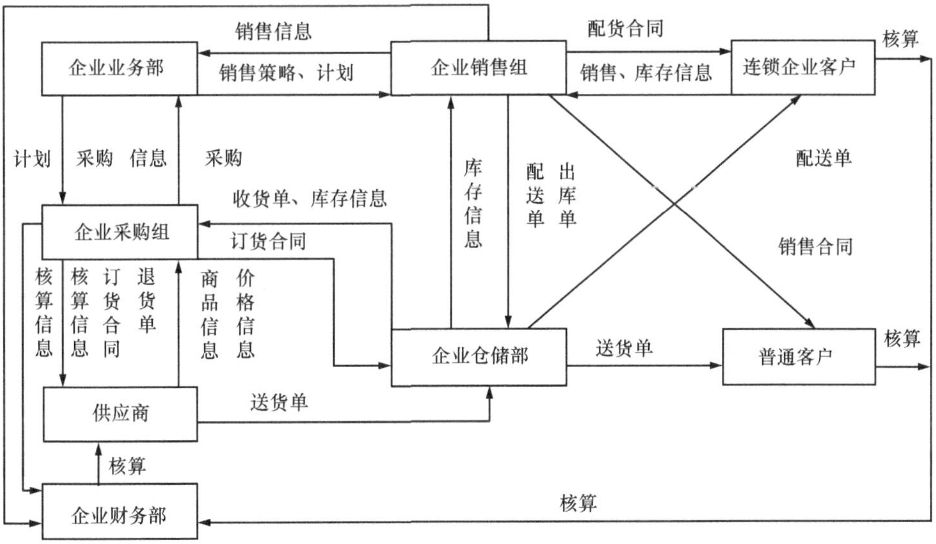

◎小结

商业技术，它是指在商品流通过程中为保存和增加商品的使用价值、增进商品流通的速度、提高商品流通的效率而采用的各种手段和方法的总称。商业技术有一个不断演化的过程。本章重点介绍了商业标准化技术、现代销售技术、现代仓储运输技术、商业管理信息系统。

➢案例　沃尔玛的信息技术

沃尔玛的全球采购战略、配送系统、商品管理、电子数据系统、天天平价战略在业界都是可圈可点的经典案例。可以说，所有的成功都是建立在沃尔玛利用信息技术整合优势资源，信息技术战略与零售业整合的基础之上。

早在20世纪60年代中期，山姆·沃尔顿只拥有几家商店的时候，他就已经清醒地认识到：管理人员必须能够随时随地获得他所需要的数据。如：某种商品在沃尔玛的商店里一共有多少？上周的销售量呢？昨天呢？去年呢？订购了多少商品？什么时候可以到达？在管理信息系统应用之前，这样的工作必须通过大量的人工计算与处理才能得到。因此实时控制处于任何地点的商店的想法只是一个梦想而已。要在现有的基础上扩大经营规模，只有密切追踪信息处理技术的进步。在信息技术的支持下，沃尔玛能够以最低的成本、最优质的服务、最快速的管理反应进行全球运作。1974年，公司开始在其分销中心和各家商店运用计算机进行库存控制。1983年，沃尔玛的整个连锁商店系统都用上条形码扫描系统。1984年，沃尔马开发了一套市场营销管理软件系统，这套系统可以使每家商店按照自身的市场环境和销售类型制订出相应的营销产品组合。

在1985至1987年之间，沃尔玛安装了公司专用的卫星通信系统，该系统的应用使得总部、分销中心和各商店之间可以实现双向的声音和数据传输，全球4000家沃尔玛分店也都能够通过自己的终端与总部进行实时的联系。这一切的优势都来自于沃尔玛积极地应用最新的技术成果。通过采用最新的信息技术，员工可以更有效地做好工作，更好地做出决策以提高生产率和降低成本。在沃尔玛的管理信息系统中最重要的一环就是它的配送管理。

20世纪90年代沃尔玛提出了新的零售业配送理论：集中管理的配送中心向各商店提供货源，而不是直接将货品运送到商店。其独特的配送体系，大大降低了成本。加速了存货周转，形成了沃尔玛的核心竞争力。沃尔玛的配送系统由三部分组成：高效的配送中心、迅速的运输系统、先进的卫星通讯网络。

管理信息系统的应用使沃尔玛有关各方可以迅速得到所需的货品层面数据、观察销售趋势、存货水平和订购信息甚至更多。近年来美国公司普遍把信息技术应用于生产实际，大多数公司都采用了MRP管理系统，根据产品外部需求订单、广泛应用信息系统推算原料需求量及交货时间。以最大限度减少资金占用，减少库存，降低生产成本。美国通过运用信息技术改造传统产业。使传统产业的国际竞争力在90年代得以快速提升。

沃尔玛（中国）的管理信息系统。沃尔玛中国有限公司的管理信息系统来自强大的国际系统支持。公司总部与全球各家分店和各个供应商通过共同的电脑系统进行联系。它们有相同的补货系统、相同的EDI条形码系统、相同的库存管理系统、相同的会员管理系统、相同的收银系统。这样的系统能从一家商店了解全世界的商店的资料。

1. 电脑系统给沃尔玛采购员的资料：保存两年的销售历史，电脑记录了所有商品——具体到每一个规格、不同颜色的单品的销售数据，包括最近各周的销量，存货多少。这样的信息支持能够使采购员知道什么品种该增加、什么品种该淘汰；好销的品种每次进多少才能满足需求，又不致积压。

2. 电脑系统给商店员工的资料：单品的当前库存、已订货数量、由配销中心送货过程中的数量、最近各周的销售数量、建议订货数量以及 Telson 终端所能提供的信息。Telson 终端是一个无线扫描枪，它在国外已开始武装超市、百货商店、家庭中心。国内已有上海易初莲花、西安海星超市、广州新大新、成都百成集团等少数企业使用。它大小如一本 32K 书，商场员工使用它扫描商品的条形码时，能够显示价格、架存数量、库存数量、在途数量及最近各周销售数量等。扫描枪的应用，使商场人员丢下了厚厚的补货手册，对实施单品管理提供了可靠的数据，而且高效、准确。

3. 电脑系统给供应商的资料：与提供给采购员的数据相同，这样翔实的数据使生产商能细致地了解哪些规格、哪种颜色的产品好销，然后按需组织生产。

☞讨论题

1. 从零售技术角度分析沃尔玛的成功之道。
2. 中国大型零售企业从中可借鉴什么？

思考题

1. 概述商业现代技术。
2. 何谓商业标准化？如何认识商业标准化的作用？
3. 小型零售企业如何运用现代销售技术？
4. 现代仓储运输技术的特点。
5. 不同类型的零售企业应该如何设计零售管理信息系统？需要突出哪些方面的特点？

第十六章　电 子 零 售

本章讨论的主要问题

1. 电子零售及商业模式
2. 网络商店及运营管理
3. 电子商务平台及实现技术

关键术语

电子零售　网络商店　电子商务平台

第一节　电子零售概述

一、电子零售的定义及特征

（一）电子零售定义

电子零售也叫网上零售，零售商与顾客之间主要通过电子网络进行的商务、交流等活动。零售商在网上发布商品信息，或根据消费者问题回答相关信息，顾客则在网络上进行选择、谈判、购买、支付。电子零售具有互动、信息量集中及全球接触等特点。

电子零售能为零售企业和社会均创造高效益。首先，它降低了零售企业的采购价格，减少了商品库存和积压，降低了商品价格，并创造了新的销售机会；其次，电子零售带来了全社会的增值，促进了知识经济的发展，开创了一个新行业。

（二）电子零售的特点

互联网零售除了具有一些传统零售方式共有的特征之外，其作为电子商务的一种形式，还有其独有的特征，包括：商务性、服务性、集成性、可扩展性、安全性、协调性。

1. 商务性

互联网零售最基本的特征为商务性，即提供买卖交易的服务、手段和机会。互联网零售提供一种客户所需要的方便途径。因而，互联网零售对任何规模的企业而言，都是一种机遇。就商业性而言，互联网零售可以扩展市场，增加客户数量；通过将互联网信息连至数据库，企业能记录下每次访问、销售、购买形式和购货动态以及客户对产品的偏爱，这样企业就可以通过统计这些数据来获知客户最想购买的产品是什么。互联网零售作为一种新型零售方式在许多地方取得成功。例如，美国一家服务公司创建了整套互联网零售方案，建立了一家网上商店。由于节省了租用店面、雇用商场售货员等开支，使之能以低廉的价格出售数以百万的书本、游戏和光盘。无疑这家公司获得了巨大的成功。

2. 服务性

在互联网零售环境中，顾客不再受地域的限制，不像以往那样，顾客忠实地只做某家邻近商店的老主顾，他们也不再仅仅将目光集中在最低价格上。因而，服务质量在某种意义上成为零售活动的关键。技术创新带来新的结果，互联网应用使得企业能自动处理零售过程。

现在，在互联网上许多企业都能为客户提供完整服务，而互联网在这种服务的提高中充当了催化剂的角色。企业通过将客户服务过程移至互联网，使客户能以一种比过去简捷的方式完成过去他们较为费事才能获得的服务。如将资金从一个存款户头移至一个支票户头，查看一张信用卡的收支，记录发货请求，乃至搜寻并购买稀有商品，这些都可以足不出户而实时完成。显而易见，互联网零售提供的客户服务具有一个明显的特性，就是方便。这不仅对客户来说如此，对于企业而言，同样也能受益。

3. 集成性

互联网零售是一种新兴产物，其中用到了大量新技术，但并不是说新技术的出现就必须导致老设备的死亡。互联网的真实商业价值在于协调新老技术，使用户能更加行之有效地利用他们已有的资源和技术，更加有效地完成他们的任务。互联网零售的集成性，还在于事务处理的整体性和统一性，它能规范事务处理的工作流程，将人工操作和电子信息处理集成为一个不可分割的整体。这样不仅能提高人力和物力的利用，也提高了系统运行的严密性。为了帮助企业分析、规划其互联网零售发展战略，指导设计和建立应用，更好地集成新旧资源，充分地利用已有资源，IBM 建立了一种可伸缩型的网络计算模型 NCF。这种模型是开放的，并且是在现实产品和丰富的开发经验的基础上提出的。

4. 可扩展性

互联网零售正常运行，必须确保其扩展性。互联网上有数以百万计的用户，而传输过程中，时不时地会出现高峰状况。倘若一家企业原来设计每天可受理 40 万人次访问，而事实上却有 80 万，就必须尽快配有一台扩展的服务器，否则客户访问速度将急剧下降，甚至还会拒绝千次可能带来丰厚利润的客户的来访。对于互联网零售来说，可扩展的系统才是稳定的系统。如果在出现高峰状况时能及时扩展，就可得到系统阻塞的可能性大为下降。互联网零售中，耗时仅两分钟的重新启动也可能导致大量客户流失，因而可扩展性可谓极其重要。

5. 安全性

对于顾客而言，无论网上的物品如何具有吸引力，如果他们对交易安全缺乏把握，他们根本就不敢在网上进行买卖。企业和企业间的交易更是如此。在互联网零售中，安全性是必须考虑的核心问题。欺骗、窃听、病毒和非法入侵都在威胁着互联网零售，因此要求网络能提供一种端到端的安全解决方案，包括加密机制、签名机制、分布式安全管理、存取控制、防火墙、安全互联网服务器、防病毒保护等。为了帮助企业创建和实现这些方案，国际上多家公司联合开展了安全电子交易的技术标准和方案研究，并发表了 SET（安全电子交易）和 SSL（安全套接层）等协议标准，使企业能建立一种安全的互联网零售环境。

6. 协调性

商务活动是一种协调过程，它需要雇员和客户，生产方、供货方以及商务伙伴间的协调。为提高效率，许多组织都提供了交互式的协议，互联网零售活动可以在这些协议的基础上进行。利用互联网将供货方连接至管理系统，再连接到客户订单处理，并通过一个供货渠道加以处理，这样公司就节省了时间，消除了纸张文件带来的麻烦并提高了效率。互联网零售是迅捷简便的、具有友好界面的用户信息反馈工具，决策者们能够通过它获得高价值的商业情报、辨别隐藏的商业关系和把握未来的趋势。因而，他们可以做出更有创造性、更具有战略性的决策。

二、电子零售的商业模式

按照服务的类型可以将电子零售分为企业对企业、企业对消费者和消费者对消费者三大模式。

1. 企业对企业—B2B

比如使用网络对供应商发订单，接收发票和付钱。这是最早的电子零售模式。

2. 企业对消费者—B2C

现在 Internet 上有很多的虚拟企业向消费者提供产品和服务。

3. 消费者对消费者—C2C

这种操作模式是电子零售的最高境界，是任何消费者之间随时进行的交易活动，达到了零售的自由贸易高度。如消费者自行在网上发布住房转售信息，寻找其他消费者前来交易。

三、传统零售与电子零售的竞合关系

（一）传统零售与电子零售的竞争关系

1. 网络营销对传统营销的冲击

依托互联网而产生的网络营销，作为一种新的营销理念和营销方法，与传统的市场营销相比，具有跨时空、多媒体、交互式、拟人化、成长性、整合性、超前性、高效性、经济性和技术性等十个方面的特点，这十个方面的特点使得企业传统的经营模式相形见绌。在当前网络环境不断发展的情况下，具有较强实践性的网络营销发展速度也很快，企业传统的经营模式很难与网络进行调和。例如，企业的虚拟性、营销活动的跨时空和全球性操作、企业和客户及时的信息互动等，通过互联网可以不费吹灰之力就完成的目标，用传统营销的方法和手段是难以想象的。21 世纪是信息和网络的世纪，因此，企业的营销活动必然也将进入信息化和网络化。

根据美国市场营销协会（AMA）定义委员会的定义，市场营销是研究引导商品和服务从生产者到达消费者和使用者所进行的一切企业活动，包括消费者需求研究、市场调研、产品开发、定价、分销、广告、公关、销售等。在上述营销活动的各个过程中，在互联网上开展的网络营销活动在很大程度上有别于传统营销，因此，网络营销对传统营销所带来的冲击是多方面的，也是不可避免的。

传统营销致力于建立并维持和依赖层层严密的渠道，在市场上投入大量的人力、物力和广告，这一切在网络时代将被看成为无法负担的奢侈和摆设。在网络时代，人员推销、市场调查、广告促销、经销代理等传统营销手法，将与网络相结合，并充分运用互联网上的各项资源，形成以最低成本投入，获得最大市场销售量的新型营销模式。

（1）重新营造顾客关系

网络营销的企业竞争是一种以顾客为焦点的竞争形态，争取新的顾客、留住老顾客、扩大顾客群、建立亲密的顾客关系、分析顾客需求、创造顾客需求等，都是最关键的营销课题。因此，在网络环境下，公司如何与散布在全球各地的顾客群保持紧密的关系，并能准确掌握顾客的特性，再通过对顾客的教育和对本企业形象的塑造，建立顾客对于虚拟企业与网络营销的信任感，这些都是网络营销成功的关键。基于网络时代的目标市场、顾客形态、产品各类和以前传统的一切会有很大的差异，如何面对跨越地域、文化和时空的差距，重新营造企业与顾客的关系，将需要许多创新的营销行为。

（2）对营销战略的影响

由于互联网所具有的平等性、自由性和开放性等特征，使得网络时代企业的市场竞争成为透明的，人人都能掌握竞争对手的产品信息与营销行为。因此胜负的关键在于如何适时地获取、分析、运用这些在网络上获得的信息，来研究并采用具有优势的竞争策略。从这一点来分析，可以使小企业更易于在全球范围内参与竞争，也是跨国公司所不能忽视的。无论怎样看，网络营销都将降低传统环境下跨国公司所拥有的规模经济的竞争优势。

在互联网的环境下，企业间的策略联盟是网络时代的主要竞争形态，如何运用网络来组成企业的合作联盟，并以联盟所形成的资源规模创造竞争优势，将是网络时代企业经营的重要手段。

2. 对标准化产品的冲击

随着网络技术向宽带化、智能化、个人化方向发展，用户可以在更广阔的领域内方便地实现声音、图像、动画和文字一体化的多维信息共享和人机互动功能。“个人化”把“服务到家庭”推向了“服务到个人”。正是这种发展将使得传统营销方式发生革命性的变化，其结果将可能导致大众市场的逐步终结，并逐步体现市场的个性化，最终将会以每一个用户的需求来组织生产和销售。

作为一种新型媒体，因特网可以在全球范围内进行市场调研。通过因特网，厂商可以迅速获得关于产品概念和广告效果测试的反馈信息，也可以测试顾客的不同认同程度，从而更加容易对消费者行为的方式和偏好进行跟踪。因而，在因特网大量使用的情况下，对不同的消费者提供不同的商品将不再是天方夜谭。著名的 Dell 公司在网上进行的计算机设备直销，并不规定统一的内在配置，而是可以让客户自己按照需要提出一个设备的配置方案和要求，公司再根据客户的需求进行生产，然后卖给相应的客户。这种顾客化方式的驱动力是最终消费者，而非按惯例由国外分销商的兴趣所决定。同时，因特网的新型沟通能力又加速了这种趋势。因此，怎样更有效地满足各种个性化的需求，是每个上网公司面临的一大挑战。

3. 对品牌全球化管理的冲击

对现实企业的单一品牌与多品牌的决策相同，对开展网络营销公司的一个主要挑战是如何对全球品牌和共同的名称或标志识别进行管理。在实际执行时，对公司的品牌管理采取不同的方法会产生不同的情况。例如，只有一个品牌的公司可以允许它的地方性机构根据需要发展自己有本地特色的区域品牌，这些品牌会分别有明显不同的市场和形象。当多个有本地特色的区域品牌分别以不同的格式、形象、信息和内容进行沟通时，虽然给消费者带来了某种程度的便利，但也会引起他们的困惑。另一方面，如果公司为所有品牌设置统一的品牌形象，虽然可以利用知名品牌的信用带动相关产品的销售，但也有可能由于某一个区域品牌的失利而导致公司全局受损，在这方面的例子是很多的。因此，开展网络营销的公司是实行具有统一形象的单一品牌策略还是实行有本地特色的多种区域品牌策略，以及如何加强对区域品牌的管理是公司面临的现实问题。

4. 对定价策略的冲击

如果公司某种产品的价格标准不统一或经常改变，客户将会通过因特网认识到这种价格的差异，并可能因此而对公司产生不满。所以相对于目前的各种传统媒体来说，因特网先进的网络浏览功能会使变化不定的且存在差异的价格水平趋于一致。这将对有分销商分布在海外并在各地采取不同价格的公司产生巨大冲击。例如：如果一个公司对某地顾客提供 20％的价格折扣，那么各地的因特网用户都会了解到这项交易，从而可能会影响到那些通过分销商或本来并不需要折扣的业务。另外，通过因特网搜索特定产品的代理商也将认识到这种价格差别，从而加剧公司采取价格歧视策略的不利影响。总之，上述这些因素都表明因特网将导致国际间的价格水平标准化或至少缩小国别间的价格差别。这对于执行差别化定价策略的公司来说确实是一个严重的问题。

5. 对营销渠道的冲击

在网络的环境下，生产商可以通过因特网与最终用户直接联系，因此，中间商的重要性将有所降低。这种情况会造成两种后果：一是由跨国公司所建立的传统的国际分销网络对其他弱小竞争者或新进入者造成的进入障碍将明显降低。二是对于目前直接通过因特网进行产品销售的生产商来说，其售后服务工作是由各分销商承担，但随着他们代理销售利润的消失，分销商将很有可能不再承担这些工作。所以在不破坏现存营销渠道的情况下，如何提供这些售后服务将是网上公司不得不面对的又一问题。

6. 对传统广告障碍的消除

企业开展网络营销主要通过互联网发布网络广告进行网上销售，网络广告将消除传统广告的障碍。首先，相对于传统媒体来说，由于网络空间具有无限扩展性，因此在网络上做广告可以较少地受到空间篇幅的局限，可以尽可能地将必要的信息一一罗列。其次，网络广告迅速提高的广告效率也为网上企业创造了便利条件。譬如，有些公司可以根据其注册用户的购买行为很快地改变向访问者发送的广告；有些公司可根据访问者的特性，如硬件平台、域名或访问时的搜索主题等，有选择地显示其广告。

7. 对跨国经营的影响

在网络时代，企业开展跨国经营是非常必要的。在过去分工经营的时期，企业只需专注于本行业和本地区的市场，而将其在国外的市场委托给代理商或贸易商去经营。但互联网所具有的跨越时空连贯全球的功能，使得进行全球营销的成本低于地区营销，因此企业将不得不进入跨国经营的时代。网络时代的企业，不但要熟悉不同国度的市场顾客的特性以争取他们的信任，并满足他们的需求，还要安排跨国生产、运输和售后服务等工作，且跨国业务都是经由网络来联系与执行的。可见，尽管因特网为现在的跨国公司和新兴公司（或他们的消费者）提供了许多利益，但对于企业经营的冲击和挑战也是令人生畏的。任何渴望利用因特网进行跨国经营的公司，都必须为其经营选择一种恰当的商业模式，并要明确这种新型媒体所传播的信息和进行的交易将会对其现在模式产生什么样的影响。

8. 企业组织的重整

因特网（Internet）的发展带动了企业的内部网（Intranet）的蓬勃发展，使得企业的内外沟通与经营管理均需要依赖网络作为主要的渠道与信息源。其结果对企业所带来的影响包括：业务人员和直销人员减少、组织层次减少、经销代理与分店门市数量减少、营销渠道缩短，以及虚拟经销商、虚拟门市、虚拟部门等企业内外部的虚拟组织盛行。这些影响与变化，都将促使企业对于组织再造工程（Reengineering）需要变得更加迫切。企业内部网的兴起，改变了企业内部的作业方式以及员工学习成长的方式，个人工作者的独立性与专业性将进一步提升。因此，个人工作室、在家上班、弹性上班、委托外包、分享业务资源等行为，在未来将会十分普遍，也使企业组织重整成为必要。上述情况，使企业为适应网络环境必须对企业的组织结构进行调整，这是对将全球业务转换到互联网上的公司提出的组织性挑战，有两个组织是必需的。

（1）公司必须成立一个由经理人员组成的处理全球业务的部门来对相互联系的各分销网络进行统一协调，及时跟踪全球的发展动态。

（2）由于因特网用户对公司营销策略贯彻执行的时效性和响应率有较高的预期，所以企业必须成立一个特别的顾客服务部来处理客户信息。

（二）网络营销与传统营销的整合

1. 网络营销不可能完全取代传统营销

随着互联网在全球的迅速发展，依托互联网的环境和优越性而产生的网络营销，作为一种新的营销理念和策略，与传统营销相比有许多与生俱来、令传统营销方式可望而不可即的优势，并对企业的传统经营方式形成巨大冲击。但，由于种种实际的原因，网络营销不可能完全取代传统营销。事实上，网络营销与传统营销是一个整合的过程，即使在今后可预见的很长一段时期，网络营销和传统营销将相互影响、互相补缺和互相促进，直至将来最后实现相互融合的内在统一。

（1）到目前为止，在互联网上的电子商务市场仅仅是整个商品市场的一部分，从电子商务市场的交易金额来看，仅仅占有整个市场交易金额的一小部分。作为在网上新兴的虚拟市场，它所覆盖的消费群体也只是整个市场中的某一部分群体，其他许多群体由于各种原因还不能或者不愿意使用互联网，例如各国的老年人和落后国家地区的消费者。

（2）互联网作为一种有效的营销渠道有着自己的特点和优势，但许多消费者由于个人生活方式的原因不愿意接受或者使用新的沟通方式和营销渠道。例如，许多消费者习惯于在传统的商场里购物而不愿意在网上购物。

（3）互联网作为一种有效沟通方式，虽然可以使企业与用户相互之间方便地直接进行双向沟通，但有些消费者因个人偏好和习惯，仍愿意选择传统方式进行沟通。例如，目前许多报纸已经发行了网上电子版本，但是并没有冲击报纸原来的印刷出版业务，相反起到相互促进的作用。

（4）营销活动所面对的是有灵性的人，而互联网只是一种工具，因此传统的以人为本的营销策略所具有的独特的亲和力是网络营销所无法替代的。

随着网络技术的发展和网络社会的进步，互联网将逐步克服其上述不足之处。因此，网络营销与传统营销将在相当长的一段时期内是一种相互促进和补充的关系，企业在进行营销时应根据企业的经营目标来进行市场的细分，并恰当地整合网络营销和传统营销的策略，以最低成本达到最佳的营销目标。

2. 整合营销

有一个新的提法，称网络营销与传统营销的整合为整合营销，其实际上就是利用整合营销的策略来实现以消费者为中心的传播统一性和双向沟通，用目标营销的方法来开展企业的营销活动。整合营销包括以下三个方面内容。

（1）传播的统一性。传播的统一性指企业以统一的传播资讯向消费者传达，即用一个声音来说话，消费者无论从哪种媒体所获得的信息都是统一的、一致的。其目的是运用和协调各种不同的传播手段，使其发挥出最佳、最集中统一的作用，最终实现在企业与消费者之间建立长期的、双向的、维系不散的关系。

（2）双向沟通。与消费者的双向沟通，是指消费者可与公司展开富有意义的交流，可以迅速、准确、个性化地获得信息，反馈信息。如果说传统营销理论的座右铭是“消费者请注意”的话，那么整合营销所倡导的格言即是“请消费者注意”。虽然只是两个词之间位置的交换，但消费者在营销过程中的地位发生了根本的改变，营销策略已从消极、被动地适应消费者，向积极、主动地与消费者沟通、交流转化。

（3）目标营销。目标营销是指企业的一切营销活动都应该围绕企业的目标来进行，以实现目标营销。整合营销已从理论上离开了在传统营销理论中占中心地位的4P′s理论，逐渐转向以 4C′s 理论为基础和前提。

3. 4C′s 理论

4C′s 理论所主张的内在关系都是围绕消费者为中心展开的，如图 16-1 所示。

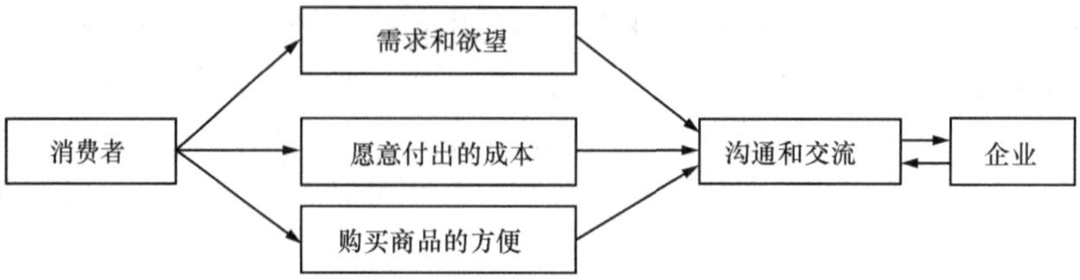

图 16-1 4C′s 理论示意图

（1）先不急于制定产品（Product）策略，而以研究消费者的需求和欲望（Consumer Wants and Needs）为中心，不再卖你所生产、制造的产品，而卖消费者想购买的产品。

（2）暂时把定价（Price）策略放到一边，而研究消费者为满足其需求所愿付出的成本（Cost）。

（3）忘掉渠道（Place）策略，着重考虑给消费者提供方便以购买到商品。

（4）抛开促销（Promotion）策略，着重于加强与消费者的沟通和交流。

可以将互联网的发展和应用分为四个阶段：第一阶段以文本、图像在网络上的传送为特征，互联网被作为一种信息传输手段；第二阶段是互联网商务应用的正式开始，尽管当时成功的案例并不多；第三阶段是占主导地位的营销者的广告、销售信息等与网络技术的结合，并开始在网上进行销售活动；第四阶段是营销者能利用并控制网络技术为企业的营销目标服务，运用网络技术来获取企业的经营管理的最大可能性的成功。

目前，互联网正处在商业应用的第四个阶段，最终将网络整合到整个公司营销计划的时代已经来临。虽然已有不少公司开始认识到利用 Internet 的必要性，但是，只有很少一部分公司已经认识到要将网络与传统营销整合起来的重要性。按照美国的 Matrix 营销公司的调查，大约有 60%的被调查公司没有将网络用于顾客的服务体系当中，这些公司只将 Internet 看作是一个销售工具。正确的观点是：网络营销应该支持公司的整个营销体系，它不应该只存在于真空中；网络中是营销海洋的一个水域，它不是唯一的解决方案，而是整体方案的一部分；网络营销必须要与公司的战略策划想到匹配和相互支撑。

四、电子零售发展趋势

随着社会信息化发展，电子商务呈现出更多新的特色。在信息技术的帮助下，企业可以调整自己的业务流程，从根本上把企业发展成以客户为中心的模式。这类电子商务不再是局部的、前端的信息化，而是企业内部所有业务的完全整合，同时，还可能是包含整个产业链中合作伙伴关系的整合，以便最终为用户提供完全整合的服务。在这个阶段，虽然商务的基本法则没有改变，但利用电子商务，传统业务的完成速度和运营质量能提高几个甚至几十个数量级，可以更大地降低成本，更快地捕捉市场，并建立起长期、可持续盈利的商务模式。

（一）传统企业成为电子商务的主体

纵观电子商务的发展过程：电子商务从 20 世纪 90 年代初开始发展，至 90 年代末形成第一个高潮，但好景不长，由于炒作过度，到 1999 年下半年和 2000 年，电子商务热急剧降温，IT企业的股票价格下跌，许多从事电子商务的企业严重亏损，有的甚至被淘汰出局。此后，电子商务的发展态势又逐步回升。

人们在2000年网络泡沫破灭后深刻体会到：企业，尤其是传统企业才是电子商务的主体。基于这一更成熟的认识，电子商务发展到今天，随着大量传统企业的加盟，被推动着迎来新的高潮。

（二）B2B成为全球电子商务发展的主流

在电子商务的几种交易方式中，B2C和B2B两种所占分量最重，而B2B又是重中之重。从国际电子商务发展的实践看，B2B业务在全球电子商务销售额中所占比例高达80%～90%。从交易额看，B2B交易占电子商务交易额的绝大部分。中国同样如此，2008年，中国B2B电子商务市场交易规模达到2.96亿元，约占全年电子商务交易总额的95%。虽然很多机构对B2B所占比例还有不同看法，但都认为至少会超过50%。

（三）进入电子商务市场的企业日趋多元化

从国际电子商务发展看，进入B2B市场的企业越来越多，主要有四种类型：一是传统的IT巨头。像微软公司，积极参与到电子商务领域，其他较早进入B2B领域的IBM、Sun、英特尔等也纷纷加大投资。二是新兴互联网巨头，如雅虎、AOL、eBay、Shopnow.com、Beyond.com和Priceline.com等。与传统IT企业不同，这些新兴互联网巨头凝聚了网上大部分人气，并且有足够的互联网经营经验。三是传统行业的跨国公司。通用汽车、西尔斯、杜邦公司等传统领域的巨头纷纷斥资进入这一领域，希望通过B2B平台优化、改造其原有的价值链，以创造互联网时代新的竞争优势。四是现有的B2B电子商务公司，面对各种各样的公司纷纷涌向B2B市场，Ariba和Commerce One等这一领域的先行者不甘示弱，纷纷表示将凭借它们已经建立起来的技术优势和经验与后来的竞争者抗衡。

第二节　网络商店

一、网络商店的定义

目前常说的网络商店（有时也称为网上商店，或者简称网店），通常是指建立在第三方提供的电子商务平台上的、由商家（企业、组织或者个人）通过互联网将商品或服务信息传达给特定的用户，客户通过互联网下订单，采取一定的付款和送货方式，最终完成交易的一种电子商务形式。正如同在大型商场中租用场地开设商家的专卖店一样。但是由于是在网上开的店，所以较实体店铺经营而言，前期资金投入较少，而且受时间，场地等因素的影响较小。

在电子商务发展的早期，一些网上零售网站也称为网上商店，如当当网上书店、亚马逊网上书店、海外店、淘宝网、瀛商网等，随着这些网上零售网站的快速发展，其经营商品品种越来越多，规模也越来越大，因此这些独立的电子商务网站通常都不再称为网上商店，而改称“网上商城”了，一些大型电子商务网站除了自己销售产品之外，也可能为其他企业提供租用网上商店或者开设网上专卖店的业务，因此如果继续叫做“网上商店”的确也不能确切描述其全部含义。

二、网络商店的运营管理

网络商店的运营管理（e-commerce operations management）是将所有的运营管理工作在电子商务环境中的一种应用。它将互联网和数字技术的使用结合起来，进行基本的运营管理活动。这些运营管理活动对成功的商务活动都是必需的。

（1）商店地点。也就是开设您的商店的网络服务器地址，高速的网络连接，就像是把商店开设在闹市黄金地段，可以使顾客快速容易地抵达，这对客户的影响是十分关键的。

（2）商店装修。网站的设计对用户来讲自然非常重要，动人的网页就像一流装修的商场，不但吸引顾客，而且增加顾客的信心。

（3）货物摆放。在网上商店中，其反映在如何建立商品的目录结构，提供何种网站导航和搜索功能，以使得用户可以快速、便利地寻找到他需要的商品和相关信息。

（4）商品盘点更新。对网络商店的日常维护，例如去除销售完的商品、摆上新货等是必须经常进行的业务。

（5）库存商品管理。后勤保证是任何商务运作的基础。无论网络商店还是真实商店，货物和货币都是一样真实的，对库存货物的存储和管理也是一样真实的。

（6）商品最终送达用户。网上购物实际上是邮购。最后一个步骤自然是通过邮政或其他系统将货物快速可靠地送达最终用户手中。

（7）售后服务。不言而喻，这同样是现代商品销售的重要环节。而网络技术可以为用户提供 24 小时不间断的服务，这也是网络商店的优势之一。通常网络商店还要提供 30 天的退/换货承诺。

三、网络商店的品牌化战略

1. 实行实时营销

根据品牌沟通原则，传统的大量市场营销只是单方面的企业活动，它的指导方法与在一个同类的市场中所进行的营销活动是一样的。诸如广播广告或电视广告的营销手段采用是一种零敲碎打法，往往会失去许多顾客。同时，要直接测量广告的效果也是不可能的。直接营销是一种有效、更集中的办法，但会降低零敲碎打法的效果。然而，在消费者市场中，零敲碎打法的损失是巨大的，一旦你拥有了大量的个人消费者，所能确定的只是广告是否已送达目标市场，但这仍然只是一种单方面沟通。而人员推销是一种互动式的营销方式，也是销售复杂产品和服务最好的办法。

实时营销把简单涉及的所有的营销手段都结合起来了。互联网是一种互动式的媒介，可以非常有效地向顾客提供有用的信息和建议。而且，与人员推销相比，互联网可以以更快的速度提供更为客观和综合的信息。公司现在只花费人员推销成本的一部分就可以向顾客提供各种信息。现在将营销活动扩展到新的地理区域几乎不需要花一分钱。随着公司获得互相沟通的信息，并将其用于相应的细分市场和直接销售，原来那种单方面的沟通模式也就消失了。聪明的网上商店还可以实时地检查的数量，首次购买者的数量，顾客对特定标题的反应，不同标题引起的抱怨的数量以及新顾客来自于哪些网站等。这种信息可以迅速地转化成企业的营销活动。有些工具可以帮助企业测量每次与顾客接触的广告效果。互联网使你能够进行实时营销活动，从而让你在竞争中灵活机动。它还能让公司与特定的顾客建立个人对话系统，一旦公司具备这样的能力，成千上万个营销机会将等着公司去开发和利用。直接营销创新的基本主题是每一个电子零售都应该有的想法。

2. 在零售企业网站上推广

与制造商的产品包装，邮购公司的产品目录以及零售商的卖场一样，互联网零售网站也需要创造许多顾客推销以及与顾客接触的机会。这里的推广就相当于销售点广告。其推销广告要点如下：

（1）要让网民随时了解网上商品的新产品。成功的互联网零售要不断地开发新产品和服务，这就是说要保持网站的动态化。随着网站的内容越来越广泛，公司需要通过某些改变来告诉网民。特别需要将与主题相联系的创新活动在网站主页明显地表示出来。主页是电子零售商品牌精华的中心，因而，公司应将令人兴奋的消息和活动在这里与顾客们进行交流。许多网站设立了“新产品”按钮来帮助网民查询自上次访问后的一些变化，当然，企业没有必要把这种按钮作为标题而在主页上大力宣传。

（2）夸耀企业取得的成功与获得的好评。互联网商店和其他网站一样，都要受到各种媒体和消费者组织的评判。如果你得到产品检验组织的好评，一定要将它宣传出去。引述下面的评价，以不记名的方式引用顾客的感谢信。如果你能表明自己拥有大量的网民或良好的销售业绩，将你的成功量化并记录下来，也可以在网站上专门设立一个计数器。

（3）举办各种活动并让你的网民参与进来。一家好的网上商店总会举办各种活动。正如在有形世界中，你并不希望在一个什么促销活动也没有、死气沉沉的商店里买东西。要提前向你的网民指出你认为他们会感兴趣的以及能够吸引他们再次访问的信息和产品。有趣的是，那些成功网站的活动却需要公司在互联网之外利用传统媒介为其宣传。

努力寻求网民的青睐。时刻提醒网民在你的网站上做记号，或者在浏览过程中列出最喜爱的部分。邀请网民登记是一种更好的办法，这是因为这样可以确定对网站感兴趣的个人，但公司必须在网民访问网站的合适时间提出请求，并给予网民一定的激励。如果这种希望网民登记的邀请或者要求提得过早，就很可能把这些曾经访问过你的网站的网民给赶走了。

（4）促销、促销、促销。在互联网上进行促销必须采用互动方式，也就是邀请你的网民自己做些事情。一些受欢迎的促销方式包括：为互联网用户提供特定的产品、为首次购买者提供折扣和免费礼品、兑奖券、拍卖、竞赛/游戏、招揽活动、定期介绍新产品邮购目录单、购买前使用的即将到期的软件、可在网上打印，在商店兑换的优惠券。

（5）链接你的网站。网络拥有很容易传开来的特色：链接。它是能使你快速地从一个地方转到另一个地方的导入捷径。点击链接，然后就会到达那里。例如在一篇零售业现状的文章里，你也许看见了“直复营销”这个词组下面画上了线并且它的铅字面也不同。这就是一个链接。点击它，你就会看见一个新屏幕（或一个新窗口），里面有关于直复营销更多的信息。链接可充当通往其他网站的途径。如果别的网站上有链接你的网址：点击下划线的正文将会让网民到达你的网站。

介绍一下让你的网站更有价值的好办法：你给你的访问者收集了有兴趣的链接。你是在让他们活动自己查找网址的工作而把网址提供到他们的浏览器上。你的网址可以包括这些链接：行业出版物、供应商、技术问题背景资料的图书馆、行业指导手册、节目表、国家或地区协会等。所有这些都是作为服务由你提供给你的访问者，以此来吸引更多的访问者。

3. 在其他商业网站上推广

零售企业互联网商店应超越自己的网站寻找其他机会发布有关的信息进行推广。其中一种可选择的方式就是在其他商业网站上进行推广。其具体做法如下：

(1) 确保网站出现在名企搜索引擎、门户网站和网络向导上。90％的网民仍然通过搜索引擎或其他同等产品进入互联网商店。不管网民是通过数似 Yahoo 的门户网站搜索，还是通过互联网服务提供商如美国在线或 Freeserve 的首页搜索都无关紧要，关键是公司要确保网民在使用相关搜索术语或关键词时，你的网上商店会出现在他们面前。为了帮助电子零售商在网民提出特定搜索请求时能让自己的网站位于一连串网站之首，有些专门的书籍和登载电子零售商广告的扩版的新闻杂志上介绍了有关企业该如何构建特定的搜索引擎。

(2) 发布有针对性的标题广告。在虚拟世界中，标题和页首就相当于电视的黄金时间的广告。网络空间的标价反映了有形世界中广告质量和广告接触人数的原则。可以选择一个热门网站，或者为了节省成本，寻找一个新网站。在这里，信息的拥挤度不高，但网民访问的持续时间会更长，而且他们会更加关注屏幕上的各种信息。电子零售商需要了解如何更加精确地测量他们的广告效果。在互联网上广告的最大买主，如亚马逊网上书店，仍然要依据广告的效果来支付广告费，一般是按照在其他网站作标题广告所带来的销售收入的一定百分比来支付。那些小的电子零售商一般是按照"点击率"支付费用（也就是说，任何人在任何时候点击你的标题，你都要付一定的广告费）。

通常，公司在应用访问频数并将其作为广告测评标准时必须小心谨慎。随着互联网对同一标题的浏览展露度的提高，人们点击次数会下降。公司使用一个以上的标题和主题，并使这些标题和主题充满滔天罪行是很重要的，因为只有这样，才能保持高的标题广告效果。

制作标题文物艺术已变得越来越精雕细琢了。标题广告现在可以比较简单地根据网民所看到的、网民的身份以及网民查看一个特定标题的次数等环境特性进行制作。这样做的目的是为了提高人们对网站上标题广告的注意程度。要把保持标题广告的高效作为重要的任务去考虑。通常人们认为 3％的点击率是非常理想的效果。与有形世界相比，在互联网上制作高效的标题广告可以更大地提高"成功"广告的概率。

(3) 合作伙伴交换链接。与其他网上商店建立合作关系，合作的常见方式是两个网站相互交换链接。一个电子零售商的站点可在合适的位置展示另一网站的产品，网民只需轻轻点击就可以访问其他网站的相关内容。亚马逊网上书店拥有几十万个类似的网络链接，从而使它几乎无所不在。不仅如此，公司还可以提供一种"合伙项目"，通过这种项目，各自网页的老板还可以建立与亚马逊的链接，从而受益于通过这种方式访问他们网站的顾客。

进行网络链接交换的前提条件之一就是你必须拥有大量有价值的网民，否则，你将得不偿失。亚马逊网上书店已经开发了好几个这种交换的广告形式，因为这种方式可以使标题与网民购买图书的主题区域更接近，从而使公司获益。如果你通过 Yahoo 搜寻像"酒"或"佛罗里达"一样的术语，Yahoo 就会给出一系列该主题的网址，同时提供了亚马逊的链接方式，如果你点击这一链接，就会得到相关主题的书籍。

(4) 利用赞助机会。除了标题广告以外，电子零售商还可以为整个互联网社区、一些商业性和非商业性的主题活动，或者其他网站的新闻界面提供赞助。在这些情况下，公司的名称、标语和"编者按"部分都被放在了目标顾客经常访问的网站上。超级链接可将感兴趣的顾客带到公司的网站。与标题广告一样，赞助的价值取决于公司提供的产品与相应的顾客是否匹配。

(5) 提供电子邮件服务。许多独立的服务提供商和其他媒体拥有者都向顾客提供电子邮件服务。注册的网民会定期收到电子邮件提供商发送的新闻周刊。有些服务提供商还使得电子零售商有机会花很少的费用就可以制作"商业信息片"或直接广告，这些信息片或直接广告的主题同样也是电子零售商的目标顾客而制作的。电子零售的补缺者非常青睐使用这种方式，它的效果很不错，但这样的方法并不适用于大量营销。在电子邮件的竞争中，让读者访问他们的网站对电子零售商来说至关重要，因而，电子邮件的服务应该包括一个与网上商店主页的直接链接。

4. 在互联网社区进行宣传

公司还可以通过“口碑”塑造自己的品牌。不管是通过聊天室，还是通过公告栏，两个顾客之间会以非常惊人的速度进行对话和经验的交流。

(1) 让人们通过互联网宣传。每一个网民可以在几秒钟内，通过电子邮件把一个消息告诉成千上万个朋友。另外，网民还可以在特定的场所互相交流信息。这些特定的场所主要是一些虚拟社区，趣味相投的人会经常聚焦在这里，就像人们会经常聚集在酒吧或小酒馆一样。网民们可以通过新闻小组、聊天室、邮件目录、和“黑匣子”栏目交换各自的信息。通过这种方式，公司的业务就像野火一样迅速地传播开来。

这种办法同样适用于细小目标市场的主题导向的社区，这些细小的目标市场包括医生、自行车爱好者、退休人员或者同性恋者。

只要公司能始终遵守游戏规则，即提供信息而非直接做广告，在相关社区建立自己的公司都会为此得到好处。社区的存在为公司更好地了解顾客的反馈提供了巨大的潜力。忽略与社区之间的沟通会给公司造成许多负面影响。

(2) 充分利用热卖商品目录。在网上零售领域存在各式各样的热卖商品目录。像“热卖网站”或“酷链接”这样的评比机构吸引了无数的新网民。但问题是，这些目录的编辑，就像是电影或饭店的评论员一样，总是以主观而且模糊的标准进行评价。要对他们的评价产生影响需要特殊的创造力。现在，已有许多机构专门研究这一领域，并开始使用“病毒营销”来描述推动竞争的用户提名人。

5. 在互联网以外进行宣传

消费者市场的大多数企业，不管是生产商还是零售商，每年都会在广告上花费上百万美元。许多企业发现，在有形世界中为网上商店促销的成本会相对便宜得多。

(1) 将在线广告与传统广告结合起来。公司一定要确保网上商店出现在自己所有的广告中，利用各种媒体展示你的网上商店。告诉你的广告代理商要把传统广告战略与在线广告战略有创造力地结合起来。

(2) 利用每一个机会宣传你的网上商店。公司要利用每一次新闻发布会和相关会议的机会来宣传网上商店。在公司的产品、信笺、宣传手册、答录电话信息、年度财政报告、报价单和电子邮件中都标明公司网址。不要忘记在你下一次向顾客分发免费礼品和试用样的时候，把网上商店的地址也同时告诉他们。

(3) 利用传统广告媒体进行促销。电子零售商现在已越来越多地使用传统广告媒体。广告预算较少的公司想要宣传自己的网上商店主页，至少要在网络向导上制作广告，而这些网络向导可以通过报纸和杂志刊登出来。

(4) 利用送货时与顾客接触的机会。大多数网上商店都能在送货上门的时候有机会与顾客进行有形接触。接触顾客的任务大多是由物流和送货提供商来完成，而非公司自己来完成。公司可以创造性地寻找办法来弥补无法与最终顾客接触的缺憾。

第三节 电子商务平台

一、电子商务平台的内容与功能

网络零售市场交易平台就是联结网商（店）和网购者（消费者）之间的中介与纽带，并在该网络平台上实现网货与网货款所有权的相互让渡。近年来我国 B2C 网络零售的发展非常迅猛，一批产品制造商、传统零售商纷纷进军 B2C 行业，带来了 B2C 在经营模式上的新变化。对于不同经营模式的 B2C 在发展过程中遇到的问题既有共性特征，也有个性特征，准确掌握各类型网站的特点并对其进行分类比较，对于制订正确的 B2C 网络零售发展策略具有重要的指导意义。

（一）根据网络零售交易平台交易商品种类多寡划分

1. 综合商品类网络零售交易平台

该类网络零售交易平台的商品几乎涵盖人们日常生活的方方面面，人们日常生活所需要的商品和服务基本都能在该类网络零售交易平台上找到，又称横向型网络零售交易平台。该类网络零售交易平台致力于为企业及商务白领提供综合性一站式的网购服务。安全可靠的交易平台，专业高效的服务团队，以用户体验导向为核心价值观的商务服务理念，有利于企业运用网络零售，压缩渠道成本、时间成本，拓展销售市场，强化企业品牌，实现最大化企业的商业目标。综合商品类网络零售交易平台代表：淘宝网、易趣网、拍拍网、有啊网、京东网等。

1）淘宝网

淘宝网致力于打造全球首选网络零售商圈。淘宝网目前业务跨越 C2C（个人对个人）、B2C（商家对个人）两大部分。

淘宝网的口号是“没有淘不到的宝贝，没有卖不出的宝贝”。自 2003 年 5 月 10 日成立以来，淘宝网基于诚信为本的准则，从零做起，在短短半年时间，迅速占据了国内个人交易市场的领先位置，创造了互联网企业的一个发展奇迹。

淘宝网倡导诚信、活泼、高效的网络交易文化。在为淘宝会员打造更安全高效的商品交易平台的同时，也全心营造和倡导了互帮互助、轻松活泼的家庭式文化氛围，让每位在淘宝网进行交易的人，交易得更迅速高效，并在交易的同时交到更多的朋友，成为越来越多网民网上创业和以商会友的最佳选择。

截止到 2008 年第一季度，淘宝网拥有 6200 万会员，覆盖了中国绝大部分网购人群，每天超过 900 万消费者访问淘宝网，日成交额达到 2.5 亿元。根据 2007 年第三方权威机构调研，淘宝网占据中国网购市场 70％以上的份额，占据 C2C 市场 80％以上的份额。

2）易趣网

eBay（NASDAQ：EBAY，中文有译亿贝、易趣、电子网）是一个管理可让全球民众上网买/卖物品的线上拍卖/购物网站。

1999 年 8 月，易趣在上海成立。2002 年，易趣与 eBay 结盟，更名为 eBay 易趣，并迅速发展成为国内最大的在线交易社区。易趣不仅为卖家提供了一个网上创业、实现自我价值的舞台，品种繁多、物廉价美的商品资源也给广大买家带来了全新的购物体验。2006 年 12 月，eBay 与 TOM 在线合作，通过整合双方优势，凭借 eBay 在中国子公司 eBay 易趣在电子商务领域的全球经验，以及国内活跃的庞大交易社区与 TOM 在线对本地市场的深刻理解，2007 年，两家公司推出了为中国市场定制的在线交易平台。新的交易平台带给国内买家和卖家更多的在线与移动商机，促进 eBay 在中国市场的纵深发展。

3）拍拍网

腾讯拍拍网（www. paipai. com）是腾讯旗下知名电子商务网站。拍拍网于 2005 年 9 月 12 日上线发布，2006 年 3 月 13 日宣布正式运营，是目前国内第二大电子商务平台。

拍拍网目前主要有女人、男人、网游、数码、手机、生活、运动、学生、特惠、母婴、玩具、优品、酒店等几大频道，其中的 QQ 特区还包括 QCC、QQ 宠物、QQ 秀、QQ 公仔等腾讯特色产品及服务。拍拍网拥有功能强大的在线支付平台—财付通，为用户提供安全、便捷的在线交易服务。拍拍网一直致力于打造时尚、新潮的品牌文化。2008 年 11 月 11 日，拍拍网正式宣布：网站新的品牌口号定位于“超值购物、值得信赖”，拍拍网将着力打造一个“最便捷、最贴心、最值得信赖”的社区电子商务平台，为用户提供诚信、安全的在线网购新体验。

4）有啊网

百度网络交易平台是建立在全球最大的中文搜索引擎百度（www. baidu. com）旗下独有的搜索技术和强大社区资源的基础上的，中文互联网领域最具规模的网上个人 C2C 交易平台。其为每一位通过实名认证的用户提供了免费开店的机会。经营口号：要购物，先百度；任务；点燃 1. 96 亿买家的激情。

5）京东网

京东商城是中国 B2C 市场最大的 3C 网购专业平台，是中国电子商务领域最受消费者欢迎和最具影响力的电子商务网站之一（3C 是计算机 computer、通信 communication 和消费电子产品 consumer electronic 三类电子产品的简称）。

2008 年，京东商城网 360buy 京东商城正式获得来自国际著名风险投资基金今日酱的千万美元投资，共同致力于打破现有电子商务线上与实体店铺同步运营的销售方式，颠覆消费者的传统消费模式，打造纯线上的电子商务模式。

2. 专门类网络零售交易平台

这类网络零售交易平台所销售的商品具有更多的相似性，要么都是满足于某一人群的，要么是满足于某类需要的，亦或某种平台的（如电器），又称为纵向型（垂直型）网络零售交易平台。

专门类网络零售交易平台代表：数码家电类：京东网 http：//www. 360buy. com/；女装内衣类：麦考林网 http：//www. m18. com/；婴儿用品类：红孩子网 http：//www. redbaby. com. cn/；服饰类：笑购网、唐人网 http：//www. tangfengwang. com/；食品类：酒酷网 www. jiucool. com. cn。

3. 单一类网络零售交易平台

这类零售交易平台是某一生产厂商自建网站销售模式，它只销售该厂商所生产的商品，而不销售其他厂商的产品，又称点型网络零售交易平台。

单一类网络交易网站代表：PPG，VANCL，克莱帝珠宝（中国）有限公司网站（www. crd999. com）等。

4. 导购引擎型网站

导购类型的网站，又称门户型网络零售交易平台，使购物的趣味性、便捷性大大增加。

同时诸多购物网站都推出了购物返利，少部分推出了联合购物返现，这些都用来满足大部分消费者的需求。许多消费者已不单单满足直接进入 B2C 网站购物了，购物前都会先进一些网购导购网站。

导购引擎型网站代表：爱比网http：//www.aibiwang.com/等

（二）根据网络零售交易平台建立主体不同划分

1. 网络零售企业建网络零售交易平台直接销售产品模式

代表：当当网、卓越网、8848、中商网、e 国网等。

2. 网络零售交易平台提供商建网络零售交易平台模式

代表：淘宝网、有啊网等。

3. 生产厂商自建网站销售模式

代表：佐丹奴、百丽等。

4. 传统零售商建网站销售模式

代表：国美网、苏宁网等。

（三）电子商务平台功能

第一，网上第三方电子商务模式最基本的功能是为企业间的网上交易提供买卖双方的信息服务。买方或者卖方只要注册后就可以在网上发布自己的采购信息，或者发布企业的产品出售的信息。并根据发布信息来选取企业自己潜在的供应商或者是客户。

第二，提供附加信息服务。即为企业提供企业需要的相关经营信息，如行业信息、市场动态。为买卖双方提供网上交易沟通渠道和即时共沟通的软件。如“阿里巴巴”网站还可以根据客户的需求，定期将客户关心的买卖信息发送给客户，并且开发了即时聊天工具“贸易通”。

第三，提供与交易配套的服务。最基本的服务是提供网上签订合同服务，网上支付服务等实现网上交易的服务。如“阿里巴巴”开发的“支付宝”，解决了支付难的问题。

第四，提供客户管理功能。为企业提供网上交易管理，包括企业的合同、交易记录、企业的客户资料等信息的托管服务。当然这些属于企业的保密资料，而对于中小型企业来说有一安全保密的托管服务机构是非常必要且是可以接受的。

二、电子商务平台实现技术

电子商务的发展需要网络平台和通信及相关技术的支持，因此开展电子商务就需要对支付电子商务的网络及通信技术有所了解和掌握。主要内容有：互联网技术及应用；计算机网络技术；电子商务网站建设相关技术；移动通信与无线通信技术；EDI 技术；电子商务物流信息技术；其他相关技术。

电子商务的产生与发展是随着计算机网络与通信等电子技术的产生与发展。计算机网络就是使用通信线路连接起来的计算机集合，它的基本功能是互相交换信息，共享网络资源。计算机网络与通信技术的发展大大促进了电子商务的兴趣，是其茁壮成长的基石。

随着互联网的发展，电子商务逐渐走进人们的日常生活，可以认为互联网技术是电子商务赖以生存和发展的基础之一。国际计算机互联网，又叫国际计算机信息资源网，它是位于世界各地并且彼此相互通信的一个大型计算机网络。组成互联网的计算机网络包括小规模的局域网（LAN），城市规模的区域网（MAN），以及大规模的广域网（WAN）。这些网络通过普通电话线、调整率专用线路、卫星、微波和光缆把不同国家的大学、公司、科研部门，以及和政府组织连接起来。互联网网络互联采用的协议是TCP/IP。

互联网具有这样的能力，它能将不同的网络互联起来，构成一个统一的整体，所以较准确的解释是：互联网是网络的网络，它将各种各样的网络连在一起，而否认其网络规模的大小、主机数量的多少、地理位置的异同。所谓把网络互联起来，也就是把网络的资源组合起来，这就是互联网的优势及其迅速发展的原因。

互联网也是一个面向公众的社会性组织，世界各地的人们可以通过互联网进行信息交流和资源共享。互联网的基本应用于电子邮件、万维网、搜索引擎、博客、实时通讯、宽带电影、网络电视、网络游戏等。

1. 计算机网络技术

从互联网、内部网到外部网，内部网和外部网提供与互联网类似的服务与互联网最大的区别是作用的范围不同：互联网面对的是所有的使用者；外部网限于借此固定的交易组织或个人，并通过技术手段建立固定的、加密的数据通道；内部网是一种有效的内部商务工具，通过防火墙，公司将自己的内部网与互联网隔离，内部网可以自动处理商务操作及工作流，增加对重要系统和关键数据的存取。

2. 电子商务网站建设相关技术

（1）开发语言。包括ASP、PHP、ASP. NET、JSP、CGI等语言。

（2）服务器类型。服务器类型一般包括两种：独立服务器和虚拟服务器。所谓独立服务器，即自己购置并网站服务器电脑，自己申请DDN专线，自己购买并设置配套软件。如果采用虚拟主机方式，网站的建设费用一般较低，与独立服务器相比有天壤之别。

所谓虚拟服务器（虚拟主机），是将一个大型的网络服务器的存储空间分割成若干个小的份额，然后出租。而对于网站的访问者，独立服务器与虚拟服务器是没有区别的，由于成本及费用分摊，其价格低廉也不足为奇。

因此对于一般企业，要特别注意选择虚拟服务器，否则，将有可能出现服务器运行不稳定、宽带资源匮乏（访问速度慢且不稳定）、服务器功能不完善（不能解析电子邮箱等），到时将陷入进退两难的窘境。如果企业没有能力自己判断虚拟服务器，可以委托信誉可靠的中小型网络服务公司。因这些公司自己有服务器，且熟悉行情，所以一般可以为客户做出客观的判断和选择。

（3）操作系统平台。关于网站服务器的平台，目前主要有两种类型：一种是Windows类，包括Windows NT，Windows2000，Windows XP，Vista以及Windows7，它们的关系是后者为前者的升级版本；另一种是UNIX类，包括UNIX，Linux，BSD，Solaris等，相互之间的兼容性较好无明显隶属或沿袭关系。

（4）数据库。当企业的产品数量较多，或需要组织、管理、汇总、查访的数据较多时，就需要用到数据库支持。目前使用较多的数据库大致有三种类型：平面数据库、小型数据库和大中型数据库。

3. 移动通信与无线通信技术

移动通信技术与无线通信技术的快速发展为我们搭起了通向移动电子商务的桥梁。原先的电子商务以固定的PC台式机为主要界面，是有线的电子商务。而移动电子商务则是通过手机、具有无线上网功能的便携式计算机、PDA以及无线POS等各种无线移动通信设备与现代信息网络有机结合，并利用无线网络进行便捷、随时随地、灵巧的电子商务活动。

4. EDI技术

在供应商、消费者、银行、运输业等组织之间存在着大量的信息流，如书面意见交换、面对面的交谈、电话、电传、计算机之间的电子通信。在传统的经营活动中，信息的主要交换媒介是纸，如支票、订货单等。这些纸上的工作和通信不仅量大，成本高，而且速度慢，容易出错。于是，国际上一些大型企业就开始考虑能否通过计算机传递和处理这些信息，这种技术的主体是电子数据交换。

EDI（electronic data interchange）即电子数据交换，它是 20 世纪 70 年代发展起来并随着互联网的诞生和应用而得到进一步发展的一种电子化商业贸易工具，是电子商务的一种重要的通信技术。国际标准化对 EDI 的定义为，“出于商业或行政事务处理的目的，按照一个公认的标准，形成结构化的事务处理或消息报文格式，从计算机到计算机的数据传输方法”。我国对 EDI 公认的较为精确的定义是，“按照协议的结构格式，将标准的经济信息，经过电子数据通信网络，在商业伙伴的电子计算机系统之间进行交换和自动处理”。

5. 电子商务物流信息技术

信息技术的产生和发展及其在商务活动中的应用促成了电子商务这一新颖商业交易模式的诞生和演进。另一方面，物流的发展始终离不开两个重要因素的影响，一个是基础设施，另一个是基于各种信息技术而搭建的物流信息系统。在现代电子商务物流中，一旦离开了计算机、网络通信、数据库等信息技术的强有力支撑，商务活动和物流活动都将丧失活力。历史和现状都让人们清醒地认识到信息技术对于电子商务物流的重要作用。

◎小结

电子零售，也叫网上零售，是零售商与顾客之间主要通过电子网络进行的商务、交流等活动。具有商务性、服务性、集成性、可扩展性、安全性、协调性等特征。按照服务的类型，可以将电子零售分为企业对企业、企业对消费者和消费者对消费者三大动作模式。网络商店，称为网上商店，或者简称网店，其运营管理是将所有的运营管理工作在电子商务环境中的一种应用。电子商务平台有不同的划分方法。

➢案例　沃尔玛将在中国发展网上购物

2011 年 7 月 20 日，沃尔玛全球高级副总裁、中国区总裁兼首席执行官陈耀昌做客新华网，就“零售业发展”与网友在线交流。他透露，未来几年沃尔玛将加快发展电子商务，满足顾客网上购物的需要。

[主持人] 沃尔玛在美国的网上购物已经做得很成熟了，现在在中国这块业务发展如何？

[陈耀昌] 我们很看好电子市场在中国的发展潜力，我们相信未来几年发展会更快。去年底，我们在深圳山姆店推出网上购物，今年在北京山姆店也推出了电子商务。现在网上购物越来越受欢迎，尤其是那些年轻白领，很多人都在网上购物。沃尔玛在中国已经 15 年了，也累积了很多这方面的经验，包括在采购、本土化等方面都累积了很多的经验。未来几年当网上购物成为更大的主流的时候，我们会利用网上渠道来满足我们现有的顾客，包括现在还不是我们的顾客都可以满足他们。

[主持人] 在发展电子商务方面，沃尔玛有时间表吗？

[陈耀昌] 有。去年开了深圳的网上购物，最近开了北京山姆的网上购物，山姆现在是两个城市。最近沃尔玛和上海市政府签订了一个备忘录，将在上海设立全球电子商务总部。这些就是最近我们进军电子商务的具体行动。我们相信，未来几年，在中国网上购物的整个市场会成长得更快。(原文出自【比特网】)

☞讨论题

根据以上材料，谈谈我国电子零售发展趋势（难点、目标、路径等）。

思考题

1. 电子零售的定义及特征？
2. 电子零售的商业模式？
3. 电子零售对传统零售有用何影响？
4. 网络商店如何实施品牌化战略？
5. 电子商务平台及其功能？

第十七章　零售绩效评估

本章讨论的主要问题

1. 零售绩效评估的内涵及意义
2. 零售绩效评估的内容与原则
3. 零售绩效评估指标体系构成与分析
4. 零售绩效评估的步骤与方法

关键术语

绩效评估　指标体系　比较分析法　因素分析法　综合评价法

第一节　零售绩效评估的意义与内容

为了提高零售企业经营效益，必须对其经营活动业绩进行认真的分析评价，这是对企业经营活动进行科学管理的重要组成部分，也是零售企业改善经营管理和提高经营效益的主要手段。

一、零售绩效评估的意义

零售绩效评估是指通过考核、考查和评比的方法，对零售企业经营活动过程中的经济效益、服务效益和管理效益进行综合地考评与客观地分析，以便总结经验教训，促进企业不断发展，实现最佳的社会经济效益。

要正确地评价零售绩效情况，必须从现代零售企业经营的特点出发，全面分析影响零售企业经营的有关因素，为进一步加强零售企业经济核算、经营管理制度，提高经济效益提供依据。因此，开展零售绩效评估有着十分重要的意义。

（一）进行零售绩效评估，有助于认识零售企业的经营过程，改善企业经营管理

实行零售绩效评估，实质上是一项企业市场零售状况的工作信息反馈，可以使企业经营者及时掌握和了解企业经营的实际状况，正确认识经济的客观规律，验证企业经营思想、经营目标和经营决策是否正确，检查企业经营中存在的问题，以便及时调整经营策略，适应市场经营活动，从而为改进零售企业经营管理和服务工作提供重要的依据。

（二）进行零售绩效评估，有助于加强和调整零售企业经营活动的计划性

通过对零售企业经营状况定期的考核和评估，不仅能对已执行计划情况和结果进行全面的分析，及时地总结经验和教训，而且能查明影响企业执行计划过程中诸多因素，便于调整计划和采取改进措施，以保证零售企业计划的实现。

（三）进行零售绩效评估，有助于企业深挖潜力，增强企业活力

企业通过对人力、物力和财力等资源利用情况的全面考评，分析各种资源利用程度，便于深挖潜力，充分利用好各种资源，找出完成企业经营目标的最佳途径。同时，通过经营绩

效考评，也能充分调动职工积极性、共同参与企业经营管理，从而增强企业活力。

（四）进行零售绩效评估，有助于提高企业管理者水平

零售经营活动是零售工作的中心，零售管理必须围绕零售经营活动这个中心而开展活动。零售企业只有通过对经营活动的全过程进行考核和评估，才能及时发现问题，使零售管理者制订正确经营方针、目标和决策以及具体措施，推动经营活动开展。然而，只有对零售经营活动情况进行科学分析，反馈给管理部门，使管理部门及时采取相应的对策，无疑是对管理者水平提高的保证。

二、零售绩效评估的内容

零售企业的经营活动，不仅要求把商品及时地送达到消费者手中，满足消费者的物质需求，并取得合理利润；而且还应讲究在经营活动过程中对消费者的服务质量，执行国家政策和法律制度。因此，评估零售的经营绩效，不仅要评价其经济效益，而且还应十分注意评价为消费者提供的服务效益和保证最佳经营成果的管理效益。

（一）经营效益评价

零售经营效益主要是通过组织商品流转、资金的占用与费用的开支等情况的各项经济指标反映出来的，对这些经济指标的完成情况分别进行考评，就可以发现问题，改进措施，不断提高零售企业的经营业务水平。考核经营状况的经济指标主要有商品销售额、利税额、人均利税额、资金周转次数、利润率、流动资金利润率、资金利税率等。一般以考核资金利税率指标为核心。

（二）服务效益的评价

零售业在销售商品的同时也向顾客提供各种服务，商品经营和提供服务的统一是现代零售业的经营特点之一。通过服务方便消费者的日常生活，通过服务保持企业与顾客良好的关系。零售企业一般都提供与商品销售直接相关的服务，所以服务状况同样是一种经营业绩，它不但是一种社会效益的体现，而且直接影响企业的销售额和利润额的大小。衡量零售企业服务状况的效益指标，主要有服务项目、服务态度、便民措施、经营品种数、商品出样率、顾客满意程度以及其他服务指标，一般以考核顾客满意率为核心。

（三）管理效益的评价

管理是企业的永恒主题，管理也是第一生产力。企业经营离不开科学管理，越来越多的证据表明，高水平的管理将使零售业成为市场竞争中的赢家。优良的管理需要零售企业着眼于对各项管理经济指标的考核与评价，分析其原因，找到管理的新途径，使企业管理更有针对性，适应市场经济发展，提高经济效益。考核零售企业管理状况的效益指标主要有零售企业的制度建设、定额管理、合同有效率、库存商品适销率、账货相符率等内容。一般以考核库存商品适销率为核心。

应当指出，零售企业的经营绩效评估和企业经济核算有着密切的联系。对经营绩效的评估是建立在经济核算基础上的，因此也是加强企业经济核算的重要途径。企业通过经济核算，掌握企业劳动消耗、资金占用和劳动成果等全面、系统的资料，由此可以评估企业所取得的社会经济效益的高低。通过对企业经营绩效的评估，找出经营效果上的差距，采取相应措施，完善和健全企业的经济核算。

三、零售绩效评估的原则

对零售业经营绩效评估是一项极为复杂的工作。进行经营绩效评估时，不论是宏观方面，还是微观方面；不论是定量方面，还是定性方面，都应有一个正确的立足点，使考评效果做到全面、准确、不出现片面性。具体来讲，在进行经营绩效评估时，要把握好以下几方面的基本原则：

（一）以完整的指标体系进行评估的原则

针对现代零售企业在经营管理上的特点和需要，既要评估企业经营指标完成状况，又要评估企业服务指标状况，还要评估企业经营活动中人财物资源的合理使用情况。因此，评估的项目指标要成为相互联系、相互补充的完整体系，对零售企业效益进行综合全面考评。评估的不仅仅是经济效益指标，还应包括服务效益指标和管理效益指标等内容。这样，才能系统整体地鉴定一个零售企业效益的高低。

（二）坚持外部考评与企业自我考评相结合的原则

对零售企业的评估可采取外部考评与自我考评相结合，以外部考评为主的评估办法。只有将内、外考评结合起来，才能使评估比较符合客观实际，有利于企业加强管理，提高经济效益。

（三）坚持定量考评与定性考评相结合的原则

对零售企业经营活动过程中有关事项能够定量的都要进行“量化”考评，以数据为依据，具体、客观、准确地反映实际状况。如资金利税率、经营品种实现率、顾客满意率等。对一些不能做出定量的规定的考核内容，必须做出明确具体的定性要求。有的通过合理的设计可以转变为定量指标，如商品陈列、柜台纪律等方面，在统一标准的前提下，把这些直接无法定量的方法，用分数作指标，间接地做出量的规定。

（四）坚持考评标准统一性的原则

考评标准必须是统一的，只有坚持考评标准统一，才能对同类型、同规模的零售企业经营业绩做出优劣评判。当然，对不同类型、不同规模的零售企业要视具体实际情况用不同标准衡量，这样才能做到公平合理。

四、影响绩效的主要因素

影响绩效的因素主要有四种，即员工技能、外部环境、内部条件以及激励效应。

员工技能是指员工具备的核心能力，是内在的因素，经过培训和开发是可以提高的；外部环境是指企业和个人面临的不为企业所左右的因素，是客观因素，是完全不能控制的；内部条件是指企业和个人开展工作所需的各种资源，也是客观因素，在一定程度上可以改变内部条件的制约；激励效应是指企业和个人为达成目标而工作的主动性、积极性，激励效应是主观因素。

在影响绩效的四个因素中，只有激励效应是最具有主动性、能动性的因素，人的主动性积极性提高了，企业和员工会尽力争取内部资源的支持，同时企业和员工技能水平将会逐渐得到提高。因此，通过适当的激励机制激发人的主动性、积极性，激发企业和员工争取内部条件的改善，从而能够提升技能水平，进而提升个人和企业绩效，影响绩效的主要因素模型如图 17-1 所示。

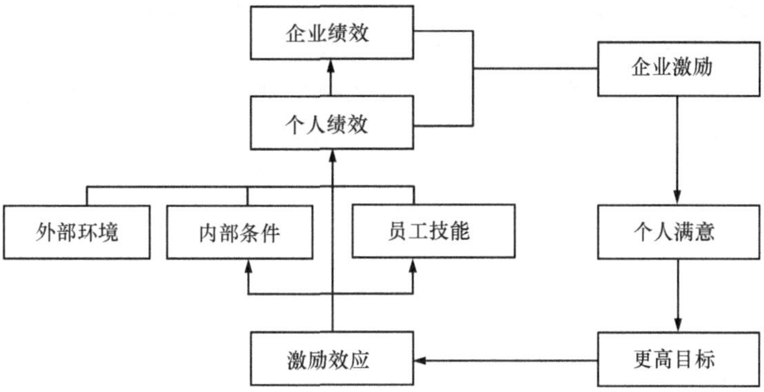

图 17-1　影响绩效主要因素模型

第二节　零售绩效评估的指标体系

反映零售企业绩效的经济指标很多，每一个具体的经济指标，只能反映出问题的一个侧面，只有将这些指标结合起来，形成相互联系、相互影响、相互补充的有机整体，才能全面反映企业经营绩效的全貌。

一、经济效益的评价指标

经济效益的评价指标较多，一般有以下十项。

（一）资金占用率

资金占用率是评价零售企业经营过程中资金占用情况的重要指标，是用资金平均占用额与商品销售额对比，反映每销售百元销售额占用多少资金。其计算公式为：

资金占有率＝资金平均占用额÷商品销售额×100％

式中资金平均占用额是报告期内若干时点资金占用额的序时平均数。

为了分别观察流动资金和固定资金的占用情况，可用流动资金平均占用额和固定资金平均占用额为分子，分别计算流动资金占用率和固定资金占用率。还可用商品资金平均占用额为分子来计算商品资金占用率。

资金占用率指标表现为所费与所得的比值，数值越大，表明资金利用率越低，经济效益越差，反之，经济效益好。

（二）流动资金周转率

流动资金周转率，也称流动资金周转速度，是指流动资金在一定时期内（月、季或年）周转的次数或周转一次所需要的天数。其计算公式为：

流动资金周转次数＝一定时期商品销售额÷同期平均流动资金占用额

或＝分析期日历天数÷同期流动资金周转天数

流动资金周转天数＝一定时期流动资金平均占用额÷同期平均每日销售额

或＝（一定时期流动资金平均占用天数×期内天数）÷同期商品销售额

或＝分析期日历天数÷同期流动资金周转天数

资金占用率的高低固然是企业评价经济效益的一个重要方面，但在资金占用既定的条件下，仍有资金是否被最大限度利用问题。相等数量的资金，利用得越充分，则说明经济效益越好，反之则差。反映资金利用充分情况的指标就是流动资金周转率。

例如：某大厦 2001 年第一季度的商品销售额为 150 万元，流动资金平均占用额为 50 万元，则：

流动资金周转次数＝150÷50＝3（次）

流动资金周转天数＝（50×90）÷150＝30（天）

（三）资金利税率

资金利税率是指零售企业全部资金占用额与利税总额对比的结果。其计算公式为：

资金利税率＝（实现利润＋税金）÷全部资金平均占用额×100％

资金利税率是评价零售企业经济效益的一项重要的综合指标。它既与资金占用、周转速度相关联，又与商品销售、费用支出、财产损失有关。它不仅以企业所得与所费对比，反映资金使用效益，而且反映企业增收节支，努力扩大销售，降低成本，改善经营管理取得的经济效益，所以，资金利税率指标成为考核经济效益的核心指标。

（四）流通费用率

流通费用率，也称费用水平，是指某一时期商品流通费用总额与商品销售额的比值。其计算公式为：

流通费用率＝流通费用总额÷商品销售额×100％

流通费用率是反映完成一定量的商品流转任务所消耗的劳动量。流通费用率越高，表明经济效益越低，反之，流通费用率越低，则表明经济效益越高。

（五）流通费用率程度和升降速度

为了比较不同时期费用水平变动的情况，反映企业在降低费用水平，提高经济效益方面所取得的成绩，还需进一步计算费用升降程度（升降差）和升降速度。其计算公式为：

流通费用水平升降程度＝报告期费用水平－基期费用水平

流通费用水平升降速度＝费用水平升降程度÷基期费用水平×100％

费用率的升降，意味着完成一定量的商品流转任务所需劳动消耗的浪费或节约。因此，把流通费用率的升降程度和一定时期的商品流转额联系起来，便可考核因费用水平的升降而产生的绝对经济效果即流通费浪费或节约额。其计算公式为：

流通费用浪费＝报告期流转额×（报告期流通费用率－基期流通费用率）

（六）毛利率

毛利率即进销差价率，是指毛利额与商品销售额的比值。其计算公式为：

毛利率＝毛利额÷商品销售额×100％

（七）销售利润率

销售利润率是销售利润额与商品销售额的比值，它反映平均每百元销售收入可提供的利润额。其计算公式为：

销售利润率＝销售利润额÷商品销售额×100％

（八）资本金利润率

资本金利润率是指企业利润总额与资本金总额的比值。其计算公式为：

资本金利润率＝利润总额÷资本金总额×100％

资本金利润率指标表明零售企业资金利用的综合效果。该指标越高，表示企业资金利用效率越高，反之，则表示企业资金的利用效率越低。

（九）全员劳动效率

全员劳动效率是指零售企业全部职工在一定时期内的人均销售额。其计算公式为：

全员劳动效率＝一定时期内商品销售额÷一定时期平均职工人数×100％

（十）人均创利税额

人均创利税额是指一定时期内零售企业职工平均每人实现的利润和税金额，它反映企业职工的贡献程度。其计算公式为：

人均创利税额＝（企业实现利润＋上缴税金）÷企业职工平均人数

二、服务效益的评价指标

（一）顾客满意率

顾客满意率对是零售企业服务态度、服务质量、满意程度的客观评价。顾客满意率一般可分为满意、较满意、不满意三个级别。顾客满意率以85％作为衡量标准。其计算公式为：

顾客满意率＝满意票÷回收票×100％

例如，某商场2010年5月1日～5日现场发《征求顾客意见表》500张，进行顾客满意率抽样调查，抽样结果见表17-1。

表17-1　顾客意见统计表

回收票	500张	占总发票％
其中：满意票	460张	92
基本满意票	32张	6.4
不满意票	7张	1.4
弃票	1张	0.2
顾客满意率	98.40％	

计算结果表明，该商厦顾客满意率较高，企业赢得了消费者好的声誉，为企业开展经营活动奠定了基础。

（二）商品备货率

商品备货率是指企业实际经营品种数与必备目录品种数的比值。计算公式：

商品备货率＝实际商品品种数÷必备目录品种数×100％

（三）商品退换率

商品退换率是指零售企业由于商品质量较差或销售时介绍不清楚而造成的退换数量占商品销售量的比值。它是反映零售企业服务质量的重要指标。其计算公式为：

商品退换率＝商品退换量÷商品销售量×100％

三、管理效益的评价指标

管理效益评价指标一般有以下四项。

（一）库存商品适销率

库存商品适销率是指适销对路的商品与库存商品的比率。它反映企业商品资金占用是否结构合理和满足社会需要的程度。其计算公式为：

库存商品适销率＝库存适销商品总额÷库存商品总额×100％

（二）经济合同签证有效率（法律手续完备有效）

经济合同签证有效率是指零售企业所签证合同的履行数与签证数的比率。它反映签证合同实现的有效程度。其计算公式为：

合同签证有效率＝履行合同数÷签证合同数×100％

（三）账货相符率

是指零售企业账货相符笔数与储存商品笔数的比值。它反映零售企业储存商品与所售商品的差错质量问题。一般按差错率规定。其计算公式为：

账货相符率＝账货相符笔数÷储存商品笔数×100％

（四）销售长、短款占总营业额的比率

销售长、短款占总营业额的比率是指营业员在销售过程中发生的长短款金额占销售收入的比值。其计算公式为：

销售长短款占营业额比率＝销售长短款金额÷营业额×100％

第三节　零售绩效评估的步骤与方法

零售企业经营绩效评估是一项既严肃而又复杂、细致的工作。为搞好评估工作、使评估工作有目的、有组织、有计划开展，必须制定评估步骤，以保证评价工作顺利进行。为综合全面反映零售企业的经营绩效，必须采用科学的方法对其经营活动进行认真分析和评估。

一、零售绩效评估的步骤

（一）确定评估对象，拟定评估计划

开展零售企业经营绩效评估是具有一定目的性的，因此，在组织这项工作时首先要确定评估对象，提出如何解决主要问题和相关问题，为实施评估工作指明方向；其次，要制定好评估工作计划，具体内容包括：评估的目的要求、评估的原则和评估的基本内容，评估的指标体系和评估方法步骤等。

（二）收集审核资料，掌握经营情况

零售经营绩效评估计划制定后，评估工作人员应围绕评估对象按计划进行收集资料。对收集的资料反复进行审核，审核资料的真实可靠程度和有用性，在此基础上，根据零售企业经营绩效评估项目标准，进行自我评估，掌握企业经营具体状况，并按有关评估要求对资料进行整理、分工和加工，形成系统、完整资料。

（三）比较分析，寻找差距

对搜集的资料进行综合整理后可着手进行分析研究。通过有关数据资料同评估标准指标数据进行对比，计算出差异。如可从商品销售总额、经营资金财务指标、流动费用率、劳动效率指标等方面与评估标准比，与本企业历史同期指标比，与本企业历史最优指标比，与同行业一般水平指标比，与先进水平指标比。然后再分析造成差异的原因，分析影响差异的有关因素及其影响的程度，并在分析研究的基础上进行归纳和综合。

（四）进行评估总结，提出改进措施

零售企业开展经营评估的目的在于对企业的经营能力与水平鉴定，以便总结经营工作中的优缺点，发扬优点、克服缺点，努力提高经济效益。因此，零售企业经营评估的最后步骤是要在分析、研究基础上，寻找影响经营绩效的相关因素，并对影响因素作全面、系统地分析、总结，提出改进工作的措施。另外，绩效评估的结论要求实事求是，客观、公正地对各种资料采用科学方法进行分析。结论中既要肯定成绩、优点，又要指出缺点、错误和薄弱环节；既要引用有关指标的计算数据，又要有文字论证。结论中提出的措施要针对企业经营所存在的具体问题，应当具有可行性和有效性。

二、零售绩效评估的方法

零售企业经营绩效评估的分析方法很多，但常用方法主要有比较分析法、因素分析法、综合评价法等。

（一）比较分析法

比较分析法，又称对比分析法。它是经营绩效评估分析常用的方法之一，是通过具有可比性的经济指标之间的对比，来说明某一经济现象的成绩或差异的方法。运用这种方法进行经营评估分析，可以通过经营活动中指标的对比，找差距、挖潜力，提高经济效益。

（1）本期实际完成指标与同期计划指标比较。这种比较方式可以说明计划完成程度，从中发现实际完成情况与经营计划指标之间的差距，为进一步查明产生差距的原因提供依据。

（2）本期实际完成指标与上期实际完成指标比较。这种比较方式可以揭示经营企业的发展方向和发展趋势，从而探索其发展变化规律，为未来改善经营管理提供依据。

（3）本期实际完成指标与上年同期完成指标比较。这种比较方式可以说明企业经营同以前相比是进步了还是后退了，为未来制定经营策略提供依据，分析时一般可以剔除季节性商品对经营成果的影响，上、下两年时间也比较接近。

（4）本期实际完成指标与历史最优指标比较。可以激励企业不断进取，再创佳绩，把企业的经济效益推向最优化，为企业制定战略决策提供依据。

（5）本期实际完成指标与同类企业完成的指标比较。这种比较方式在于寻找本企业与同类企业的差距，吸取其他企业先进经验，克服本企业薄弱环节，深挖潜力，提高企业经营管理水平。

比较分析法的应用范围比较广泛，计算方法简便易学，便于理解和掌握。但在应用这种方法时，要特别注意比较指标之间的可比性，即指标内容、计算方法、计价标准、时间单位等方面的一致性，注意业务经营的规模、范围的基本一致性。此外，比较分析法不但可以进行有联系经济指标之间的静态的横向对比分析，而且还可以在某一经济指标之间进行动态的纵向对比评价分析。

（二）因素分析法

因素分析法，又称因素替代法。它是指根据经济现象内部几个相互联系与制约的指标之间关系，对某种现象指标的综合变动，按其内在的组合因素，从数量上分析其受各因素指标影响的方向和程度的一种分析评价方法。因素分析法又有连锁替代法和差额分析法。

连锁替代法又称连环替代法，这种方法可以在复杂的经济因素中，测定各因素对总差异的影响程度，分清主次，找出主要影响因素，并进一步分析原因，不断提高企业管理水平。其计算一般程序为：

（1）根据各项因素的依存关系，列出关系式；

（2）按一定顺序逐项以各个因素的实际数替换计划数，每项替换后的实际数就被保留下来，直到所有因素都变成实际数为止，有几项因素就替换几次；

（3）将每次计算结果与其临近的前一个计算结果进行比较，两者的差异就是某一因素对计划完成情况的影响程度和影响方向；

（4）将各因素的影响程度的数值相加，即是实际指标与计划指标之间的差异额。

例如，某零售企业 2009 年第三季度流通费用率计划执行情况如表 17-2 所示，试分析各因素对商品流通费用的影响程度与方向。

表 17-2　商品流通费用率计划执行情况分析表　　单位：万元

指标	计划	实际
商品销售额	20 000	28 000
商品流通费用率/%	9.5	8.7
商品流通费用额	1 900	2 436

根据表 17-2 可以看出，商品流通费用额实际比计划大 536 万元，这说明实际与计划存在差异，差异额为 536 万元。

由于商品流通费用额是由商品销售额和商品流通费用率两个因素的乘积构成。因此，我们把商品流通费用额这个总指标分解为两个因素，即两个指标，这就可以用连锁替代法来计算求解。其计算结果如表 17-3 所示。

表 17-3　连锁替代法计算表

指标	经济内容
（1）计划指标	计划商品销售额×计划商品流通费用率 20000×9.5%=1900 万元
（2）替换商品销售额指标	实际商品销售额×计划商品流通费用率 28000×9.5%=2660 万元
（3）替换两品流通费用率指标	实际商品销售额×实际商品流通费用率 28000×8.7%=2436 万元

根据表 17-3 资料，计算各个因素的变动对商品流通费用额指标的影响程度与方向。

由于商品销售额变动的影响：

（2）－（1）＝2660－1900＝＋760（万元）

由于商品流通费用率变动的影响：

（3）－（2）＝2436－2660＝－224（万元）

两个因素共同影响，使商品流通费用额发生的差异：

760（万元）－224（万元）＝536（万元）

计算结果表明，由于商品销售额增加使商品流通费用额增加了 760 万元和商品流通费用率下降使商品流通费用额减少了 224 万元，两个因素共同作用的结果使商品流通费用额超过计划 536 万元。

差额分析法实质是连锁替代法在实际应用中的一种简化形式。是直接用实际数与计划数之间的差额来计算各因素指标变动的影响程度和方向。其计算程序是计算各个因素实际指标与计划指标的差额，然后再按照连锁替代法的替代顺序，依次逐个计算各因素变动的影响差额。

应用因素分析法应注意的问题：

(1) 进行因素替代影响分析时，必须使各个因素能够反映零售企业经营管理工作中存在的问题，否则，评价分析是无效的。

(2) 分析某一因素变动对总经济指标的影响程度时，必须假定只有这一个因素变动，而其他因素固定不变。这样才能排除其他各个因素的影响，有效地进行评价分析。

(3) 各个因素的替换计算必须连锁地逐项进行。由于各个因素的变动是在相互联系中发生作用的，千万不可把它们相互孤立或割裂起来。

(4) 各个因素的替代，必须按照一定的顺序排列并依次地替换，不可随便颠倒计算。否则，将得不到符合要求的结果。一般情况下，应以数量指标在前，质量指标在后的原则来排列各个因素，已替换的因素用实际指标，未替换的因素用计划指标。

（三）综合评价法

综合评价法，是在各单项指标的基础上，采用一定的科学方法对各项指标进行定量处理，使它们结合成一个具有高度综合性的指标，并据此对企业经济效益进行整体评价的一种方法。综合评价法的基本思路是：把不能直接相加的、性质不同的、单位各异的多个单项指标的数值进行定量处理，过渡到可以直接汇总的指标值，并通过一定的方法计算出一个综合值来评价企业经营状况的优劣。对不同性质的指标数值如何进行定量处理，使之可以相加，是一个比较复杂的问题，目前学术界对这一问题作了较深的研究，提出了各种各样的综合评价方法，尚在不断实践和完善之中，这里仅介绍一种目前最常用的综合指数法，以供实际应用中参考。

综合指数法是指将各项经济效益指标按其作用和重要程度赋予权数，并将各项经济效益指标报告期的实际数值与该项的标准数值进行对比，计算出对比结果，再计算出加权平均数，作为评价企业经济效益综合指数的一种综合评价方法。其具体步骤为：

第一步，选定评价企业经济效益的指标；

第二步，规定统一的评价标准；

第三步，根据各项指标的重要程度确定其权数；

第四步，计算各项指标的对比系数；

第五步，计算出企业经济效益指标的综合指数，其计算公式为：

$$k=(a_{11}/a_{10}\times f_1+a_{21}/a_{20}\times f_2+\cdots+a_{n1}/a_{n0}\times f_n)\div(f_1+f_2+\cdots+f_n)$$
$$=\sum a_{i1}/a_{i0}\times f_i\div\sum f_i$$

式中，a_{i1} 表示第 i 项经济效益指标报告期实际数值；a_{i0} 表示第 i 项经济效益指标标准值；f_i 表示第 i 项经济效益指标的权数。

根据我国财政部公布的企业经济效益评价指标体系规定，体系中的十项指标的标准值为行业平均值，标准评分为 100 分，其中：销售利润率 15 分，总资产报酬率 15 分，资本收益率 15 分，资本保值增值率 10 分，资产负债率 5 分，流动比率（或速动比率）5 分，应收账款周转率 5 分，存货周转率 5 分，社会贡献率 10 分，社会积累率 15 分。

以表 17-4 中资料为例说明某零售企业某年经济效益综合指数的计算过程：

表 17-4　某股份有限公司经济效益综合指数分析表

指标名称	标准值/%	实际值/%	对比指数	权数	总评分
销售利润率	10	16	1.600	15	24.00
总资产报酬率	4	3.5	0.875	15	13.125
资本收益率	16	15	0.938	15	14.070
资本保值增值率	8	6	0.750	10	7.500
资产负债率	40	38	0.950	5	4.750
流动比率	2	3	1.500	5	7.500
应收账款周转率	3	2.5	0.833	5	4.165
存货周转率	6	5	0.833	5	4.165
社会贡献率	12	10	0.833	10	8.330
社会积累率	5	4	0.800	15	12.000
评分总计	—	—	—	100	99.605

表 17-4 中的计算结果表明，该年某股份有限公司的综合评分为 99.605 分，企业经济效益在总体上高于全国平均水平，属上等水平。若与不同企业相比，则需求出不同企业综合评分，然后再比较其得分高低，得分高者即为经济效益较好的企业。

但由于企业在实际经营过程中，有的指标值常会出现异常，因此，在运用上述方法进行综合评价时，应注意以下问题：

(1) 亏损企业没有盈利，前四项指标实际比率为负值，相对比率一律取 0，不能出现负数评分。

(2) 资产负债率超过标准比率时，并非现象好，不得多给分，因根据“标准值除以实际值”确定相对系数，使实际评分低于标准分数。

(3) 有些企业个别经济指标值会由于特殊情况发生异常，为避免对综合评分发生不合理的过分影响，该体系规定资产负债率、流动比率、应收账款周转率、存货周转率四项指标最高得分为基本权数比分的 2 倍，即最高得分为 10 分。

由于综合指数法是根据各评价指标的重要程度确定其权数，而且全国统一标准，经过加权平均，能全面、完整地反映零售企业商品流转活动的劳动占用、劳动耗费与经营成果之间的对比关系，不仅同行业之间有可比性，不同行业之间也具有一定的可比性，再加上其计算手续也简便易行，因而在进行经营绩效评估时经常使用。

◎小结

开展零售企业经营绩效评估有十分重大的意义。一般来说，经济效益评价考核以资金利润率为核心，服务效益评价考核以顾客满意率为核心，管理效益评价考核以库存商品适销率为核心。经营绩效评估的基本原则有建立完整的评估指标体系、坚持外部考评与企业自我考评相结合、坚持定量考评与定性考评相结合、坚持考评标准的统一性。零售企业经营绩效评估指标体系，一般包括经济效益评价指标、服务效益评价指标、管理效益评价指标。零售企业经营绩效评估须注意评估步骤与评估方法。一般按照拟定评估计划、收集审核资料、比较分析、评估总结的步骤进行。常用的评估方法有比较分析法、因素分析法和综合评价法。

➢案例 1 武商集团主要财务指标

武汉武商集团股份有限公司（以下简称“武商集团”）的前身是武汉商场，创建于 1959 年，是全国十大百货商店之一。1986 年 12 月改造为股份公司。1992 年 11 月 20 日公司股票在深交所上市。1999 年末公司总股本为 507248590 股。公司是一家集商业零售、房地产、物业管理及餐饮服务的大型集团公司。

武商集团主要财务指标一览表

分析内容		指标	1999.12.31	2000.6.30	指标	1999.12.31	2000.6.30
资金结构状况	资产结构	流动资产率	0.282 0	0.292 6	存货比率	0.330 0	0.3370
		应收账款比率	0.468 1	0.438 6	长期投资率	0.033 4	0.031 3
		在建工程率	0.271 5	0.198 6			
	负债结构	资产负债率	0.534 4	0.555 4	产权比率	1.333 1	1.449 5
		流动负债率	0.460 7	0.464 9	负债经营率	0.073 7	0.090 6
资金平衡状况		固定比率	1.499 3	1.197 8	营运资本	−5.0 亿元	−5.2 亿元
		营运资金需求	4.6 亿元	5.1 亿元	现金支付能力	−9.6 亿元	−10.3 亿元
偿债状况		流动比率	0.612 1	0.629 5	速动比率	0.406 4	0.414 1
		资产负债率	0.534 4	0.555 4	负债经营率	0.073 7	0.090 6
		利息保障倍数	3.83 8	5.35 3			
盈利状况		主营业务利润率	1.89%	16.7%	成本费用净利率	1.89%	3.52%
		内部投资收益率	2.97%	2.56%	对外投资收益率	−12.1%	−2.89%
		净资产收益率	2.77%	3.02%			
营运状况		存货周转天数	66 天	68 天	固定资产周转率	1.007	0.687
		总资产周转率	0.606	0.344	平均收账期	79 天	77 天

☞讨论题

请结合武商集团 1999 年年报和 2000 年年报对企业绩效进行评估。

➢案例 2 上海百联集团股份有限公司 2007～2010 年主要财务指标（万元，%）

	2010 年	2009 年	2008 年	2007 年
利润总额	99 693.49	65 586.82	56 172.06	61 431.67
所得税	21 212.18	13 764.20	12 969.16	15 091.60
净利润	61 484.92	41 565.67	35 653.11	35 481.92
销售毛利率	25.20	26.08	27.77	26.38
主营业务收入	1 284 395.92	1 045 902.58	917 737.28	842 824.59
主营业务利润率	7.44	6.00	—	—
净资产收益率	9.89	6.28	7.72	7.69
存货周转率	60.55	53.45	48.82	43.18

续表

	2010 年	2009 年	2008 年	2007 年
总资产周转率	0.86	0.75	0.72	0.84
主营业务收入增长率	22.80	13.96	8.89	−3.70
净利润增长率	47.92	16.58	0.48	28.87
净资产增长率	−6.08	43.35	0.05	22.48
总资产增长率	−2.93	17.92	2.84	65.18

☞讨论题

请结合上表对上海百联集团股份有限公司经济效益进行分析。

➤案例 3　2005 年全国大型零售企业（单店）销售额、零售额统计表

企业名称	销售额				零售额			
	2005 年实绩		2005 年比 2004 年		2005 年实绩		2005 年比 2004 年	
	排序	千元	排序	±%	排序	千元	排序	±%
上海豫园旅游商场股份公司	1	4 239 586	71	11.2	6	2 155 022	134	−8.0
南京中央商股份有限公司	2	3 838 946	18	33.4	1	3 691 620	18	31.9
长春欧亚集团公司欧亚商都	3	3 276 850	5	66.5	2	3 276 850	4	66.5
济南人民商场股份有限公司	4	2 898 769	29	25.3	3	2 898 769	27	25.3
天津劝业场（集团）股份公司	5	2 734 890	68	11.8	16	1 615 550	138	−10.6
广州市广百股份有限公司	6	2 464 390	38	21.0	8	2 000 090	36	20.6
北京燕莎友谊商城有限公司	7	2 328 171	23	27.5	4	2 328 171	21	27.5
杭州大厦购物中心	8	2 158 215	54	14.5	5	2 158 215	49	14.5
中兴一沈阳商业大厦（集团）股份有限公司	9	2 114 023	99	5.1	7	2 100 127	89	6.7
西安开元商场有限公司	10	2 027 787	49	14.9	11	1 920 784	76	8.9
北京市西单商场股份有限公司	11	1 947 017	14	35.4	9	1 947 017	13	35.4
石家庄北国商城	12	1 934 250	8	45.9	10	1 934 250	7	45.9
广州友谊商店股份有限公司	13	1 803 300	17	33.9	12	1 803 300	16	33.9
上海徐家汇商城股份有限公司（上海六百）	14	1 754 910	97	5.7	13	1 751 110	93	5.6
沈阳商业城股份有限公司	15	1 714 637	100	5.0	15	1 670 306	72	9.9
北京翠微大厦股份有限公司	16	1 679 272	57	13.8	14	1 679 272	53	13.8
中原百货集团股份有限公司	17	1 624 460	35	22.5	49	795 782	87	7.1
南昌百货大楼股份有限公司	18	1 503 209	70	11.3	28	1 146 474	77	8.9
南京新街口百货商店股份公司	19	1 446 142	140	−12.7	17	1 446 142	141	−12.7
北京城乡贸易中心股份公司	20	1 444 113	126	−4.0	18	1 444 113	123	−4.0
百大集团股份有限公司杭州百货大楼	21	1 367 381	91	7.5	19	1 367 381	85	7.5
南昌洪城大厦股份有限公司	22	1 305 023	85	8.4	24	1 174 670	113	0.2

续表

企业名称	销售额				零售额			
	2005年实绩		2005年比2004年		2005年实绩		2005年比2004年	
	排序	千元	排序	±%	排序	千元	排序	±%
广东天河城百货有限公司	23	1 285 165	60	13.3	20	1 285 165	57	13.3
苏州人民商场股份有限公司	24	1 261 728	39	20.9	41	972 105	45	15.8
东方商厦有限公司	25	1 252 450	90	7.6	21	1 252 450	84	7.6
赛特购物中心	26	1 247 720	61	12.9	22	1 247 720	58	12.9
杭州解百集团股份有限公司	27	1 245 450	44	17.5	37	1 009 652	51	14.2
南宁百货大楼股份有限公司	28	1 209 700	42	18.4	32	1 081 600	42	16.7
天津滨江商厦有限公司	29	1 200 210	136	−7.9	56	750 910	118	−1.5
沈阳兴隆大家庭购物中心有限公司	30	1 180 000	59	13.5	23	1 180 000	56	13.5
北京菜市口百货股份有限公司	31	1 171 880	20	31.1	26	1 154 490	19	29.4
广州市新大新公司	32	1 162 427	53	14.8	57	750 406	91	6.1
长春百货大楼集团股份有限公司	33	1 161 698	144	−17.6	25	1 161 698	146	−17.6
上海市第一百货商店	34	1 161 250	116	1.0	29	1 139 710	106	2.6
哈尔滨中央红集团股份有限公司	35	1 152 493	73	11.1	36	1 026 752	79	8.7
长春欧亚集团长春欧亚卖场有限责任公司	36	1 149 339	2	134.5	27	1 149 339	2	134.5
银泰百货有限公司宁波分公司	37	1 126 965	12	39.2	30	1111 974	12	37.6
武汉中商平价徐东平价广场	38	1 088 360	108	3.2	31	1 088 360	104	3.2
无锡八佰伴经济管理有限公司	39	1 055 572	88	7.9	33	1 055 572	82	7.9
利群集团股份有限公司（利群商厦）	40	1 048 202	55	14.3	34	1 048 202	50	14.3
北京双安商场	41	1 027 798	103	4.4	35	1 027 798	99	4.4
西安民生集团股份有限公司	42	1 001 990	81	9.2	38	1 001 990	75	9.2
北京北辰实业股份有限公司北辰购物中心	43	990 548	134	−6.8	39	990 548	132	−6.8
北京市百货大楼	44	987 739	80	9.2	40	987 730	74	9.4
唐山百货大楼	45	979 519	62	12.7	46	856 363	68	10.7
天津一商发展有限公司友谊商厦	46	926 382	31	24.7	42	926 382	29	24.7
无锡商业大厦股份有限公司	47	915 722	92	7.3	43	915 722	86	7.3
内蒙古民族商场有限责任公司	48	907 367	106	3.5	44	903 550	101	4.1
青岛维客崂山百货有限公司	49	867 282	16	35.0	45	867 282	15	35.0
新疆友好（集团）股份有限公司	50	859 249	155	−27.2	54	754 671	122	−3.7
天津金元宝商厦集团有限公司	51	836 011	1185	1.8	49	810 383	112	1.0
宁波新江厦股份有限公司	52	830 870	80	9.7	75	562 380	99	4.5
常州百货大楼股份有限公司	53	825 569	149	−18.0	51	783 519	147	−16.8
石家庄人民商场股份有限公司	54	818 423	23	29.0	47	818 423	21	29.0
武汉中商集团股份有限公司中商百货中南商业大楼	55	814 750	112	2.1	48	814 750	108	2.1

续表

企业名称	销售额				零售额			
	2005 年实绩		2005 年比 2004 年		2005 年实绩		2005 年比 2004 年	
	排序	千元	排序	±%	排序	千元	排序	±%
重庆商社新世纪百货公司	56	790 940	22	30.2	63	687 253	53	14.0
石家庄东方城市广场有限公司	57	782 439	35	23.1	52	782 439	34	23.1
北京东安集团公司长安商场	58	778 538	97	6.1	53	778 538	93	6.1
成都百货大楼集团有限公司	59	777 221	156	−24.7	67	641 906	155	−24.2
盘锦兴隆大厦	60	770 000	33	24.2	54	770 000	32	24.2
哈工大首创科技股份有限公司（宁波）	61	761 400	77	10.6	93	362 562	119	−1.4
昆山商厦股份有限公司	62	754 147	37	22.5	56	754 147	35	22.5
大商集团抚顺百货大楼有限公司	63	738 387	46	16.4	59	738 387	44	16.4
北京蓝岛大厦	64	738 062	134	−5.7	60	738 062	132	−5.7
大商集团新玛特购物休闲广场	65	732 952	75	11.1	61	732 952	66	11.1
福州东百集团股份有限公司	66	717 144	19	33.0	62	717 144	18	33.0
保定商场股份有限公司	67	688 900	41	19.0	65	676 870	38	18.9
沈阳市联营公司	68	685 934	125	−1.7	64	685 934	121	−1.7
河北保百集团保定百货大楼有限公司	69	662 365	84	8.7	66	661 629	70	10.3
徐州中央百货大楼股份有限公司	70	635 709	96	6.3	74	566 302	103	3.8
银川新华百货商店股份有限公司	71	626 621	87	8.4	68	626 621	65	11.8
苏州泰华商城有限公司	72	620 637	57	14.1	79	518 467	41	18.4
兰州民百（集团）股份有限公司	73	619 705	20	31.8	73	576 099	10	40.3
无锡第一百货（集团）有限公司	74	615 839	130	−4.6	69	615 839	128	−4.6
重庆百货大楼股份有限公司	75	510 740	117	1.1	70	610 740	111	1.1
浙江华联商厦有限公司	76	601 508	42	18.7	72	591 160	39	18.7
常州新世纪商城有限公司	77	591 215	121	0.5	71	591 215	114	0.5
南京商厦股份有限公司	78	563 027	148	−17.7	78	539 343	146	−16.6
河北保定时代商厦	79	545 861	15	35.3	76	544 971	14	35.1
永安非货有限公司	80	543 110	7	47.2	77	543 110	6	47.2
湖北省十堰市人民商场股份有限公司	81	521 650	73	11.2	84	447 647	72	10.2
大连天河百盛购物中心有限公司	82	507 874	141	−12.2	80	507 874	142	−12.2
武汉市汉商集团股份有限公司	83	497 951	111	2.5	99	322 500	55	13.7
大商集团锦州百货大楼有限公司	84	470 116	64	12.3	81	470 116	60	12.3
镇江百盛商城有限公司	85	464 560	113	2.1	82	454 560	109	2.1
潍坊百货大楼股份有限公司	86	457 830	29	25.7	83	457 830	27	25.7
秦皇岛渤海物流控股股份有限公司	87	138 620	157	−26.5	89	387 520	158	−30.7
大商集团牡丹江百货大楼有限公司	88	129 279	38	22.3	85	429 279	36	22.3
延吉百货大楼股份有限公司	89	408 822	34	23.8	86	408 254	33	23.9

续表

企业名称	销售额				零售额			
	2005 年实绩		2005 年比 2004 年		2005 年实绩		2005 年比 2004 年	
	排序	千元	排序	±%	排序	千元	排序	±%
柳州工贸大厦股份有限公司	90	107 842	146	−17.3	101	317 636	157	−29.1
北京贵友大厦有限公司	91	400 490	133	−5.3	87	400 490	131	−5.3
柳州市百货股份有限公司五星商业大厦	92	399 766	53	14.8	92	363 325	31	24.5
天津滨江购物中心	93	397 535	150	−21.3	104	286 683	127	−4.5
哈尔滨市第一百货商店股份有限公司	94	390 360	145	−17.3	88	390 360	148	−17.3
福州中城大洋百货有限公司	95	372 246	27	26.8	90	372 246	25	26.8
内蒙古包头百货大楼股份有限公司	96	369 742	48	15.6	91	369 742	48	15.6
大庆商厦	97	353 599	65	12.2	94	353 599	61	12.2
北京市复兴商业城有限公司	98	353 319	137	−7.1	95	353 319	135	−7.1
锦江麦德龙现购自运有限公司福州仓山商城	99	348 259	106	4.3	96	348 259	101	4.3
宜兴新苏南商厦有限责任公司	100	337 801	9	44.2	97	337 801		

☞讨论题

请对上表作简要分析。

思考题

1. 简述零售企业经营绩效评估的意义？
2. 简述零售企业经营绩效评估的内容？
3. 何谓零售企业经营绩效评估指标体系？其具体包括哪些方面指标？
4. 零售企业经营绩效评估有哪些步骤？
5. 某零售公司 2010 年第二季度流通费用率计划执行情况分析如下表：

指标	单位	计划	实际
商品销售收入	万元	800	1200
商品销售利润率	%	5	5.5
商品销售利润	万元	40	66

试用连锁替代法计算分析和评价。

6. 某市 A、B 两股份有限商厦 2008 年及 2010 年的部分资料如下表所示：

单位：万元

指标	A		B	
	2008 年	2010 年	2008 年	2010 年
销售收入	7 892	10 275	6 906	12 888
销售成本	5 524	6 987	4 696	9 021
费用总额	1 185	1 644	967	1 933

续表

指标	A		B	
	2008 年	2010 年	2008 年	2010 年
其中：利息净支出	236	205	138	193
销售税金及附加	395	524	345	657
投资收益	105	210	80	480
营业外收入	158	220	230	460
营业外支出	70	103	62	108
所得税	323	477	378	696
赊销金额	158	270	180	205

单位：万元

指标	A				B			
	2008 年		2010 年		2008 年		2010 年	
	年初	年末	年初	年末	年初	年末	年初	年末
工资总额	356	575	270	600				
福利费支出总额	50	80	38	85				
社会保障基金	7	17	6	24				
存货	1 100	1 400	3 020	3 270	926	1 200	2 200	2400
应收账款净额	21	16	43	48	16	13	11	12
流动资产	1 800	2 100	3 906	4 150	1 300	1 900	3 800	4120
资产总额	6 500	7 120	9 240	9 620	6 300	7 300	8 600	9 200
流动负债	1 100	840	1 960	1 720	1 020	710	2 010	1 400
长期负债	380	380	430	460	620	690	410	470
所有者权益	5 008	5 620	6 330	7 140	4 620	5 400	6 060	7 280
实收资本	4 600	4 600	4 600	4 600	4 100	4 100	4 100	4 100

试根据上述资料完成下列评价分析：

（1）分别分析评价 A、B 两商厦税后利润的变动情况及其影响因素；

（2）试比较 A、B 两商厦经济效益的变动趋势；

（3）试比较说明 2010 年 A、B 两商厦经济效益的优劣。

主要参考文献

贝尔 D E，萨蒙 W J. 2000. 战略零售管理教程与案例．张永强译．大连：东北财经大学出版社

伯曼 B，埃文斯 J R. 2002. 零售管理．7 版．吕一林，熊鲜菊译．北京：中国人民大学出版社

陈已寰．2004. 零售学．广州：暨南大学出版社

高铁生，郭冬乐．2004. 中国流通产业发展报告．北京：中国社会科学出版社

郭冬乐，宋则．2001 中国商业理论前沿Ⅱ．北京：社会科学文献出版社

黄桂芝．1998. 零售营销．北京：清华大学出版社

黄维礼．1996. 零售管理．北京：经济科学出版社

科特勒 P. 1999. 营销管理．9 版．王永贵，于洪彦译．上海：上海人民出版社

肯特 T，奥马尔 O. 2004. 什么是零售．爱丁译．北京：电子工业出版社

李飞．2003. 零售革命．北京：经济管理出版社

利恩德斯 M R，费伦 H E. 2001. 采购与供应管理．张杰，张群译．北京：机械工业出版社

利维 M，韦茨 B A. 2000. 零售学精要．郭文武等译．北京：机械工业出版社

米勒 R. 2002. 美国商业理论与实践．姚莉，兰莹译．北京：中国人民大学出版社

沙利文 M，阿德科克 D. 2004. 零售营销精要．吴长顺译．北京：电子工业出版社

沈红兵．2010. 网络零售学．重庆：重庆大学出版社

王超．1999. 零售学．北京：中国对外经济贸易出版社

吴建国．2003. 流通现代化原理与实务．北京：中国物资出版社

肖怡．2003. 零售学．北京：高等教育出版社

姚礼萍．2002. 零售学．北京：东北财经大学出版社

曾庆均．1999. 现代贸易组织理论与实务．重庆：西南师范大学出版社

后　记

本书是中国商务出版社2005年版《零售学》一书的修订版。新版教材有较大变动，对章节作了合并增删，对内容作了重要修订，对案例作了更新。

本书主要特点如下：力求反映国内外零售理论的最新研究成果；注重零售内容的系统性和全面性；注重理论与实践相结合，引入零售案例（以我国案例为主）；每章前面均有本章讨论的主要问题，后面有简要小结、案例和思考题。

本书共17章，参加修订编写的有重庆工商大学的曾庆均（第1、8、10、12章）、湖南商学院的李定珍（第2章）、哈尔滨商业大学的张英（第3章）、重庆工商大学的宋瑛（第6、13、14章）、杨军（第5、11章）、徐慧（第4章）、沈红兵（第15、16章）、孙畅（第7、17章）、严艳（第9章）。曾庆均教授为本书主编，李定珍教授、宋瑛博士为副主编。

原作者有：重庆工商大学杨海丽、吴华安，浙江工商大学顾春梅，内蒙古财经学院孙佩红等。

本书在再版修订过程中，参考了大量国内外文献，并得到了科学出版社的大力支持，在此一并致谢！

限于作者的学识与水平，虽尽其力，但书中仍有诸多不足之处，敬请读者不吝赐教，以期进一步完善之。

曾庆均

2011年8月31日